AWS Lambda 인 액션

AWS Lambda in Action

AWS Lambda in Action

by Danilo Poccia

AWS Lambda 인 액션
AWS Lambda in Action

1쇄 발행 2017년 12월 29일   **3쇄 발행** 2020년 2월 4일

지은이 다닐로 포치아
옮긴이 윤석찬, 곽규복, 이준희
펴낸이 장성두
펴낸곳 주식회사 제이펍

출판신고 2009년 11월 10일 제406-2009-000087호
주소 경기도 파주시 회동길 159 3층 3-B호
전화 070-8201-9010 / **팩스** 02-6280-0405
홈페이지 www.jpub.kr / **원고투고** jeipub@gmail.com
독자문의 readers.jpub@gmail.com / **교재문의** jeipubmarketer@gmail.com

편집부 이종무, 이민숙, 최병찬, 이 슬, 이주원 / **소통·기획팀** 민지환, 송찬수 / **회계팀** 김유미
교정·교열 배규호 / **본문디자인** 황혜나
용지 신승지류유통 / **인쇄** 해외정판사 / **제본** 광우제책사

ISBN 979-11-88621-06-4 (93000)
값 28,000원

제이펍은 독자 여러분의 아이디어와 원고 투고를 기다리고 있습니다. 책으로 펴내고자 하는 아이디어나 원고가 있는 분께서는 책의 간단한 개요와 차례, 구성과 저(역)자 약력 등을 메일로 보내주세요.　jeipub@gmail.com

AWS Lambda 인 액션

AWS Lambda in Action

다닐로 포치아 지음 / 윤석찬, 곽규복, 이준희 옮김

이 책을 쓰는 내내 주말마다

묵묵히 나를 도와준

아내 파올라에게 감사의 말을 바칩니다.

그리고

어릴 적부터 컴퓨터에 관심이 많던 나를

지원해 주신 부모님과 형제들에게도

감사의 인사를 드립니다.

차례

PART 1   첫 번째 단계

PART 2 이벤트 기반 애플리케이션 만들기

CHAPTER **4** 보안 관리하기 73

CHAPTER **5** 독립 실행 함수 만들기 95

CHAPTER **6** 사용자 관리하기 127

CHAPTER **7** 클라이언트에서 함수 호출하기 145

PART 4 외부 서비스 활용하기

추천
사
1

서버리스(serverless) 기술 덕분에 10억 달러 규모의 스타트업을 창업자 한 명이 운영하는 시대가 머지않아 올 것이다. 서버리스는 IT 세계의 허용되지 않았던 논리적 변화를 이끌고 있다. 즉, 개발자는 더 이상 새로운 프로젝트를 승인할 때까지 기다릴 필요가 없고, 서버, 인프라, 데이터 저장소 또는 배포 도구를 걱정하지 않고 몇 분 만에 애플리케이션을 만들 수 있게 됐다. 비즈니스 관점에서 서버리스는 서비스가 실행되기 전에는 비용을 지불할 필요가 없으므로 혁신적이다. 고객이 서비스를 사용하지 않는 한 개발자는 비용을 지불하지 않아도 된다. 이것이 바로 온 디맨드(on-demand) 경제다.

이 책은 서버리스 기술을 위한 AWS Lambda에 관한 훌륭한 소개서다. 나는 이 책의 저자이자 아마존 웹 서비스의 테크니컬 에반젤리스트인 다닐로 포치아(Danilo Poccia)를 런던의 한 AWS 이벤트에서 열린 업계 분석가를 위한 브리핑에서 처음 만났다. 서버리스에 관한 그의 열정적인 설명을 듣자마자 감명을 받았다. 그는 서버리스 기술에 관해 충분히 설명해 줄 수 있는 풍부한 경험을 가지고 있으며, 그 경험이 이 책에 잘 녹아 있다.

AWS Lambda 서비스는 서버 환경 구성과 관련된 모든 것을 손쉽게 구성할 수 있으며, 이 책에는 AWS Lambda 서비스에 관해 명확하고 간결한 소개와 설명이 매우 잘 구성되어 있다. 따라서 이 책은 이벤트 기반 프로그래밍과 단순한 기능을 실행하는 함수로 구성되는 서버리스 개념을 배우려는 초보자에게 적합하다. 자바스크립트 및 파이썬으로 구성된 예제 코드는 깃허브(Github)에서 찾아볼 수 있다. 포치아는 처음부터 간단한 사용자 인증 기능부터 다양한 기능을 추가해 가며 애플리케이션 배포에 이르기까지 서버리스 애플리케이션을 만드는 방법을 소개한다. 또한, 서드파티 서비스와 통합하는 방법도 소개한다.

서버리스 아키텍처는 앞으로 사실상 클라우드의 산업 표준인 AWS를 사용하는 방법에 큰 영향을 미칠 것이다. 이 책은 향후 몇 년간의 소프트웨어 개발에 변화를 이끌 필수 안내서가 될 것이다.

제임스 거버너(James Governor)
레드몽크(RedMonk) 공동 창업자

추천사 2

요즘 Serverless나 MicroService Architecture(MSA)라는 단어를 많이 들어 봤을 것이다. Serverless(서버리스)는 말 그대로 서버 없이 관리형 서비스만을 이용하여 코드를 배포하고 사용할 수 있게 해주는 서비스를 말한다. 이를 구현하기 위해서 클라우드 벤더들은 관련 서비스를 제공하고 있으며, Amazon Web Services(AWS)에서는 Lambda라는 서비스를 제공하고 있다.

처음 Lambda를 시작하는 개발자들이 제약 사항이나 서비스 특징 등을 고려하지 않고 사용하여 서비스에 문제가 생기는 상황을 종종 보게 되는데, 이런 부분에서 이 책은 개발자들에게 많은 도움이 되리라 생각된다. 또한, Lambda와 클라우드에서의 다른 서비스들을 어떻게 연결하고 애플리케이션을 설계할 것인지에 대한 고민이 필요한데, 이 책에서는 API Gateway와 같이 Lambda와 같이 사용할 수 있는 AWS상의 서비스들을 사례를 통해 설명하고 있어서 이 한 권의 책만으로도 Lambda를 이용한 서버리스를 충분히 구현할 수 있을 것이다.

마지막으로, AWS에서의 보안이나 가용성 측면에서의 설명과 같이 개발자들이 쉽게 놓칠 수 있는 내용까지도 다루고 있어서 AWS Lambda를 사용하려는 분들뿐만 아니라 AWS에서 개발하려는 분들에게도 강력히 추천하고 싶은 책이다. AWS Lambda의 매력을 느낄 기회가 되길 바란다.

박상욱
메가존 클라우드 솔루션 아키텍트이자
AWS한국사용자모임 리더 및 AWS Community Hero

한국어판 서문

내 책이 한국어로 번역된다는 소식을 처음 접했을 때 정말 놀랐다. AWS에서 오랜 기간 나와 함께 동료로 일해 왔던 친구와 AWS를 좋아하는 사용자모임의 리더들이 함께 이 책을 직접 번역해 주어 정말 감사드린다. 이 책을 처음 쓸 때 클라우드 컴퓨팅 전문가가 아닌 일반 소프트웨어 개발자라도 새로운 서버리스 방식을 사용하여 애플리케이션을 구축할 수 있도록 도와주고자 시작했다. 한국에 있는 개발자들이 가진 아이디어에 집중하여 소프트웨어 아키텍처의 전반적인 디자인을 단순화함으로써 인프라에 대해 생각할 필요가 없이 더 빠르고 생산성 높은 일을 할 수 있다면 좋겠다.

AWS Lambda는 새로운 접근 방식을 가능하게 하는 도구이며, 앞으로 소프트웨어 개발이 어디로 향할 것인가에 대한 지표다. 파일 업로드, 데이터베이스 업데이트와 같은 이벤트 기반 애플리케이션에서 개별 함수로 비즈니스 로직을 구성하고, 분산 아키텍처를 통해 대규모의 확장성 높은 기능을 손쉽게 추가할 수 있다. 한국에 있는 작은 스타트업뿐만 아니라 혁신을 원하는 대기업 개발자들도 이제 짧은 시간에 서버리스 애플리케이션 프로토타입을 만들어 사용자 테스트를 하고, 최소한의 변경으로 즉시 정식 서비스를 배포하고 사용자 트래픽에 관계없이 확장할 수 있을 것이다.

나는 이탈리아 로마에서 태어났고 영어를 모국어로 사용하지 않았기에 영어나 다른 언어를 사용하면 이탈리아어를 사용할 때처럼 세부적인 설명과 풍부한 의미를 전달하기가 어렵다. 그래서 이 책을 영어로 쓰는 것이 쉬운 일이 아니었다. 하지만 한국어 번역본처럼 언어적 한계를 넘어 많은 사람을 도울 수 있다는 생각에 매우 기쁘다. 아직 클라우드 컴퓨팅에 익숙하지 않은 한국 독자들에게 AWS 플랫폼을 배우면서 함께 제공되는 많은 도구의 이점을 배우는 좋은 길잡이가 되기 바란다. 여러분이 이 책을 읽음으로써 무언가를 만들도록 영감을 얻으면 저자에게 가장 큰 기쁨이 될 것이다.

다닐로 포치아

머리말

> "일단 서버가 있으면 없을 때보다 관리가 어렵다."
> — **버너 보겔스**(Werner Vogels), Amazon CTO

1996년에 나는 분산 시스템의 장점과 복잡성을 모두 경험하면서 클라이언트-서버 아키텍처를 개발했다. 2000년대 초반에는 주로 통신 및 미디어 고객을 대상으로 여러 대규모 프로젝트에 협력했다. 그 기간에 컴퓨팅, 스토리지 또는 네트워킹의 한계에 따른 병목 현상으로 기업들의 혁신이 방해를 받았다. 그런데 2006년에는 에너지, 가스 또는 수도를 사용하는 것과 같은 방식의 '유틸리티 모델'을 통해 컴퓨팅 자원을 사용하려는 혁신적인 생각이 현실화되었다. 바로 AWS가 스토리지(Amazon S3) 및 컴퓨팅(Amazon EC2)에 대한 첫 서비스를 시작한 해였고, 당시 나에게 이는 매우 흥미롭고 매혹적인 소식이었다.

2012년부터 많은 회사가 본격적으로 클라우드에 신규 애플리케이션을 직접 구현하거나 기존 서비스를 마이그레이션하기 시작했다. 당시 새로운 플랫폼을 실험해 보기 위해 Amazon S3를 백엔드 스토리지로 사용한 공유 파일 시스템을 개발해 보기로 하고, 파이썬으로 만든 코드를 깃허브에 공유하였다. 이때 많은 사람이 코드를 공유하고 피드백을 받는 경험을 하게 되었다.

AWS Lambda가 2014년에 출시되었을 때 애플리케이션을 개발하고 배포하는 방식을 획기적으로 바꿀 수 있는 무언가가 시작될 것이라는 생각이 들었다. 몇 달 후, 비 오는 주말에 실제 서버를 사용하지 않고도 완벽한 애플리케이션을 만들 수 있었던 기억이 난다. 정적 콘텐츠(HTML, CSS 및 웹 브라우저에서 실행되는 자바스크립트 파일)와 백엔드에서 비즈니스 로직을 실행하는 람다 함수를 사용해서 만든 간단한 프로그램이었는데, 여기에 간단한 인증 서비스(8장, 10장에서 소개한 방법)를 확장해서, 자바스크립트로 된 샘플 애플리케이션을 다시 깃허브에 공유했다. 그 결과는 내가 예상했던 것보다 훨씬 컸다.

이러한 경험을 공유하고자 하는 아이디어에서 이 책의 집필을 시작했다. 이 책을 통해 서버리스 컴퓨팅의 새로운 패러다임을 수용하고, 더욱 빠르게 애플리케이션을 개발하고, 신규 기술 및 여러분의 데이터를 실험하는 데 도움이 되기 바란다. 만약 여러분이 그렇게 했다면 나처럼 여러 방법으로 공유하기 바란다. 누군가가 자신의 아이디어를 개발하도록 돕는 것보다 더 큰 즐거움이 없기 때문이다.

감사의 말

수년 동안 나와 함께 일한 많은 사람에게 감사의 말을 전하고 싶다. 함께 아이디어를 교환하고 생각하는 과정에서 재미있는 다양한 개념을 배우고 공유할 수 있었다. 모두 나열하기는 어렵지만, 고마움을 꼭 전할 분들이 있다. 먼저, 어지러운 생각을 잘 정리해서 책에 잘 심어 주고 책 전체를 일관성 있게 해준 Toni Arritola에게 감사한다. 소중한 기술적 조언을 해준 Brent Stains, 그리고 이 책을 만들 수 있는 아이디어를 준 Mike Stephens에게 특히 고맙다.

이 책을 리뷰하고 조언을 아끼지 않은 Alan Moffet, Ben Leibert, Cam Crews, Christopher Haupt, Dan Kacenjar, Henning Kristensen, Joan Fuster, Justin Calleja, Michael Frey, Steve Rogers, Tom Jensen와 교정을 봐준 Luis Carlos Sanchez Gonzalez에게도 감사한다.

다닐로 포치아

옮긴이 머리말

20년을 돌이켜보건대, 컴퓨팅의 발전은 늘 흥미진진하다. 오늘을 사는 개발자들에게 클라우드는 이미 표준이 되었다. 굉음이 울리는 서버가 가득 찬 데이터 센터에서 장비를 세팅하고, 운영 체제를 설치하고, 네트워크 스위치에 케이블을 연결했다는 이야기는 선배들의 기억에서나 존재한다. 지금은 자리에 앉아서 전 세계 어디에나 내가 원하는 가상 서버를 1분 만에 띄워서 서비스를 할 수 있는 세상이 되었다. AWS는 이러한 가상 서버를 '인스턴스(instance)'라고 부르는데, 바로 일회용으로 쓰고 버리는 자원이라는 개념이다. 즉, 언제든지 새로 만들고 바꿀 수 있고, 애플리케이션은 서버와 관계없이 늘 운용할 수 있게 되었다. 몇 주씩 걸리던 일이 1분 만에 되는 세상이 왔지만, 기술의 발전은 거기에 머물지 않았다. 서버에 갇혀 있던 애플리케이션을 '컨테이너(container)' 기술이 분리해 내었고, 서버가 가진 원죄적 테두리에서 본격적으로 벗어나기 시작했다.

2014년 10월에 발표된 AWS Lambda 서비스는 이러한 클라우드 기반 애플리케이션의 독립을 본격적으로 알린 계기가 되었다. '서버리스(serverless)' 컴퓨팅은 서버의 관리나 운영 없이 람다 함수라는 코드만 업로드하고, 이벤트가 발생했을 때만 함수가 실행하며, 실행 시간에만 과금하는 획기적인 개념이다. AWS는 클라우드 컴퓨팅 서비스를 처음 사업화하여 기술을 선도하여 많은 기업이 클라우드를 도입하며 가상 서버 컴퓨팅은 이미 표준이 되었다. AWS Lambda는 가상 서버 기반의 컴퓨팅 서비스를 완전히 뒤집는 것이다. 개별 고객들이 EC2 인스턴스를 할당해서 서비스하면 CPU/메모리 사용량과 관계없이 과금할 수 있지만, 서버리스 모델은 관리 부담은 줄이면서도 과금은 고객에게 유리하게 만들기 때문이다.

AWS Lambda가 세상에 나온 지 3년이 된 지금 이미 많은 클라우드 기업들이 이를 벤치마킹하여 다양한 서버리스 서비스를 선보이고 있으며, 오픈 소스 프로젝트도 나오고 있다. 하지만 서버리스 개발은 강력한 클라우드 플랫폼하에서 빛을 발한다. 이미 AWS의 다양한 클라우드 서비스를 활용하고 있다면 여기서 나오는 이벤트가 AWS Lambda에 올려진 다양한 코드를 호출하고, 이렇게 호출된 람다 함수는 또 다른 이벤트를 발생시키는 연쇄작용으로 우리가 원하는 동작을 수행할 수 있기 때문이다. 웹 애플리케이션부터 모바일 앱, 빅데이터 분석, 사물 인터넷과 API 백엔드 등 다양한 분야에서 서버리스 개발 환경은 대세가 되었다. 따라서 AWS 클라우드 같은 풍부한 컴퓨팅 플랫폼은 서버리스 환경에서 개발 민첩성과 시장의 변화에 따른 고객의 변화에 민감하게 움직일 수 있는 장점을 가져다준다.

서버리스는 애플리케이션 아키텍처에도 변화의 바람을 일으키고 있다. 모든 기능을 때려 넣은 애플리케이션 덩어리(monolith)는 점점 코드가 많아지고, 개발 조직이 커질수록 빠른 개발과 배포를 느리게 만드는 주범이다. 람다 함수 기반 개발 모델은 이러한 모놀리식 애플리케이션을 독립된 비즈니스 로직 단위로 분리하여 마이크로서비스(microservice)로 분리해 낼 수 있도록 도와준다. 마이크로서비스는 클라우드 환경에서 데브옵스와 함께 개발 모범 사례로 이미 널리 알려지고 있다.

이 책을 번역한 가장 큰 동기는 바로 '개발자의 생산성'이다. 똑같은 시간을 들이더라도 삽질(?)을 하기보다 더욱 생산적인 일을 하도록 도와주는 컴퓨팅 도구야말로 개발자에게 제일 값진 것이기 때문이다. 지금은 클라우드 환경의 정점에서 AWS Lambda와 서버리스 컴퓨팅이 하는 역할이야말로 개발자의 저녁을 보장하고, 더욱 우아한 애플리케이션을 만들어 사용자와 직장 상사에게 사랑받는 방법이다.

우리 개발자는 기술을 통해 안 된다고 생각하는 것들을 만들어 내는 '빌더(builder)'다. 빌더에게는 새로운 기술을 배우고 늘 도전하는 정신이 있다. 이 책은 그동안 우리가 알아 왔던 많은 것을 바꾸는 방아쇠 역할을 할 것이다. 이 책은 새로운 길로 나아가는 첫걸음이다. 두 번째 걸음은 변화를 만드는 사람들이 모인 커뮤니티(community)다. 회사나 학교에서 배울 수 없는 것은 변화를 도모하는 사람들에게서 나온다. 이 책의 번역 대부분도 AWS 한국사용자모임(AWSKRUG)의 두 역자가 진행했다(이 자리를 빌려 감사한다).

AWS Lambda를 통해 서버리스 개발 생산성으로 얻은 시간을 배우고 만드는 데 그치지 않고, 커뮤니티에서 지식을 나누는 일도 함께한다면 개발자로서 여러분의 인생은 더 행복해질 것이다.

Go Build!

역자 대표, **윤석찬**

이 책의 구성

이 책은 네 부분으로 나뉘어 있다. 첫 번째 단계(1~3장)에서는 AWS Lambda 및 Amazon API Gateway, 웹 API와 같은 기본 기술에 관해 설명한다. 두 번째 단계(4~12장)에서는 이벤트 기반 애플리케이션 개발을 다룬다. 바로 이 책의 핵심으로서 이벤트 기반의 다양한 함수를 통해 애플리케이션 개발을 직접 진행한다. 세 번째 단계(13~15장)에서는 개발 생산성을 높이는 작업을 통해 서버리스 애플리케이션 개발 및 배포를 최적화하는 방법을 알아본다. 마지막으로 네 번째 단계(16~17장)에서는 외부 서비스 사용 방법을 통해 AWS Lambda에서 기능적 확장성과 함께 AWS 플랫폼 서비스와 통합할 수 있는 방법을 설명한다.

이 책은 첫 번째 장에서 마지막 장으로 순서대로 읽도록 집필되었다. 여러분이 이미 AWS Lambda의 기본 지식을 이미 알고 있다면 첫 번째 단계를 건너뛰고 두 번째 단계에서 좀 더 복잡한 서버리스 기반 애플리케이션을 만들어 볼 수 있다. 세 번째 및 네 번째 단계에서는 여러분이 실제로 업무 중에 구현할 수 있는 개발 방식을 비교해서 공부할 수 있다.

클라우드 컴퓨팅 기술은 빠르게 발전하고 있다. 이러한 이유로 이 책은 분산 시스템 및 이벤트 기반 애플리케이션 디자인과 같은 기본 개념에 중점을 두었다. 분산 환경에서 IT 시스템을 개발하는 모든 사람에게 도움이 될 것이다.

이 책의 이상적인 독자는, 아직 클라우드 사용 경험이 없지만 서버리스 컴퓨팅 및 이벤트 기반 애플리케이션 개발의 새로운 영역으로 뛰어들기를 원하는 개발자다. 이미 Amazon EC2 및 RDS, VPC와 같은 다른 AWS 서비스에 이미 경험해 본 개발자라면 서버 기반이 아닌 애플리케이션 개발에 대한 새로운 관점을 배울 수 있게 될 것이다.

소스 코드에 적용된 규칙과 예제 다운로드

이 책은 다루는 각 주제를 어떻게 활용할 수 있는지 보여 주는 많은 예제를 제공한다. 목록이나 텍스트의 소스 코드는 고정 너비 글꼴로 표시되어 일반 텍스트와 구분한다. 또한, 클래스 및 메서드 이름, 개체 속성 및 텍스트의 기타 코드 관련 용어와 내용은 고정 너비 글꼴을 사용한다.

이 책에 사용 된 소스 코드는 매닝 출판사의 웹 사이트(*www.manning.com/aws-lambda-in-action*) 및 GitHub(*https://github.com/danilop/AWS_Lambda_in_Action* 혹은 *https://github.com/Jpub/AWSLambda*)에서 볼 수 있다.

온라인 문의 및 지원

이 책을 구입하면 매닝 출판사에서 운영하는 개인 웹 포럼에 무료로 접근할 수 있다. 이 포럼에서 책에 관한 의견을 말하고 기술에 관한 질문을 하고, 저자 및 다른 사용자로부터 도움을 얻을 수 있다. 포럼 웹 사이트는 *www.manning.com/aws-lambda-in-action*이다. 이 페이지는 포럼 가입 방법, 이용하고자 하는 도움 방법, 포럼에서의 규칙에 대한 정보를 제공한다. 또한, 영문 원서의 정오표 및 기타 다운로드의 소스 코드에 대한 링크를 제공한다.

한국어 번역서에 대한 문의 및 지원은 제이펍 출판사(*www.jpub.kr*)나 AWSKRUG(AWS한국사용자모임) 페이스북 그룹(*https://www.facebook.com/groups/awskrug*)을 통해서 할 수 있다.

저자에 대하여

다닐로 포치아(Danilo Poccia)는 스타트업에서 대기업에 이르기까지 기술 혁신을 돕는 일을 하고 있다. 아마존 웹 서비스에서 테크니컬 에반젤리스트로 근무하면서 20여 년간의 글로벌 IT 업계 경험을 통해 개발자들이 아이디어를 실현하도록 돕고 있다. 또한, 이벤트 기반 프로그래밍 및 서버리스 아키텍처, 모바일 플랫폼 및 데이터 분석 기술을 활용한 기술 및 비즈니스 혁신을 위한 지원도 하고 있다. 다닐로의 관심 분야는 IoT, 시뮬레이션/모델링, 인공지능, 기계학습 및 사진 촬영 등이다.

책 표지에 대하여

이 책의 표지는 '캄차카르(Femme Kamtschadale)'의 초상이다. 이 그림은 1797년 프랑스에서 Jacques Grasset de Saint-Sauveur(1757~1810)가 출간한 《Costumes de Différents Pays》라는 각 나라의 복장을 모은 책에 실린 그림 중의 하나이며, 각 그림은 손으로 섬세하게 그려져 있다.

다양한 종류의 Grasset de Saint-Sauveur 컬렉션은 불과 200년 전의 세계 도시와 지방이 문화적으로 어떻게 다른지 생생하게 보여 준다. 서로 격리된 사람들은 다른 방언과 언어를 사용했는데, 대도시나 시골 등 사람들이 살던 지역과 삶의 방식을 옷차림만으로도 쉽게 알 수 있었다.

그 이후로 우리가 입는 방식은 바뀌었고 지역별 다양성이 사라졌다. 이제는 다른 도시, 지역 또는 나라는 말할 것도 없이 다른 대륙의 주민들을 구별하기 어렵다. 어쩌면 보다 빠르게 변화하는 기술에 따른 생활을 누리기 위해 다양한 개인 생활과 문화 다양성을 희생한 것 같다. 컴퓨터 서적을 구별하기가 어려울 때 매닝 출판사는 2세기 전의 풍부한 지역사회 생활을 보여 주는 책 표지로 IT 서적의 창의성을 나타내고자 한다.

베타리더 후기

🦋 김명준(ebay)

기본 언어 한두 개를 공부한 후에 AWS를 공부해 보고 싶은 개발자, 서버 개발을 경험해 보고 싶은 개발자에게 딱 맞는 책이라고 봅니다. AWS 클라우드 서버 기술 중 차세대 기술로 주목받고 있는 서버리스 람다를 쉽게 경험해 볼 수 있습니다. 책 곳곳에 스며들어 있는 서버 개발 지식은 덤입니다. 이 책 이후에 좀 더 중고급자를 위한 책도 출간되었으면 합니다.

🦋 노승헌(라인플러스)

서비스 인프라를 하나하나 다 만들어야 했던 시대에서 클라우드 서버 인프라 환경으로 넘어온 게 엊그제 같습니다만, 어느새 서버마저도 필요 없는 서버리스 인프라 시대로 급격히 변화하고 있습니다. 보다 유연한 서비스 인프라를 향한 사람들의 바람의 결과가 AWS Lambda와 API Gateway가 아닐까 싶습니다. 이 책은 서버리스를 처음 접하는 입문자들이 예제를 하나씩 따라 하면서 익힐 수 있는 좋은 지침서입니다.

🦋 박상욱(엔씨소프트)

Lambda 기초부터 Cognito나 API Gateway와 같은 다양한 제품을 같이 볼 수 있는 좋은 책입니다. AWS 서버리스 아키텍처의 시작부터 응용까지 맛보고 싶은 분들에게 추천합니다. Lambda의 동작 원리부터 팁까지 AWS를 사용한다면 한 번쯤 읽어 볼 만한 내용이 많았습니다. 특히, 간단한 프로젝트를 서버리스만 이용하여 만들어 나가는 모습은 인상 깊었습니다. 다만, AWS에 대한 기본적인 지식이 없는 사람이 보기는 쉽지가 않을 것 같았습니다. 그리고 직역으로 보이는 부분들이 간간히 보였는데, 좀 더 다듬어 출간된다면 더없이 좋을 것 같습니다.

XXii 베타리더 후기

🦋 박수혁(엔씨소프트)

아마존 서비스를 처음 사용하는 개발자들도 충분히 따라 할 수 있을 만큼 내용이 충실하게 구성되었고, 포함된 코드들 또한 가장 간단한 람다 함수의 실행부터 인증이 포함된 외부 서비스 연동까지 실질적인 예제를 담고 있어서 AWS를 처음 접하는 이들에게는 적절한 입문서라 생각합니다. 개인적으로 관심을 두고 있는 마이크로서비스 기반의 아키텍처 설계까지 다루고 있어서 더 좋았고, AWS를 사용하지 않는 이들에게도 데이터 처리 아키텍처 설계 시에 좋은 참고가 될 만한 도서라고 생각합니다.

🦋 박희원(삼성SDS)

AWS Lambda 기반 아키텍처를 구현하던 때가 기억나네요. AWS 문서와 영문 사이트를 뒤적거리며 간신히 구현했는데, 이 책이 있었더라면 MSA나 서버리스답게 빠르게 서비스했을 것 같습니다. 지금 Lambda를 시작하신다면 꼭 한번 보시길 추천합니다. 2주라는 시간 동안 코드까지 읽으면서 보기엔 다소 벅찼지만, 평소 궁금하던 내용을 베타리딩으로 읽게 되어 즐겁게 읽었습니다.

🦋 이요셉(아키텍트 지망생)

책 전체에 걸쳐서 서버리스 컴퓨팅이라는 하나의 주제에 집중한 점이 좋았습니다. 그리고 AWS Lambda를 기반으로 API Gateway, Cognito 등을 연계해 볼 수 있어서 무척 흥미로웠습니다. 다만, AWS의 공식 번역과 다른 용어의 선정과 덜 다듬어진 번역은 조금 아쉬웠지만, 출간 전에 잘 다듬어지기를 희망해 봅니다.

🦋 장성만(Incowiz)

서버 쪽을 개발해 본 경험이 있는 사람이라면 AWS Lambda를 이용하여 사용자의 가입, 로그인, 암호 재설정, 암호 분실 처리 등 기존의 서버 개발 지식과 비교하여 이해할 수 있는 좋은 가이드와 지침을 전달해 줍니다. 기존의 익숙한 구현 개념과 연관 지어 설명한 방식으로 막연한 서버리스 개념을 실제 경험과 연결시켜 이해할 수 있는 것이 이 책의 장점인 것 같습니다. 또한, 전반적으로 저자의 의도를 잘 반영하기 위한 역자들의 노력이 돋보이는 책입니다. 주변에 자신 있게 추천하고 싶은 책입니다.

PART

1

첫 번째 단계

클라우드 기반 함수를 실행한다는 것은 무슨 뜻일까? 애플리케이션을 위한 이벤트 기반 백엔드를 어떻게 구축할 수 있을까? 웹 브라우저 및 모바일 앱 사용자를 함께 지원하기 위해 단일 백엔드를 사용할 수 있을 것인가? 이를 위해 AWS Lambda가 뜻하는 바는 무엇인가?

이 책의 첫 번째 부분에서는 클라우드 서비스 내에서 AWS Lambda 및 Amazon API Gateway와 같은 기본 서비스를 사용하는 방법을 배우고, 좀 더 복잡한 애플리케이션을 개발하는 데 필요한 것을 공부한다. 또한, 웹 또는 모바일 앱의 백엔드와 같이 단일 기능을 구현하기 위해 다양한 클라우드 함수를 함께 사용하는 방법을 알 수 있다. 샘플 코드와 함께 AWS 콘솔과 커맨드라인에서 활용 방법을 손쉽게 실습해 보자.

PART 1

First steps

CHAPTER

1

클라우드 기반 함수 실행하기

이 장에서 살펴볼 내용

- 애플리케이션 기본 재료인 함수 이해하기
- AWS Lambda에 대한 소개
- 백엔드 애플리케이션용 함수 사용 방법
- 함수를 통한 이벤트 기반 애플리케이션 만들기
- 클라이언트에서 함수 호출 방법

최근 몇 년간 클라우드 컴퓨팅은 IT 서비스를 구현하는 방식에 대한 근본적인 인식을 바꾸고 있다. 이는 회사의 크기와 상관없이 각 산업을 파괴할 만한 강력하고 확장성 높은 애플리케이션을 만들 수 있도록 해 주었기 때문이다. 예를 들어, 드롭박스(Dropbox)는 파일을 저장하고 공유하는 방법을 바꾸었고, 스포티파이(Sportify)는 음악을 구매하는 방법에 대한 변화를 가져왔다.

위의 두 회사는 작은 회사로 시작했으므로 아이디어를 빠르게 구현할 수 있는 자원과 시간에 집중할 수 있는 능력이 필요했다. 사실 클라우드 컴퓨팅의 가장 중요한 이점은 바로 개발자들이 불필요한 시간을 쓰지 않도록 해준다는 것이다. 즉, 인프라를 관리 및 확장하고, 서버 운영체제와 코드를 위한 소프트웨어 스택을 관리 업데이트해야 하는 부담을 덜어 주기 때문이다. 클라우드 컴퓨팅을 통해 구현하고자 하는 독특하고 중요한 기능 구현에만 집중할 수 있다.

여러분은 가상 서버, 스토리지, 네트워크 및 로드 밸런서 등 애플리케이션을 위한 인프라 구조 클라우드 컴퓨팅을 활용할 수 있다. 특정 설정을 맞추어 자동으로 **인프라(infrastructure)**를 확장할 수 있지만, 여전히 여러분이 개발하는 코드를 실행할 전체 환경을 준비해야 한다. 운영체제나 가상 환경을 설치하고, 프로그램 프레임워크를 선택 및 설정한 후에나 코드를 실행할 수 있다. 비록 도커(Docker)와 같은 도구를 활용해 컨테이너 환경을 사용하는 접근을 하더라도, 컨테이너 내 스택의 버전을 관리하고 업데이트하는 것은 여러분의 몫이다.

가끔은 인프라 자원을 세밀하게 들여다보고 관리할 필요가 있으므로 직접 접속해야 할 수 있다. 하지만 클라우드 컴퓨팅에서는 이러한 기반 인프라 구현 역시 맞춤형 설정을 통해 배포하는 **플랫폼(platform)**처럼 사용할 수 있다. 예를 들어, 데이터베이스의 경우 설치 및 고가용성에 대한 관리의 부담 없이 여러분의 데이터(혹은 데이터 모델)만 활용할 수 있다. 또한, 애플리케이션 코드만 제공하면 자동으로 애플리케이션을 배포하는 표준 인프라를 설정해 주는 서비스도 있다.

초기 개발 환경에서부터 좀 더 복잡한 실제 서비스 환경에 더 가까워지면 솔루션의 확장성 및 가용성을 관리해야 한다. 또한, 애플리케이션 설계 및 구현 과정에서 누가 어떤 자원을 어떻게 사용하는지에 대한 보안을 고려하는 것도 잊지 말아야 한다.

AWS Lambda(AWS 람다)를 도입하면 추상화 레이어를 더 높게 설정할 수 있어서 개발자는 코드를 **함수(function)**별로 모아 업로드하고 해당 기능을 플랫폼에서 실행할 수 있다. 이러한 방식으로 직접 프로그래밍 프레임워크, 운영체제(OS)와 가용성 및 확장성을 관리할 필요가 없다. 각 함수는 AWS(Amazon Web Services)에서 제공하는 표준 보안 기능을 통해 작업 범위와 접근 가능한 자원을 지정하는 자체 설정이 있다.

각 함수는 직접 호출해 실행하거나 다른 AWS **자원(resource)**에서 생성한 이벤트를 통해 실행할 수 있다. 즉, 함수를 파일 저장소나 데이터베이스와 같은 자원에 등록하면 함수는 구독한 이벤트 종류에 따라 해당 자원에서 어떤 동작이 발생할 경우에 자동으로 실행된다. 예를 들어, 특정 파일이 업로드되거나 데이터베이스 항목이 수정되었다는 이벤트가 발생하면 AWS Lambda 함수가 이러한 변경 동작에 반응하여 새 파일 또는 업데이트된 데이터로 다른 동작을 수행할 수 있다. 만약 사진이 업로드된 경우, 다른 해상도 화면에 사진을 다르게 표시하기 위해 섬네일(thumbnail) 이미지를 자동으로 생성하는 함수를 만들 수 있다. 운영 중인 데이터베이스에 새 레코드를 기록하면 이를 데이터 웨어하우스에 동기화하는 함수를 만들 수 있다. 이런 방법으로 각 리소스 이벤트에 의해 구동되는 애플리케이션을 디자인할 수 있다.

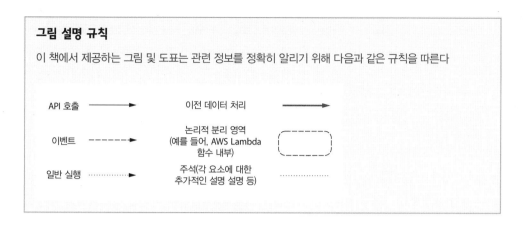

그림 설명 규칙

이 책에서 제공하는 그림 및 도표는 관련 정보를 정확히 알리기 위해 다음과 같은 규칙을 따른다

API 호출 →	이전 데이터 처리 →
이벤트 ----→	논리적 분리 영역 (예를 들어, AWS Lambda 함수 내부)
일반 실행 ·····→	주석(각 요소에 대한 추가적인 설명 설명 등) ··········

여러 함수를 함께 사용하면 스마트폰과 같은 사용자 기기에서 직접 호출하는 함수와 파일 공유 및 데이터베이스와 같은 여러 저장소와 연계된 함수 등을 사용하여 완벽한 이벤트 기반 애플리케이션을 구축할 수 있다. 그림 1.1에서는 사용자들이 자신의 사진을 업로드하고 친구들과 공유할 수 있는 모바일 앱과 같은 미디어 공유 애플리케이션의 구조를 볼 수 있다.

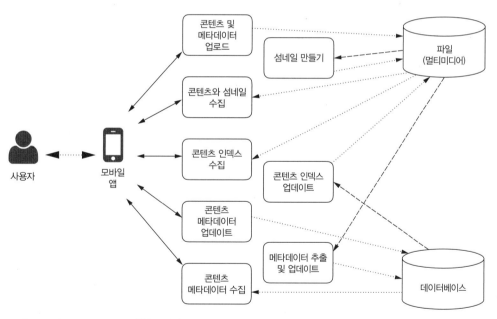

그림 1.1 다중 AWS Lambda 함수를 사용하여 빌드된 이벤트 기반 미디어 공유 애플리케이션 예상 구조. 일부 함수는 모바일 애플리케이션에서 직접 하거나 파일 공유 또는 데이터베이스와 같은 저장소에 저장한다

서드파티 소프트웨어나 AWS Lambda와 자연스럽게 통합되지 않은 서비스를 사용하는 경우, 멀티 플랫폼을 지원하는 AWS 소프트웨어 개발 키트(SDK, Software Development Kit)를 사용하여 해당 이벤트를 생성할 수 있는 방식을 추가함으로써 이벤트 기반 아키텍처를 구성할 수 있다.

이벤트 기반 접근 방식을 통해 정식 서비스 환경의 개발 프로세스를 단순화할 뿐만 아니라 애플리케이션 비즈니스 **로직(logic)**을 보다 쉽게 디자인하고 확장할 수 있다. 예를 들어, 저장소에 있는 파일 업로드를 모니터링하는 함수를 살펴보자. 파일이 업로드될 때마다, 함수가 호출될 때마다 파일 메타데이터에서 정보를 추출하여 데이터베이스 테이블에 저장할 수 있다. 이러한 함수를 파일 저장소와 데이터베이스 테이블 간의 논리적 연결 방식으로 생각할 수 있을 것이다. 클라이언트에서뿐만 아니라 애플리케이션 내 모든 구성 요소에서 파일이 업로드될 때마다 해당 업로드 이벤트에 따른 함수가 실행되어 파일 정보가 데이터베이스에 업데이트된다.

보통은 애플리케이션의 기능을 추가하면 할수록 내부 로직도 점점 더 복잡해진다. 그러나 이 경우 파일 저장소와 데이터베이스 사이에 **관계(relationship)**를 만들었고, 이러한 연결 방식은 파일을 업로드하는 프로세스와 독립적으로 작동한다. 앞으로 이 책에서는 이러한 접근법에 따른 장점과 실질적인 예를 살펴볼 예정이다.

대기업에서 만든 애플리케이션이든 소규모 창업을 통해 만든 애플리케이션이든 개별 기능을 빌딩 블록으로서 간단한 함수만을 사용해서 단순화한다면, 사용자에게 신규 기능을 더 빠르고 효율적으로 추가할 수 있을 것이다.

1.1 AWS Lambda 소개

AWS Lambda는 물리적 서버 또는 가상 서버 기반의 전통적인 접근 방식과 다르다. 여러 함수로 구성된 논리적인 구성과 이들 함수를 실행하는 서비스만 신경 쓰면 된다. 선택한 언어별 런타임을 위한 소프트웨어 스택, 플랫폼 가용성 및 확장성과 함수 호출 처리를 유지하기 위한 인프라는 신경 쓰지 않아도 된다. 각 함수는 **컨테이너(container)**에서 실행한다. 각 컨테이너는 운영체제(OS)의 커널이 격리된 환경을 구현하는 서버 가상화 방식이다. AWS Lambda를 사용하면 물리적 서버의 가상 컨테이너 내에서 코드가 실행되지만, 그러한 인프라를 관리할 필요는 없다. 그런 측면에서 (개발자 입장에서) 이러한 접근 방식을 **서버리스(serverless)**로 정의하고 있다.

> 👆 **여기서 잠깐!**
>
> 람다(lambda) 함수를 지원하는 프로그래밍 실행 환경에 대한 최신 정보는 http://docs.aws.amazon.com/lambda/latest/dg/current-supported-versions.html을 참고한다.[1]

AWS 관리 콘솔을 통해 새로운 람다 함수를 만들 때 먼저 **함수 이름(function name)**을 지정하고, 프로그램 코드를 작성한 후 다음과 같이 함수를 실행하는 데 필요한 실행 환경 구성을 지정하게 된다.

- 함수를 실행하기 위한 최대 **메모리 크기(memory size)**
- 함수가 완료되지 않더라도 종료 시킬 **제한 시간(timeout)**
- AWS IAM(Identity and Access Management)을 통해 함수가 접근할 수 있는 AWS 자원 및 권한에 대한 **역할(role)** 지정

> 👆 **여기서 잠깐!**
>
> 함수 실행에 필요한 메모리 양을 선택하면 이에 비례하여 CPU 성능을 자동 할당한다. 예를 들어, 256MB 메모리를 선택하면 람다 함수에 128MB를 선택했을 때보다 두 배의 CPU 성능을 할당하고, 512MB 선택할 경우보다 절반의 CPU 성능을 할당한다.

AWS Lambda는 혁신적인 비용 모델을 통해 컴퓨팅 자원을 효율적으로 사용할 수 있다. 즉, 아래 두 가지 방식으로 비용을 계산한다.

- 총 호출 수
- 밀리세컨드 단위의 실행 시간(함수에 주어진 메모리양에 따라 다를 수 있음)

---

1 역주 2017년 말 현재 자바스크립트(Javascript, 실제는 Node.js), 자바(Java), 파이썬(Python) 및 닷넷(.Net) 런타임을 지원하고 있다.

실행 시간에 대한 비용은 메모리와 함께 선형으로 증가한다. 만일 메모리 할당량을 두 배로 늘리고, 실행 시간을 동일하게 유지하면 비용은 두 배가 된다. 여러분이 람다를 정식 서비스에 적용하기 전 테스트를 위해 프리 티어(free tier)를 활용하면 추가 비용 없이 AWS Lambda를 사용할 수 있다. AWS Lambda 프리 티어는 매월 아래 사용량을 무료로 제공한다.

- 총 100만 번 호출
- 1GB 메모리를 통한 총 40만 초 실행 시간

즉, 메모리를 적게 사용하면 더 많은 시간을 무료로 사용할 수 있다. 예를 들어, 128MB 메모리(1GB를 8로 나눈 값)를 사용하면 한 달에 최대 320만 초의 실행 시간(40만 초에 8을 곱한 값)을 제공한다. 월간 프리 티어 제공량을 가늠해 보면 40만 초는 111시간 또는 4.6일 정도이고, 320만 초는 889시간, 즉 약 37일 정도 된다.

> 👆 **여기서 잠깐!**
>
> 이 책의 예제를 실행시키려면 AWS 계정이 필요하다. 여러분이 AWS 계정을 새로 만들면 위에서 언급한 프리 티어를 바로 활용해 볼 수 있다. AWS 무료 티어에 대한 자세한 정보와 새로운 AWS 계정 생성 방법은 http://aws.amazon.com/free/를 참고한다.[2]

이 책에서는 자바스크립트(Node.js)와 파이썬 예제를 사용하지만, 다른 런타임도 사용할 수 있다. 예를 들어, 자바 런타임을 사용한다면 스칼라(Scala) 및 클로저(Clojure)와 같은 JVM(Java Virtual Machine)에서 실행되는 다른 언어를 사용할 수 있다. 자바와 같은 객체지향 언어의 경우, 노출하려는 함수는 바로 객체의 메서드가 된다.

C 언어나 PHP와 같이 AWS Lambda에서 지원하지 않는 플랫폼을 사용하려면 지원되는 런타임 중 하나를 **래퍼(wrapper)**로 사용하고, OS 컨테이너에 사용되는 모든 정적 바이너리와 프로그램 코드를 실행해 볼 수 있다. 예를 들어, C 언어로 작성된 정적 링크된 프로그램을 람다 함수를 업로드할 때 한데 모아서 압축 파일(Zip)에 넣을 수 있다.

AWS Lambda를 사용하여 함수를 호출하면 입력에 **이벤트(event)**와 **콘텍스트(context)**를 지정해야 한다. 이벤트는 함수에 대한 입력 매개변수를 보내는 방법이며, JSON 문법을 사용하여 표현한다.

---

2 〔역주〕 AWS Lambda 프리 티어 기능은 12개월의 AWS 프리 티어 기간이 끝나도 자동 만료되지 않으며, 기존 및 신규 AWS 고객 모두에게 무기한으로 제공한다.

콘텍스트는 서비스에서 실행 환경과 이벤트 수신 및 처리 방법을 설명한다.

그림 1.2와 같이 함수를 **동기적(syncrhronously)**으로 호출하여 **결과(result)**를 반환할 수 있다. 이 책에서는 이런 종류의 호출을 표현하기 위해 '동기적'이라는 용어를 사용하지만, AWS Lambda API 참조 문서 또는 AWS 명령줄 인터페이스(CLI, Command-Line Interface)에서는 RequestResponse 호출(invocation)로 표현한다.

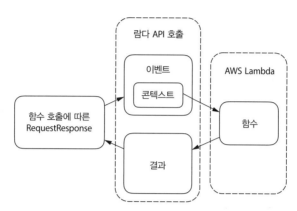

그림 1.2 **RequestResponse 호출 시 동기적으로 AWS Lambda 함수를 호출하고, 이벤트와 콘텍스트로 입력을 받고 결과를 반환한다**

예를 들어, 자바스크립트 런타임을 통한 AWS Lambda에서 두 개의 숫자의 합을 계산하는 간단한 동기 함수는 다음과 같다.

```
exports.handler = (event, context, callback) => {
  var result = event.value1 + event.value2;
  callback(null, result);
};
```

파이썬 코드의 경우 다음과 같다.

```
def lambda_handler(event, context):
  result = event['value1'] + event['value2']
  return result
```

다음 장에서 전체 코드에 대해 자세히 살펴보겠지만, 우선 함수 실행에 초점을 맞추어 보자. 위 함수에 대한 입력값으로 아래 JSON 문법으로 이벤트를 제공하면 결과가 30이 된다.

```
{
 "value1": 10,
 "value2": 20
}
```

입력하는 JSON 값은 따옴표 없이 숫자로 쓴다. 그렇지 않으면 Node.js와 파이썬 함수에서 사용되는 +가 의미가 바뀌어 두 문자열을 연결하게 된다.

물론 함수를 **비동기적(asynchronously)**으로 호출할 수도 있다. 이 경우 함수가 호출되어도 결과는 즉시 반환되지 않는다(그림 1.3). 이 책에서는 '비동기'라는 용어를 사용하지만, AWS Lambda API 참조 문서 및 AWS CLI와 같은 다른 소스에서는 이벤트 호출 유형으로 사용하고 있다.

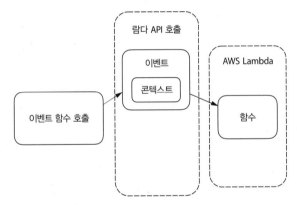

그림 1.3 **이벤트 호출 형태에 따라 비동기적으로 AWS Lambda 함수를 호출하고, 즉시 결과를 반환한다**

람다 함수가 종료되면 AWS Lambda 서비스는 세션 정보를 유지하지 않는다. 이러한 종류의 서버와의 상호작용은 일반적으로 **상태 비저장(stateless)**으로 정의한다. 이러한 동작 방식을 고려하여 람다 함수를 비동기적으로 호출하면(바로 값을 반환하지 않기 때문에) 다른 자원(예: 공유 리포지토리 파일, 데이터베이스 레코드 등)의 상태를 접근 및 수정하거나 다른 서비스를 호출할 때나 그림 1.4와 같이 이메일을 보내거나 모바일 장치에 푸시 알림을 보내는 경우 유용하다.

예를 들어, AWS Lambda 로깅 기능을 사용하여 Node.js에서 간단한 로깅 기능을 (비동기적으로 호출하여) 다음과 같이 구현할 수 있다.

```
exports.handler = function(event, context) {
  console.log(event.message);
  context.done();
};
```

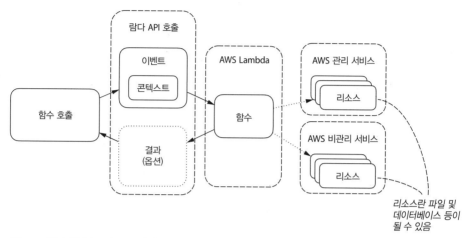

람다 함수는 리소스 생성, 업데이트 및 삭제가 가능하며, 리소스에서 이메일 전송이나 모바일 푸시 알림(mobile push notification) 같은 다른 동작을 처리할 수 있음

그림 1.4 람다 함수는 리소스 생성, 업데이트 및 삭제가 가능하며, 리소스에서 이메일 전송이나 모바일 푸시 알림(mobile push notification) 같은 다른 동작을 처리할 수 있다

파이썬의 경우 결과 로그를 남기기 위해 print를 사용하면 더 편리하다.

```
def lambda_handler(event, context):
  print(event['message'])
  return
```

위의 코드에 대해 메시지를 로그로 남기기 위해 JSON 이벤트로 다음과 같이 함수에 입력을 전달할 수 있다.

```
{
  "message": "This message is being logged!"
}
```

위의 두 가지 로깅 예제에서 우리는 AWS Lambda와 Amazon CloudWatch Logs를 통합해서 사용했다. 사실 람다 함수는 기본 출력 장치 없이(일반적으로 **헤드리스(headless)** 환경에서) 실행되었고, 각 함수 런타임에서 AWS의 모든 로그 정보를 저장하는 CloudWatch 서비스에 로그를 전달하는 기본 기능을 제공한다. 그런 다음, CloudWatch 로그에서 제공하는 모든 기능(예: 저장 기간 선택 또는 기록 데이터에서 측정 항목 생성)을 사용할 수 있다. 앞으로 4부에서 로깅에 관한 더 많은 예제와 사용 사례를 살펴볼 예정이다.

비동기 호출은 함수가 Amazon S3(Simple Storage Service)와 같은 객체 저장소 또는 NoSQL 관리형 데이터베이스 서비스인 Amazon DynamoDB와 같은 다른 리소스에 의해 생성된 이벤트를 처리할 때 유용하다.

다른 AWS 자원에 의해 생성된 이벤트를 통해 함수를 실행할 경우, 선택한 이벤트가 생성되면 함수를 비동기적으로 호출하여 그 이벤트를 함수 입력값으로 전달한다(그림 1.5 참고).

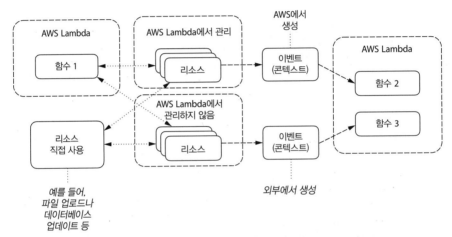

그림 1.5 각종 리소스를 직접 사용하거나 상호작용하는 다른 함수에 의해 생성된 이벤트를 등록할 수 있다. AWS에서 관리하지 않는 리소스의 경우, 해당 리소스에 함수를 구독하는 이벤트를 생성하는 방법을 찾아야 한다

예를 들어, 모바일 애플리케이션 사용자가 새로운 고해상도 그림을 파일 저장소에 업로드하는 경우, 새 파일 위치가 이벤트의 일부로 입력되면서 함수가 실행(triggering)된다. 이 함수는 그림을 읽고 홈페이지에서 사용할 작은 섬네일 파일을 다시 파일 저장소에 저장하는 기능을 수행한다.

이제 AWS Lambda를 통해 높은 수준에서 작동 방식 및 함수로서 코드를 작성하는 방법과 해당 함수를 직접 호출하거나 다른 리소스로 생성된 이벤트를 통해 실행하는 방법을 알아보았다.

다음에는 애플리케이션에서 람다 함수를 사용하는 방법을 살펴보자.

1.2 백엔드 함수 구성하기

우리가 모바일 개발자라고 상상해 보자. 새로운 앱을 개발한다고 할 때 최종 사용자(end user) 클라이언트 기기에서 실행되는 모바일 앱에서 기능을 구현하겠지만, 많은 경우 모바일 앱 외부에 로직 및 상태의 일부를 유지하게 된다. 예를 들면 다음과 같다.

- 모바일 뱅킹 앱에서 혼자서 금액을 이체할 수 없다. 모바일 앱 외부의 은행 업무 시스템 내부의 비즈니스 로직을 통해서만 자금 이체가 가능한지 여부를 결정할 수 있다.
- 멀티 플레이어 게임 앱에서는 플레이어가 현재 단계를 완료했다는 것을 서버에서 확인해야만 다음 단계로 이동할 수 있다.

이는 클라이언트 및 서버 애플리케이션을 개발할 때 일반적인 패턴이며, 웹 애플리케이션에도 동일하게 적용된다. 다음과 같은 이유로 클라이언트 외부 비즈니스 로직을 구현해야 한다.

- **데이터 공유:** 여러 앱 사용자가 직간접적으로 정보를 공유해서 사용해야 하는 경우
- **정보 보안:** 특정 요구 사항에 따라 클라이언트가 데이터에 접근 혹은 변경할 수 있도록 해야 하는 경우
- **접근 제어:** 클라이언트에서 접근 가능한 컴퓨팅 자원 및 저장소 사용에 대한 통제

프론트엔드(front-end) 기반 애플리케이션에서 요구하는 이러한 외부 로직을 애플리케이션 **백엔드(back-end)**라 한다.

이러한 외부 로직을 구현하기 위한 가장 일반적인 방법은 모바일 앱에서 호출할 수 있는 웹 애플리케이션을 만들어 서버에 배포하거나, 기존 웹 앱에 서버 기반 프로그래밍 언어와 함께 결과를 렌더링하는 방법이다. 그러나 서버에 전체 백엔드 웹 애플리케이션을 개발 및 배포하는 대신 필요한 비즈니스 로직을 구현한 여러 개의 AWS Lambda 함수를 호출할 수도 있다. 이렇게 동작하는 것이 바로 **서버리스(Serverless)** 백엔드다.

앞서 살펴보았듯이 보안은 백엔드 로직을 구현하는 근본적인 이유 중 하나이며, 항상 클라이언트의 인증 및 권한 부여 사항에 대해 확인해야 한다. AWS Lamda는 AWS에서 제공하는 표준 보안 프레임워크를 사용하여 람다 함수가 수행할 수 있는 작업과 리소스를 제어한다. 예를 들어, 람다 함수가 공유된 특정 파일 경로만 읽거나, 특정 데이터베이스 테이블에만 쓰게 할 수 있다. 이는 AWS IAM(Identity and Access Management) 서비스의 정책이나 역할을 기반으로 한다. 이런 방식을 통해 더 간단하게 프로그램 코드를 실행하는 데 필요한 보안을 관리할 수 있을 뿐만 아니라 보안 자체가 개발 프로세스 자체의 일부가 된다. 각 람다 함수에 대한 보안

권한을 특별히 조정할 수 있으므로 애플리케이션의 각 모듈(람다 함수)에 대한 최소 권한(least privilege) 설정을 쉽게 구현할 수 있다.

1.3 단일 백엔드 구성하기

AWS Lambda 함수를 사용하여 애플리케이션의 백엔드 로직을 만들 수 있다. 하지만 이를 통해 전통적인 웹 서비스 개발에 필요한 많은 경우를 모두 충족하는지는 아직 살펴보아야 한다.

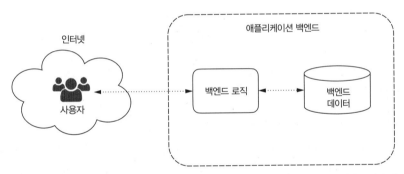

그림 1.6 **사용자가 인터넷을 통해 애플리케이션의 백엔드와 상호작용하는 방식. 백엔드에는 약간의 로직과 데이터가 있다**

이를 위해 웹 브라우저나 모바일 애플리케이션의 전반적인 흐름과 상호작용을 살펴보자(그림 1.6 참고). 먼저, 사용자는 인터넷을 통해 백엔드와 상호 연결한다. 이러한 백엔드에는 비즈니스 로직과 데이터 관리 기능이 있다.

사용자는 백엔드가 지원하려는 인터페이스에 따라 다양한 방식으로 사용할 수 있다. 즉, 웹 브라우저, 모바일 앱 그리고 서드 파티 개발자를 위해 공개하는 애플리케이션 프로그래밍 인터페이스(API, Application Programming Interface) 등이다. API와 같이 외부 애플리케이션과 상호작용할 수 있는 다양한 방법을 제공하는 것은 최근 많은 곳에서 채용하고 있으며, 장기적으로 서비스 성공에 매우 중요하다.

그러나 웹 브라우저의 경우 보통의 다른 장치보다 더 많은 인터페이스를 기대한다. 즉, 사용자 인터페이스(예: 동적으로 생성된 HTML, CSS, 자바스크립트, 멀티미디어 파일) 및 애플리케이션 백엔드 로직(API를 통해 노출)이 함께 필요하다(그림 1.7).

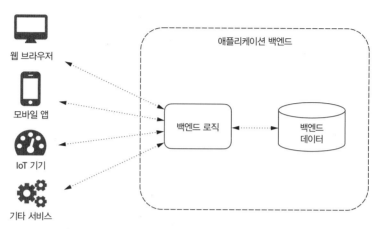

그림 1.7 **사용자가 애플리케이션의 백엔드와 상호작용할 수 있는 다양한 방법. 웹 브라우저를 사용하는 사용자는 다른 프론트엔드 클라이언트와 다른 데이터를 받을 수 있다**

웹 브라우저를 위한 사용자 인터페이스가 이미 구현된 이후에 모바일 앱을 개발하는 경우가 있을 것이다. 이 경우 API를 만들기 위해서는 웹 페이지 렌더링에서 기능만 분리하는 리팩토링을 진행해야 하는데, 일반적으로 쉬운 작업은 아니다. 리팩토링을 끝낸 후, 웹 콘텐츠를 제공하는 웹 브라우저와 모바일 앱 등 두 가지 백엔드 플랫폼을 지원할 수 있다. 하나는 웹 콘텐츠를 제공하는 웹 브라우저용이고, 다른 하나는 새로운 기기(예: 웨어러블, 홈 오토메이션 및 인터넷용 기기) 및 API를 사용하는 모바일 앱용이다. 이러한 두 개의 백엔드 플랫폼을 위해 코드를 잘 설계하고 대부분의 기능을 공유하더라도, 개발자는 새로운 기능을 만들 때마다 두 플랫폼에 미치는 영향을 이해하고 더 많은 테스트를 수행해야 하므로 어쩔 수 없이 개발 자원을 낭비하게 된다.

백엔드 데이터를 데이터베이스와 구조화되지 않은 콘텐츠(예: 정적 파일)로 분할하면 전체 아키텍처를 단순화할 수 있다.

1. 클라이언트가 직접 접근할 수 있는 독립형 자원이 되도록 (안전한) 웹 인터페이스를 파일 저장소에 추가한다.

2. 자바스크립트 클라이언트 애플리케이션을 사용하여 비즈니스 로직의 일부를 웹 브라우저로 이동하고, 모바일 애플리케이션의 로직과 동등하게 만든다.

아키텍처 측면에서 볼 때 자바 스크립트 클라이언트 애플리케이션은 구현 기능, 보안 및 백엔드와의 상호작용(고객의 실제 사례)과 관련하여 모바일 앱과 동일한 방식으로 작동한다(그림 1.8).

백엔드 로직을 살펴보면 모든 클라이언트를 위한 단일 아키텍처와 모든 사용자 애플리케이션에 대한 동일한 상호작용 및 데이터 흐름을 갖게 된다. 클라이언트의 실제 구현상에 백엔드를 추상화하여 정의하고, 모든 최종 사용자를 위해 정의한 표준 API 호출을 사용하여 일반 클라이언트 애플리케이션을 제공하도록 설계할 수 있다.

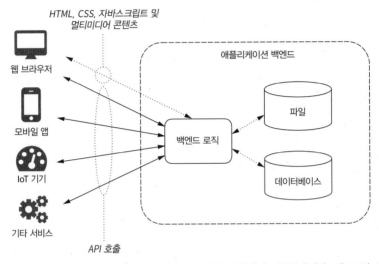

그림 1.8 웹 브라우저에서 실행되는 자바스크립트 애플리케이션을 사용하면 모든 클라이언트에 API만 제공함으로써 백엔드 아키텍처를 단순화할 수 있다

이는 지원하고자 하는 클라이언트 장치에 따라 달라질 수 있는 프론트엔드 구현을 백엔드 아키텍처(그림 1.9)에서 분리하는 중요한 단계다. 또한, 나중에 백엔드에 영향을 주지 않고 새로운 종류의 클라이언트 애플리케이션(예: 웨어러블 장치에서 실행되는 애플리케이션)을 추가할 수 있다.

아키텍처를 분리해서 다시 살펴보면 각 API 호출이 입력 매개변수를 통해 백엔드에서 무언가를 수행하여 결과를 반환한다. 각 API 호출은 AWS Lambda를 사용하여 구현할 수 있는 **백엔드 기반 함수(function exposed by the back end)**다. 동일한 접근 방식을 적용하면 모든 백엔드 API를 AWS Lambda가 관리하는 기능으로 구현할 수 있다.

이러한 방식으로 AWS Lambda가 지원하는 서버리스(serverless) 백엔드 하나를 통해 모든 애플리케이션 클라이언트에게 동일한 API를 제공한다.

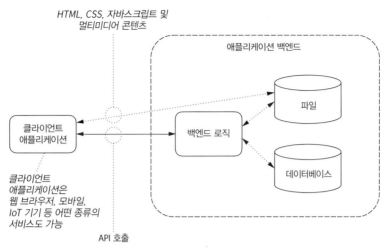

HTML, CSS, 자바스크립트 및
멀티미디어 콘텐츠

애플리케이션 백엔드

클라이언트
애플리케이션

백엔드 로직

파일

데이터베이스

클라이언트
애플리케이션은
웹 브라우저, 모바일,
IoT 기기 등 어떤 종류의
서비스도 가능

API 호출

그림 1.9 **클라이언트가 API를 호출하는 간단한 프로그램이라고 한다면 사용자 기기와 상관없이 API 호출 백엔드 구현을 분리할 수 있다**

1.4 이벤트 기반 애플리케이션

지금까지 AWS Lambda의 기능을 클라이언트 애플리케이션의 백엔드 API로 직접 사용할 수 있다는 점을 알게 되었다. 이것을 일반적으로 **맞춤 이벤트(Custom event)** 방식이라고 한다. 그러나 파일을 저장소로 업로드하거나 데이터베이스의 레코드를 업데이트하는 경우와 같이 다른 리소스에서 생성되는 이벤트를 함수에서 직접 구독(subscription)할 수 있다.

구독 기능을 사용하면 클라이언트 애플리케이션의 직접 요청뿐만 아니라 애플리케이션에서 사용하는 리소스 변경에도 반응할 수 있도록 백엔드의 내부 동작을 변경할 수 있다. 리소스 간의 모든 상호작용을 지원하는 중앙집중식 워크플로(workflow)를 구현하는 대신 관련 리소스 간의 관계로 각 상호작용을 설명한다. 예를 들어, 어떤 파일이 저장소에 추가되면 그 파일에서 추출된 새로운 정보를 데이터베이스에 업데이트할 수 있다.

> 🖋️ **참고하세요!**
>
> 이러한 접근법은 애플리케이션 설계 및 향후 개발 방식을 단순화한다. 이는 마이크로서비스(microservices) 아키텍처가 가져오는 이점 중 하나를 활용하여, 소프트웨어 모듈 간의 상향식 구성을 통해 하향식 **오케스트레이션(orchestration)**보다 훨씬 쉽게 관리할 수 있다.

이러한 접근 방식을 사용하면 백엔드는 더 이상 중앙에서 관리하지 않는 분산 애플리케이션이 되기 때문에 분산 시스템 모범 사례를 적용해야 한다. 예를 들어, 관리상 까다로운 여러 리소스에서 오는 동기식 트랜잭션을 피하는 것이 좋으며, 각 함수를 이벤트 기반으로 독립적으로 작동함으로써 '데이터 일관성'을 유지하도록 설계하는 것이 좋다.

> **뜻풀이!**
>
> **데이터 일관성(eventual consistency)**이란, 궁극적으로 백엔드가 사용하는 모든 리소스에서 항상 데이터 상태가 동기화될 필요는 없다고 생각하지만, 결국 데이터가 마지막으로 업데이트된 상태로 바뀐다는 뜻이다.

내부 및 외부 이벤트에만 대응하여 리소스 처리 및 조정하는 애플리케이션을 **이벤트 기반 애플리케이션(event-driven application)**이라고 한다. 알기 쉬운 예를 들어 살펴보자.

만약 사용자가 클라이언트, 즉 웹 브라우저 또는 모바일 앱에서 사진을 업로드하고 모든 사용자 또는 친구와 공개적으로 공유할 수 있는 사진 공유 사이트를 만든다고 하자. 그렇게 하려면 두 개의 데이터 저장소가 필요하다.

- 멀티미디어 콘텐츠(그림)를 위한 파일 저장소
- 사용자 프로필(사용자 테이블), 사용자 간의 관계(관계 테이블) 및 콘텐츠 메타데이터(콘텐츠 테이블)를 처리하는 데이터베이스 테이블

이러한 저장소를 기반으로 다음과 같은 기본 기능을 구현해야 한다.

- 사용자가 신규 멀티미디어 콘텐츠(사진)를 업로드하고, 각 사진의 메타데이터를 저장한다(메타데이터는 사진을 찍은 날짜, 위치 등 다양한 관련 정보를 말한다).
- 권한이 있는 경우에만 다른 사용자가 공유한 특정 콘텐츠(그림)를 가져올 수 있다.
- 특정 사용자가 볼 수 있는 콘텐츠(모든 공개 콘텐츠와 친구가 해당 사용자와 공유한 콘텐츠)의 목록을 불러온다.
- 콘텐츠 메타데이터를 업데이트할 수 있다. 예를 들어, 사용자는 친구에게만 공개되도록 사진을 업로드한 다음에 원하면 전체 공개로 변경할 수 있다.
- 콘텐츠 메타데이터를 섬네일 이미지와 함께 클라이언트에 표시한다. 예를 들어, 작성자, 날짜, 위치 및 설명을 추가할 수 있다.

물론 실제 애플리케이션은 더 많은 기능이 필요하지만, 이 책에서는 구현해 볼 수 있는 간단

한 기능만 고려해 보자. 앞으로 8장에서 보다 복잡한 미디어 공유 애플리케이션을 만들 예정이다.

콘텐츠가 너무 빨리 변하므로 각 사용자가 콘텐츠 측면에서 볼 수 있는 것을 사전 계산하는 것도 효과적이다. 최종 사용자는 최신 콘텐츠를 더 자주 보게 되고, 따라서 결과도 빨리 보고 싶어한다. 최신 콘텐츠에 대해 미리 **목록(index)**을 만들어 사용하면 사용자의 렌더링 속도를 빠르게 할 수 있으며, 애플리케이션 백엔드에서 사용하는 컴퓨팅 자원을 줄일 수 있다. 사용자가 미리 만들어진 목록 색인 범위를 벗어난 이전 콘텐츠로 돌아갈 때는 동적으로 목록을 만들어야 할 수 있지만, 그 빈도는 매우 낮다. 콘텐츠 목록(파일 또는 메타데이터)은 사용자 간의 공유 정도에 따른 관계 정도가 바뀔 때마다 (사진을 보여 주는 것이 관계의 강도를 기반으로 하기 때문에) 계속 업데이트해야 한다.

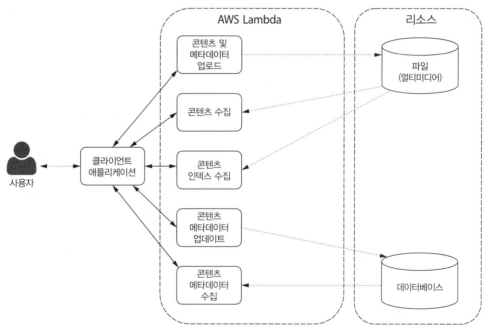

그림 1.10　AWS Lambda 함수로 구현된 샘플 미디어 공유 애플리케이션. 기본 백엔드 기능은 아직 포함되어 있지 않다

위의 기능과 각 저장소에 접근하는 방법은 그림 1.10과 같이 각 기능에 대해 하나의 AWS Lambda 함수를 사용하여 구현할 수 있다.

이러한 방식으로 클라이언트 애플리케이션 내 모든 상호작용을 포함하게 되지만, 그럼에도 몇 가지 기본적인 백엔드 기능이 빠져 있다.

- 사용자가 새로운 콘텐츠를 업로드할 경우 처리 방법
- 사용자가 메타데이터를 변경할 경우 색인 처리 방법
- 사진을 미리보기로 만들어 최종 사용자에게 표시할 방법

위의 새로운 백엔드 기능은 백엔드 저장소(파일 및 데이터베이스 테이블)에서 어떤 이벤트가 발생하는지에 따라 구현할 기능이 다르다. 이러한 신규 기능을 저장소에서 오는 이벤트를 통해 추가적인 함수를 만들어 구현할 수 있다.

- 사진 파일이 추가 또는 업데이트된 경우 새로운 섬네일을 만들어 다시 파일 저장소에 추가한다.
- 사진 파일이 추가되거나 업데이트되면 새 메타데이터를 추출하고 데이터베이스를 변경한다.
- 데이터베이스(사용자 및 사용자 관계 정의 테이블)를 업데이트할 때마다 각종 인덱스를 다시 작성하여 사용자가 보는 내용을 변경한다.

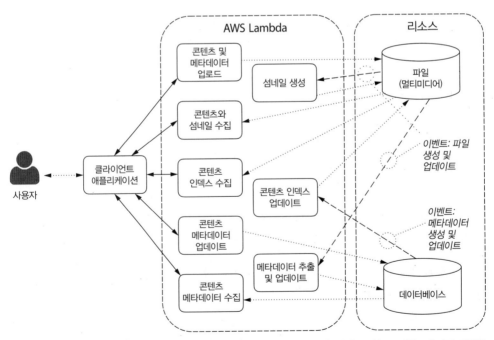

그림 1.11 **AWS Lambda 함수로 구현된 파일 공유 또는 데이터베이스와 같은 백엔드 리소스 이벤트에 따라 다양한 기능을 갖춘 샘플 미디어 공유 애플리케이션**

이러한 기능을 AWS Lambda 함수로 각각 구현하고 관련 이벤트에 등록하면, 데이터가 변경될 때마다 필요한 작업을 중앙집중식 워크플로에 적용하지 않고도 저장소에서 관련 사항이 발생할 때마다 업데이트를 진행하는 효율적인 아키텍처를 가질 수 있다. 이러한 기능을 구현하는 샘플 아키텍처가 바로 그림 1.11의 이벤트에 등록한 함수로 표현된다.

예를 들어, 데이터베이스의 변경 이벤트에 반응하는 함수를 살펴보자. 이들 함수는 데이터베이스가 최종 사용자에 의해 직접 변경되거나(메타데이터에서 명시적으로 변경되는 경우) 또는 다른 함수에 의해 업데이트를 수행할 때(신규 사진을 업로드했을 경우, 새로운 메타데이터 가져오기) 활성화한다.

두 가지 케이스를 따로 관리할 필요가 없다. 모두 동일한 이벤트 기반으로 관리되며, 리소스 간 관계와 무엇인가 변경될 때 해야 할 행동을 알려 준다.

이러한 미디어 공유 애플리케이션을 구현할 때 이들 람다 함수 중 일부는 백엔드 리소스에 대한 직접적인 상호작용으로 대체될 수도 있다. 예를 들어, 파일 공유에 직접 신규 메타데이터와 함께 업데이트된 콘텐츠를 업로드할 수도 있고, 데이터베이스에 직접 작성하여 콘텐츠 메타데이터를 업데이트할 수도 있다. 이러한 리소스 변경에 따라 람다 함수는 필요한 백엔드 로직을 구현한다.

이것은 이벤트 중심으로 구동되는 미디어 공유 백엔드 애플리케이션에서 실제 작동하는 예제들이다. 람다 함수를 이벤트에 등록하면 동작 관계에 따라 자동적이고 연쇄적으로 실행한다. 예를 들어, 사진에서 새 메타데이터를 업데이트하면 파일 저장소에서 생성된 이벤트에 의해 첫 번째 함수가 호출되어 데이터베이스상의 메타데이터를 업데이트한다. 그러면 콘텐츠를 볼 수 있는 모든 사용자의 콘텐츠 목록을 업데이트하는 두 번째 함수를 호출하는 새 이벤트가 발생하고, 연결된 람다 함수를 실행한다.

> **참고하세요!**
>
> 어떤 면에서 앞서 설명한 이벤트 기반 동작 방식은 스프레드시트(spreadsheet)와 비슷하다. 스프레드시트에서는 하나의 셀을 업데이트하면 모든 종속 셀(합계, 평균, 더 복잡한 함수)을 자동으로 다시 계산한다. 스프레드시트는 이벤트 중심 애플리케이션의 좋은 예제다. 이에 대해서는 책의 뒷부분에서 볼 수 있는 반응형 프로그래밍에서 상세히 다루고자 한다.

이제 사용자 생성, 업데이트 및 삭제와 같은 샘플 미디어 공유 애플리케이션 추가 기능에 대해 생각해 보자. 또한, 사용자 간 관계를 바꾸기(친구 추가나 삭제)와 관련 기능을 처리하기 이전 다이어그램에 필요한 함수 추가, 이벤트에 의해 구동되는 애플리케이션 흐름을 갖추기 위해 관련 리소스를 백엔드에 추가하되, 모든 워크플로 로직을 람다 함수에 넣는 것을 피해야 한다.

예를 들어, 람다 함수에서 Amazon SNS(Simple Notification Service)와 같은 모바일 푸시 알림 서비스에 대한 접근 권한이 있다면, 새로운 이벤트를 통한 콘텐츠나 업데이트 사항을 최종 사용자에게 제공하는 것을 별도 함수로 만들 필요가 없다. 각종 컴퓨팅 자원, 이벤트 및 함수 측면에서 그림 1.11에 추가할 필요가 있는 것은 무엇일지 생각해 보자.

1.5 클라이언트에서 함수 호출하기

앞에서는 직접 호출이 가능하다고 생각할 때 어떻게 기술적으로 클라이언트 애플리케이션이 AWS Lambda 함수와 상호작용하는지에 대해 고려하지 않았다.

이전에 언급했듯이 각 함수를 동기 또는 비동기적으로 호출할 수 있으며, 특정 AWS Lambda API를 통해 Invoke API(그림 1.12)를 설계할 수 있다.

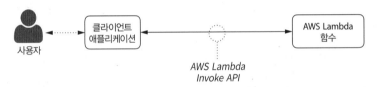

그림 1.12　Invoke API를 통해 클라이언트 애플리케이션에서 AWS Lambda 함수 호출 과정

Invoke API를 호출하기 위해서는 AWS의 표준 보안 검사를 적용하고 클라이언트 애플리케이션에 함수를 호출할 수 있는 올바른 권한이 필요하다. 다른 AWS API와 마찬가지로 인증을 위해 AWS가 요구하는 별도로 발급받은 인증키가 필요하며, 해당 인증을 기반으로 인증키가 특정 리소스에서 해당 API 호출을 실행할 적절한 권한을 가지고 있는지 확인한다.

> 👆 **여기서 잠깐!**
>
> AWS Lambda에서 사용하는 보안 모델에 대해서는 4장에서 자세히 설명한다. 지금 기억해야 할 가장 중요한 점은 클라이언트 애플리케이션 소스 코드에 인증키를 절대 넣으면 안 된다는 점이다. 모바일 애플리케이션이나 자바스크립트 기반 웹 애플리케이션은 해커가 소스 코드 역공학을 하여 인증키를 탈취할 수 있다. 이러한 경우에는 백엔드가 있는 클라이언트 애플리케이션을 인증하기 위해 다른 접근 방식을 사용해야 한다.

AWS Lambda뿐만 아니라 다른 AWS API의 경우, Amazon Cognito와 같은 서비스를 사용하여 인증 및 권한 부여를 쉽게 관리할 수 있다. Amazon Cognito는 클라이언트가 외부 소셜 로그인 (Twitter, Facebook 또는 Amazon)을 사용하여 사용자 인증을 할 수 있을 뿐 아니라 임시 AWS 인증키를 얻어 클라이언트가 사용할 권한이 있는 람다 함수를 호출할 수 있다(그림 1.13 참고).

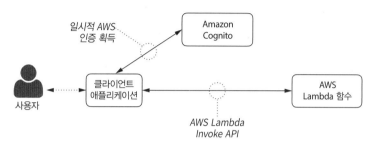

그림 1.13 Amazon Cognito를 사용하여 AWS Lambda 함수 호출에 대한 인증 및 허가 과정

한 걸음 더 나이가 외부 사용자용 애플리케이션이 HTTP URL을 통해 접근한다면 AWS Lambda 의 Invoke API를 활용하여 웹 기반 API 서비스를 만들 수 있다.

예를 들어, 책 판매 온라인 서점용 웹 API를 구현한다면 책 목록을 나열하거나 특정 책에 대한 추가 정보를 얻거나 구매할 책을 장바구니에 추가, 업데이트 또는 삭제하는 기능이 있을 것이다. Amazon API Gateway에서 HTTP 기반 메서드(GET, POST, PUT, DELETE 등)를 통한 특정 리소스(온라인 서점 또는 특정 책의 URL)에 대한 접근은 람다 함수 호출과 매핑할 수 있다. 이에 대한 예제는 표 1.1을 참고하면 된다.

표 1.1 **온라인 서점 샘플 API 목록**

리소스	+	HTTP 호출 방식	→	메서드(함수)
/books	+	GET	→	GetAllBooksByRange
/books	+	POST	→	CreateNewBook
/books/{id}	+	GET	→	GetBookById
/books/{id}	+	PUT	→	CreateOrUpdateBookById
/books/{id}	+	DELETE	→	DeleteBookById

표 1.1의 예제를 좀 더 자세히 살펴보자.

- /books 리소스에서 HTTP GET을 실행하는 경우 지정 범위에 따라 책 목록을 반환하는 람다 함수(GetAllBooksByRange)를 실행한다.
- 같은 URL에서 HTTP POST를 실행하면 CreateNewBook 함수를 사용하여 신규 책을 추가하고 그 결과로 책의 ID를 보여 준다.
- /books/ID에 HTTP GET을 실행하면 특정 ID로 책에 대한 설명(REST 아키텍처 스타일에 따른 표현)을 제공하는 함수(GetBookById)를 통해 상세 정보를 보여 준다.
- 다른 데이터도 동일하게 처리할 수 있다.

참고하세요!

모든 리소스 및 HTTP 메서드 조합에 대해 여러 람다 함수를 만들 필요는 없다. 단일 함수에 별도의 입력 매개변수를 통해 리소스 및 메서드를 전달할 수 있으며, 함수에서 GET 또는 POST에 의해 실행 여부를 통해 처리할 수도 있다. 람다 함수를 기능에 따라 크게 만들거나 작게 만드는 것은 선택 사항으로 여러분의 프로그래밍 습관에 좌우한다.

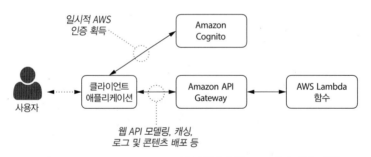

그림 1.14 Amazon API Gateway를 사용하여 웹 API로 함수 호출 과정

그림 1.15 Amazon API Gateway를 사용하여 AWS Lambda 백엔드를 통한 공개 API 서비스 제공 과정

Amazon API Gateway는 백엔드의 부하를 줄이기 위해 결괏값에 대한 캐싱, 피크 타임에 백엔드 오버로드를 피하기 위해 스로틀링 기능, 개발자 키 관리, 다중 플랫폼에 맞는 웹 API용 SDK 자동 생성 등 많은 기능을 제공한다. 다음 장에서 이에 대한 상세한 기능을 살펴볼 예정이다.

무엇보다 중요한 것은 AWS Lambda를 Amazon API Gateway를 통해 제공함으로써, 외부 클라이언트가 직접 실행하거나 접근하는 것을 방지하여 보안에 뛰어나다는 점이다. Amazon API Gateway를 통해 공개한 웹 API라고 하더라도 선택적으로 AWS 인증키나 (필요시) Amazon Cognito를 사용하여 클라이언트에 대한 인증 및 권한 부여를 관리할 수 있다(그림 1.14 참고).

Amazon API Gateway를 통해 일부 웹 API 접근을 공개할 수도 있다. 공개 접근 방식을 사용하면 해당 웹 API에 접근하는 데 인증키가 필요하지 않다. API를 구성할 때 사용할 수 있는 HTTP 메서드 중 하나가 GET이라면 웹 브라우저에 URL을 입력할 때 사용되는 기본값이기 때문에 이러한 구성을 사용하여 URL이 동적으로 제공되는 공개 웹사이트를 만들 수 있다(그림 1.15 참고).

실제로 HTTP GET 메서드를 통해 공개한 웹 API는 브라우저에서 볼 수 있는 웹 페이지와 같은 HTML 소스 코드뿐만 아니라 모든 콘텐츠 유형을 반환할 수 있다.

> 👆 **여기서 잠깐!**
>
> 동적 웹사이트를 구축하기 위해 AWS Lambda와 Amazon API Gateway를 함께 사용하는 예를 보려면 https://serverless.com/에서 서버리스(serverless) 프레임워크를 참고하면 된다.[3]

요약

이번 장에서는 앞으로 자세히 다룰 핵심 주제를 간략히 소개했다.

- AWS Lambda 함수에 대한 개요
- 람다 함수를 통한 백엔드 구현하기

---

3   **역주** 이 책의 13장과 부록에는 다양한 오픈 소스 서버리스 프레임워크에 대한 소개와 예제를 함께 제공하고 있다.

- 웹 브라우저 및 모바일 앱에 대해 단일 백엔드 구현

- 이벤트 기반 애플리케이션 작동 방식

- 클라이언트에서 인증 및 권한 관리

- Amazon API Gateway나 람다 함수 직접 사용하기

다음 장부터 이러한 내용에 기반을 둔 첫 번째 함수를 만들어 보자.

2

첫 람다 함수 만들기

이 장에서 살펴볼 내용

- AWS Lambda 함수 만들어 보기
- 람다 함수의 구성과 설정 이해하기
- 웹 콘솔로 람다 함수 테스트해 보기
- AWS-CLI를 통해 함수 호출하기

이전 장에서 AWS Lambda 함수가 어떻게 동작하는지 살펴보았고, 어떻게 동기화 방식(응답 결과 반환) 혹은 비동기화 방식(함수 이벤트 구독)으로 사용할 수 있는지 설명했다. 또한, 이벤트 기반 애플리케이션에서 함수 집합이 어떻게 외부(클라이언트 애플리케이션) 혹은 내부(데이터 간의 관계)에서 작동하는지 알아보았다.

이번 장에서는 클라우드 함수를 직접 만들어 클라이언트 애플리케이션에서 람다 함수가 어떻게 동작하는지 살펴보고자 한다. AWS Lambda 인터페이스는 웹 서버, 웹 브라우저 및 모바일 기기에서 AWS 명령줄 인터페이스(CLI) 또는 AWS SDK를 이용하면 람다를 쉽게 사용할 수 있다.

2.1 새로운 함수 만들기

대부분의 프로그래밍 책과 마찬가지로 먼저 'Hello World' 예제를 만들어 보자. 하지만 AWS Lambda는 독립적인 애플리케이션이 아니라 이벤트를 통해 실행되거나 선택적으로 입력 결과

동기화 방식으로 호출되었을 시에만 실행된다. 따라서 조금 복잡한 방식으로 시작해 보려 한다. 어떤 이벤트에서 'greet' 옆에 위치한 이름을 찾아 'Hello <name>!'을 출력하고, 이름이 없으면 'Hello World!'를 출력하는 것이다.

> 👆 **여기서 잠깐!**
>
> 이 책에 있는 예제들을 따라 해보기 위해서는 AWS 계정을 생성해야 한다. 새로운 AWS 계정을 생성하면 **프리 티어(Free Tier)**를 사용할 수 있는데, 이 책에 있는 모든 예제를 무료로 테스트해 볼 수 있다. 자세한 사항은 다음 링크를 참고하자. (URL) http://aws.amazon.com/free/

새로운 람다 함수를 만들기 전에 샘플 람다 함수(블루프린트(blueprint))를 통해 Amazon Alexa, Twilio와 Algorithmia(그림 2.1) 등 다른 AWS 서비스와 쉽게 연동할 수 있다. 우리는 '새로 작성 (Author from scratch)'을 선택하여 진행한다.

그림 2.1 **AWS Lambda 콘솔에서는 다양한 샘플 함수를 통해 샘플 소스 코드를 포함한 람다 함수를 손쉽게 시작할 수 있다**

이제 람다 함수를 만들 수 있다(그림 2.2). 함수의 이름은 greetingsOnDemand으로 하고, 원하는 런타임(Runtime)을 선택하는데 여기서는 Node.js 6.10을 선택한다. 역할은 본 함수의 실행 권한을 설정하는 것으로 처음 함수를 생성하는 경우 사용자 지정 역할 생성(Create a custom role)을 선택한다. 이때 자동으로 팝업 화면이 뜨면 lambda_basic_execution이라는 역할을 새로 생성(Allow)한 후 되돌아온다(함수 권한 및 역할에 대해 추후 자세히 설명한다).

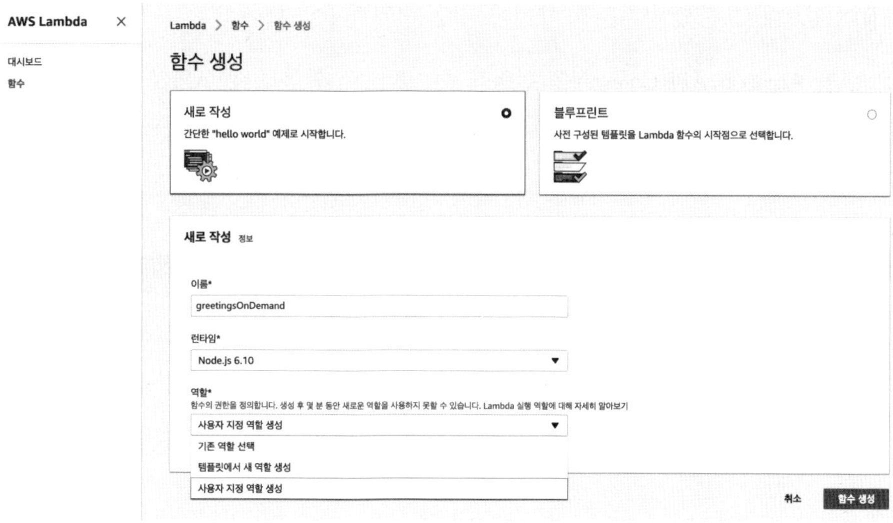

그림 2.2 함수 이름과 실행할 런타임 엔진 및 권한 역할을 설정함으로써 람다 함수를 만들 수 있다

새로운 함수 생성 후 실행할 소스 코드를 편집할 수 있다. 먼저 탭에서 람다 함수를 실행할 수 있는 **트리거(Trigger)**를 선택할 수 있다(그림 2.3). 트리거는 이벤트가 발생하는 각 AWS 서비스 지점으로 개별 서비스 이벤트에 따라 함수를 실행시킨다. 트리거에는 선택할 수 있는 많은 서

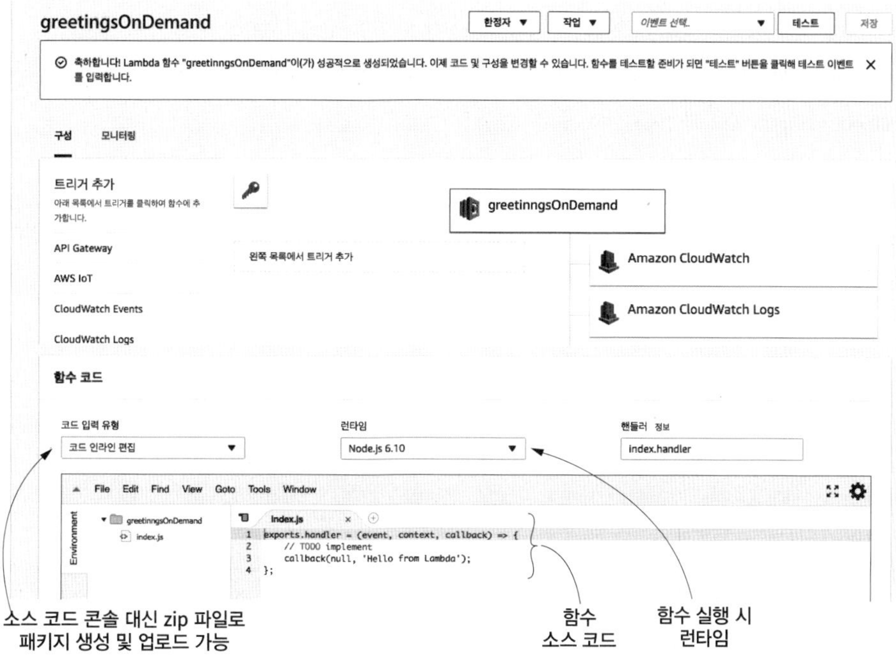

그림 2.3 람다 함수명, 소개 및 런타임 및 소스 코드 등의 설정 화면

비스들이 있으며, 그중 몇 가지는 이 책에서 다뤄 볼 예정이다.

예를 들면, Amazon API Gateway를 선택할 수 있다. 이를 통해 웹 API가 람다 함수 혹은 AWS IoT를 호출하여 AWS IoT 플랫폼의 서버리스 백엔드를 구성할 수 있으며, AWS와 디바이스들을 연결시킬 수 있다.

> ### 📝 참고하세요!
>
> 현재 AWS Lambda는 함수의 이름에 대해서 공식적인 규칙이 없다. 함수의 이름은 모두 소문자로 이뤄질 수 있고, 대시 혹은 띄어쓰기로도 가능하다. 이 책에서는 **lowerCamelCase**와 같이 모든 문자를 붙이고, 첫 문자는 소문자로 시작하며, 새로운 단어의 첫 문자는 대문자로 사용할 예정이다.

구성 탭에 돌아와 AWS Lambda 웹 콘솔을 사용하면 다음의 세 가지 방법으로 함수에 코드를 넣을 수 있다(그림 2.3).

- 웹 브라우저에서 직접 코드 편집
- 로컬 환경에서 zip 파일 업로드
- Amazon S3에서 zip 파일 업로드

zip 파일 내의 코드와 의존성을 가진 맞춤형 라이브러리 혹은 모듈을 포함시킬 수 있다. 파트 3에서는 Amazon S3를 통해 함수를 업로드하여 람다 함수에 대한 자동 배포와 지속적인 통합(Continuous Integration) 과정을 살펴볼 수 있다.

람다 함수 언어로는 Node.js 4.3 및 6.10, Python 2.7 및 3.6, Java 8, C# 등을 사용할 수 있다. Node.JS 및 Python에 대한 예제 모두 이 책에서 제공하고 있으며, 여러분이 좋아하는 언어를 선택하여 사용하면 된다.[1]

> ### 자바 언어 사용하기
>
> Java 8 예제는 이 책에서 제공되지 않는다. Java 코드는 웹 콘솔에서 편집이 불가능하며 컴파일, 패키지, 업로드 등 복잡한 과정이 이루어져야 가능하기 때문이다. Java 코드를 사용하고 싶다면 AWS Toolkit for Eclipse를 사용하는 것을 추천한다. 자세한 사항은 다음 링크를 참고하기 바란다.
> **URL** https://aws.amazon.com/eclipse

---

1 역주 람다 함수 지원 프로그래밍 언어와 버전은 계속해서 확장되고 있다. 최신 AWS Lambda 런타임 환경에 대한 자세한 것은 http://docs.aws.amazon.com/ko_kr/lambda/latest/dg/current-supported-versions.html을 참고하면 된다.

2.2 함수 작성하기

'코드 인라인 편집(Edit code inline)' 옵션을 그대로 두고, 다음에 제공된 코드를 선택한 언어에 맞게 온라인 에디터에 입력한다(Node.js는 리스트 2.1/Python은 리스트 2.2 참고).

리스트 2.1 **greetingsOnDemand (Node.js) 함수**

```
console.log('Loading function');          ◄—— 초기화

exports.handler = (event, context, callback) => {  ◄— 함수 선언: 입력 이벤트는
  console.log('Received event:',                       자바스크립트 객체임
    JSON.stringify(event, null, 2));
  console.log('name =', event.name);
  var name = '';
  if ('name' in event) {
    name = event['name'];
  } else {
    name = 'World';
  }
  var greetings = 'Hello ' + name + '!';
  console.log(greetings);               ◄—— Amazon CloudWatch 로그
  callback(null, greetings);            ◄—— 함수 종류 및 결과 반환
};
```

리스트 2.2 **greetingsOnDemand (Python) 함수**

```
import json
                                    초기화: Python에서는
print('Loading function')           json 모듈 필요

def lambda_handler(event, context):     ◄— 함수 선언: 입력 이벤트는
  print('Received event: ' +               파이썬 빌트인 타입(dict)임
    json.dumps(event, indent=2))
  if 'name' in event:
      name = event['name']
  else:
    name = 'World'
  greetings = 'Hello ' + name + '!'       Amazon
  print(greetings)                        CloudWatch 로그
  return greetings            ◄—— 함수 종류 및 결과 반환
```

전체적인 코드의 구성과 실행 흐름은 두 런타임에서 모두 비슷하다.

- 코드는 함수 앞에 있는 초기화 단계로 시작한다. AWS Lambda는 함수의 여러 호출에 대해 동일한 컨테이너를 재사용할 수 있다. 컨테이너는 함수가 처음 호출될 때만 실행하며, 함수가 호출될 때마다 초기화가 실행되지는 않는다. 초기화 단계에서는 한 번만 실

행될 수 있는 코드를 넣어야 한다. 예를 들면, 데이터베이스에 대한 연결, 캐시 초기화, 함수에 필요한 데이터 로드 등이 있다.

- AWS Lambda는 디스플레이가 없는 헤드리스 환경에서 함수를 실행한다. 이러한 이유로 모든 런타임은 실행 후 Amazon CloudWatch Logs에 모두 로그가 쌓인다. Amazon CloudWatch는 애플리케이션 및 애플리케이션에서 사용하는 AWS 서비스에 대한 통계치, 알람 및 로그를 관리하는 데 사용할 수 있는 모니터링 및 로깅 서비스다. Node.js의 경우 console.log()에 작성한 모든 항목이 CloudWatch Logs로 이동한다. 파이썬의 경우 코드가 출력하는 모든 것이 CloudWatch Logs로 이동한다.

- 초기화 후에 함수는 각 런타임에 맞는 이벤트와 콘텍스트를 입력으로 받는다. 예를 들면, Node.js의 자바스크립트 객체 또는 파이썬 기반 딕셔너리(dictionary) 등이 있다. 이 함수는 모든 호출에 대해 실행되며, 다음 단계에서 구성하게 된다.

- 람다 함수의 비즈니스 로직은 간단하다. 입력 이벤트에 'name' 키가 있으면 그 이름을 사용하여 'Hello! 이름'을 표시하고, 그렇지 않으면 기본 'Hello World!'가 출력된다.

- 결괏값은 로그로 남게 되며 함수 실행 후 출력한다.

- Node.js에서는 표준 Node.js 프로그래밍 모델에 익숙한 방식으로 callback을 사용하여 함수를 종료한다. 이 경우 callback(null, data)을 사용하여 성공적으로 종료하고 인사말을 반환한다. callback의 첫 번째 매개변수가 null이 아니면 오류로 함수를 종료한다(예: callback(error)).

- 파이썬에서는 함수의 반환이 성공적이면 정상 종료되며, 실패하면 예외를 발생시킬 수 있다.

- 입력 context에는 람다 함수 구성 및 실행을 처리하는 방법에 대한 흥미로운 정보가 포함되어 있다. 예를 들어, 실행 시간 제한에 도달하기까지 남은 시간을 확인할 수 있다(자세한 내용은 다음 절 참고).

2.3 다른 설정 지정하기

웹 콘솔에 소스 코드를 붙여 넣은 후 AWS Lambda에서 코드 내의 어떤 함수를 호출해야 하는지 지정해야 한다. 이는 코드 다음의 핸들러(Handler) 필드를 통해 할 수 있다. zip 파일 업로드를 이용하는 경우 두 개 이상의 파일이 존재할 수 있으므로 핸들러 필드에 다음 규칙에 맞추어 값을 입력한다.

```
<file name without extension>.<function name>
```

예를 들어, Node.js의 index.js 파일의 handler 함수 기본값은 index.handler다. 파이썬에서 lambda_function.py 파일의 lambda_handler 함수에 대한 기본값은 lambda_function. lambda_handler다. 웹 콘솔에 코드를 붙여 넣으면 Index(Node.js용)와 lambda _function(파이썬용)이 기본 파일 이름이고, 핸들러 필드는 이전 코드에서 사용한 함수의 기본 이름을 사용하도록 이미 구성되어 있다. 여기서 주의해야 할 점은 Node.js를 사용할 때는 핸들러에서 사용하는 함수를 내보내기(export)해야 하는 점이다.

소스 코드에서 다른 함수 이름을 사용하려면 핸들러에서 이름을 업데이트해야 한다(그림 2.4). 여러 함수를 가진 코드를 만들 수도 있고, zip 파일을 업로드하여 여러 파일을 가질 수 있지만, 핸들러에서 지정한 함수만 AWS Lambda에서 호출한다. 지정되지 않은 함수는 코드 내부적으로만 사용할 수 있다.

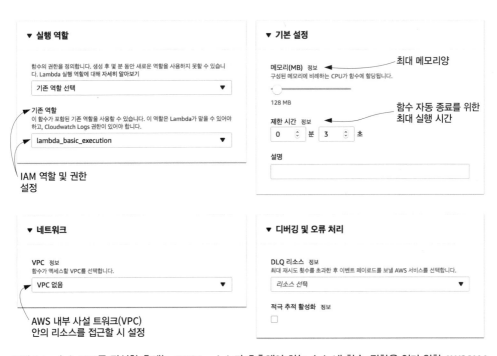

그림 2.4 소스 코드를 작성한 후에는 AWS Lambda가 호출해야 하는 소스 내 함수, 권한을 얻기 위한 AWS IAM 역할, 할당 메모리양 및 타임아웃 시간을 선택해야 한다. 필요한 경우 Amazon VPC를 지정하여 VPC 내부의 리소스(예: 데이터베이스)에 접근할 수 있다

AWS Lambda는 개발 환경에 대한 보안을 철저하게 관리할 수 있다. AWS Lambda가 실행하는 모든 작업에는 수행해야 할 작업을 할 수 있는 권한이 있어야 한다. 이는 AWS IAM(Identity and Access Management)을 통해 IAM '역할(role)' 및 '정책(policy)'을 사용하여 관리하게 되며, 이는 4장에서 자세하게 살펴보고자 한다. 람다 함수가 실행될 때는 설정된 IAM 역할을 임시로 가지게 된다. 그리고 IAM 역할은 하나 이상의 IAM 정책을 가질 수 있다. IAM 정책은 행동, 리소스 및 조건 면에서 할 수 있는 일을 설명한다. IAM 역할을 임시로 가진 함수는 역할에 첨부된 정책에 따라 함수를 수행할 수 있다.

이 기본 예제에서 함수는 오직 Amazon CloudWatch Logs와 상호작용한다. 이는 기본 동작이므로 'basic execution role'을 선택하면 된다. 다른 경우에는 역할 메뉴(Role menu)를 이용하여 새로운 역할을 만든다.

1. Create new role from template 역할을 선택한다.

2. Role name에 myBasicExecution 역할을 넣는다.

3. Policy template을 선택하지 않고, 다른 필드는 빈칸으로 둔다.

위와 같이 함수의 역할을 지정할 때 기존에 생성한 역할을 선택하여 재사용할 수 있다. 같은 설정의 역할을 계속 만들 필요가 없으니 가능하면 재사용하는 것이 좋다.

> **여기서 잠깐!**
>
> 여기에선 정책 템플릿(policy template)을 선택할 필요가 없다. 왜냐하면 처음 람다 함수가 외부 리소스에 대해 접근할 때는 추가적인 권한이 필요치 않기 때문이다. 이 책의 다른 심화 예제에서는 특정 리소스에 대해 읽기 또는 쓰기 권한을 가진 IAM 역할을 만들 것이다. 이때 생성하는 역할은 특정 리소스에 대한 역할이기에 재사용되지 않을 수 있다.

이제 람다 함수에 대해 두 가지 항목에 대해 설정을 해야 한다.

- 첫째, 사용할 메모리양을 결정한다. 이 설정은 CPU 성능과 함수 실행 비용에 영향을 미친다. 그러므로 필요한 최소 메모리(및 CPU)를 사용해야 한다. 이 예제에서는 단순한 기능을 사용하므로 128MB로도 충분하다. 짧은 실행 시간을 원한다면 더 많은 CPU 성능을 갖기 위해 메모리를 올릴 수 있다.

- 둘째, 람다 함수가 자동으로 종료되는 시간을 설정해야 한다. 이 설정은 실행 시간이 길어지는 것을 방지하며, 예상되지 않은 비용이 나오는 것을 막아 준다. 이 예제에서는 3초면 충분하다. 이 값은 함수가 정상적으로 실행되었을 때에는 발생할 수 없는 값을 사용해야 한다.

다음 절에서 함수를 테스트할 때 볼 수 있듯이 로그에서 메모리 사용 및 실행 시간을 모니터링할 수 있다.

마지막 설정에서는 다른 리소스에 접근하기 위해서, 다른 리소스가 위치한 논리적으로 독립된 가상 네트워크인 Amazon VPC(Virtual Private Cloud)를 지정할 수 있다. 예를 들어, VPC 내 하나 이상의 Amazon EC2 가상 서버에서 호스팅되는 NoSQL 데이터베이스, 혹은 Amazon RDS에서 관리하는 관계형 데이터베이스가 있다고 하자. 올바른 VPC가 구성되어 있으면 사설 네트워킹을 통해 람다 함수가 해당 리소스에 접근할 수 있을 것이다. 이 예제에서 VPC의 리소스를 사용하지 않으므로 기본값인 'VPC 없음(NO VPC)'을 그대로 둔다.

2.4 함수 테스트하기

이제 함수가 작성되었으므로 웹 콘솔에서 직접 테스트할 수 있다. 콘솔의 오른쪽 상단에 있는 테스트 단추를 클릭한다. 이제 콘솔의 모든 테스트 호출에 사용될 테스트 이벤트(그림 2.5)를 준비해야 한다. 람다 함수를 호출할 때 이벤트는 실제 런타임에서 이벤트가 수신될 때 네이티브 객체 또는 유형으로 변환되는 JSON 문법을 사용하여 표현된다(예: Node.js의 자바스크립트 객체 또는 파이썬의 딕셔너리).

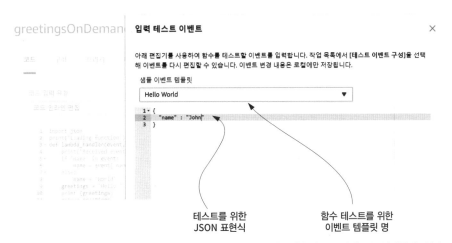

그림 2.5   웹 콘솔에서 빠르게 함수 실행 검증을 위한 JSON 문법을 통한 테스트 이벤트를 설정할 수 있다

드롭다운(drop-down) 메뉴에는 함수가 Amazon S3 또는 Amazon DynamoDB를 구독할 때 발생하여 수신할 수 있는 몇 가지 샘플 이벤트가 있다. 하지만 이 예제의 함수는 커스텀 이벤트 포맷을 사용하므로 표준 샘플 이벤트를 사용하지 않는다. 대신에 기존 이벤트를 편집하여 함

수가 요구하는 name을 지정해야 한다.

```
{
  "name": "John"
}
```

'John'을 독자의 이름으로 대체해도 된다. 맨 아래에 있는 '생성(Create)'를 클릭하면 사용자가
제공한 테스트가 만들어진다. 생성한 테스트를 실행하면 함수가 호출된다. 실행 결과는 바로
표시된다(그림 2.6. 세부 정보를 클릭하면 내역을 볼 수 있다). 실행 결과로 결괏값 및 로그가 표시되
며, 실행 요약 사항, 즉 실제 실행 시간, 청구된 시간(100ms 단위로 반올림 됨), 메모리 사용률(설
정한 128MB 중)도 표시한다. 위 정보는 로그 출력에도 표시된다.

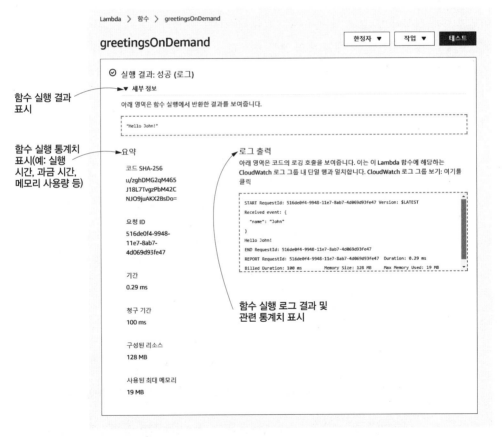

그림 2.6 웹 콘솔에서 실행 결과 및 로그와 통계치 등을 손쉽게 확인할 수 있다

모든 것이 잘 진행되면 실행 결과에서 'Hello John!'(또는 변경한 사용자 이름)을 볼 수 있다. 이제 첫 번째 기능을 성공적으로 실행했다!

> **⚠ 주의하세요!**
>
> 만약 오류가 발생했다면 모든 코드를 붙여 넣었는지 확인해야 한다. 각 런타임의 마지막 줄은(Node.js의 경우 callback(), 파이썬의 경우 return) 매우 중요하다.

람다 함수를 여러 번 실행해 본다. 첫 번째 실행이 지연되는 경우가 있지만, 그 다음 실행부터 는 속도가 더 빨라진다. 실제 환경에서는 여러 번 호출되므로 문제가 되지 않는다.

> **여기서 잠깐!**
>
> 람다 함수를 자주 실행하지 않는다면 AWS가 실행 환경을 해제 할 수 있어 다음 실행 속도가 느려질 수 있 다. 고객을 위한 SLA(Service Level Agreement)를 충족시키기 위해 항상 짧은 실행 시간이 필요한 경우 '영향 을 주지 않는' 매개변수를 사용하여 예정된 실행(예: 5 분마다)을 수행하여 실행 환경을 유지할 수 있다.

name이 제공되지 않을 때 기본 동작을 테스트하려면 테스트 이벤트를 변경해야 한다. Action 메뉴에서 'Configure test event'를 선택하고, JSON 페이로드에서 'name' 키를 제거하여 이벤트 가 비어 있게 한다.

```
{}
```

빈 이벤트를 저장하고 테스트한다. 페이지 하단의 결과를 검토하면, 이벤트에 'name'이 전달 되지 않으면 함수 논리(리스트 2.1 및 2.2)가 'name'을 'World'로 바꾼다. 이제 실행 결과에 'Hello World!'가 표시된다. 축하한다! 프로그래밍 서적에서 제공해야 하는 필수 'Hello World' 예제 를 실행하였다.

2.5 Lambda API로 함수 실행하기

이제 웹 콘솔에서 람다 함수를 성공적으로 테스트했다. 하지만 웹 인터페이스 외부에서 요구 에 따라 람다 함수를 사용할 수 있을까? 사실상 모든 함수는 AWS Lambda Invoke API 호출 을 통해 실행할 수 있다. 이를 위해 AWS 명령줄 인터페이스(CLI)를 사용할 수 있다.

AWS CLI 설치 및 설정

AWS CLI를 설치하기 위해서 윈도우, 맥, 리눅스 AWS CLI 사용법이 있는 AWS 웹사이트인 https://aws.amazon.com/cli를 방문하면 된다.

'Getting Started' 링크를 클릭하여 문서의 내용에 따라 CLI에서 사용할 AWS IAM 사용자를 생성할 것을 제안한다. 다음의 정책들을 사용자(user)에게 주어 이 책의 예제들을 따라할 수 있도록 한다.

AWSLambdaFullAccess

AmazonAPIGatewayAdministrator

AmazonCognitoPowerUser

aws configure 명령어를 통해 CLI를 설정할 때, AWS 리전을 명시하여 기본 리전을 설정할 수 있다. 여기서 설정하지 않은 경우 --region <리전명> 명령어를 명령 끝마다 붙여야 한다.

또한, 명령어 자동 완성 기능을 사용하는 것을 권장한다. 이에 대해 아래에 자세히 설명하겠다.

AWS CLI가 정상적으로 설치되고 설정되었는지 aws lambda list-functions 명령어를 통해 AWS Lambda 함수들을 리스팅해 보는 것으로 테스트할 수 있다(메모리 크기, 타임아웃, 실행 권한 등 설정 등).

기본값으로 CLI의 결괏값은 JSON 포맷으로 표시된다. 초기 설정에서 변경할 수 있으며, --output 옵션을 통해서도 가능하다.

작성한 함수를 호출하려면 명령줄에서 다음 문법을 사용한다(JSON 이벤트는 작은 따옴표로 묶는다).

```
aws lambda invoke --function-name <function name> --payload '<JSON event>'
<local output file>
```

⚠ 주의하세요!

만약 윈도우 CLI를 사용하여 AWS Lambda invoke 명령어를 사용하는 경우 작은따옴표가 아닌 큰따옴표를 두 번 사용해야 한다. 예를 들면, --payload '<JSON event>'는 --payload "{""""name""""":""""John""""}"로 변경된다.

함수의 결괏값은 로컬 파일에 쓰여진다. 예를 들면, John에게 인사하려면 다음 명령이 필요하다.

```
aws lambda invoke --function-name greetingsOnDemand --payload
'{"name":"John"}' output.txt
```

이름을 주지 않고 'Hello World!'를 출력하기 위해서는 다음의 명령어를 사용한다.

```
aws lambda invoke --function-name greetingsOnDemand --payload '{}' output.txt
```

람다 함수의 결괏값들은 함수 실행 후 output.txt 파일에서 확인할 수 있다. 이 파일은 함수가 실행된 디렉터리와 같은 디렉터리에 있다. 다른 디렉터리에 파일을 저장하기 위해서 지정할 수 있다(예를 들면, /tmp/output.txt 혹은 C:/Temp/output.txt).

👆 **여기서 잠깐!**

AWS CLI를 사용할 때마다 이 파일은 덮어 쓰여진다. 다른 파일명을 사용하여 전의 실행 결과를 보존할 수 있다.

AWS CLI에는 함수를 호출하는 방법에 대한 자세한 정보를 제공하는 내장 도움말 시스템이 있다. 도움말을 보려면 명령줄에서 다음 명령을 실행한다.

```
aws lambda invoke help
```

첫 번째 장에서 설명한 것처럼 이제 CLI를 사용하여 AWS Lambda Invoke API를 통해 함수를 직접 호출할 수 있다(그림 2.7).

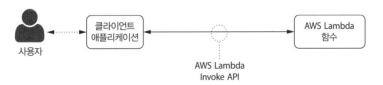

그림 2.7 **AWS CLI를 통해 Invoke API를 사용하여 람다 함수 호출 과정**

지금까지 AWS CLI를 사용하여 람다 함수를 호출하고 실행했다. 더 복잡한 애플리케이션에서 함수 호출을 포함시키는 다른 프로그래밍 언어에 대해 AWS SDK를 통해 유사한 문법을 사용할 수 있다. 또한, 람다 함수를 호출하는 간단한 문법을 모바일 SDK에서 사용할 수 있다. 5장에서는 JavaScript SDK를 사용하여 함수를 호출하는 방법과 모바일 SDK의 샘플 사용 사례를 살펴보겠다.

클라이언트 애플리케이션에서 사용하는 프로그래밍 언어와 함수 코드를 작성하는 데 사용한 프로그래밍 언어가 다르더라도 AWS Lambda Invoke API를 통해 통신할 수 있다. 즉, 함수마다 다른 런타임을 사용할 수 있다. 예를 들어, 문법에 따라 혹은 사용할 수 있는 라이브러리에 따라 함수를 선택하여 보다 쉽게 함수를 개발할 수 있다.

> **여기서 잠깐!**
>
> aws lambda invoke로 AWS CLI를 사용하여 람다 함수를 호출하는 방법을 살펴보았다. 마찬가지로 AWS CLI를 사용하여 람다 함수의 구성이나 코드를 생성하거나 업데이트할 수 있다. 사용할 수 있는 모든 옵션을 보려면 aws lambda 도움말을 사용한다.

요약

이 장에서는 성공적으로 첫 번째 AWS Lambda 함수를 만들었다. 배운 내용은 다음과 같다.

- 람다 함수가 이벤트와 콘텍스트를 사용하는 방법
- AWS Lambda가 기능을 실행하는 데 필요한 모든 구성
- 웹 콘솔에서 기능을 빠르게 테스트하는 방법
- AWS CLI를 사용하여 AWS Lambda API를 통해 함수를 호출하는 방법

다음 장에서는 Amazon API Gateway를 통해 HTTP와 함수를 연결하는 방법을 웹 API 인터페이스를 사용하여 알아보겠다.

연습 문제

이 장에서는 람다 함수를 사용하여 간단한 'Hello World' 샘플 코드를 만들어 보았다. 하지만 'Hello'라고만 말하는 것보다 실습으로 함수에 사용자 정의 인사말을 지정하는 옵션을 추가하는 것을 해보면 어떨까? 물론 사용자 정의 인사말이 제공되지 않는 경우의 기본 동작은 계속 'Hello'다.

customGreetingsOnDemand 함수를 만들고, 입력 이벤트에 새로운 greet 매개변수를 추가하여 이 기능을 만들어 보도록 한다.

'Hi' 값을 입력으로 넣어 보면 결괏값은 다음과 같다.

```
"Hi John!"
```

이름이 없으며 인사말이 지정되지 않았을 때의 경우도 함수가 정상적으로 실행되고 있는지 살펴보자.

해결 방법

Node.js로 customGreetingsOnDemand 함수를 작성할 경우 다음과 같다. 파이썬의 경우 그다음 예제를 참고하면 된다. 소스 코드는 개인에 따라 다를 수 있다. 왜냐하면 이름이 없을 때나 인사말이 지정되지 않았을 때의 경우 어떻게 처리하느냐에 따라 다르기 때문이다.

JSON 이벤트는 인사말과 이름을 모두 입력받거나 둘 중 하나만 입력받을 수 있다.

```
{
  "greet": "Hi",
  "name": "John"
}
```

customGreetingsOnDemand 함수(Node.js)

```
console.log('Loading function');

exports.handler = (event, context, callback) => {
  console.log('Received event:',
    JSON.stringify(event, null, 2));
  console.log('greet =', event.greet);
  console.log('name =', event.name);
  var greet = '';
  if ('greet' in event) {
    greet = event.greet;
  } else {
    greet = 'Hello';
  };
  var name = '';
  if ('name' in event) {
    name = event.name;
  } else {
```

> 'greet' 매개변수는 이벤트의 일부로 수신되며, 'name'과 비슷한 방식으로 관리

```
    name = 'World';
  }
  var greetings = greet + ' ' + name + '!';          ⟵—— 'greet' 결과 표시
  console.log(greetings);
  callback(null, greetings);
};
```

customGreetingsOnDemand 함수(파이썬)

```
import json

print('Loading function')

def lambda_handler(event, context):
  print('Received event: ' +
    json.dumps(event, indent=2))
  if 'greet' in event:
    greet = event['greet']
  else:
    greet = 'Hello'
  if 'name' in event:
    name = event['name']
  else:
    name = 'World'
  greetings = greet + ' ' + name + '!'
  print(greetings)
  return greetings
```

'greet' 매개변수는 이벤트의 일부로
수신되며, 'name'과 비슷한 방식으로
관리

⟵—— 'greet' 결과 표시

3

웹 API 기반 람다 함수

이 장에서 살펴볼 내용

- Amazon API Gateway 소개하기
- 웹 API로서의 함수 노출하기
- 웹 API와 함수의 통합 사용자 정의하기
- 웹 콘솔, 브라우저 또는 명령줄에서 웹 API 테스트하기
- 함수에서 API Gateway 콘텍스트 사용하기

이전 장에서는 첫 번째 AWS Lambda 샘플 함수를 만들어 보고, 람다 함수의 설정 방법을 학습하며 소스 코드 편집 및 웹 콘솔에서 빠르게 함수 테스트하는 방법을 알아 본 후, AWS 명령줄 인터페이스(CLI)를 통해 함수를 사용해 보았다.

이번 장에서는 Amazon API Gateway를 사용하여 HTTP를 통해 웹 API를 사용할 수 있는 방법을 배울 예정이다. 람다 함수를 API 게이트웨이와 통합하고, 웹 콘솔을 통해 웹 브라우저 또는 명령줄 도구를 사용하여 람다 함수를 테스트하는 방법을 살펴본다. 또한, API 게이트웨이의 콘텍스트를 사용하여 새로운 람다 함수를 만들어 웹 API 호출 방법에 대해 자세한 정보를 얻을 수 있다.

3.1 Amazon API Gateway 소개

AWS Lambda를 사용하여 하나의 함수를 만들고, AWS CLI를 통해 Invoke API를 사용하여 함수를 호출하는 방법을 배웠다. AWS SDK에서도 유사한 문법을 사용할 수 있으며, 이를 기반으로 웹 API를 만드는 데로 확장해 보자. AWS Lambda의 장점 중 하나는 AWS API, CLI 또는 SDK를 사용하지 않고, 람다 함수에 접근할 수 있는 API 게이트와 통합할 수 있다는 점이다. 여러분이 프로그램을 설계할 때 사용하는 웹 API를 위해 람다 함수를 사용할 수 있다.

웹 API는 URL을 사용하여 엔드포인트(예: https://my.webapi.com)와 HTTP 메서드(또는 GET, POST, PUT 및 DELETE 등과 같은 메서드)를 식별하고 엔드포인트와 상호작용할 수 있다.

Amazon API Gateway와 AWS Lambda를 사용하여 REST(Representational State Transfer) API를 구축할 수 있지만, 이 책에서는 REST 아키텍처 스타일에 따라 웹 API를 설계하고, 이 책에서 설명하고 있는 것과 동일한 기술을 사용하여 실제 구현해 본다.

> **여기서 잠깐!**
>
> RESTful API를 설계하는 방법에 대한 자세한 내용은 로이 토마스 필딩(Roy Thomas Fielding)의 박사 학위 논문 〈아키텍처 스타일과 네트워크 기반 소프트웨어 아키텍처 설계〉를 참고하면 좋다.
> **URL** https://www.ics.uci.edu/~fielding/pubs/dissertation/top.htm.

Amazon API Gateway를 사용하면 웹 API를 AWS Lambda 또는 인터넷 기반의 HTTP 호출 (AWS 내부 또는 외부에서 호스팅 가능)을 사용하여 구현할 수 있는 백엔드 기능(다른 AWS API와 모의 구현 등)에 매핑할 수 있다. 이 책에서는 백엔드에 람다 함수를 사용하는 방법에 초점을 두었으며, 다른 구현 예는 소개하지 않고 있다.

> **여기서 잠깐!**
>
> 기존의 HTTP 기반의 API를 람다 함수로 전환할 경우 먼저, 이전에 구현한 서비스를 Amazon API Gateway를 프록시 인터페이스로 사용하여 이전한 후, 각 API를 람다 함수로 이전하면 마이그레이션 중에 API 클라이언트의 일관된 인터페이스를 유지할 수 있다.

Amazon API Gateway를 사용하면 여러 스테이지(stage)를 가질 수 있는 API를 구축할 수 있다. 여기서 단계란, 배포된 API에 접근할 수 있는 (도메인과 리소스 간) 경로를 정의하는 것으로, 개발 환경, 테스트 환경, 정식 서비스 환경 등의 다양한 환경 또는 v0, v1과 같은 API의 다른 버전을 지정하기 위해 사용할 수 있다.

각 단계에서는 HTTP 메서드(GET, POST, PUT, DELETE 등)를 사용하여 리소스로 지정된 URL 엔드포인트에 메서드를 매핑한다. 이 메서드는 람다 함수로 구현할 수 있으며 기존의 웹 서버 아키텍처(그림 3.1)보다 쉽게 관리하고 확장할 수 있는 서버리스 백 엔드를 제공한다. 이때 단일 접속 도메인명이 자동으로 생성되며, 원하는 경우 여러분이 소유하고 있는 도메인명으로 정의할 수 있다.

예를 들어, 표 3.1에서 설명한 바와 같이 웹 API를 사용하여 여러 책의 정보를 저장할 수 있는 간단한 서점의 구현을 생각해 보자.

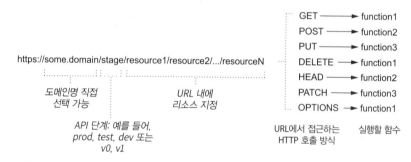

그림 3.1 **Amazon API Gateway의 HTTP 호출 방법에 따른 AWS Lambda 함수 실행 규약**

표 3.1 **웹 API 서점 예시**

리소스	메서드	작업 내용
/books	GET	매개변수 또는 반복자를 사용하여 지정된 특정 기간 내에 도서 목록을 반환한다
/books	POST	매개변수를 사용하여 통합 문서의 특성(제목, 저자, ISBN 등)을 지정하고, 새 통합 문서를 만들어 새 통합 문서의 ID를 돌려 준다
/books/{id}	GET	id로 지정된 책의 정보를 반환한다
/books/{id}	PUT	id로 지정된 책을 만들거나 업데이트한다
/books/{id}	DELETE	id로 지정된 책을 삭제한다

Amazon API Gateway를 사용하면 작업을 AWS Lambda 함수(표 3.2)에 의해 구현할 수 있는 특정 메서드에 매핑할 수 있다.

표 3.2 **AWS Lambda 함수로 구현된 웹 API 서점 예시**

리소스	HTTP 메서드	AWS Lambda를 사용한 함수명
/books	GET	getBooksByRange
/books	POST	createNewBook
/books/{id}	GET	getBookById
/books/{id}	PUT	createOrUpdateBookById
/books/{id}	DELETE	deleteBookById

두 단계(정식 서비스는 prod, 테스트 환경은 test)로 온라인 서점 API를 구현하는 경우 https://some.domain/prod/books에서 HTTP GET을 사용하여 도서 목록을 제공한다. 또한, https://some.domain/test/books/5의 HTTP DELETE를 사용하여 테스트 환경에서 id가 5인 도서를 테스트로 삭제해 볼 수 있다.

3.2 API 생성하기

먼저, 간단하게 API를 만들어 보려면 greetingsOnDemand 함수를 호출하기 위한 기본적인 웹 API를 구축하고, HTTP GET 질의 매개변수와 함께 사용하여 결과를 반환받아 보자(표 3.3 참고). /greeting 리소스는 이번 장에서 만들 API 중 일부다.

표 3.3 **웹 API에 의한 주문형 인사말**

리소스	HTTP 동사	AWS Lambda를 사용한 메서드
/greeting	GET	greetingsOnDemand

Amazon API Gateway를 사용하기 위해서는 웹 콘솔의 애플리케이션 서비스 섹션으로 이동한다. 필수 항목은 아니지만, 첫 번째 람다 함수를 작성하기 위해 이전에 사용된 것과 같은 리전을 선택하는 것이 좋다. '시작(Get Started)'을 선택하고, 기존 리전에 이미 API가 있는 경우 '새 API 생성(Create API)'을 선택하면 된다.

> ⚠ **주의하세요!**
>
> 처음 API Gateway 콘솔을 사용하면 API를 예제를 통해 작성하라는 메시지가 표시된다. 이 책에서 제시하는 방법을 따라서 무엇을 구축해야 하는지 알고 있으므로 새 API 생성 옵션을 선택하면 된다.

앞으로 다양한 기능을 확장하거나 사용할 수 있는 일반적인 유틸리티 API를 만들 수 있다. API 이름으로 'My Utilities'를 입력하고, 선택한 기존의 API를 복제하지 않도록 새 API (NewAPI)를 선택한다. '설명(Description)'에 간단한 설명을 입력하고, 엔드포인트 유형을 그대로 두고 'API 생성(Create API)'을 누른다.

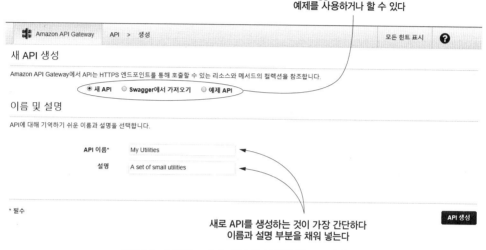

그림 3.2   AWS Lambda 함수를 사용할 웹 API 생성하기

각 API는 자신만의 엔드포인트가 있다(이 엔드포인트는 자신의 도메인의 개별 SSL/TLS 인증서를 통해 맞춤 도메인을 연결시킬 수 있다). 각 엔드포인트에서 URL의 일부로서 여러 단계 및 리소스를 만들 수 있다. 각 리소스는 URL의 일부인 지정된 경로를 통해 서로를 포함할 수도 있다.

greeting이라는 신규 리소스 생성을 위해 기본 리소스(/)를 공백으로 둔 상태로 작업(Action) 메뉴에서 '리소스 생성(Create resource)'을 선택한다. 리소스 이름으로 'Greeting'을 입력한다. 리소스 경로는 'greeting'(소문자)으로 자동 설정된다. 리소스 생성(그림 3.3)을 선택하여 API를 생성한다.

/greeting 리소스가 콘솔의 왼쪽에 표시되고, 리소스를 메서드에 연결할 수 있게 되었다. /greeting을 선택하고(리소스를 만든 후 선택되어 있는 상태) 작업 메뉴에서 '메서드 생성(Create Method)'을 선택한 다음, 목록에서 HTTP 동사 GET을 선택한다. 목록의 오른쪽에 있는 체크 모양 아이콘을 클릭하여 선택을 확인한다.

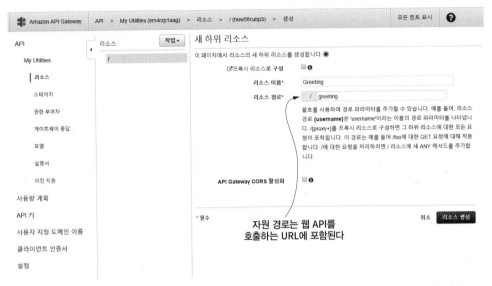

그림 3.3 **API를 위해 새로운 리소스 생성. 리소스는 특정 경로를 지정할 수 있으며, 서로 묶일 수 있다**

> 👆 **여기서 잠깐!**
>
> 복잡한 설정을 단순화하기 위해 각 HTTP 동사(GET, POST, PUT 등)를 개별적으로 지정하는 것이 아니라 모든 종류의 요구 통합을 트리거하는 ANY 메서드를 사용할 수 있다. 사용되는 실제 메서드는 함수에 입력되므로 사용되는 HTTP 동사에 따라 논리가 다를 수 있다.

3.3 API 연동하기

이제 연동 방법을 선택할 수 있는데, Amazon API Gateway는 기존 웹 서비스를 비롯하여 다양한 종류의 백엔드와 연동할 수 있다. AWS Lambda 기반 서버리스 백엔드를 구현하기 위해 연동 방식으로 'Lambda 함수'를 선택한다. 첫 번째 람다 함수의 작성에 사용한 리전을 선택한다. 람다 함수의 리전은 현재 Amazon API Gateway를 사용하는 리전과 다를 수 있지만, 빠르게 연동하기 위해 동일 리전을 사용하는 것이 좋다.

람다 함수 필드에 이전에 생성된 함수 이름의 첫 글자를 입력한다(예를 들어, 함수 이름으로 'greetingsOnDemand'를 사용했으면 'g'를 입력). 목록 검색 결과 함수가 많으면 더 많은 문자를 입력하여 검색 목록에서 일치되는 함수를 선택하고 '저장(Save)'을 클릭한다(그림 3.4). 표시되는 대화 상자에서 API Gateway 기능을 호출하는 권한이 있는지 확인한다.

이제 /greeting 리소스에 대한 HTTP GET 메서드 실행의 전체적인 흐름이 화면에 표시된다(그림 3.5).

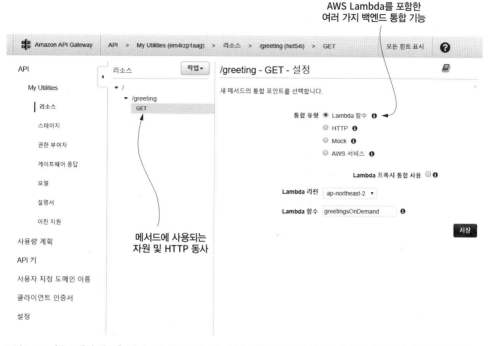

그림 3.4   리소스에서 새로운 메서드를 생성하고, 어느 리소스와 통합할지 설정한다. 여기에서는 람다함수를 선택하여 실행시킨다

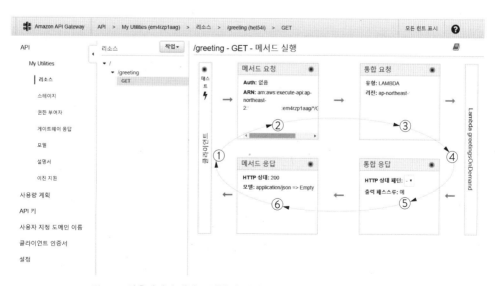

그림 3.5   사용자에서 백엔드 실행 및 백엔드까지 전체적으로 메서드 실행 흐름

왼쪽에서 오른쪽으로, 클라이언트의 요청 실행 흐름에 따라 시계방향 순서대로 다음과 같이
처리한다.

1. API를 호출하는 클라이언트. 상단에는 웹 콘솔에서 통합을 신속하게 테스트하기 위한
   테스트(Test) 링크가 있다.

2. 메서드 요청(Method Request) 섹션에서 입력으로 받는 매개변수를 선택한다.

3. AWS Lambda가 JSON 형식으로 입력할 매개변수를 매핑하는 통합 요청(Integration
   Request) 섹션을 선택한다.

4. 백엔드 구현에 대해서 이 경우 AWS Lambda를 greetingsOnDemand 함수와 함께 사용
   한다.

5. 통합 응답(Integration Response) 영역에서 다양한 HTTP 응답 코드(예를 들면, 200 OK) 및
   포맷(application/json이 가장 일반적임)을 기반으로 AWS Lambda 응답을 설정한다. 여기서
   HTTP 오류 코드에 함수를 매핑할 수 있는데, 이 함수에서 반환된 오류를 관리할 수 있
   다(예를 들어, 함수가 반환하는 오류를 4xx 또는 5xx HTTP 오류에 대응할 수 있다).

6. HTTP 헤더를 포함하는 HTTP 응답을 사용자 정의하는 메서드 응답(Method Response)
   섹션을 설정한다.

현재 샘플 구현을 위해서는 name 매개변수를 사용해야 한다. 따라서 메서드 요청을 선택하
고, URL 쿼리 문자열 매개변수(URL Query String Parameters) 섹션을 선택한다. 질의 문자열로
'name'을 추가하고, 체크 버튼을 누른다.

이제 상단의 '메서드 실행(Method Execution)'을 선택하여 이전으로 돌아간다. AWS Lambda가
요구하는 대로 JSON 문법에 name 매개변수를 입력해야 한다. '통합 요청'을 선택하고 '본문 매
핑 템플릿(Body Mapping Templates)' 섹션을 확장하여 매핑 템플릿을 추가한다. '요청 본문 패스
스루(Request body passthrough)'를 '템플릿 정의가 없는' 권장 옵션으로 설정한다. 이 옵션은 템플
릿이 없는 경우 Request Body를 람다 함수에게 바로 전달하는 옵션이다. 우리의 경우 템플릿
을 생성하고 있으므로 '매핑 템플릿 추가(Add mapping template)'를 선택하고, 'application/json'을
콘텐츠 형식으로 입력한다(제안된 값이라 할지라도 텍스트 필드에 입력해야 한다). 텍스트 필드 오른
쪽의 체크박스를 선택하여 입력 내용을 확인한다.

콘텐츠 형식 아래에 표시되는 템플릿 영역의 템플릿 생성 메뉴는 여기서 사용하지 않는다. 템
플릿 생성 메뉴는 **모델(model)**을 만들 때 필요한데, 모델은 Amazon API Gateway에서 JSON
스키마(JSON 데이터 포맷을 설명하는 형식으로, 자세한 것은 http://json-schema.org를 참고)를 사용하

여 정의할 수 있고, 여러 가지 메서드에 동일한 데이터 모델을 사용하는 경우에 유용하다. 예를 들어, 책의 모델에는 제목, 저자, ISBN 및 관리할 다른 모든 필드를 포함할 수 있다.

> **참고하세요!**
>
> 첫 번째 예제에서 모델을 사용하지 않지만, 모델을 사용하는 것은 더 좋은 프로그램 설계 원칙이다. 특히 API에서 SDK를 생성하여 사용하는 경우 코드를 더 깨끗하고 쉽게 업데이트할 수 있다.

이제 다음과 같이 템플릿 내용을 입력하고 저장(Save) 버튼을 누른다.

```
{ "name": "$input.params('name')" }
```

방금 설정한 name 매개변수의 내용과 같은 이름의 키를 가진 JSON 개체가 만들어진다. 이때 $input 변수는 템플릿이나 모델에서도 사용할 수 있는 세트의 일부다. 특히 $input. params('someParameter')는 따옴표로 지정된 입력 매개변수의 값을 반환한다. Amazon API Gateway에서 사용되는 변수의 전체 레퍼런스는 http://docs.aws.amazon.com/ko_kr/ apigateway/latest/developerguide/api-gateway-mappng-template-refernce.html에서 볼 수 있다.

> **여기서 잠깐!**
>
> JSON 키 및 HTTP 매개변수의 이름은 다를 수 있지만, 가급적 동일한 이름을 사용하거나 HTTP 매개변수의 마지막에 'Param'을 추가하는 등의 표준 명명 규칙을 사용할 것을 추천한다(여기서는 'nameParam' 사용).

확인 후 저장하면 연동이 완료된다. 이제 API 게이트웨이 콘솔에서 테스트할 수 있다.

3.4 연동 테스트하기

이제 상단의 '메서드 실행' 항목으로 돌아가서 클라이언트 섹션의 상단에 있는 테스트를 클릭한다.

name 매개변수의 값을 지정할 수 있으며, 'John' 또는 다른 이름을 원하는 대로 사용하면 된다. 입력 후 테스트 버튼을 클릭하면 '응답 본문'(Response Body, 그림 3.6)에서 'Hello John!'(또는 입력한 이름)이 표시된다.

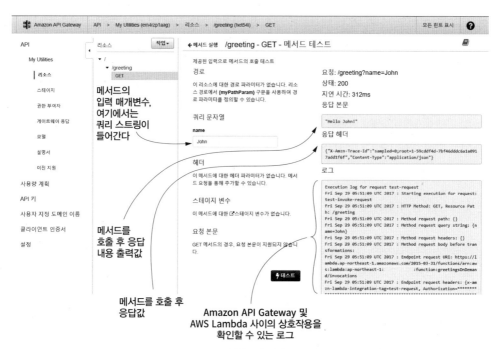

그림 3.6 Amazon API Gateway의 웹 콘솔에서 API 메서드를 테스트할 수 있다

이제 HTTP를 통해 람다 함수를 호출한 결과를 출력하였다. 하지만 아직은 테스트 환경이고, 웹 API 문법에 맞지 않는다. 즉, '응답 헤더(Response Headers)' 섹션(웹 콘솔 섹션에서 확장)에서 Content-Type으로 application/json을 가지고 있지만, response body로 올바른 JSON 출력이 아닌 문자열(Hello John!)을 사용하고 있기 때문이다.

람다 함수로도 출력값을 바꿀 수 있지만, API 게이트웨이에서 모델 및 포맷 변환 등 다양한 응답 변환 방법으로 백엔드 응답을 효율적으로 처리할 수 있다.

> 🖐 **여기서 잠깐!**
>
> 이는 백엔드 코드 자체를 변경하는 것보다 API 게이트웨이의 연동 부분에서 직접 관리하는 것이 쉬운 경우가 많으므로 편리한 방법이다. 특히 이 방법은 백엔드 구현 일부가 다른 팀에 의해 관리되는 경우나 변경이 어려운 기존 웹 서비스의 구현 혹은 다른 클라이언트가 백엔드를 직접 사용하여 이러한 과정을 방해하고 싶지 않은 경우에 유리하다.

3.5 응답 변환하기

테스트 결과에서 로그(Logs) 섹션을 열어 보면 알 수 있듯이 현재 응답에서는 아무런 변환도 실시하지 않고 있다(그림 3.7).

그림 3.7   Amazon API Gateway의 로그를 보면 AWS 람다함수에서 응답(body)을 변환하지 않은 것을 확인할 수 있다

상단에 메서드 실행으로 돌아가 통합 응답을 선택하여 변경해 보자. 현재 응답을 확장한 후(메서드 응답 단계에서 기본적으로 하나만 설정) 다음 본문 매핑 템플릿을 확장한다. 'application/json'을 선택하고, 이전에 '입력 패스스루(Input passthrough)' 옵션의 경우와 같은 방법으로 '출력 패스스루(Output passthrough)'를 JSON 출력으로 변경한다.

```
{ "greeting": "$input.path('$')" }
```

$input.path의 $는 API 게이트웨이가 받은 전체 응답을 나타내며, 이는 greeting 키값이다.

> ⚠️ **주의하세요!**
>
> Add integration response 옵션은 지금 사용하지 않는다. 이 옵션은 람다 함수의 반환값의 패턴에 따라 여러 가지 HTTP 상태 코드(예: 201, 302, 404 등)에 대한 응답을 반환하고 싶은 경우에 유용하다.

이제 저장한 후 메서드 실행에 돌아가서 원하는 'name'을 질의 문자열로 입력하여 테스트를 실행한다. Test 버튼을 클릭하여 새로운 테스트를 실행하고 결과를 받아본다. 이제 응답 본문은 JSON 문법에 따라 나타나는 것을 볼 수 있다.

이제 빈 name 매개변수를 전송해 보자. 이름이 지정되어 있지 않으면 기본적으로 'Hello World!'를 반환받을 것으로 예상된다. 하지만 그렇지 않고 'Hello!'가 반환되는데, 이는 name 키가 람다 함수로 전송된 JSON 전송 항목(payload)에 항상 존재하기 때문이다. 이 경우 입력 매핑 템플릿에 의해 빈 문자열이 되도록 한다.

원래 원하는 결과를 얻기 위해 다시 한 번 람다 함수를 수정하여 누락된 name을 처리하는 방법으로 빈 값을 넣을 경우를 처리할 수 있다. 하지만 백엔드 구현을 변경하지 않고 API 게이트웨이 연동 작업을 수행할 수 있으며, 이는 이전에 응답 부분에 한 작업과 유사하다.

REST API에 대한 기본 동작을 변경하려면 메서드 실행으로 돌아가 통합 요청을 선택한다. #if … #end 블록을 사용하여 name 매개변수가 비어 있지 않을 때에만 name 키를 포함하도록 매핑 템플릿을 변경한다. 템플릿의 가독성을 높이고 코드 반복을 피하려면 #set를 사용하여 변수 $name을 동일한 값의 name 입력 매개변수의 값으로 설정한다.

```
#set($name = $input.params('name'))
{
#if($name != "")
 "name": "$name"
#end
}
```

변경 사항을 저장하고, name에 빈 값 혹은 다른 값을 넣어 테스트를 실행하고 예상대로 작동하는지 여부를 확인해 본다. 특히 빈 name 값에 대해 'Hello World!'를 반환하는지 살펴보자.

📝 **참고하세요!**

입력과 출력의 매핑 템플릿 문법이 비슷하다고 느껴질 수 있다. Amazon API Gateway 매핑 템플릿 문법은 Apache Velocity Project(https://velocity.apache.org)에서 설명하는 VTL(Velocity Template Language)을 사용한다.

이제 모든 테스트를 완료하였으며 API를 공개할 준비가 되었으면, '작업' 메뉴에서 'API 배포(Deploy API)'를 선택하여 공개 API로 사용할 수 있다.

이는 우리가 만든 API의 첫 번째 배포(deploy)이므로 새로운 스테이지를 생성해야 한다. 스테이지 이름으로 'Prod'를 사용한다(이것은 웹 API의 URL 내에 포함된다). 스테이지 설명으로 'Production' 그리고 배포 설명으로 '첫 번째 배포'라고 입력한다(그림 3.8).

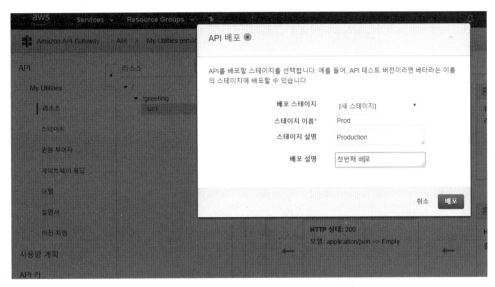

그림 3.8 **새로운 API의 첫 번째 배포: 새로운 스테이지를 생성해야 한다**

이제 Amazon API Gateway를 사용하여 첫 번째 API를 배포하였다. API 게이트웨이를 사용하면 결과 캐싱, 스로틀링, Amazon CloudWatch를 통한 통계 분석 및 로그 처리 등 다양한 속성을 변경할 수 있다(그림 3.9) 멀티 클라이언트 플랫폼 개발자를 위해 자동으로 SDK를 생성하거나 API를 텍스트 형식[1]으로 내보내는 옵션도 있다.

1 　역주 Swagger와 같은 표준 포맷

여기에서 세팅을 할 수 있고,
여러 플랫폼을 위한 SDK를 생성하며,
API를 텍스트 포맷으로 내보낼 수 있다

'prod' 스테이지 내부에서 API를 호출하기
위한 URL. 마지막에 'greeting' 자원을
추가해야 한다

그림 3.9 스테이지에 대한 캐싱, 로깅 등의 설정을 할 수 있다. API를 호출하는 URL은 최상단에 위치한다. 리소스를 마지막으로 추가해야 성공적인 호출이 가능하다

이제 '배포 기록(Deployment History)' 탭(그림 3.10)을 살펴보면 API에 대한 모든 배포 기록을 찾을 수 있으며, 최근 배포 시 오류가 있으면 쉽게 이전 버전으로 롤백할 수 있다. 배포 기록을 사용하여 다른 스테이지에 바로 배포할 수도 있다. 예를 들어, 테스트 단계에서 검증이 완료된 경우 정식 단계로 배포할 수 있다.

👆 **여기서 잠깐!**

SDK 생성 패널에서 여러 클라이언트 플랫폼(Android, iOS, 자바스크립트) 개발자를 위해 특정 단계의 API SDK를 자동으로 생성할 수 있다. 자바스크립트용 SDK를 생성해 보면 자동으로 브라우저에서 로컬로 다운로드한다.

API의 배포 히스토리 확인 탭

배포 기록은 스테이지 내 전 배포 버전으로 빠르게 롤백할 수 있게 해주거나 다른
스테이지에서 같은 배포를 시행할 수 있게 해준다. 예를 들면, 'test' 스테이지를
운영에서 복제할 수 있다

그림 3.10 배포 기록을 이용하면 이전 배포 버전으로 롤백하거나 다른 스테이지에서 같은 배포를 할 수 있도록 한다

이제 브라우저에서 API를 테스트할 수 있다. 웹 브라우저에서 기본으로 사용하고 있는 HTTP GET 메서드이기 때문에 테스트가 비교적 쉽다. '설정(Setting)' 패널로 돌아가 스테이지 바로 다음의 왼쪽 창에서 스테이지 이름으로 정한 'prod'를 확장하고, 이 스테이지에 배포된 모든 리소스와 메서드 설정을 확인한다(그림 3.11).

이제 /greeting 리소스 하단의 목록에서 HTTP GET을 선택한다(그림 3.12). 메서드 고유의 설정을 변경할 수 있지만, 현재는 스테이지에서 상속된 기본 설정을 그대로 둔다. 이제 Invoke URL이 메서드 전체 URL로 업데이트된다.

⚠ 주의하세요!

GET 메서드를 선택하지 않으면 Invoke URL은 스테이지의 루트에 연결되고, 마지막에 /greeting을 누락한다. 따라서 그 URL을 웹 브라우저에서 연결하면 루트 리소스에 관련된 메서드가 없으므로 오류가 발생한다.

'prod' 옆의 작은 역삼각형을 클릭하여
모든 리소스 및 메서드를 확인할 수 있다

그림 3.11   스테이지 이름 옆 역삼각형을 클릭하여 모든 자원들과 메서드를 확인할 수 있다

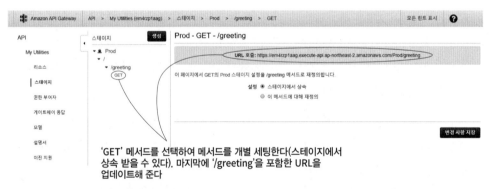

'GET' 메서드를 선택하여 메서드를 개별 세팅한다(스테이지에서
상속 받을 수 있다). 마지막에 '/greeting'을 포함한 URL을
업데이트해 준다

그림 3.12   GET과 같은 메서드를 선택할 때 URL이 같이 업데이트되어 메서드를 개별 세팅하거나 스테이지에서
기본 세팅을 상속받을 수 있다

이제 페이지 상단 Invoke URL을 복사한다. 만일 Invoke URL 링크를 클릭하면 현재 브라우저
탭의 내용이 변경되므로 웹 브라우저에서 새 탭을 열고 주소 표시줄에 복사한 Invoke URL을
붙여 넣어 주는 것이 좋다. name 값이 지정되어 있지 않으므로 JSON 응답에는 'Hello World!'
가 표시될 것이다.

테스트를 위해 Invoke URL의 끝에 '?name=John'을 추가하여 name 질의 매개변수를 지정한
다. 한글 등 특정 문자는 URL 인코딩이 필요한 경우가 있으므로 현재는 간단한 영문 단어만

사용하면 좋다. JSON 응답에서 'Hello John!'이 나오는지 확인한다.

특정 브라우저에서는 설치한 플러그인에 따라 JSON 응답값의 서식이 다를 수 있다. 이를 제대로 확인하려면 리눅스 및 맥 환경에서 이미 설치된 URL 문법의 데이터를 전송받기 위해 자주 사용하는 curl과 같은 오픈 소스 도구를 사용하여 명령줄에서 API를 테스트할 수 있다.

```
curl https://<your endpoint>/prod/greeting
curl https://<your endpoint>/prod/greeting?name=John
```

👆 여기서 잠깐!

혹시 시스템에 curl이 없는 경우(사용 중인 OS/배포판에 따라) 패키지 매니저를 사용하여 설치하거나 윈도우를 포함한 기타 OS에서 사용할 수 있도록 https://curl.haxx.se에서 다운로드할 수 있다.

HTTP POST 및 DELETE와 같은 복잡한 메서드는 curl을 통해 쉽게 호출해 볼 수 있다. 앞으로 더 복잡한 API를 개발하려고 한다면 curl은 API 개발 및 테스트 시 유용한 도구가 될 것이다.

✏️ 참고하세요!

메서드 실행 섹션에서 인증 수단을 선택하지 않았기 때문에 API는 인증없이 사용할 수 있다. Authorization의 경우 AWS IAM을 사용하여 AWS 인증키를 사용하거나 API의 사용자 정의 인증키를 설정할 수 있다. 또한, API를 위한 맞춤형 인증 관리자의 흥미로운 점은 특정 람다 함수에 구현되어 선택한 입력 매개변수를 통해 필요한 권한을 제공하는 유효한 AWS IAM 정책을 반환할 수 있다는 점이다. 제 4 장에서 이러한 AWS IAM 정책에 대해 살펴볼 예정이다.

3.6 매개변수로 리소스 경로 사용하기

우리가 만든 /greeting API 메서드는 /greeting?name=John 등의 문법으로 질의 매개변수를 사용하여 이름값을 전달하고 있다. 이제 일반적인 이름 대신 이전에 사용한 고유 식별자로 대체해 보자. 예를 들면, 데이터베이스에서 사용자를 고유하게 식별할 수 있는 'JohnDoe123' 등의 사용자 이름이다.

우리는 /user/JohnDoe123을 사용자를 나타내는 고유한 자원이라고 생각할 수 있다. 따라서 /user/JohnDoe123/greet와 같은 문법으로 API를 변경해 볼 수 있다.

⚠️ **주의하세요!**

RESTful API 디자인 패턴에 따른 웹 API의 경우 URL은 고유 자원을 ID로 식별해야 한다. 앞선 예와 같이 일반적인 이름의 경우는 그렇지 않지만, RESTful 맥락에서 더 좋은 예는 /book/{bookId}/user/{username}이다. 다만, /user/{username}/greet를 사용하여 가급적 간단하게 함수 수정을 하면서 계속 배워 보자. 또한, 앞서 언급했듯이 RESTful API 디자인은 이 책에서 다루고자 하는 주요한 내용이 아님을 고려하기 바란다.

API 게이트웨이를 사용하면 메서드 실행으로 사용될 수 있는 가변 매개변수로 리소스 경로를 구성할 수 있다. 다만, 왼쪽에 있는 리소스를 반드시 선택해야 한다. 즉, /user가 선택된 상태로 Username을 리소스 이름으로 하고, {username}을 리소스 경로로 하여 새로운 사용자 리소스를 만든다(리소스 소스 경로에 기본값은 그대로 둔다). 리소스 경로는 중괄호로 둘러싸여 있으므로 API 게이트웨이에 의해 매개변수로 해석된다. 이 리소스는 중복된 리소스를 가질 수 있으며, 이를 결합하면 웹 API에 접근하기 위해 호출하는 URL 경로가 된다.

👆 **여기서 잠깐!**

매개변수 이름 끝에 '+'를 추가하여 범용 경로 변수로 사용할 수 있다. 예를 들어, /user/{username+}은 /user/JohnDoe123/goodbye처럼 /user/로 시작하는 모든 요청을 가로채서 처리한다.

이번에는 'Username' 리소스를 선택한 상태에서 'Greet' 리소스를 생성해 보자(역시 리소스 경로는 기본 상태로 둬야 한다). 그리고 /greet 리소스에 GET 메서드를 추가하여 그림 3.13과 비슷한 구성을 만든다.

이제 /greeting 메서드를 처음 만들 때와 같은 방법으로 이 메서드를 이전에 만든 람다 함수와 연동한다. 여기서 한 가지 중요한 변화가 있는데, API 게이트웨이의 username 매개변수를 이벤트 이름 키에 매핑해야 한다. 이전의 메서드에서는 두 매개변수를 모두 name으로 설정했지만, 이제 연동 요청의 매핑 템플릿을 다음과 같이 변경하면 된다.

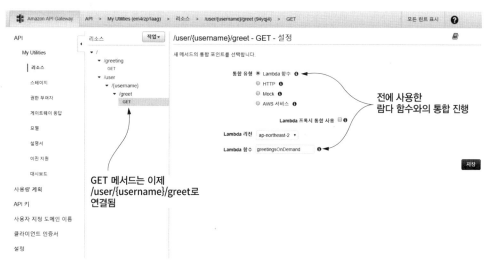

그림 3.13 greetingsOnDemand 함수에 사용될 자원 경로 매개변수

```
#set($name = $input.params('username'))
{
#if($name != "")
 "name": "$name"
#end
}
```

이제 람다 함수의 결과를 JSON 문법으로 변환함으로써 같은 매핑 템플릿을 통합 응답으로 사용할 수 있다.

> **여기서 잠깐!**
>
> Method Request 섹션으로 이동하면 배포 시 username 매개변수가 이미 설정되어 있는 새 Path 섹션을 표시한다. 메서드 요청에 리소스 경로 매개변수를 추가할 필요가 없으며, 자동으로 메서드에 연결되어 있는 리소스에서 가져온다.

웹 콘솔에서 메서드를 테스트할 때 그림 3.14처럼 출력될 것이다. 테스트가 잘 수행되었다면 배포를 한다. 배포 설명에 'Greeting by username added'라고 넣고, 같은 배포 단계에서 업데이트된 API를 배포한다. 그리고 curl을 사용하여 명령줄에서 새로운 메서드를 테스트해 보자.

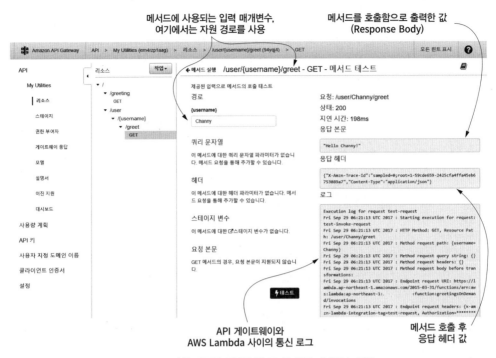

그림 3.14 자원 경로를 이용한 웹 API를 위한 매개변수 설정

```
curl https://<your endpoint>/prod/users/JohnDoe123/greet
```

참고하세요!

더 복잡한 애플리케이션 시나리오에서는 람다 함수에 비즈니스 논리를 추가하여 이벤트의 이름과 다른 방법으로 사용자 이름을 입력할 수 있다. 예를 들어, 입력 이벤트에 사용자 이름이 포함된 경우 람다 함수는 데이터베이스의 사용자 이름을 검색하고, 이를 사용하여 출력 인사말을 작성할 수도 있다.

3.7 API 게이트웨이 콘텍스트 사용하기

이제 람다 함수를 API 게이트웨이가 제공하는 콘텍스트에 통합해 보자. 우리는 API 게이트웨이 호출을 위한 공용 IP 주소를 반환하는 웹 API를 구축할 것이다. 이 API를 'What is my IP?'라고 이름 붙여 보자.

웹 API 호출에 사용하는 IP 주소를 얻으려면 어떻게 해야 할까? Amazon API Gateway 문서에는 매핑 템플릿에서 사용되는 모든 변수의 레퍼런스가 표시되어 있다(http://docs.aws.amazon. com/ko_kr/apigateway/latest/developerguide/api-gateway-mapping-template-reference.html).

$context.identity.sourceIp 변수는 API 호출 IP 주소를 포함하고 있다. 이것은 매우 중요한 변수다. 이 변수를 사용하여 호출 IP 확인 API를 구현하려면 두 단계를 완료해야 한다.

1. 이 변수의 값을 Amazon API Gateway에서 백엔드 AWS Lambda 함수에 전달한다.

2. 입력값을 가져와서 결과와 같은 값을 반환하는 기본적인 람다 함수를 구현한다.

먼저 람다 함수부터 시작해 보자. Node.js의 경우 다음 코드를 파이썬의 경우는 리스트 3.2의 코드를 whatIsMyIp라는 이름의 새로운 함수를 만든다.

리스트 3.1   whatIsMyIp (Node.js) 함수

```
exports.handler = (event, context, callback) => {
  callback(null, event.myip);
};
```

리스트 3.2   whatIsMyIp (파이썬) 함수

```
def lambda_handler(event, context):
  return event['myip']
```

간단하게 설명을 쓰고 메모리와 시간 제한의 기본값을 사용한다. 람다 함수의 기본 IAM 역할은 함수의 다른 AWS 서비스를 쓰지 않으므로 충분하다.

API 게이트웨이와 연동 전에 기능을 테스트하려면 람다 콘솔에서 API 게이트웨이로부터 수신하는 기능을 시뮬레이션하는 테스트 이벤트를 사용한다.

```
{
  "myip": "1.1.1.1"
}
```

이 경우 IP 주소(이 경우에서는 1.1.1.1)를 출력으로 반환한다. API 게이트웨이 콘솔에서 이번 장의 초반에 생성한 API(그대로 사용하였다면 My Utilities)를 선택한다.

루트 리소스를 선택하고 '리소스 생성(Create Resource)'을 이용해 새로운 리소스를 만들자. My IP를 리소스명으로 사용하고, 기본값 /my-ip를 리소스 경로로 둔다. 그리고 리소스 생성을 선택한다.

이제 /my-ip가 선택된 상태에서 '메서드 생성(Create Method)'을 선택하고, GET을 선택한다. 체크 버튼을 통해 확인하는 것도 잊지 않는다. 표 3.4와 같이 API는 세 가지 리소스를 갖게 된다.

표 3.4 **My Utilities API에 'What is my IP?' 추가하기**

자원	HTTP 동사	메서드(AWS Lambda 사용)
/greeting	GET	greetingsOnDemand
/user/{username}/greet	GET	greetingsOnDemand
/my-ip	GET	whatIsMyIp

이 API 호출은 람다 함수에 매핑되어 있으므로 현재 리전과 생성한 whatIsMyIp 함수를 선택하고, API 게이트웨이의 권한을 확인하여 함수를 호출한다.

이제 API 게이트웨이의 콘텍스트에서 소스 IP 주소를 추출하고 그 함수를 호출하는 데 사용된 JSON 결과를 배포해야 한다. 이는 /greeting 리소스 배포를 위해 앞에서 진행한 것과 비슷하지만, 이번에는 필수 매개변수(소스 IP 주소)가 호출하는 사람에게 명시되지 않으므로 메서드를 요구할 때 아무것도 하지 않아도 된다.

그러나 콘텍스트에서 값을 사용하도록 연동 요청을 구성해야 한다. 통합 요청을 선택하고, 본문 매핑 템플릿 섹션을 확장한다. whatIsMyIp 함수에서 예상하는 대로 소스 IP를 전달하는 JSON 페이로드를 만든다.

API 게이트웨이의 콘텍스트에서 소스 IP 주소를 가져와 이벤트 myip 키에 배치하는 매핑 템플릿을 추가한다.

```
{
  "myip": "$context.identity.sourceIp"
}
```

👆 **여기서 잠깐!**

$context 변수는 웹 API 호출이 Amazon API Gateway에 의해 어떻게 받아지는지에 대한 유용한 정보를 반환할 수 있다. 예를 들면, $context.resourcePath는 자원의 경로와 $context.stage 단계가 포함되어 있다. 이러한 값을 전달하여 함수의 동작을 경로 및 호출에 사용된 스테이지에 따라 조정할 수 있다.

이를 저장한 뒤 메서드 실행으로 돌아가서 테스트를 실행한다. 웹 콘솔에서 테스트 호출은 소스 IP 주소의 테스트 값을 콘텍스트로 설정하고 있으므로 응답 본문에는 'test-invoke-source-ip'가 표시된다.

이전 API 게이트웨이의 사용 방법과 마찬가지로 Content-Type으로 'application/json'을 반환하지만, JSON 형식은 아니다.

따라서 /greeting API의 경우와 같은 방법으로 통합 응답에서 수정한다. 사용할 매핑 템플릿은 다음과 같다.

```
{ "myip": "$input.path('$')" }
```

만일 JSON 문법을 사용하지 않고 IP 주소를 간단한 텍스트 값으로 얻고 싶다면 메서드 응답 콘텐트 형식을 text/plain으로 변경하면 된다. 요청에 따라 여러 Content-Types을 복수 지원할 수도 있다.

현재 API를 배포할 때, 이전에 했던 것과 마찬가지로 같은 단계(prod)와 자세한 설명(예: What is my IP added)을 사용한다.

이제 배포 기록 탭에는 prod 단계에 두 개의 배포 API가 있음을 확인할 수 있다. 필요에 따라 언제든지 이전 버전으로 롤 백(roll back)할 수 있다.

이제 Invoke URL을 사용하여 새 탭을 열고, 브라우저에서 API를 테스트해 본다. URL 마지막에 /my-ip를 지정하려면 GET 메서드를 클릭한다. 그렇지 않으면 오류가 날 수 있다. curl을 사용하여 다음과 같이 실행할 수도 있다.

```
curl https://<your endpoint>/prod/my-ip
```

결과는 현재 클라이언트의 공개 IP를 반환한다. 이와 유사한 웹 API 구현 접근 방식은 완전히 서버리스(serverless)로 구현된다는 점에서 많은 장점을 가진다. 애플리케이션 가용성과 확장성이 AWS에 의해 관리되므로 사용자는 관리에 대한 부담이 적고, 호출량에 따라서만 과금되므로 프리 티어 사용량을 초과하지 않는다면 비용도 낮아진다. 예를 들어, 매월 100만 회 이하의 호출에 대해서는 별도 비용은 발생하지 않는다.

웹 API 모델링, 캐싱,
로깅, CDN 등

그림 3.15 Amazon API Gateway로 웹 API를 통해 AWS Lambda 함수에 접근할 수 있도록 설정

이제 greetingOnDemand, whatIsMyIp 등의 두 개의 람다 함수를 만들어 보았으며, AWS Lambda 및 기타 AWS API(그림 3.15)에 대한 상세한 지식이 없더라도 웹 브라우저나 curl 같은 도구로만 이 함수를 웹 API로 공개할 수 있었다.

특히 Amazon API Gateway를 사용하여 람다 함수로 만든 웹 API에 대해 외부에서 접속할 수 있다. 우리가 만든 API를 다른 애플리케이션에서 요청하면 JSON 문법을 반환하도록 하였다.

> **Lambda 내장 프록시 연동 템플릿**
>
> 람다 함수와 Amazon API Gateway가 간단하게 연동하기 위해서 신규 연동 방법이 옵션으로 추가되었다. 람다 콘솔에서 함수의 트리거로 API 게이트웨이를 설정하면 이 연동이 자동 선택된다.
>
> 이 연동 템플릿은 웹 API를 호출하는 데 사용되는 모든 매개변수(질의 경로 매개변수, HTTP 헤더, HTTP 메서드 등)를 람다 함수에 전송하기 위한 표준 방법을 제공한다.
>
> HTTP 반환 코드, 헤더, 본문을 반환하는 기본 문법에도 적용된다. 이 문법을 사용하면 람다 함수 코드를 변경함으로써 API 게이트웨이 콘솔 설정을 그대로 적용할 수 있다. 이 장에서 사용하는 맞춤형 매핑 템플릿을 사용하여 설정을 계속 사용할 수도 있다.
>
> 이를 통해 개발 워크플로를 간소화할 수 있으므로 이러한 방법을 활용하여 새로운 프로젝트에서 사용하는 것이 좋다.

요약

이번 장에서는 람다 함수를 웹 API로 만들어 보았고, 다음의 사항들을 배울 수 있었다.

- API 게이트웨이의 메서드와 람다 함수 연동
- 다양한 방법으로 HTTP를 통해 매개변수 전달
- 람다 함수 결과를 웹 API 응답으로 반환
- 웹 콘솔에서 빠르게 API 게이트웨이 연동 테스트
- 람다 함수 내 API 게이트웨이 제공 콘텍스트 활용

다음 장에서는 여러 개의 람다 함수를 함께 사용하는 방법을 자세히 살펴본다. 클라이언트에서 직접 호출하여 특정 자원에 필요한 기능을 활용하거나 이벤트 기반으로 구동되는 애플리케이션 구축 방법에 대해 자세히 설명한다.

연습 문제 _____

이전 장의 예제를 살펴보면 API 게이트웨이를 활용하여 customGreetingsOnDemand 함수를 웹 API로 공개할 수 있다.

```
https://<your endpoint>/<stage>/say?greet=Hi&name=John
https://<your endpoint>/<stage>/users/{username}/say/{greet}
```

name 값으로 John을 사용하여 greet 값 Hi를 사용하는 첫 번째 문법의 결과는 다음과 같다.

```
{ "greeting": "Hi John!" }
```

두 번째 문법에서는 JohnDoe123을 username 값으로 사용하고 Hi를 greet의 값으로 사용하면 URL은 다음과 같다.

```
https://<your endpoint>/<stage>/users/JohnDoe123/say/Hi
```

결과는 다음과 같다.

```
{ "greeting": "Hi JohnDoe123!" }
```

URL로 greet와 name이 주어지지 않는 경우에 대해서는 어떻게 처리하고 있는가? 만약 그렇다면 람다 함수와 웹 API 연동 방법을 통해 어떻게 관리할 수 있을까? 한번 같이 생각해 보자.

해결 방법

이 예제 문제에 대한 해결책은 이전 장에서처럼 웹 API 연동에 입력 매개변수 중 하나 또는 모두가 부족한 경우 각 경우를 처리하여 람다 함수를 가능한 한 단순하게 유지하는 것이다.

API 게이트웨이는 웹 API에서 지원하는 두 개의 문법에 대응하는 두 개의 메서드를 작성해야 한다.

- 하나는 GET을 사용하여 /say 리소스에 작성한다. Method Request 섹션에 두 개의 URL 질의 문자열 매개변수(greet, name)를 추가해야 한다.

- 또 다른 하나는 GET을 사용하여 /user/{username}/say/{greet} 리소스를 작성한다. 여기에서는 한 번에 한 단계씩 경로를 구축하기 위해 사용되는 다양한 리소스를 작성해야 한다. 예를 들어, 처음에는 /user 그리고 /user를 선택한 후 /{username} 등을 순차적으로 구성하며, 이 경우 username 및 greet 두 매개변수는 요청 경로로 전달된 메서드 요청 섹션에서 설정할 필요가 없다.

두 메서드 모두 같은 customGreetingsOnDemand 함수를 사용해야 한다. 이는 매우 흥미로운 방식으로 외부에서 호출되는 방법 혹은 웹 API의 여러 리소스의 연동 방법에 따라서도 하나의 람다 함수에 연결할 수 있다.

두 가지 선택 매개변수(greet와 name 둘 다 없는 경우도 있음)를 가지는 함수의 올바른 JSON 입력 방식을 구축하는 것은 하나의 매개변수를 사용했을 때보다 좀 더 어렵다. 다음 리스트는 첫 번째 문법의 연동 요구에 대한 매핑 템플릿이다.

customGreetingsOnDemand 매핑 템플릿(질의 매개변수만 있는 경우)

```
#set($greet = $input.params('greet'))
#set($name = $input.params('name'))
{
#if($greet != "")
  "greet": "$greet"
  #if($name != "")
  ,
  #end
#end
#if($name != "")
  "name": "$name"
#end
}
```

두 번째 문법에서 username 요청 경로 매개변수를 사용하여 다음 리스트에 표시된 대로 두 번째 줄에서 'name'을 'username'으로 바꿔야 한다.

customGreetingsOnDemand 매핑 템플릿(경로 매개변수가 있는 경우)

```
#set($greet = $input.params('greet'))
#set($name = $input.params('username'))
{
#if($greet != "")
  "greet": "$greet"
  #if($name != "")
  ,
  #end
#end
#if($name != "")
  "name": "$name"
#end
}
```

만약 람다 함수의 두 매개변수의 기본값을 관리한다면 그뿐만 아니라 매개변수가 존재하는지 혹은 그 값이 빈 문자열인지 확인하는 람다 함수를 위한 JSON 입력 처리 매핑 템플릿을 단순하게 만들 수 있다.

```
{ "greet": "$input.params('greet')",
  "name": "$input.params('name')" }
```

연동 후 응답에는 이전에 greetingsOnDemand 함수에서 사용한 것과 같아야 한다.

람다 함수에 기능을 넣거나 혹은 연동 템플릿에 적절한 균형을 만드는 것은 약간 기교가 필요하다. 내가 제안하는 방법은 비즈니스 로직에 관련된 모든 것을 (웹 API뿐만 아니라 다른 방식에서 재사용할 수 있도록) 람다 함수에 넣고, 웹 API 연동은 매개변수와 그 결괏값에 대한 입출력 포맷을 관리하도록 하는 것이다.

2

이벤트 기반
애플리케이션 만들기

기초적인 지식을 기반으로 람다 함수를 통해 좀 더 재미있는 것을 만들어 본다. 먼저, 람다 함수를 실행하기 위한 보안적인 측면의 권한 부여 방법에 대한 이해를 하고, 그런 다음 외부 모듈, 라이브러리 및 바이너리를 함수와 함께 사용하는 방법을 알아보자. 그리고 실제 웹 브라우저 또는 모바일 애플리케이션에서 사용할 것이다.

사용자 인증을 위해 Amazon Cognito 서비스를 자세히 살펴보고, 사진 같은 미디어 파일 공유 샘플 애플리케이션을 함께 만든다. 이 파트의 마지막 장에서는 분산 아키텍처에서 실행되는 이벤트 기반 애플리케이션의 장점을 만들기 위해 어떤 것이 필요한지 알아볼 예정이다.

PART 2

Building event-driven applications

CHAPTER

4

보안 관리하기

이 장에서 살펴볼 내용

- AWS IAM 소개하기
- IAM 정책을 이용한 AWS 접근 제어하기
- IAM 정책 변수를 활용한 설정하기
- IAM 역할을 이용한 AWS Credential 하드코딩 방지하기
- IAM 역할과 AWS Lambda 함께 사용하기

이전 장에서는 첫 번째 람다 함수를 만든 후 명령줄(CLI)을 통해 함수를 테스트해 보았고, 그 다음으로 Amazon API Gateway 기능을 이용하여 웹 API를 만들어 람다 함수를 실행해 보았다.

이번 장에서는 AWS IAM(Identity and Access Management)을 이용한 보안 프레임워크에 대해 알아본다. 즉, AWS Lambda와 Amazon API Gateway를 통해 람다 함수와 애플리케이션들을 보호할 수 있는 방법에 대해 배워 본다. 예를 들면, 람다 함수와 AWS 자원을 사용하는 외부 애플리케이션과 통신하는 정상적인 연결을 보호하기 위해서는 비정상적인 접근을 막아야 한다(그림 4.1). 우리가 만든 람다 함수들도 다시 한 번 살펴보고, 보안 설정에 문제가 없는지 살펴본다.

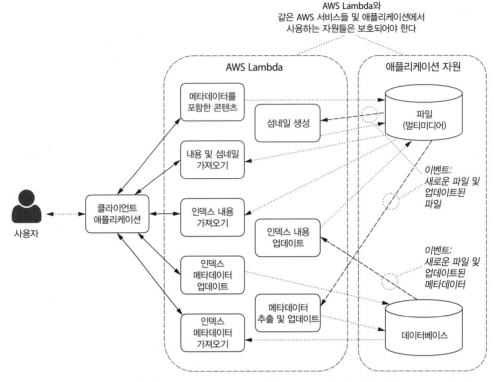

AWS Lambda와
같은 AWS 서비스들 및 애플리케이션에서
사용하는 자원들은 보호되어야 한다

그림 4.1 AWS 서비스 및 애플리케이션에서 사용하는 자원들에 대하여 항상 보호하여 비정상적인 접근을 막아야 한다. 점선 테두리를 벗어나는 화살표들은 인증 및 권한을 갖는 절차를 말한다

이들 보안 기능은 개발자들이 AWS를 활용하여 원하는 기능을 구현하는 데만 집중하면서도 보안이 적용된 애플리케이션을 만드는 데 도움을 주는 기능들이다. AWS IAM 기능은 무료로 사용할 수 있다. 또한, 다음 장에서 살펴볼 Amazon Cognito는 사용자 인증과 고유 식별자 생성에 비용이 거의 들지 않는다. 즉, 비용적인 측면에서 이 기능들을 사용하는 것이 좋다. Amazon Cognito의 동기화 기능을 이용하기 위해서는 일정 비용이 들지만, 이 책에서는 무료로 쓸 수 있는 기능을 주로 다룰 예정이다. 먼저, AWS 계정 안에서 인증 부분을 어떻게 관리할지 배우도록 하자.

4.1 IAM 사용자, 그룹과 역할

AWS 서비스를 이용하기 위해서는 AWS API를 호출해서 사용하는 것이 필수적이다. 1장 및 2장에서 사용한 AWS CLI를 통하거나 좋아하는 프로그래밍 언어의 SDK를 사용하여 직접 API를 호출할 수 있다. 물론 2장 및 3장에서 샘플 함수와 웹 API를 만들기 위해 웹 콘솔도 사용할 수 있지만, 기본적으로 콘솔 기능은 모두 AWS API에 기반을 두고 있다.

AWS와 접속하는 모든 통신 과정에서 AWS는 누가 API 호출을 하는지(인증 부분), 필요한 권한을 가지고 호출을 하는지(권한 부분)를 확인하게 된다.

필요한 인증 부분을 제공하기 위해 AWS 인증키(credentials)를 이용하여 API 호출을 처리한다. 인증키에는 특정 제한 시간 내에서만 사용할 수 있고 만료 시 재생성이 필요한 임시 인증키도 있다. 이때 임시 인증키는 정해진 주기에 따라 갱신되어 사용할 수도 있다.

AWS 계정을 처음으로 만들었을 때 처음 로그인하는 계정은 루트(root) 권한을 가진 상태로 생성되며, 이는 지불 정보를 포함하여 모든 AWS 자원에 제한 없이 접근할 수 있는 권한을 지닌 인증키를 만들 수 있다. 하지만 루트 계정은 처음 로그인할 때만 사용하고, 일반적으로 일반 IAM 사용자를 생성하여 제한된 권한을 가지고 사용하도록 하는 것을 권장한다(IAM 사용자는 IAM 역할을 통해 권한을 세부적으로 관리할 수 있는데, 이는 뒤에서 설명한다). AWS의 루트 계정 로그인 정보는 가장 안전하게 관리하고, 필요할 때만 사용하도록 해야 한다.

> 👆 여기서 잠깐!
>
> AWS 루트 계정에 대해 MFA(Multi-Factor Authentication) 설정을 권장한다. MFA 디바이스를 활용하거나 스마트폰에 있는 가상 MFA 소프트웨어를 사용할 수 있다. MFA에 관한 자세한 정보는 다음의 링크를 참고하기 바란다. URL https://aws.amazon.com/iam/details/mfa/

AWS IAM을 사용하면 사용자 그룹을 만들어 회사의 구성원 혹은 팀에 따라 IAM 계정을 배분할 수 있다(그림 4.2 참고).

> 👆 여기서 잠깐!
>
> IAM 사용자는 한 개 이상의 그룹에 속할 수 있다. 예를 들면, 사용자 1은 개발 그룹과 테스트 그룹 모두에 속하여 필요한 권한을 받을 수 있다.

맨 먼저 IAM 그룹과 사용자를 만들기 위해서 웹 브라우저를 열고 AWS 웹 콘솔에 루트 계정으로 로그인한 다음, Security & Identity 섹션에 있는 IAM을 클릭한다.

IAM을 클릭하면 AWS IAM 콘솔 대시보드가 보인다(그림 4.3). IAM 자원에 대한 요약 정보와 IAM 사용자들이 콘솔에 접근하기 위한 접속 링크(URL은 변경 가능)가 보이고, 현재 계정의 보안 상태를 개선하기 위한 몇 가지 팁을 볼 수 있다.

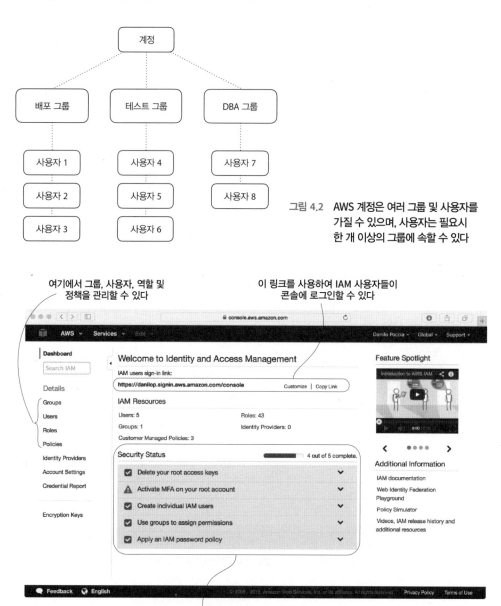

그림 4.2 AWS 계정은 여러 그룹 및 사용자를 가질 수 있으며, 사용자는 필요시 한 개 이상의 그룹에 속할 수 있다

그림 4.3 위는 AWS IAM 콘솔 대시보드로서 IAM 자원에 대한 요약 및 IAM 사용자가 로그인할 때 사용하는 URL을 확인할 수 있다. 밑에는 보안 향상을 위한 조언도 있다

IAM 그룹과 사용자와 함께 **역할(role)**이라는 것을 생성할 수 있다. 그룹과 역할의 가장 큰 차이점은 재사용 가능 여부다.

- IAM 사용자는 그룹에 속할 수 있고, 그룹에 있는 권한을 상속받는다.
- IAM 사용자, 애플리케이션, AWS 서비스는 각각 IAM 역할을 부여받을 수 있다. 이때 IAM 역할에 설정된 권한을 상속받는다.

AWS Lambda와 같은 서비스도 IAM 역할을 부여할 수 있다. 람다 함수들은 IAM 역할에 부여된 권한들을 상속받아 특정 AWS 서비스에 접근해서 처리할 수 있다. 예를 들어, 어떤 람다 함수는 Amazon S3[1]와 같은 스토리지에 대한 읽기(혹은 쓰기)의 권한을 IAM 역할로 부여받아 실제 데이터를 읽거나 쓸 수 있다. AWS 내 IAM 사용자, 그룹과 역할의 관계에 대해서 그림 4.4를 통해 알 수 있다.

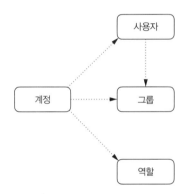

그림 4.4 이 그림은 사용자, 그룹 및 역할의 관계를 나타내 준다. 사용자는 그룹에 추가될 수 있으며 역할은 특정 사용자에게 연결되어 있지 않다. 역할은 사용자, 애플리케이션 혹은 다른 AWS 서비스들에 의해 사용될 수 있다

IAM 사용자, 그룹, 역할을 잘 사용하기 위해서는 한 개 이상의 IAM **정책(Policy)**을 사용할 필요가 있다(그림 4.5). IAM 정책은 AWS 서비스의 실제 권한을 부여하는 것으로 IAM 사용자, 그룹 혹은 역할에게 AWS 자원에 대한 허가 여부를 결정한다. 기본값으로, 모든 AWS 자원에 대해 접근이 불가능하며 적어도 한 가지 이상의 IAM 정책이 필요하다. IAM 정책을 사용하면 필요한 **권한(authorization)** 부분을 IAM 사용자, 그룹과 역할에 줄 수 있다.

---

1 Amazon S3는 REST API를 가진 개체 스토리지다. 각 개체는 버킷(bucket)이라는 저장소에 개별 키를 통해 구별할 수 있다.

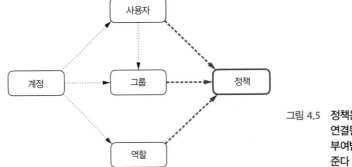

그림 4.5 정책은 사용자, 그룹 및 역할에 연결될 수 있으며, 어떠한 권한을 부여받을 수 있는지에 대해 결정해 준다

두 번째로 **인증(authentication)** 부분을 사용하려면 **보안 인증키(security credential)**가 필요하다. 보안 인증키는 루트 계정에도 배정이 가능하지만, 앞서 말했듯이 루트 계정은 보안상 처음 로그인 후 가급적 사용하지 않는 것을 권장한다. IAM 사용자 역시 영구적인 보안키를 가질 수 있으며, 가급적 보안 향상을 위해 주기적으로 보안키를 교체시킬 수 있다. IAM 역할은 보안키를 가질 수 없지만 IAM 사용자나 특정 애플리케이션 및 AWS 서비스가 역할을 부여 맡게 되면, 임시 보안키를 발급하여 일시적으로 IAM 정책에 있는 서비스에 접근할 수 있다(그림 4.6 참고). 임시 보안키는 유효기간이 지나면 AWS CLI와 SDK에 의해 자동으로 재발급된다. 만약 임시 보안키를 다른 방법으로 발급했다면 수동으로 교체 작업을 해줘야 한다.

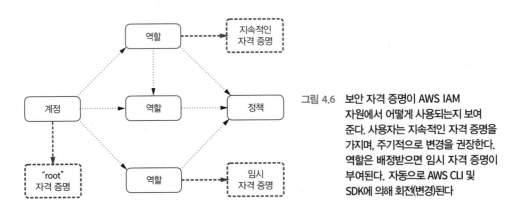

그림 4.6 보안 자격 증명이 AWS IAM 자원에서 어떻게 사용되는지 보여 준다. 사용자는 지속적인 자격 증명을 가지며, 주기적으로 변경을 권장한다. 역할은 배정받으면 임시 자격 증명이 부여된다. 자동으로 AWS CLI 및 SDK에 의해 회전(변경)된다

IAM 사용자(및 루트 계정) 보안 인증키는 다음으로 구성되어 있다.

- 한 개의 Access key ID
- 한 개의 Secret access key

Access key ID는 모든 AWS API 호출에 필요하며, 임시 아이디의 역할을 한다. Secret access key는 임시 암호의 역할을 하므로 절대로 인터넷에 공개하면 안 되며, API 호출을 인증할 때만

사용된다. 보통 AWS API 인증 과정이 뒤에서 어떻게 작동하는지 알 필요가 없다. 왜냐하면 AWS CLI와 SDK가 이러한 인증 처리를 자동으로 관리해 주기 때문이다.

📎 참고하세요!

만약 AWS API 인증 부분에 대한 자세한 정보를 얻고 싶으면 다음의 링크를 참고하면 된다. AWS는 현재 Signature Version 4 process를 사용한다. **URL** http://docs.aws.amazon.com/general/latest/gr/ signature-version-4.html

---

임시 보안 인증키는 AWS STS(Security Token Service)에 의해 만들어진다. 하지만 보통 직접적으로 STS와 통신할 필요는 없다. AWS 서비스(Amazon Cognito)와 CLI, SDK를 사용하면 자동으로 관리해 주기 때문이다. 임시 보안 인증키는 표준 인증키와 다르게 다음과 같이 구성된다.

- 한 개의 Access key ID
- 한 개의 Secret access key
- 한 개의 보안(혹은 세션) 토큰

지금까지 AWS 계정에서 IAM 사용자, 그룹과 역할 그리고 임시 인증키를 사용하여 클라우드 자원 보안을 향상시킬 수 있는 방법을 살펴보았다. 이제 IAM 정책을 이용해 AWS 자원에 권한을 주는 방법을 알아보자.

4.2 IAM 정책 이해하기

하이 레벨에서 봤을 때 IAM 정책들은 일정한 **효과(effect)**를 가진다. 즉, 특정 **자원(resource)** 접근에 대해 허가/거부를 하도록 **행동(action)**을 바로 취하는 것이다(그림 4.7). IAM 정책의 맥락에서 행동이라는 것은 AWS 서비스와 API 호출을 지정하여 접근을 허용하는 것을 뜻한다. IAM 정책 설정 코드에서 별표(*)를 사용하여, 모든 행동에 대해서 허용할 수 있고, 특정 문자열(예를 들면, Describe*)로 시작하는 행동에 대해서만 허용할 수도 있다. 하지만 이와 같은 방법은 보안상 위험하므로 가급적 필요한 행동을 모두 나열하여 IAM 정책을 만들어야 한다. 물론 AWS 서비스에 따라 Action에 넣는 자원명은 다를 수 있다. 예를 들면, Amazon S3 스토리지 서비스의 자원은 객체 저장을 하는 버킷이며, 필요에 따라 버킷명을 통칭할 접두사를 사용하기도 한다. Amazon DynamoDB와 같은 데이터베이스 서비스의 자원들은 테이블과 인덱스다.

그림 4.7 정책들이 어떻게 작동하는지에 대한 간략한 설명으로, 어떤 자원에 대해서 행동을 허용/차단할지 결정한다

IAM 정책은 세 가지 타입이 있다. 세 가지 모두 AWS 자원에 대한 다른 권한을 가지고 있다(그림 4.8).

- **IAM 사용자-기반 정책**(user-based policy)들은 사용자, 그룹, 역할에 부여할 수 있으며, 사용자(애플리케이션 혹은 AWS 서비스)가 무엇을 할 수 있는지 설명한다.

- **AWS 자원-기반 정책**(resource-based policy)들은 AWS 자원에 직접 부여할 수 있으며, 누가 이 자원에 대해서 접근이 가능한지 설명한다. 예를 들면, S3 버킷 정책은 S3의 권한에 대해 적혀 있다.

- **신뢰-기반 정책**(trust policy)들은 누가 IAM 역할을 맡을 수 있는지 설명한다. AWS Lambda 가 사용하는 역할은 특정 신뢰-기반 정책을 사용하여 함수들이 역할을 사용할 수 있도록 한다. 이는 다음 장에서 설명할 Amazon Cognito 역시 마찬가지다.

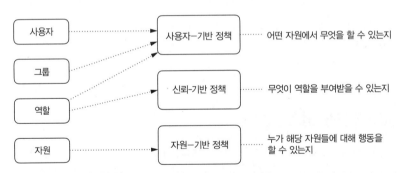

그림 4.8 정책의 종류를 간략하게 설명하는 자료로, 사용자, 그룹, 역할 및 자원들이 사용하는 정책이 있다

IAM 정책은 JSON 문법을 사용한다. 그림 4.9에서는 IAM 정책에 있는 다양한 요소를 볼 수 있다. 주 요소로는 정책 **선언**(statement)이 있다. 이 선언에는 자원에 대한 효과(허용/거부), 행동 방식을 포함한다. 추가적으로 하나 이상의 조건으로 정책 범위를 제한할 수 있다. 예를 들면, Amazon S3에 대해 HTTP 헤더를 사용하는 API 호출에 접근을 거부할 수 있다. 자원-기반 정책과 신뢰-기반 정책 **원칙**(principal)은 누구를 허가/거부할지 지정한다.

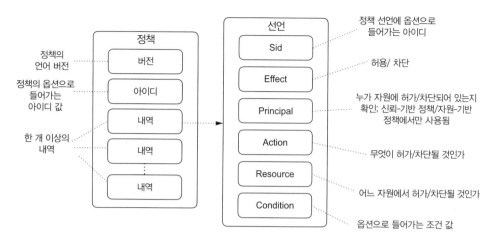

정책

- 버전 ← 정책의 언어 버전
- 아이디 ← 정책의 옵션으로 들어가는 아이디 값
- 내역
- 내역 ← 한 개 이상의 내역
- 내역

선언

- Sid ← 정책 선언에 옵션으로 들어가는 아이디
- Effect ← 허용/ 차단
- Principal ← 누가 자원에 허가/차단되어 있는지 확인; 신뢰-기반 정책/자원-기반 정책에서만 사용됨
- Action ← 무엇이 허가/차단될 것인가
- Resource ← 어느 자원에서 허가/차단될 것인가
- Condition ← 옵션으로 들어가는 조건 값

그림 4.9 **정책을 구성하는 여러 가지 요소: 주 요소로는 선언들이 있으며, 선언들은 누가 자원에 허가/차단되는 지 결정해 준다**

IAM 정책은 사용자, 그룹 혹은 역할에 직접 지정할 수 있다. 정책 설정을 더 간단히 하기 위해(예를 들면, 같은 정책을 람다 함수에 배정하는 역할과 Amazon Cognito에 배정하는 역할처럼 서로 다른 역할을 연결할 때) IAM **정책 관리(managed policies)** 기능을 사용할 수 있다. 정책 관리를 사용하기 위해 IAM 콘솔의 왼쪽에 있는 링크를 사용할 수 있으며(그림 4.10), 정책 관리는 버전으로 관리할 수도 있다.

이 링크를 클릭하면 정책을 관리할 수 있다

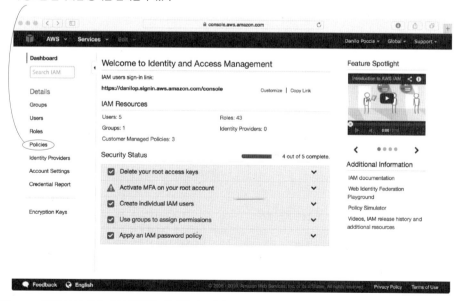

그림 4.10 **AWS IAM 콘솔에서 정책을 관리할 수 있다. 관리된 정책들은 한 개 이상의 역할, 그룹 및 사용자에 부여될 수 있으며, 버전 관리가 가능하다**

4.3 IAM 정책 사용하기

IAM 정책에 대한 첫 번째 예제로, Amazon S3에 접근을 허용하는 권한을 부여해 본다. 이 예제는 실제 콘솔에서 직접 하지는 않고, IAM 정책에 있는 문법에 집중하자. 다음 장에서 실제 콘솔에서 IAM 정책을 직접 만들어 본다.

참고하세요!

Amazon S3 버킷(특정 객체는 마치 폴더와 파일과 같은 계층 구조가 있는 것 같지만) 내부에 파일 계층 구조가 없다. 하지만 버킷 내부의 객체를 /와 같은 구분 기호를 지정하여 탐색하고, 파일 시스템 접근과 비슷한 방식으로 객체를 나열할 수 있다. 예를 들어, 키값에 따라 접두사 folder1/folder2로 시작하는 버킷 내의 객체를 나열할 수 있다. 접두사의 시작 부분에 /는 없다는 점을 참고해야 한다. Amazon S3에는 여기에 설명되어 있지 않은 추가 기능이 있지만, 이와 관련해 다음에서 필요 기능에 대해 설명할 예정이다.

Amazon S3 버킷에 읽기/쓰기 접근 권한을 가진 사용자-기반 정책은 다음과 같다.

리스트 4.1   Amazon S3 버킷에 대한 읽기/쓰기 접근 정책

```
{
  "Version": "2012-10-17",        ←  버전은 정책 언어의 개정판 버전을 지정하기 위해서 사용된다.
                                     이전 버전 호환성이 없어질 때 최신 버전을 적어 준다
  "Statement": [                  ←  한 개 이상의 내역이 JSON 목록으로 추가될 수 있다
    {                                효과는 '허가' 혹은 '차단'으로 나뉜다. 서로 간의 충돌을
      "Effect": "Allow",          ←  방지하기 위해 '차단'은 항상 '허가'보다 우선한다
      "Action": [
        "s3:ListBucket",             Amazon S3 API의 행동 목록,
        "s3:GetBucketLocation"       위 경우에는 버킷 내 객체를 리스팅할 수 있으며,
      ],                             버킷이 속해 있는 리전 값을 가져올 수 있다
      "Resource": "arn:aws:s3:::BUCKET"  ←  Amazon S3 버킷은 이 내역의 자원 부분에 넣는다.
    },                                       JSON 목록을 사용하여 여러 개의 자원(버킷)을
                                             지정할 수 있다
    {
      "Effect": "Allow",          ←  두 번째 자원(버킷) 이 정책의 내역에서는 '허가'의 효과를 가진다.
      "Action": [
        "s3:PutObject",              세 개의 허용된 행동은 다음과 같다.
        "s3:GetObject",              쓰기(PutObject), 읽기(GetObject),
        "s3:DeleteObject"           삭제(DeleteObject)
      ],
      "Resource": "arn:aws:s3:::BUCKET/*"  ←  이 내역에서 있는 행동들은 정책이 특정 객체에만
    }                                          작용할 수 있도록 한다. 하지만 여기에서는 별표(*)를
  ]                                            사용하여 모든 키값에 대해 적용한다는 것을 알 수 있다
}
```

웹 콘솔에서 이전 버킷을 활용하고 싶다면, 모든 버킷을 리스팅할 수 있는 권한을 받아야 한다. 이는 다음의 정책문에 나와 있으며, 변경 사항은 진하게 표시했다.

리스트 4.2 Amazon S3 웹 콘솔 이용에 필요한 권한 주기

```
{
  "Version": "2012-10-17",
  "Statement": [
    {
      "Effect": "Allow",
      "Action": "s3:ListAllMyBuckets",      Amazon S3 웹 콘솔은 모든 버킷을
      "Resource": "arn:aws:s3:::*"           나열하기 위해 권한이 필요하다
    },
    {
      "Effect": "Allow",
      "Action": [
        "s3:ListBucket",
        "s3:GetBucketLocation"
      ],
      "Resource": "arn:aws:s3:::BUCKET"
    },
    {
      "Effect": "Allow",
      "Action": [
        "s3:PutObject",
        "s3:GetObject",
        "s3:DeleteObject"
      ],
      "Resource": "arn:aws:s3:::BUCKET/*"
    }
  ]
}
```

특정 버킷에만 쓰기/읽기 접근을 주기 위한 방법은 다음과 같다.

- 특정 버킷에만 동작하는 조건을 Action에 추가(예: ListBucket)
- AWS 자원의 접두어에 객체 허용할 Action에 추가(예: PutObject, GetObject, DeleteObject)

특정 접두어를 가진 자원에만 접근 허용을 적용하는 예제 문법은 다음과 같다.

리스트 4.3　Amazon S3 버킷 내의 특정 접두어를 가진 자원에만 접근 허용하기

```json
{
  "Version": "2012-10-17",
  "Statement": [
    {
      "Effect": "Allow",
      "Action": [
        "s3:ListAllMyBuckets",
        "s3:GetBucketLocation"
      ],
      "Resource": "arn:aws:s3:::*"
    },
    {
      "Effect": "Allow",
      "Action": "s3:ListBucket",
      "Resource": "arn:aws:s3:::BUCKET",
      "Condition": {"StringLike": {"s3:prefix": "PREFIX/" }}
    },
    {
      "Effect": "Allow",
      "Action": [
        "s3:PutObject",
        "s3:GetObject",
        "s3:DeleteObject"
      ],
      "Resource": "arn:aws:s3:::BUCKET/PREFIX/*"
    }
  ]
}
```

'ListBucket'과 같이 전체 버킷에 적용되는 행동들은 조건을 추가하여 특정 접두어만 접근 가능하도록 설정할 수 있다

'PutObject'와 같이 개별 객체에 적용되는 행동들은 접두어를 자원 부분에 추가할 수 있다

여기서 잠깐!

만약에 읽기 전용으로 설정하고 싶다면 PutObject와 DeleteObject를 삭제하여 사용하면 된다.

이제 Amazon DynamoDB 접근을 제어하는 IAM 정책 예제를 살펴보자.

참고하세요!

Amazon DynamoDB는 완전 관리형(fully managed) NoSQL 데이터베이스 서비스다. 확장성 높은 데이터 저장소와 밀리초 단위의 처리 속도(초당 읽기/쓰기 용량을 원할 때마다 변경 가능)를 가지고 있으며, AWS API, CLI 혹은 웹 콘솔로 설정할 수 있다. DynamoDB 테이블에는 고정된 스키마가 없지만, **프라이머리 키**

(primary key)를 설정해 주어야 한다. 프라이머리 키는 **해시(hash) 키**가 될 수 있고, 해시 키 + **레인지(range) 키**를 포함한 복합 키가 될 수 있다. Amazon DynamoDB는 여기서 다루지 않는 많은 기능을 가지고 있으며, 이 책에서 필요한 부분에 대해서는 계속 설명할 예정이다. 만약 Amazon DynamoDB 의 기능들을 더 알고 싶다면, Amazon DynamoDB 개발자 가이드를 살펴보기 바란다. **URL** http://docs.aws.amazon.com/general/latest/gr/rande.html#ddb_region

아래 IAM 정책은 특정 DynamoDB 테이블에 아이템 읽기/쓰기 접근 권한을 준다.

리스트 4.4   DynamoDB 테이블에 읽기/쓰기 권한을 주는 정책

```
{
  "Version": "2012-10-17",
  "Statement": [
    {
      "Effect": "Allow",
      "Action": [
        "dynamodb:GetItem",
        "dynamodb:BatchGetItem",
        "dynamodb:PutItem",
        "dynamodb:UpdateItem",
        "dynamodb:BatchWriteItem",
        "dynamodb:DeleteItem"
      ],
      "Resource":
        "arn:aws:dynamodb:<region>:<account-id>:table/<table-name>"
    }
  ]
}
```

- 테이블에 있는 아이템을 읽기 위한 정책
- 한 개의 API 호출로 단일 혹은 다수의 아이템을 읽기 위한 정책
- 테이블에 아이템을 쓰기 위한 정책
- 아이템 추가 혹은 업데이트
- 한 개의 API 호출로 단일 혹은 다수의 아이템을 추가/삭제하기 위한 정책
- 아이템 삭제를 위한 정책
- 테이블을 지정하기 위해 AWS 리전, 계정 아이디 및 테이블 이름이 필요하다

AWS의 모든 자원에 할당된 고유 주소인 ARN(Amazon Resource Names)을 이용하여 정책 선언에 자원을 지정할 수 있다. S3 버킷 이름은 모든 계정과 리전에 대해 고유한 값을 가지므로 버킷 이름을 통하여 자원에 대해 식별할 수 있다. DynamoDB 테이블은 AWS 계정과 특정 리전 내에서만 고유하므로 둘 다 테이블 이름과 함께 지정해 줘야 정책에서 특정 자원에 대해 식별할 수 있다.

어떤 리전을 사용하느냐에 따라 리전 코드를 사용하여 DynamoDB의 ARN을 만들 수 있다. 관련 정보는 다음 링크를 참고한다. http://docs.aws.amazon.com/general/latest/gr/rande.html#ddb_region.

예를 들면, DynamoDB를 US East(버지니아 북부) 리전에서 사용한다면 리전 이름은 us-east-1이다. EU(아일랜드) 리전 이름은 eu-west-1이다.

AWS 계정 ID를 웹 콘솔에서 볼 수 있다. 웹 브라우저를 열고 https://console.aws.amazon.com/에 접속한 후, 루트 아이디와 암호로 로그인한다. 웹 콘솔의 오른쪽 상단에 보면 자신의 이름 옆의 드롭다운 메뉴를 클릭해 본다(그림 4.11).

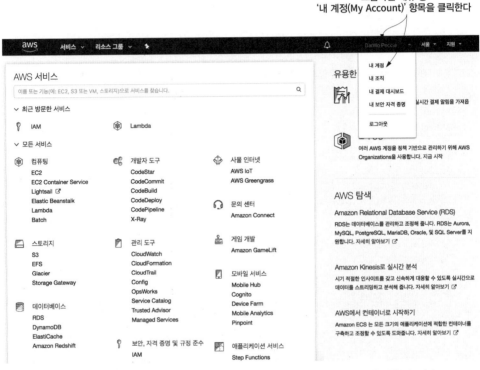

그림 4.11 우측 상단에 있는 이름 옆에 있는 삼각형을 클릭하여 계정 정보를 확인할 수 있다

내 계정을 선택하면 계정 세부 정보가 나오는데, 맨 상단의 숫자로 된 계정 ID(Account ID)를 확인할 수 있다(그림 4.12). 이 모든 정보를 조합한 결과를 보면 DynamoDB ARN은 다음과 같다.

```
"arn:aws:dynamodb:us-east-1:123412341234:table/my-table"
```

리스트 4.5는 DynamoDB에 질의를 던질 수 있도록 추가한 정책 예제다(전체 테이블 스캔은 I/O 비용이 많이 나올 수 있으므로 추가하지 않는다).

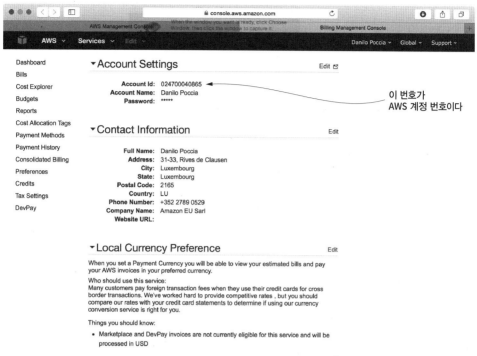

그림 4.12 계정 정보 페이지에서는 계정 아이디가 가장 상단에 있으며, 상세 설명이 있다

리스트 4.5 Amazon DynamoDB에 쿼리 질의 권한 추가

```json
{
 "Version": "2012-10-17",
 "Statement": [
  {
   "Effect": "Allow",
   "Action": [
    "dynamodb:GetItem",
    "dynamodb:BatchGetItem",
    "dynamodb:Query",
    "dynamodb:PutItem",
    "dynamodb:UpdateItem",
    "dynamodb:BatchWriteItem",
    "dynamodb:DeleteItem"
   ],
   "Resource":
    "arn:aws:dynamodb:<region>:<account-id>:table/<table-name>"
  }
 ]
}
```

DynamoDB의 테이블에
질의를 하기 위한 정책

최소한의 권한 부여 원칙

IAM 정책을 작성할 때 각 애플리케이션 작업을 수행하는 데 필요한 최소 권한만을 부여하는 일반적인 보안 권고를 따라야 한다. 처음에는 가장 적은 권한으로 시작하여 필요시 더 많은 권한으로 추가하는 방식을 권장한다. 필요하지 않은 권한을 처음부터 많이 주면 보안상 문제가 되며, 권한을 향후에 제거할 때 애플리케이션 구동에 문제를 일으킬 수도 있다.

"모든 프로그램과 권한을 가진 사용자는 최소한의 권한을 사용하여 필요한 기능을 수행해야 한다"는 제롬 살처(Jerome Saltzer)의 ACM 논문에 있는 조언을 참고해야 한다.

https://dl.acm.org/citation.cfm?doid=361011.361067.

4.4 IAM 정책 변수 사용하기

IAM 정책에서 특정 값을 선언해서 사용해야 할 때 어떻게 해야 할까? 예를 들면, 고정되지 않은(누가 요청을 어떻게 했는지 알기 위한) 동적 매개변수를 사용해야 할 때 어떻게 해야 할까? 이 때 **정책 변수(policy variable)**를 사용하면 된다. AWS가 매번 받는 동적 변화 값들을 지정하여 IAM 정책 내에 집어넣을 수 있다.

예를 들면, 다음과 같이 몇 가지 정책 변수를 이용하면 IAM 정책 작성에 도움이 된다(표 4.1).

표 4.1 IAM 정책을 더 유용하게 사용하기 위한 자주 쓰는 정책 변수

정책 변수	설명 및 샘플 예제
aws:SourceIp	누가 어떤 IP 주소로 AWS API 요청을 했는지 알기 위해 사용한다. 'IpAddress' 조건을 이용하여 특정 IP에서만 접근하도록 설정할 수 있다 ```"Condition": {` ` "IpAddress" : {` ` "aws:SourceIp" : ["10.1.2.0/24","10.2.3.0/24"]` ` }` `}``` 특정 IP를 제외시키고 싶다면 'NotIpAddress' 조건 사용 가능하다 ```"Condition": {` ` "NotIpAddress": {` ` "aws:SourceIp": "192.168.0.0/16"` ` }` `}``` 위 정책은 요청이 사용자로부터 직접 왔을 때만 작동한다는 점을 유의한다. AWS CloudFormation과 같은 AWS 서비스에서 요청했을 때는 작동하지 않는다
aws:CurrentTime	현재 시간 표시; 이 요소는 특정 시간 전/후로 접근을 제한/허용할 수 있다. 2016년 1월부터 2월까지 허용하는 조건을 만들면 다음과 같다 ```"Condition": {` ` "DateGreaterThan":` ` {"aws:CurrentTime": "2016-01-01T00:00:00Z"},` ` "DateLessThan":` ` {"aws:CurrentTime": "2016-02-01T00:00:00Z"}` `}```
aws:SecureTransport	API 요청이 HTTPS와 같은 안전한 경로를 사용하는지에 대한 불린(Boolean) 값; S3를 'https://...'와 같은 URL을 강제로 사용하도록 할 때 사용한다. 예를 들면, Amazon S3에 정적인 웹 페이지를 호스팅할 때, S3 버킷 정책을 이용하여(자원-기반 정책) 외부 접근이 HTTPS로만 사용 가능하도록 할 수 있다. 다음과 같은 Statement를 사용하면 된다(물론 다른 정책에 포함시킬 수도 있다) ```"Statement": [{` ` "Effect": "Allow",` ` "Principal": "*",` ` "Action": "s3:GetObject",` ` "Resource": "arn:aws:s3:::your-bucket/*",` ` "Condition": {` ` "Bool": {` ` "aws:SecureTransport": "true"` ` }` ` }` `}]```

표 4.1 **IAM 정책을 더 유용하게 사용하기 위한 자주 쓰는 정책 변수 (계속)**

정책 변수	설명 및 샘플 예제

aws:MultiFactor-AuthPresent	MFA(Multi-Factor Authentication) 디바이스 혹은 가상 MFA를 이용한 요청인지 확인하는 Boolean 값; Statement에 포함되는 조건으로 사용할 수 있는 예제다
	
	`"Condition": {`
	`  "Bool": {`
	`    "aws:MultiFactorAuthPresent": "true"`
	`  }`
	`}`

aws:Referer	HTTP 요청의 HTTP 참조(Referer, HTTP 헤더에 명시된 부분); 이 정책 변수를 사용하면 S3 버킷 정책(자원-기반 정책)은 특정 웹 페이지에서만 접근 가능하도록 설정할 수 있다. 예를 들면, 웹 페이지의 정적인 자원(이미지, CSS, 자바스크립트 파일)을 S3에 올려놓았다면 모두에게 객체에 대한 읽기를 가능하게 할 수 있음과 동시에 다른 웹사이트에서 접근할 수 없도록 설정할 수 있다. 예제는 다음과 같다
	
	`"Statement": [ {`
	`  "Effect": "Allow",`
	`  "Principal": "*",`
	`  "Action": "s3:GetObject",`
	`  "Resource": "arn:aws:s3:::your-bucket/*",`
	`  "Condition": {`
	`    "StringLike": {"aws:Referer": [`
	`     "http://www.your-website.com/*",`
	`     http://your-website.com/*`
	`    ] }`
	`  }`
	`} ]`

> 📝 **참고하세요!**
>
> IAM 정책 변수에 대해 알고 싶다면 다음의 링크를 참고하면 된다.
> **URL** http://docs.aws.amazon.com/IAM/latest/UserGuide/reference_policies_variables.html#policy-vars-infotouse.

Amazon Cognito와 함께 사용할 다른 정책 변수들의 사용법에 대해서는 IAM 역할에 대해 조금 더 살펴본 후 다음 장에서 설명한다.

4.5 IAM 역할 사용하기

앞서 살펴본 대로 IAM 사용자, 애플리케이션 혹은 AWS 서비스들은 IAM 역할을 사용할 수 있다. AWS 서비스는 AWS 보안 인증키를 직접 소스 코드에 하드코딩하지 않아도 IAM 정책에 있는 AWS 자원에 대한 접근이 가능하다. 예를 들어, Amazon EC2(AWS에서 제공하는 가상 서버 서비스)는 IAM 역할을 사용할 수 있다. 이때 역할을 사용한다는 것은 임시 보안 인증키를 사용하여 EC2 인스턴스 내 애플리케이션 혹은 람다 함수 내 코드가 다른 AWS 자원(S3 버킷 혹은 DynamoDB 테이블)에 대해 접근하여 작업을 할 수 있다는 것을 뜻한다.

EC2 인스턴스 애플리케이션 또는 람다 함수에서 AWS SDK를 사용하는 프로그램 코드는 자동으로 해당 보안 인증키를 사용하여 필요한 권한을 얻는다. AWS SDK는 사용자 개입 없이 해당 역할에 대한 임시 보안 인증키를 자동으로 교체한다. 따라서 IAM 역할을 사용하면 소스 코드나 애플리케이션과 함께 배포된 파일에 AWS 보안 인증키를 명시적으로 넣을 필요가 없다. 이를 통해 인증키가 외부로 유출될 위험을 피할 수 있고, GitHub 또는 Bitbucket의 공용 코드 저장소에 코드를 커밋(commit)할 때, 실수로 외부에 공개될 가능성을 없애 준다.

각 IAM 역할은 두 가지 정책을 연결할 수 있다.

- 사용자-기반의 정책은 역할이 부여하는 권한을 설명한다

- 신뢰-기반 정책은 역할이 할 수 있는 것, 예를 들어 IAM 사용자에 따라 사용할 수 있는 AWS 자원 사용 방법이다. 이를 역할에 대한 **신뢰 관계(trust relationship)**라고도 부른다.

예를 들어, 2장에서 첫 람다 함수인 'greetingsOnDemand'를 만들 때 'Lambda basic execution' 역할을 만들고 해당 역할을 람다 함수에 할당하였다. 그 역할에 대해 더 자세히 살펴보자.

그림 4.13에서 설명한 것처럼 왼편의 IAM 역할을 선택하면 AWS IAM 콘솔에서 자세한 정보를 얻을 수 있다. 항상 AWS 콘솔에서 생성한 역할을 찾아서 무엇이 허용되는지 여부를 파악하는 것이 필요하다.

여기서는 윈도 상단의 텍스트 양식을 사용하여 IAM 역할을 검색할 수 있다.

- 사용자-기반 정책은 사용 권한을 설명한다. 이 기능을 사용하려면 CloudWatch Logs(리스트 4.6)에 기록해야 한다.

- 신뢰-기반 정책은 누가 그 역할을 맡을 수 있는지를 설명한다. 이 경우에는 AWS Lambda 서비스다(리스트 4.7).

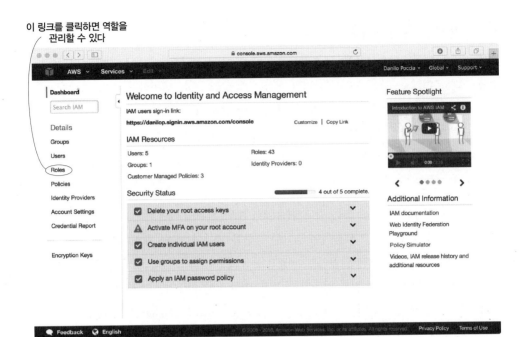

이 링크를 클릭하면 역할을 관리할 수 있다

그림 4.13 현재 존재하는 역할 및 새로운 역할을 웹 콘솔에서 관리할 수 있다. 항상 AWS 콘솔에서 작성한 역할에 대해서 파악하여 어떠한 권한을 가지는지 확인할 필요가 있다

리스트 4.6   Lambda basic execution role의 권한

```
{
  "Version": "2012-10-17",
  "Statement": [
    {
      "Effect": "Allow",
      "Action": [
        "logs:CreateLogGroup",
        "logs:CreateLogStream",
        "logs:PutLogEvents"
      ],
      "Resource": "arn:aws:logs:*:*:*"
    }
  ]
}
```

위 내역은 사용자-기반 정책으로, 행동 및 자원에 대해 접근 권한을 준다

행동은 누가 Amazon CloudWatch Logs에 쓰기 권한을 가질지 결정한다

자원 부분에서 별표 ("*:*:*")를 사용하여 Amazon CloudWatch Logs에 의해 관리되는 모든 것에 대해 접근을 허가한다

리스트 4.7   Lambda basic execution role의 신뢰 관계

```
{
  "Version": "2012-10-17",
  "Statement": [
    {
      "Sid": "",
```

```
    "Effect": "Allow",       ←——  신뢰-기반 정책의 이 부분이 역할에 접근 권한을 준다
    "Principal": {
                                   여기에서는 AWS Lambda 서비스로,
    "Service": "lambda.amazonaws.com"  ←  신뢰-기반 정책의 주체를 지정한다
    },
    "Action": "sts:AssumeRole"     ←┐  행동은 주체가 할 수 있는 행동으로,
  }                                   AWS STS 서비스의 AssumeRole API에
 ]                                    대한 접근 권한을 준다
}
```

AWS Lambda에서 IAM 역할을 사용하면 실행 과정을 더 잘 이해할 수 있다. greetings OnDemand 함수는 'Lambda basic execution' 역할과 신뢰 관계가 있고, 이 람다 함수 실행에 대한 역할을 맡은 Lambda 서비스에서만 실행된다. 결과적으로 이 람다 함수는 CloudWatch Logs에 접근할 수 있으며, Node.js 런타임에서 'console.log()', 파이썬 런타임에서 'print'를 사용하여 관련 정보를 로그로 기록할 수 있다. 예를 들어, 리스트 4.6의 사용자-기반 정책에서 'logs:PutLogEvents'를 제거하면 더 이상 로그 기능을 사용할 수 없다.

Amazon S3에서 객체를 읽거나 Amazon DynamoDB 테이블에 항목을 쓰는 것과 같이 다른 AWS 서비스에 접근해야 하는 경우에는 이 장의 앞부분에서 배웠던 JSON 문법을 사용하여 IAM 역할에 대한 사용 권한을 정책에 추가할 수 있다. 다양한 AWS 자원에서 발생하는 이벤트 기반 서버리스 애플리케이션 샘플을 만들 경우 이 책의 뒷부분에서 더 자세하게 설정된 권한을 부여한 IAM 정책을 구현해 본다.

요약

이 장에서는 AWS 보안 구성에 대해 알아보았고, AWS Lambda와 함께 사용하는 애플리케이션을 어떻게 안전하게 사용할 수 있는지에 대해 살펴보았다. 특히, 다음 내용에 대해 알아보았다.

- AWS IAM(Identity and Access Management)을 이용하여 사용자, 그룹, 역할 생성
- AWS 임시 인증키를 이용하여 권한 인증하기
- AWS 자원을 접근하기 위한 IAM 정책 작성하기
- 정책 변수를 사용하여 동적 값을 정책에 적용하기
- IAM 역할을 사용하여 람다 함수에 권한 주기

다음 장에서는 모바일 기기에서 람다 함수를 사용하는 방법에 대해서 알아본다. 예를 들면, 모바일 기기 혹은 모바일 웹 브라우저에서 실행되고 있는 자바스크립트 웹 페이지에서 호출하는 경우 AWS 클라우드 환경에서 이벤트를 함수에 등록하는 방법을 배워 본다.

연습 문제

사용자-기반 정책을 사용하여 my-bucket이라는 이름의 S3 버킷에 **my-prefix/** 접두어를 가지고 있는 자료에 대해 읽기 접근만 가능하게 하도록 하라.

해결 방법

리스트 4.3에서 PutObject와 DeleteObject 항목을 지워서 쓰기 action을 제거한다.

```
{
  "Version": "2012-10-17",
  "Statement": [
   {
     "Effect": "Allow",
     "Action": [
      "s3:ListAllMyBuckets",
      "s3:GetBucketLocation"
     ],
     "Resource": "arn:aws:s3:::*"
   },
   {
     "Effect": "Allow",
     "Action": "s3:ListBucket",
     "Resource": "arn:aws:s3:::my-bucket",
     "Condition": {"StringLike": {"s3:prefix": "my-prefix/" }}
   },
   {
     "Effect": "Allow",
     "Action": [ "s3:GetObject" ],
     "Resource": "arn:aws:s3::: my-bucket/my-prefix/*"
   }
  ]
}
```

CHAPTER

5

독립 실행 함수 만들기

이 장에서 살펴볼 내용

- 람다 함수에 사용자 라이브러리 적용하기
- 함수 실행을 위해 다른 AWS 서비스 활용하기
- S3 버킷, DynamoDB 테이블과 같은 백엔드 서비스 연동하기
- 바이너리 기반 함수 만들기
- 서버리스 얼굴 인식 함수 만들기
- 일정 주기로 함수 실행하기

이전 장에서는 AWS 플랫폼에서 보안 설정 부분을 살펴보았다. 주로 AWS IAM 서비스 개념을 이용하였고, 그 예로 IAM 역할과 정책을 다루는 방법을 알아보았다. 이를 활용하면 람다 함수를 사용하면서 필요한 권한을 주어 다른 AWS 자원에 원활하게 접근하도록 할 수 있다.

이번 장에서는 지금까지 얻은 지식을 활용하여 '독립적으로 실행(standalone)'하는 함수를 만들어 보자. 우리가 만들 독립 실행 함수는 Amazon S3와 같은 다른 AWS 서비스 이벤트로부터 실행되거나 정해진 주기에 따라 실행될 수도 있다. 이것이 앞으로 다중 람다 함수를 함께 사용하는 이벤트 기반 애플리케이션을 만들 수 있는 첫 번째 단계다.

5.1 람다 함수에 라이브러리와 모듈 패키징하기

여기에서 만드는 함수는 AWS Lambda에서 Node.js와 파이썬의 AWS SDK 등 이미 제공하는 모듈을 제외하고 다른 모듈을 사용하지 않는 기본적인 함수다. 하지만 때에 따라 다른 외부 라이브러리를 사용해 정교한 기능을 구현해야 하는 경우도 있다.

Node.js의 npm 또는 파이썬의 pip과 같은 표준 패키지 관리자로부터 관리하는 모듈을 사용해야 하는 경우 로컬 개발 환경에서 함수 소스가 있는 폴더에(npm의 경우) 직접 설치할 수 있다. pip의 경우 로컬 디렉터리를 지정하는 옵션(-t), 예를 들어 '-t ./'를 사용한다. 그리고 람다 함수와 의존성 파일을 포함하는 zip 파일을 루트 폴더에 만들어야 한다. 이 zip 파일이 바로 **배포 패키지**(deployment package)이며, AWS Lambda(10MB 미만일 경우)에 직접 업로드하거나 Amazon S3에서 람다 서비스로 보낼 수 있다.

> ⚠️ **주의하세요!**
>
> 설치 과정에서 특정 Node.js와 파이썬 모듈은 컴파일러(C/C++)를 사용하여 더 효율적인 네이티브 바이너리를 만들 수 있다. 이는 크로스-플랫폼 모듈 구현보다 더 효율적이다. 이들 모듈을 사용하려면 5.3절을 참고하여 바이너리와 함수를 함께 사용하는 법을 보기 바란다.

예를 들면, Node.js 함수에 유명한 모듈 중 하나인 async(Node 모듈 중 하나로 https://github.com/caolan/async 참고)를 포함시키기 위해서 함수 소스 코드와 같은 디렉터리에 다음 명령어를 실행할 수 있다.

```
npm install async
```

> ✏️ **참고하세요!**
>
> 개발 환경에 npm을 포함하여 Node.js를 다운로드 및 설치하기 위해서 https://nodejs.org/ 웹사이트를 참고하기 바란다.

> 👆 **여기서 잠깐!**
>
> Node.js에서는 함수와 모듈 의존성 파일들을 설명하는 package.json 파일을 생성할 수 있다. 이런 경우 npm install 명령을 통해 package.json에 정의된 필요한 모든 모듈을 가져올 것이다. 더 자세한 정보는 다음의 링크를 참고한다. **URL** https://docs.npmjs.com/getting-started/using-a-package.json

파이썬에서 requests(파이썬 라이브러리 중 하나 http://docs.python-requests.org 참고)와 같은 라이브러리(HTTP를 통해 외부 엔드포인트와 통신하기 위한)를 포함시키려면 함수 소스 코드의 같은 폴더에 아래 명령어를 실행한다.

```
pip install requests -t .
```

 참고하세요!

개발 환경에 pip를 설치하기 위해서는 다음의 링크를 참고한다.
URL https://pip.pypa.io/en/stable/installing/

⚠ 주의하세요!

pip install requests -t 명령어는 Mac OS X에서는 실행이 안 될 수 있다. 실패했다면 다음에 설명되어 있는 Virtualenv 옵션을 사용하여 파이썬 배포 준비를 한다.

또는 이전 명령어 내의 '.'을 함수가 위치한 전체 경로로 교체하여 사용할 수 있다.

✋ 여기서 잠깐!

파이썬에는 배포 패키지를 만들기 위한 또 다른 옵션이 있다. 두 개 이상의 모듈을 사용할 경우에 권장하는 Virtualenv3는 독립된 파이썬 환경을 만드는 도구로서, 이 경우에는 함수와 기타 파일들을 포함한 site-packages 폴더를 지정해야 한다.

배포 패키지 만들어 보기

배포 패키지를 만들때 하는 가장 흔한 실수 중 하나는 zip 파일을 함수 코드가 저장된 상위 디렉터리에서 만든다는 점이다. 함수는 반드시 zip 파일의 root 폴더 내에 있어야 한다. 그래서 함수 소스 코드가 있는 폴더 안에서 zip 파일을 만드는 것을 권장한다.

예를 들면, 함수가 Node.js 런타임과 async 모듈을 사용할 경우 폴더의 구조는 다음과 같을 것이다.

```
MyFunction/
  index.js
  node_modules/
    async/
      ...
```

> 이 경우에는 MyFunction 디렉터리 안에서 함수 버전 1.2 zip 파일을 다음의 명령어로 만들 수 있다.
>
> ```
> zip -9 -r ../MyFunction-v1.2.zip *
> ```
>
> 윈도우와 기타 운영체제에서도 zip 유틸리티를 사용하는 데 같은 방법으로 적용한다.

이제 람다 함수로 사용자 모듈을 패키징하는 방법의 예제를 만들어 보자. Amazon S3에 어떤 파일이 생성 혹은 수정이 이루어졌을 때 반응하는 함수는 가장 일반적인 예제로서 직접 만들어 보자.

5.2 이벤트에 따라 함수 실행하기

이벤트 기반 애플리케이션은 백엔드 로직이 데이터 내 변경에 대해 반응하는 방식으로 실행한다. 예를 들어, 모바일 사용자가 높은 해상도 사진을 업로드하여 다른 사람들에게 공유한다고 가정할 때 사진을 다른 해상도로 보여 주기 위해서는 작은 크기의 섬네일을 만들어야 한다. 그리고 각 사진 정보는 촬영자 아이디 및 사진을 설명하는 메타데이터(찍은 위치나 카메라 종류 등)를 데이터베이스에 저장해야 한다.

기존 웹 애플리케이션에서는 웹 서버 위에 사진을 받아 처리하는 프론트엔드 요소를 구현하고, 업로드된 사진 및 데이터 편집을 위한 사용자가 지정한 워크플로에 따른 백엔드 로직(그림 5.1)이 필요하다.

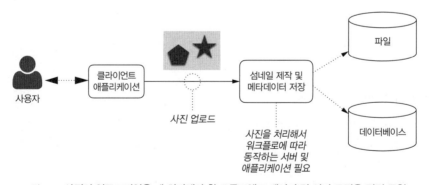

그림 5.1 **사진이 업로드되었을 때 처리해야 할 프론트엔드 페이지 및 서버 로직을 직접 구현**

AWS Lambda를 이용하면 Amazon S3에 메타데이터와 객체를 저장하고 S3에 객체가 생성 및 업데이트(그림 5.2)될 때마다 함수가 실행되도록 설정할 수 있다. 클라이언트 애플리케이션은 S3

버킷에 직접 업로드할 수 있고, 업로드를 별도 프론트엔드로 관리할 필요 없이 새로운 데이터에 대해서만 실행된다.

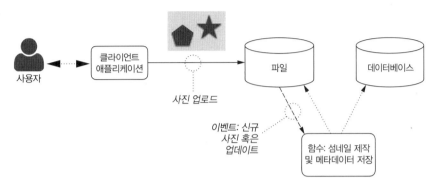

그림 5.2　클라이언트에서 바로 Amazon S3에 사진을 업로드하고, 이벤트를 통해 람다 함수를 자동으로 실행할 수 있다

백엔드 자원 생성

S3 버킷을 만들어 이 예제에 활용해 보자. 버킷 이름은 글로벌하게 고유한 값을 가져야 하며, 이는 사용자가 정해야 한다. 예를 들면, 쉬운 별명을 이용하여 <별명>-pictures와 같은 이름으로 버킷을 만들 수 있다.

버킷을 만들기 위해서 AWS CLI를 사용할 수 있다. AWS CLI 사용 시 리전 설정에 주의해야 한다. 꼭 AWS Lambda와 같은 리전을 사용한다. 버킷은 다음의 명령어 실행으로 생성할 수 있다.

```
aws s3 mb s3://bucket-name
```

AWS 웹 콘솔에서도 버킷을 생성할 수 있다. Storage & Content Delivery 섹션에 있는 S3 서비스를 선택하고, 버킷 생성을 클릭하여 원하는 버킷 이름을 리전과 함께 정한 뒤 생성 버튼을 누르면 된다.

> ⚠️ **주의하세요!**
>
> S3 버킷과 람다 함수의 리전은 같은 것으로 사용한다. 그렇지 않으면 버킷을 함수의 이벤트 소스(트리거)로 사용할 수 없다. AWS Lambda를 서울 리전에서 사용한다면 S3도 서울 리전으로 사용한다.

그림의 메타데이터 저장으로 Amazon DynamoDB를 사용하는 것을 권장한다. 테이블을 생성해 보자. AWS 웹 콘솔에서 데이터베이스 섹션에 있는 DynamoDB를 선택한 후 테이블 생성 버튼을 클릭한다. 테이블 이름을 'images'로 정한 뒤 'name'을 기본 키 파티션 키로 한다(그림 5.3). 생성 버튼을 눌러 테이블을 생성한다. 새로운 테이블 생성에는 시간이 걸리므로 조금 기다린다. Overview 탭을 보면 ARN(Amazon Resource Name)이 있다. 테이블 ARN은 AWS IAM에서 사용 권한을 주는 데 이용할 것이다.

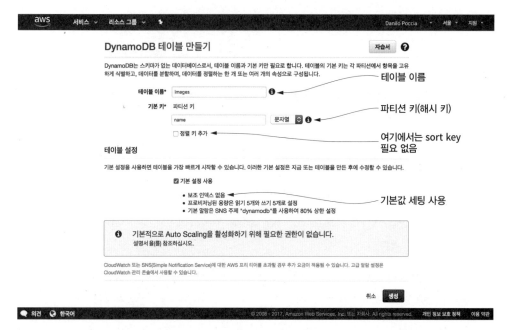

그림 5.3 **그림 메타데이터를 위한 DynamoDB 테이블 생성(테이블 이름 및 기본 키를 위한 파티션 키 필요)**

우리는 람다 함수를 만든 후 이 버킷을 구독하여 특정 접두어를 가진 객체가 S3에 생성 혹은 업데이트되면 함수가 실행되도록 할 것이다.

이 예제를 더 흥미롭게 하기 위해서 S3 객체 메타데이터는 다음의 값을 포함할 수 있다.

- width, 섬네일 최대 가로 넓이 픽셀값
- height, 섬네일 최대 세로 높이 픽셀값
- author, 그림의 작가
- title, 그림의 제목
- description, 그림의 설명

메타데이터(없을 경우 기본값)에 근거하여 람다 함수가 수행할 작업은 다음과 같다.

1. 섬네일을 생성한 후 같은 버킷에 저장한다. 객체 키 시작 부분에 접두어를 추가한다.

2. DynamoDB 테이블에 있는 섬네일 링크도 포함한 메타데이터를 추출하여 그림에 정보를 저장한다.

함수 패키징하기

리스트 5.1 함수에 사용된 코드는 Node.js다. 이 함수는 외부 모듈, 예를 들면 AWS Lambda 실행 환경 기본값으로 포함되어 있지 않은 async, gm, util를 사용한다. 이 같은 모듈들을 로컬에 설치한 뒤 배포 패키지를 만들어야 한다.

> 📝 **참고하세요!**
>
> 이 함수는 ImageMagick을 사용한다. 이 소프트웨어는 AWS Lambda Node.js 실행 환경에 있는 그림을 생성, 편집, 작성 또는 변환할 수 있다. ImageMagick은 파이썬 실행 환경에서 제공하지 않으므로 같은 예제를 파이썬에서 한다면 훨씬 더 복잡하며 현재 시점에서는 제공하지 않는다. 람다 실행 환경에 대한 더 자세한 자료와 가능한 라이브러리를 확인하기 위해서는 다음의 링크를 참고한다.
> **URL** http://docs.aws.amazon.com/lambda/latest/dg/current-supported-versions.html.

리스트 5.1 **createThumbnailAndStoreInDB(Node.js)**

```
var async = require('async');        ← 'async' 모듈을 임포트하여 더 용이하게 함수 작성
var AWS = require('aws-sdk');         ← AWS SDK 임포트: Lambda 실행 환경에 기본값으로 설치되어 있다
var gm = require('gm')
      .subClass({ imageMagick: true }); // ImageMagick 연동 설정    ImageMagick의 래퍼 역할을
var util = require('util');                                       하는 'gm' 모듈 임포트:
                                                                 Lamgda 실행 환경에
                                                                 기본값으로 설치되어 있다
var DEFAULT_MAX_WIDTH = 200;       │ 섬네일 사이즈 기본값
var DEFAULT_MAX_HEIGHT = 200;
var DDB_TABLE = 'images';          ← 메타데이터를 저장할 DynamoDB 테이블

var s3 = new AWS.S3();                       Amazon S3 및 Amazon DynamoDB를
var dynamodb = new AWS.DynamoDB();           위한 서비스 인터페이스 객체
function getImageType(key, callback) {
 var typeMatch = key.match(/\.([^.]*)$/);
 if (!typeMatch) {
   callback("Could not determine the image type for key: ${key}");
   return;
 }
 var imageType = typeMatch[1];
```

```javascript
  if (imageType != "jpg" && imageType != "png") {
    callback('Unsupported image type: ${imageType}');
    return;
  }
  return imageType;
}

exports.handler = (event, context, callback) => {
  console.log("Reading options from event:\n",
   util.inspect(event, {depth: 5}));
  var srcBucket = event.Records[0].s3.bucket.name;
  var srcKey  = event.Records[0].s3.object.key;
  var dstBucket = srcBucket;
  var dstKey  = "thumbs/" + srcKey;

    var imageType = getImageType(srcKey, callback);

  async.waterfall([
    function downloadImage(next) {
      s3.getObject({
        Bucket: srcBucket,
        Key: srcKey
      },
      next);
    },
    function tranformImage(response, next) {
      gm(response.Body).size(function(err, size) {

      var metadata = response.Metadata;
      console.log("Metadata:\n", util.inspect(metadata, {depth: 5}));
      var max_width;
      if ('width' in metadata) {
       max_width = metadata.width;
      } else {
       max_width = DEFAULT_MAX_WIDTH;
      }

      var max_height;
      if ('height' in metadata) {
       max_height = metadata.height;
      } else {
       max_height = DEFAULT_MAX_HEIGHT;
      }

      var scalingFactor = Math.min(
       max_width / size.width,
       max_height / size.height
      );
      var width = scalingFactor * size.width;
      var height = scalingFactor * size.height;
```

이 이벤트를 발생시킨 소스 버킷 및
S3 객체의 키값을 가져오기

출력 버킷 및
S3 객체 섬네일 키값을 계산

Async waterfall() 함수를 이용하여
차례로 여러 번 함수 실행

소스 이미지를 S3에서
버퍼로 다로드

소스 이미지를 변환하고
섬네일을 생성하는 함수

S3 객체 메타데이터에서
섬네일 사이즈 가져오기

S3 객체 메타데이터에서
섬네일 사이즈 가져오기

```
     this.resize(width, height)                                    섬네일 사이즈 재조정
       .toBuffer(imageType, function(err, buffer) {
        if (err) {
          next(err);
        } else {
          next(null, response.ContentType, metadata, buffer);
        }
       });
     });
   },
   function uploadThumbnail(contentType, metadata, data, next) {  ◁──  섬네일을 S3에
     // 각기 다른 S3 버킷에 이미지 전송                                   업로드하는 함수
     s3.putObject({
       Bucket: dstBucket,
       Key: dstKey,
       Body: data,                                               자바스크립트SDK를 이용한
       ContentType: contentType,                                 객체 업로드 방법
       Metadata: metadata
     }, function(err, buffer) {
      if (err) {
        next(err);
      } else {
        next(null, metadata);
      }
     });
   },
   function storeMetadata(metadata, next) {  ◁──  Amazon DynamoDB에
     // DynamoDB에 메타데이터 추가                     메타데이터를 저장할 함수
     var params = {
      TableName: DDB_TABLE,
      Item: {
       name: { S: srcKey },
       thumbnail: { S: dstKey },                                DynamoDB 호출을 위한
       timestamp: { S: (new Date().toJSON()).toString() },      매개변수 준비
      }
     };
     if ('author' in metadata) {
      params.Item.author = { S: metadata.author };
     }
     if ('title' in metadata) {                                 S3 커스텀 메타데이터에
      params.Item.title = { S: metadata.title };                더 많은 정보 저장
     }                                                          (저자, 제목, 설명)
     if ('description' in metadata) {
      params.Item.description = { S: metadata.description };
     }
     dynamodb.putItem(params, next);        ◁──  DynamoDB 테이블에
   }], function (err) {                            아이템 작성
    if (err) {
     console.error(err);
    } else {
     console.log(
```

```
    'Successfully resized ' + srcBucket + '/' + srcKey +
    ' and uploaded to ' + dstBucket + '/' + dstKey
  );
 }
 callback();          ◁── 함수를 정상적으로
 }                         종료
 );
};
```

배포 패키지를 만들 때 리스트 5.1에 있는 함수는 포함된 파일 중 하나가 될 것이므로 파일의 이름을 선택해야 한다. index.js는 AWS Lambda 구성에서 사용되는 기본값이므로 사용하는 것이 좋지만, 원할 경우 다른 구성을 사용할 수 있다.

먼저, index.js 파일을 생성하여 리스트 5.1에 있는 함수를 포함시킨다. 그 후 index.js와 같은 디렉터리에서 Node.js 패키지 매니저를 사용하여 로컬에 필요한 모듈들을 설치한다.

```
npm install async gm util
```

위 명령어를 실행하면 node_modules 폴더를 생성하고, 로컬 설치에 필요한 파일을 넣는다. 생성해야 하는 배포 패키지는 zip 파일이며, 모든 함수와 의존성 파일이 설치되어야 한다. index.js 파일 및 node_modules 폴더가 포함되어 있는 디렉터리에서 다음의 명령어를 실행하여 배포 패키지를 만든다.

```
zip -9 -r ../createThumbnailAndStoreInDB-v1.0.zip *
```

> 👆 **여기서 잠깐!**
>
> 파일의 버전을 파일명에 명시하는 것은 항상 좋은 습관이다. 예를 들면, 다양한 버전의 함수를 업로드하면 이름이 모두 다르므로 업로드 실수를 예방할 수 있다.

권한 설정하기

이제 함수 생성이 거의 완료되어 가고 있다. AWS IAM 역할을 만들어 필요한 자원에 대해서 함수가 실행할 수 있도록 해준다.

- images/ 접두어를 가진 S3 버킷을 읽기

- thumbs/ 접두어를 가진 S3 버킷에 쓰기

- 생성한 DynamoDB 테이블에 아이템 추가

이제 맞춤형 정책을 만든 후 IAM 역할에 연결할 것이다. IAM 콘솔에서 Policies를 선택한 후 Create Policies를 통해 신규 정책을 생성한다. 화면에서 JSON을 눌러 온라인 에디터를 사용한 직접 편집을 한다.

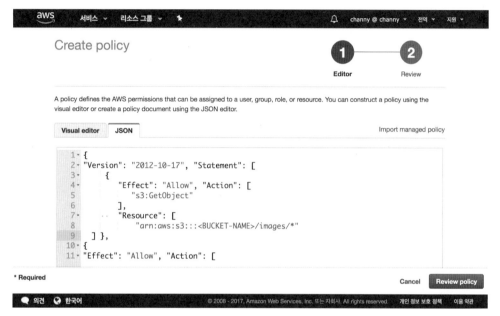

그림 5.4 정책을 만들기 위해 기존 정책을 복사할 수 있고, 도움을 받으며 정책을 작성할 수 있다. 필요한 경우 에디터에 직접 새로운 정책도 만들 수 있다

여기서 잠깐!

'정책 생성기(Policy Generator)'를 사용하여 올바른 문법에 의한 정책 작성을 도움받을 수 있다. 리스트 5.2 에 있는 정책을 정책 생성기를 통해서 작성하여 연습해 보고, 정책 생성기를 활용하여 무엇을 할 수 있는지 알아보자.

정책 이름은 CreateThumbnailAndStoreInDB로 하고, 설명(Description) 부분에 적당한 설명을 작성한다. 예를 들면, "To read the source image, write the thumbnail and store the metadata in the DB"로 적는다. 정책 문서에는 몇 가지 수정해야 할 것이 있다. S3 버킷 이름과 DynamoDB 테이블 ARN은 본인이 작성한 것으로 수정한다. 마지막으로, Create Policy를 눌러 생성한다.

```
{
  "Version": "2012-10-17",
  "Statement": [
    {
      "Effect": "Allow",
      "Action": [
        "s3:GetObject"                              Image/ 접두어를 가진 S3
      ],                                            버킷 객체에 읽기 권한을 준다
      "Resource": [
        "arn:aws:s3:::<BUCKET-NAME>/images/*"
      ]
    },
    {
      "Effect": "Allow",
      "Action": [
        "s3:PutObject"                              Thumbs/ 접두어를 가진 S3
      ],                                            버킷 객체에 쓰기 권한을 준다
      "Resource": [
        "arn:aws:s3:::<BUCKET-NAME>/thumbs/*"
      ]
    },
    {
      "Effect": "Allow",
      "Action": [
        "dynamodb:PutItem"                          DynamoDB 테이블에 쓰기 권한
      ],                                            (put item)을 준다
      "Resource": [
        "<DYNAMODB-TABLE-ARN>"
      ]
    }
  ]
}
```

이제 IAM 콘솔로 되돌아와 왼쪽이 Roles를 선택하고, Create Role을 눌러 새로운 역할을 만든다. 다양한 방법으로 역할을 만들 수 있는데, 먼저 AWS 서비스 중 Lambda를 선택한다(그림 5.5). 그런 다음 'Next: Permission'을 눌러 역할을 위한 정책을 선택한다.

새로운 역할에 옆에 있는 각 체크박스를 선택하여 두 개의 정책을 부여해 보자. 필터 기능을 이용하여 생성한 정책들을 검색하는 데 사용할 수 있다.

- CreateThumbnailAndStoreInDB 정책은 Amazon S3와 Amazon DynamoDB에 접근하기 위해서 작성했다.

- AWSLambdaBasicExecutionRole 정책은 AWS에서 관리하며, Amazon CloudWatch 로 그에 접근할 수 있다.

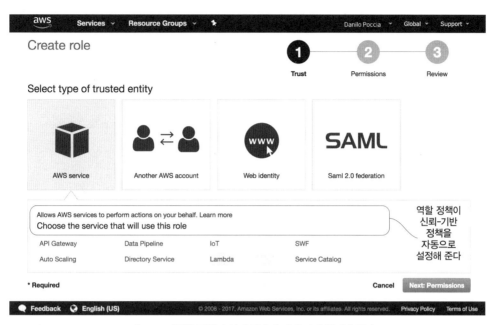

그림 5.5 타입은 정책의 신뢰 관계에 대해 미리 설정해 준다

'Next:Review'을 클릭하고, 두 정책이 모두 추가되었는지 확인한 후 역할 이름을 lambda_createThumbnailAndStoreInDB라고 하고, 설명을 간단하게 기입한 후 'Create Role' 버튼을 클릭한다.

⚠ 주의하세요!

CreateThumbnailAndStoreInDB 정책을 빠뜨렸다면 함수는 로그와 함께 람다 함수를 출력할 것이다. 만일 AWSLabmdaBasciExecutionRole 정책을 빠뜨렸다면 함수는 로깅이 되지 않는다.

함수 만들기

이제 람다 함수를 생성해 보자. AWS Lambda 콘솔에서 2장에서 한 것처럼 기본적인 람다 함수를 생성한다. 함수 이름으로 createThumbnailAndStoreInD를 지정한 뒤 설명 부분은 알아보기 쉽게 써보자. 예를 들면, 'Creates a thumbnail and stores the metadata in the DB'를 적는다. 역할은 '기존 역할 선택'을 눌러 앞에서 만들었던 lambda_createThumbnailAndStoreInDB를 선택한 후 '함수 생성'을 클릭한다.

만일 Amazon S3에 업로드된 객체의 확장자에 따라 서로 다른 람다 함수를 실행하기 위해서는 이벤트 소스의 suffix(접미어) 옵션을 사용하여 함수를 트리거할 수 있다.

이번에는 코드를 인라인으로 수정할 수 없다. 왜냐하면 이전 절에서 언급했듯이 의존성 있는 파일들이 있기 때문이다. 'Zip 파일 업로드'를 선택한 뒤 해당 zip 아카이브를 찾아 업로드한다.

런타임은 Node.js 6.10을 선택하고, 핸들러는 index.handler로 그대로 둔다(만약 index.js를 사용하지 않았을 경우 파일 이름으로 변경한다). 기본 설정에서 메모리 선택란에서는 128MB를 선택해도 고화질 그림이 아닌 이상 충분하므로 128MB를 선택한다(실행 시 메모리를 얼마나 사용하는지 로그에서 확인 가능). 제한 시간(Timeout) 선택란에서는 이 함수가 다른 서비스들을 호출하므로 3초면 충분하다. 10초를 사용하면 더 안전하게 사용할 수 있다. 제한 시간은 긴 실행 시간을 가진 함수들의 오류가 생기는 것을 방지하기 위해 유용하다. 예상 실행 시간보다는 조금 넉넉하게 잡는 것이 좋다. VPC는 이 함수에서 필요 없으므로 기본값인 'No VPC' 옵션을 그대로 둔다.

이제 탭에서 '트리거'를 선택하여 Amazon S3의 이벤트를 람다 함수 호출 소스로 설정해 보자. '[+] 트리거 추가(Add trigger)'를 누른 후 이벤트 소스를 나타내는 타원을 클릭하고, 목록에서 S3를 선택한다. 대화 상자(그림 5.6)에서 이벤트 소스 유형으로 S3을 선택하고, 생성한 버킷을 선택한다. 이벤트 유형으로 객체 제거됨(모두), 즉 Object Created(All)을 선택한다. 접두사에 images/로 시작하는 키로 업로드된 객체에 대해서만 함수를 트리거하기 위해 'images/'를 넣는다. 접미어는 비워 둔다. 지금 이 필드를 사용하여 확장자가 .jpg 또는 .png인 파일에 대해서만 이벤트를 수신할 수 있지만, 지금은 접미어를 지정하지 않는 것을 권장한다. 이벤트 소스를 바로 사용하도록 선택하고, '전송(Summit)'을 선택한다.

CLI를 이용한 람다 함수 만들기

원한다면 람다 함수를 AWS CLI를 통해 생성할 수 있다.

```
aws lambda create-function \
  --function-name createThumbnailAndStoreInDB \
  --runtime nodejs6.10 \
  --role <ROLE-ARN> \
  --handler index.handler \
  --zip-file fileb://<DEPLOYMENT PACKAGE>.zip \
  --timeout 10 \
  --region <REGION>
```

Role ARN은 AWS IAM 콘솔에 있는 lambda_createThumbnailAndStoreInDB role을 선택하여 확인할 수 있다. AWS CLI 설정 시 지정한 리전을 사용하지 않을 때만 지정해 주면 된다. Zip 아카이브는 바이너리 파일이므로 fileb:// URL이 필요하다. fileb:///(슬래시 세 개)를 사용할 경우 파일 경로는 절대 경로를 사용한다. 슬래시 두 개(fileb://)를 사용할 때는 어디에서 명령을 실행하는지 관련이 있다.

AWS CLI 내에는 비슷한 구문들이 있어 설정 혹은 함수의 코드를 업데이트할 수 있다. 이 명령어들은 함수 업데이트 자동화에 유용하다. 더 많은 정보는 다음의 명령어를 사용하여 알아보자.

```
aws lambda update-function-code help
aws lambda update-function-configuration help
```

그림 5.6 이벤트 소스를 설정할 때 어떠한 서비스를 트리거하는가에 따라 여러 가지 매개변수가 있다. Amazon S3를 예를 들면, 접두어 및 접미어를 매개변수값으로 설정할 수 있다

지금까지 한 설정의 요약본을 함수의 트리거 패널에서 확인할 수 있다(그림 5.7). 이 패널은 언제든지 다시 돌아와서 설정 항목을 확인하거나 함수의 트리거를 업데이트하는 데 사용할 수 있다.

> ☝ **여기서 잠깐!**

람다 함수를 AWS에서 관리되는 자원의 이벤트에 구독하기 위해서 AWS Lambda 콘솔 혹은 해당 AWS 서비스의 콘솔에서 설정할 수 있다. 이번 예에서는 AWS Lambda 콘솔을 사용한다. 같은 설정은 Amazon S3 콘솔에서도 설정할 수 있다. 버킷의 Properties 섹션에 보면 Events 섹션이 있어 람다 함수 혹은 다른 목적지(SNS 토픽 혹은 SQS 큐)로 이벤트를 보낼 수 있도록 할 수 있다. 더 자세한 정보는 다음의 링크를 참고하길 바란다. **URL** https://aws.amazon.com/sns/, https://aws.amazon.com/sqs/

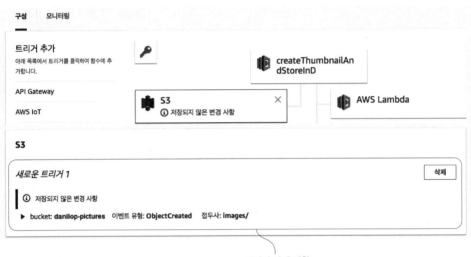

그림 5.7 　람다 콘솔에서 함수를 선택한 뒤 트리거 탭을 클릭하면 설정되어 있는 값에 대한 요약을 확인할 수 있다

함수 테스트하기

함수를 테스트하기 위해 AWS CLI를 이용하여 Amazon S3에 그림을 업로드 해본다.

```
aws s3 cp <YOUR-PICTURE-FILE> s3://<BUCKET-NAME>/images/
```

함수가 적절히 시작되었는지 확인하기 위해 AWS Lambda 콘솔의 모니터링 탭을 확인한다. S3 콘솔에서는 섬네일이 생성되었음을 확인하고 thumbs/ 접두어가 생성됐음을 확인한다. 웹 콘솔에서 섬네일을 더블클릭하여 섬네일을 확인할 수 있다. 만약 AWS CLI로 섬네일을 확인하고 싶다면 다음의 명령어를 통해 섬네일을 확인할 수 있다.

```
aws s3 ls --recursive s3://<BUCKET-NAME>/thumbs/
```

DynamoDB 콘솔에서는 Item 탭에서 name, thumbnail, timestamp 요소가 추가되어 있는 것을 확인할 수 있다.

사용자 메타데이터를 추가하기 위해서 author, title, description, 섬네일 사이즈(height, width)를 이용한다. 명령어는 다음과 같다.

```
aws s3 cp <YOUR-PICTURE-FILE> s3://<BUCKET-NAME>/images/ \
--metadata '{"author": "John Doe", "title": "Mona Lisa", "description": "Nice
    portrait!", "width": "100", "height": "100" }'
```

> 🖉 참고하세요!
>
> AWS CLI 명령어에서는 메타데이터 페이로드는 따옴표 안에 있어 OS 셸(shell)이 JSON 구문의 큰따옴표를 제거할 때 제거되지 않도록 한다.

title과 description 부분을 실제 그림과 연관지어 수정해 보는 것을 권장한다. 섬네일 사이즈는 전보다 작아질 것이다(기본값은 높이 200px/넓이 200px). 새로운 메타데이터는 DynamoDB 테이블에 저장될 것이다(그림 5.8).

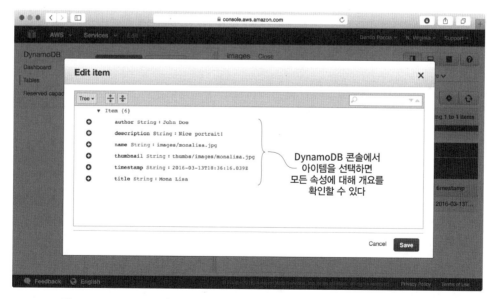

그림 5.8 DynamoDB 콘솔에서 아이템을 선택하면 모든 속성에 대해 개요를 확인할 수 있다

5.3 함수에 바이너리 함께 사용하기

때때로 람다의 외부 함수는 훨씬 복잡할 수 있다. 왜냐하면 바이너리 혹은 의존성 있는 파일들이 OS의 공유 폴더에 기본값으로 되어 있는데, 이를 포함하기 때문이다. 예를 들어, Linux/Unix 환경에서 /usr/lib 또는 /usr/local/lib, Windows의 공유 DLLs이 있다. 위와 같은 경우들에서는 배포 패키지에 쉽게 포함하고 제공할 수 있는 로컬 정적 빌드를 만들어야 한다. 이 빌드는 반드시 AWS Lambda가 사용하는 환경과 비슷해야 한다. 이를 위해 Amazon Linux EC2 인스턴스 사용을 권장한다. 임시적으로 패키지를 만드는 데 사용하기 적합하기 때문이다. 인스턴스는 작업이 완료된 후 적절한 시기에 삭제하거나 꺼 버리면 된다.

예를 들면, 사용자가 업로드한 그림에 있는 얼굴을 인식하는 웹 애플리케이션을 만든다고 가정하자. 이는 페이스북과 같은 SNS 서비스에서 사용하는 기능과 비슷하다.

이때 얼굴 인식 알고리즘을 직접 구현할 필요가 없다. 이미 다른 대가들이 훌륭한 도구(tool)들을 만들어 놓았기 때문이다. 이 경우에서 OpenCV를 활용해서 얼굴 인식을 하면 된다.

> **OpenCV- 컴퓨터 비전 오픈 소스 도구**
>
> OpenCV는 Intel에서 개발하고, 현재 오픈 소스로 공개된 파워풀한 컴퓨터 비전 라이브러리다. 또한, 다양한 프로그래밍 언어를 지원한다. 예를 들면, 자바스크립트와 파이썬 바인딩에 람다 함수를 사용할 수 있다.
>
> OpenCV의 더 많은 정보는 http://opencv.org를 참고한다.

OpenCV는 설치하면 OS의 공유 폴더에 기본값으로 설치된다. 다른 곳에 설치하려면 프로젝트의 설정 도구(OpenCV의 cmake)을 참고하여 옵션을 통해 정적 빌드를 다른 곳에 설치할 수 있다.

환경 준비

OpenCV와 AWS Lambda를 같이 사용하기 쉬운 환경을 만들기 위해서 개발 패키지 예제를 만들어 놓았다. 패키지에는 바이너리와 Node.js와 파이썬의 람다 함수가 있다.

- 다운로드 링크(Node.js)

  https://eventdrivenapps.com/downloads/faceDetection-js.zip.

- 다운로드 링크(파이썬)

  https://eventdrivenapps.com/downloads/faceDetection-py.zip.

AWS Lambda에서 OpenCV를 사용하기 위한 준비

이 절차는 시간이 많이 소요되고 복잡할 수 있다. 특정 명령어는 OpenCV의 버전과 관련 있으므로 OpenCV의 버전을 보고 잘 수정하여 사용하길 바란다. 동작 원리보다 실행 결과를 빨리 보고 싶으면 밑에 공유된 샘플 개발 패키지를 사용하여 개발한다.

Amazon Linux 인스턴스를 하나 생성한 뒤 사용자가 빈 폴더에서 다음의 명령어들을 사용하여 OpenCV 의 로컬 정적 환경을 만들 수 있다.

```
sudo yum -y update
sudo yum -y install gcc48 libgcc48 gcc-c++ cmake
wget https://nodejs.org/download/release/v0.10.36/node-v0.10.36.tar.gz
tar xzvf node-v0.10.36.tar.gz
cd node-v0.10.36 && ./configure && make
sudo make install
node -v
cd ..
wget https://github.com/Itseez/opencv/archive/2.4.12.zip
mv 2.4.12.zip opencv-2.4.12.zip
mkdir opencv_build
mkdir opencv_test
cd opencv_build
unzip ../opencv-2.4.12.zip
cmake -D CMAKE_BUILD_TYPE=RELEASE -D BUILD_SHARED_LIBS=NO -D BUILD_NEW_
    PYTHON_SUPPORT=ON -D CMAKE_INSTALL_PREFIX=~/opencv opencv-2.4.12/
make && make install
```

여기서 나는 링커가 npm install 명령에서 라이브러리를 찾지 못하는 버그를 발견했다. ~/opencv/lib/ pkgconfig/opencv.pc 파일에서 몇 개의 라이브러리 이름을 수동으로 편집해야만 했다. lib를 jasper, tiff, png와 jpeg 앞에 추가하여 Libs 섹션에서 해당 라이브러리에 대한 옵션을 다음과 같이 수정했다.

```
    -llibjasper -llibtiff -llibpng -llibjpeg
```

이 명령어는 Node.js 런타임 환경을 폴더 내에 준비해 준다.

```
    PKG_CONFIG_PATH=~/opencv/lib/pkgconfig/ npm install --prefix=~/opencv_test
    opencv
```

이제 함수 루트 폴더에 복사하여 파이썬 소스 코드에 cv2모듈을 import한다. 파이썬을 사용하기 위해서 numpy 모듈을 로컬(혹은 Virtualenv)에도 설치해야 한다.

```
    pip install numpy -t.
```

함수 구현하기

OpenCV 바이너리를 포함한 개발 패키지를 사용하면 이미지로부터 얼굴 인식이 가능한 람다 함수를 만들 수 있다. 함수를 구현하기 전에 예상되는 인풋과 아웃풋을 디자인해 보자. 함수의 인풋 이벤트는 이미지의 URL을 넣게 된다.

```
{
  "imageURL": "http(s)://…"
}
```

함수는 이미지에서 얼굴을 하얀 직사각형으로 표시한 후 아웃풋 이미지를 Amazon S3에 저장한다. 함수의 결과물은 JSON의 형식으로 아웃풋 이미지의 URL과 함께 몇 개의 얼굴이 인식했는지 표시된다.

```
{
  "faces": 3
  "outputURL": "https://… "
}
```

이 함수에서는 어떤 S3 버킷을 사용해 아웃풋 이미지를 저장할지, 또 어떤 아웃풋 도메인을 사용해 이미지에 접근할지 지정해 줘야 한다. 아웃풋 도메인은 버킷의 도메인이다. <bucket>. s3.amazonaws.com.

아웃풋 도메인으로 다른 도메인도 사용할 수 있다. Amazon CloudFront과 같은 CDN(Content Delivery Network)를 사용하여 버킷 내 자료를 배포하면 가능해진다. 자세한 설정 사항은 이 책에서 다루지 않는다. 하지만 CDN을 사용하여 성능을 최적화하고 비용을 절감하는 방법은 S3로부터 대량의 데이터가 전송되는 경우 권장된다(TB 단위의 전송일 경우).

함수에 사용할 S3 버킷을 만들어 보자. 글로벌하게 고유한 값의 버킷 이름을 원하는 이름으로 정해 보자. 예를 들어, 자신에게 별명이 있다면 '<별명>-faces'의 형식으로 이름을 지어 보자.

버킷을 만들 때도 AWS CLI를 사용할 수 있다. 한 가지 주의할 점은 AWS Lambda와 AWS CLI는 같은 리전을 사용해야 한다는 점이다. 다음의 명령어로 버킷을 만들어 보자.

```
aws s3 mb s3://bucket-name
```

아니면 AWS 콘솔을 열어 Storage&Content Delivery 섹션에서 S3를 선택하여 버킷 이름과 원하는 리전을 지정한 뒤 Create을 클릭하여 버킷을 생성한다.

버킷에 저장된 자료는 외부에 공개해야 접근할 수 있다. S3 콘솔에서 버킷을 선택한 뒤 Permission 탭을 클릭하고 Bucket Policy 버튼을 누른다. 다음의 버킷 정책을 사용하여 모든 객체에 대해서 모두 외부 공개 설정을 한다.

리스트 5.3 **Policy_Public_S3_Bucket**

```
{
  "Version": "2012-10-17",
  "Statement": [
    {
      "Sid": "",
      "Effect": "Allow",
      "Principal": "*",
      "Action": "s3:GetObject",
      "Resource": "arn:aws:s3:::<BUCKET-NAME>/*"
    }
  ]
}
```

버킷 정책은 자원-기반의 정책으로, 주체를 정하여 접근을 허용 및 거부할 수 있다 여기에서는 '*'은 모두를 지칭한다 그러므로 모두에게 읽기 권한을 제공한다

Node.js와 파이썬의 얼굴 인식 소스 코드는 각각 리스트 5.4와 5.5에 나와 있다. 버킷과 아웃풋 도메인을 자신이 지정한 것으로 바꾸는 것을 잊지 말자. 아웃풋 도메인은 <bucket>. s3.amazonaws.com을 사용한다.

콘텐츠 배포를 최적화하기 위해서 Amazon CloudFront와 같은 CDN을 S3 버킷 앞에 배치할 수 있다.
하지만 이 책에서는 다루지 않는다.

리스트5.4 **faceDetection(Node.js)**

```
var cv = require('opencv');          ⟵── 이 장 초기에 작성한 'opencv' 모듈을 임포트한다
var util = require('util');
var request = require('request').defaults({ encoding: null });
var uuid = require('node-uuid');
var AWS = require('aws-sdk');

var s3 = new AWS.S3();

var dstBucket = '<S3-BUCKET-TO-STORE-OUTPUT-IMAGES>';
var dstPrefix = 'tmp/';
var outputDomain = '<OUTPUT-DOMAIN>';

function getFormattedDate() {
 var now = new Date().toISOString(); // YYYY-MM-DDTHH:mm:ss.sssZ
 var formattedNow = now.substr(0,4) + now.substr(5,2) + now.substr(8,2)
  + now.substr(11,2) + now.substr(14,2) + now.substr(17,2);
 return formattedNow;
}
exports.handler = (event, context, callback) => {
 console.log("Reading options from event:\n", util.inspect(event, {depth:
5}));
 var imageUrl = event.imageUrl;
 request.get(imageUrl, function (err, res, body) {          ⟵── 입력 이미지를 다운로드한다
  if (err) {
   console.log(err);
   callback(err);
  }
  cv.readImage(body, function(err, im) {
   if (err) {                           입력 이미지를 OpenCV 이미지
    console.log(err);                    포맷으로 변환한다
    callback(err);                                            넓이 및 높이가 없는 이미지는
   }                                                            실패를 출력한다
   if (im.width() < 1 || im.height() < 1) callback('Image has no size');  ⟵──
   im.detectObject("node_modules/opencv/data/haarcascade_frontalface_alt.xml",
{}, function(err, faces) {          ⟵── OpenCV에 있는 템플릿을 활용하여 얼굴을 인식한다
    if (err) callback(err);                              얼굴 인식 후 얼굴에
    for (var i = 0; i < faces.length; i++){          ⟵── 사각형을 그린다(반복)
     var face = faces[i];
     im.rectangle([face.x, face.y], [face.width, face.height], [255, 255, 255], 2);
    }
    if (faces.length > 0) {
     var dstKey = dstPrefix + getFormattedDate() + '-' + uuid.v4() + '.jpg';
```

```
        var contentType = 'image/jpeg';
        s3.putObject({              ◁─── Amazon S3에 얼굴 인식이
          Bucket: dstBucket,              완료된 이미지를 업로드한다
          Key: dstKey,
          Body: im.toBuffer(),
          ContentType: contentType
        }, function(err, data) {
          if (err) console.log(err);
          if (err) callback(err);
          console.log(data);
          outputUrl = 'https://' + outputDomain + '/' + dstKey;
          var result = {              ◁─── result 객체에 얼굴 개수 및
            faces: faces.length,            출력 URL을 넣는다
            outputUrl: outputUrl
          };
          callback(null, result);
        });
      } else {                      ◁─── 만약 얼굴이 인식되지 않으면
        var result = {                    입력 URL이 출력되며,
          faces: 0,                       업로드를 진행하지 않는다
          outputUrl: imageUrl
        };
        callback(null, result);
      }                             ◁─── 결괏값을 리턴하여
    });                                   RequestResponse를 호출한다
  });
 });
}
```

리스트 5.5 faceDetection(파이썬)

```
from __future__ import print_function

import numpy
import cv2              ◁─── 이 장 초기에 작성한 'opencv'
import json                  모듈을 임포트한다
import urllib2
import uuid
import datetime
import boto3

print('Loading function')

dstBucket = '<S3-BUCKET-TO-STORE-OUTPUT-IMAGES>'
dstPrefix = 'tmp/'
outputDomain = '<OUTPUT-DOMAIN>'

cascPath = 'share/OpenCV/haarcascades/haarcascade_frontalface_alt.xml'

s3 = boto3.resource('s3')
```

```
faceCascade = cv2.CascadeClassifier(cascPath)
def lambda_handler(event, context):
  print('Received event: ' + json.dumps(event, indent=2))
  imageUrl = event['imageUrl']

  imageFile = urllib2.urlopen(imageUrl)              ◁─── 입력 이미지를 다운로드한다

  imageBytes = numpy.asarray(bytearray(imageFile.read()), dtype=numpy.uint8)
  image = cv2.imdecode(imageBytes, cv2.CV_LOAD_IMAGE_UNCHANGED)  ◁─ 입력 이미지를
                                                             OpenCV 이미지 포맷
                                                             으로 변환한다
  gray = cv2.cvtColor(image, cv2.COLOR_BGR2GRAY)
  faces = faceCascade.detectMultiScale(              ◁─── OpenCV에 있는
    gray,                                                 템플릿을 활용하여
    scaleFactor=1.1,                                      얼굴을 인식한다
    minNeighbors=5,
    minSize=(30, 30),
    flags = cv2.cv.CV_HAAR_SCALE_IMAGE
  )

  if len(faces) > 0:                                 얼굴 인식 후 얼굴에
    for (x, y, w, h) in faces:                       사각형을 그린다
      cv2.rectangle(image, (x, y), (x+w, y+h), (255, 255, 255), 2)

    r, outputImage = cv2.imencode('.jpg', image)
    if False==r:
      raise Exception('Error encoding image')

    dstKey = dstPrefix +
datetime.datetime.now().strftime('%Y%m%d%H%M%S') + '-' + str(uuid.uuid4())
+ '.jpg'

    s3.Bucket(dstBucket).put_object(Key=dstKey,      ◁─ Amazon S3에 얼굴
      Body=outputImage.tostring(),                      인식이 완료된 이미지를
      ContentType='image/jpeg'                          업로드한다
    )
    outputUrl = 'https://' + outputDomain + '/' + dstKey

    result = { 'faces': len(faces), 'outputUrl': outputUrl }  ◁─ result 객체에 얼굴 개수
  else:                                                          및 출력 URL을 넣는다

    result = { 'faces': 0, 'outputUrl': imageUrl }   ◁─ 결괏값을 리턴하여
                                                        RequestResponse를
  return result  ◁─ 만약 얼굴이 인식되지 않으면         호출한다
                    입력 URL이 출력되며,
                    업로드를 진행하지 않는다
```

이제 AWS Lambda 콘솔에서 런타임을 선택하여 방금 위에서 한 것처럼 faceDetection 함수를 만들어 본다. 이번에는 조금 더 많은 메모리를 할당해 본다(이미지 사이즈에 따라). 또 timeout도 조금

더 늘려 보자. 왜냐하면 함수가 더 복잡해졌으므로 이전 함수보다 실행 시간이 길기 때문이다.

4장에서 다룬 것처럼 AWS Lambda에서 메모리를 증가하는 것은 함수가 실행되는 컨테이너의 컴퓨팅 파워를 증가하는 것과 같다. 이로 인해 전체 실행 시간이 줄어든다. 1GB 메모리에 10초 타임아웃 설정은 이 함수에서 적절하다. 보통 대부분 함수의 실행 시간은 1초 미만이다.

함수 테스트하기

이제 AWS CLI에서 직접 다음의 명령어를 통해 함수를 호출해 보자.

```
aws lambda invoke --function-name facialDetect --payload
'{"imageUrl":"http://somedomain/somepic.jpg"}' output.txt
```

output.txt 파일에서 사진에 나와 있는 얼굴 숫자와 Amazon S3에 저장되어 있는 얼굴이 인식된 사진의 링크를 확인할 수 있다.

```
{
 "faces": 3
 "outputURL": "https://bucket.s3.amazonaws.com/tmp/<date + unique
UUID>.jpg"
}
```

아웃풋 URL을 브라우저에서 열어서 결과를 확인해 보자. 자바스크립트를 사용하면(다음 장에서 배울 것이다) 그림 5.9와 같이 함수의 결과를 렌더링할 수 있다.

총 6개의 얼굴 인식함

원본 이미지   얼굴 인식 후 흰색 직사각형으로 표시

그림 5.9   **FaceDetection 함수 출력 예제(웹 브라우저에서 자바스크립트로 렌더링)**

AWS SDK 중 하나를 통해 비슷한 구문을 사용하면 이 함수를 클라이언트 애플리케이션에서 백엔드 호출로써 사용할 수 있다. 다음 장에서 람다 함수를 클라이언트 측에서 호출하는 예제가 다수 출현한다.

S3 버킷의 설정 부분에서 파일의 수명 주기(lifecycle) 정책을 설정하여 자동으로 tmp/ 접두어를 가진 파일들을 모두 1일(혹은 일정 기간) 후에 삭제하도록 할 수 있다. 이 방법으로 얼굴 인식 함수로 인해 생긴 모든 그림들은 일정 기간 동안 사용 가능하며, 그 후에 삭제된다. 주의할 점으로 S3는 파일 시스템이 아니기에 '/'가 앞에는 필요 없고, 'tmp/'와 같이 끝에 필요하다.

5.4 함수 스케줄링하기

지금까지 Amazon S3와 같은 다른 AWS 서비스에서 발생하는 이벤트를 함수에 구독시키는 방법을 배웠다. 그중에서 Amazon CloudWatch 이벤트를 활용하여 람다 함수를 특정 AWS 플랫폼에서 발생하는 이벤트로 인해 실행되도록 할 수 있다. Amazon EC2에서 관리하는 인스턴스의 상태 전이 또는 사용자가 정의한 스케줄에 따라 함수가 실행된다.

반복 스케줄을 사용하는 람다 함수를 사용하는 새로운 방법이 있다. 예를 들면, 함수를 하루 간격으로 실행하여 하루에 몇 명의 사용자가 애플리케이션에 가입하고, SES(Simple Email Service)를 이용하여 메일을 보냈는지 알 수 있다. 람다 함수는 매주, 매일 또는 매시간 실행할 수 있는 광범위한 수동 작업을 자동화할 수 있다.

이전 절에 있는 얼굴 인식 예제에서는 함수가 이미지를 가져와 얼굴이 인식되면 얼굴을 마킹(marking)하고 새로운 이미지를 계속 만들었다. 새로운 이미지는 Amazon S3에 'tmp/'의 접두어와 함께 저장되었으며, 수명 주기를 이용하여 이 접두어를 사용하는 파일을 1일 후에 삭제했다. 만약에 임시 파일들을 더 자주 삭제하고 싶다면(예를 들면, 1시간마다), 람다 함수를 통해서 사용하면 된다.

만약 함수 실행 비용이 걱정되어도 그럴 필요가 없다. AWS Free Tier에서 람다를 제공하기 때문이다. 24시간마다 30일 실행하면 720번 매월 실행되는데, 실행할 때마다 거의 1초 정도 실행하는 함수들의 비용은 0에 가깝다.

리스트 5.6은 샘플 함수다. purgeBucketByPrefix의 이름을 가진 이 함수는 일정 기간(초 단위로 설정 가능)보다 오래된 객체에 대해서 삭제하는 기능을 가진다. 이 함수는 AWS API 호출에서 병행으로 실행되어 전체 실행 시간을 줄여 준다.

참고하세요!

이 purgeBucketByPrefix 함수는 Node.js를 사용하여 AWS로 보내는 여러 개의 비동기적 호출을 병행 처리해 주어 총 실행 시간을 줄여 준다. 파이썬에서 같은 레벨의 병행 처리를 하려면 추가적인 모듈이 필요하다(예를 들면, multiprocessing 혹은 threading 모듈). 그래서 이 함수를 파이썬에서 실행하는 예제는 이 책에서 다루지 않는다.

리스트 5.6 **purgeBucketByPrefix(Node.js)**

```
var AWS = require('aws-sdk');
var util = require('util');

var s3 = new AWS.S3();                          S3 버킷 이름 지정

                                                접두어 지정
var dstBucket = '<BUCKET-NAME>';
var dstPrefix = 'tmp/';                         일정한 시간 경과될 경우
var maxElapsedInSeconds = 3600;                 객체 삭제

var dstPrefixLength = dstPrefix.length;

                                                모든 평행 요청이 완료되었을 경우
function checkIfFinished(state, callback) {     함수 종료
  if (state.processed == state.found && !state.searching) {
    callback(null, state.deleted + " objects deleted");
  }
}

                                                다 객체 리스팅 호출을
function getObjectKeys(marker, state, callback) {   관리하기 위한 내부 함수
  var params = {
    Bucket: dstBucket,
    Prefix: dstPrefix
  };
  if (marker !== null) {          Marker가 통과되었을 때
    params.Marker = marker;       객체 호출에 사용
  }
  console.log(params);
  s3.listObjects(params, function(err, data) {   Amazon S3
    if (err) {                                    객체 리스팅 호출
      console.log(err, err.stack); // 오류 발생시
      callback(err);
    } else {
      state.found += data.Contents.length;
```

```
        if (data.IsTruncated) {                          ┌─ 만약 객체가 너무 많다.
          getObjectKeys(data.NextMarker, state, callback); └─ 새로운 Marker를 활용하여 리스팅
        } else {
          state.searching = false;
        }
        if (data.Contents.length === 0) {
          checkIfFinished(state, callback);
        }
        data.Contents.forEach(function(item) {
          var fileName = item.Key;
          var fileDate = new Date(        ◀──── 파일 이름에서 파일 날짜 값 가져오기
            fileName.substr(dstPrefixLength,4),
            fileName.substr(dstPrefixLength + 4,2) - 1,
            fileName.substr(dstPrefixLength + 6,2),
            fileName.substr(dstPrefixLength + 8,2),
            fileName.substr(dstPrefixLength + 10,2),
            fileName.substr(dstPrefixLength + 12,2)
          );                                           ┌─ 파일 업로드
          var elapsedInSeconds = (now - fileDate) / 1000; ◀──┘  경과 시간 계산
          if (elapsedInSeconds > maxElapsedInSeconds) {  ◀──┐ 만약 경과된 시간이 임계치를
            var params = {                                  │ 초과할 경우 Amazon S3에서
              Bucket: dstBucket,                            └ 객체 삭제
              Key: fileName
            };                                         ┌─ Amazon S3
            s3.deleteObject(params, function(err, data) { ◀──┘  객체 삭제 호출
              if (err) {
                console.log(err, err.stack);
                console.fail(err);
              } else {
                console.log('Deleted ' + fileName);
                state.deleted++;
              }
              state.processed++;
              checkIfFinished(state, callback);
            });
          } else {
            state.processed++;
            checkIfFinished(state, callback);
          }
        });
      }
    });
}

exports.handler = (event, context, callback) => {
  console.log("Reading options from event:\n", util.inspect(event,
{depth: 5}));
                                 ┌─ 현재 시간 가져오기
  now = new Date();          ◀──┘
  console.log('Now is ' + now.toISOString());
```

```
var state = {                        ◁─┐  checkIfFinished 함수가
    found: 0,                            │  사용할 state 객체 작성
    processed: 0,
    deleted: 0,
    searching: true
};

getObjectKeys(null, state, callback);  ◁─┐  객체를 나열하며, 객체가 많을
};                                        │  경우 재귀 호출 사용 가능
```

리스트 5.6에 있는 함수를 실행시키기 위해서 S3에서 /tmp 접두어를 가진 객체들의 리스팅과 삭제 권한을 가진 IAM 역할을 만들어 줘야 한다. 그리고 람다의 기본 실행 권한을 주어 로그를 적절히 쓸 수 있도록 넣어 준다. 아래 IAM 정책을 역할로 하여 AWSLambdaBasicExecutionRole과 같은 관리형 정책과 함께 설정해 준다.

리스트 5.7 **Policy**

```
{
  "Version": "2012-10-17",
  "Statement": [
    {
      "Effect": "Allow",
      "Action": [
        "s3:ListBucket"
      ],
      "Resource": [
        "arn:aws:s3:::<BUCKET-NAME>"
      ],
      "Condition": {                                    ┌─ tmp/ 접두어 조건을 이용한
        "StringLike": { "s3:prefix": [ "tmp/*" ] }  ◁─┤   버킷 접근 제어
      }
    },
    {
      "Effect": "Allow",
      "Action": [
        "s3:DeleteObject"
      ],
      "Resource": [                                     ┌─ 자원 항목에 tmp/ 접두어를
        "arn:aws:s3:::<BUCKET-NAME>/tmp/*"         ◁─┤   이용하여 해당 자원만 삭제 가능
      ]
    }
  ]
}
```

람다 콘솔에서 purgeBucketByPrefix 함수를 생성한 뒤 이벤트 탭에서 실행을 스케줄링할 수 있다. 이벤트 소스 추가를 클릭한 뒤 'CloudWatch Events-Schedule'을 메뉴에서 선택하고,

필요한 스케줄 표현을 하면 설정한 시간에 함수가 실행된다.

예를 들면, rate(1hour)를 사용하여 이 함수가 1시간마다 실행될 수 있도록 설정할 수 있다. 아니면 조금 더 자유로운 Cron[1] 구문(0 17 ? * MON-FRI *)을 사용할 수도 있다. 규칙에 이름을 주고 간단한 설명을 작성하여 미래에 쉽게 재사용할 수 있도록 한다. 이벤트 소스 사용을 가능하게 하고, 확인 버튼(Submit)을 클릭하여 방금 설정한 스케줄이 적용되도록 한다. S3 버킷에 있는 임시 자료들을 매 시간마다 삭제할 것이다.

요약

이 장에서는 독립적인 AWS Lambda 함수를 사용하는 방법을 알아보았다. 내용은 다음과 같다.

라이브러리, 모듈, 바이너리를 함수와 함께 배포 패키지를 생성했다.

- Amazon S3와 같은 AWS 자원의 이벤트에 대한 반응으로 함수를 실행했다.
- 함수를 주기가 있는 일정에 따라 실행했다.

다음 장에서는 AWS 외부에서 들어오는 사용자들의 신분을 어떻게 관리할 것인지 알아보겠다. 또한, 그들에게 적절한 인증과 권한을 주어 람다 함수와 다른 AWS 자원(S3 버킷, DynamoDB 테이블)에 접근하도록 한다.

연습 문제

이 장에서 배운 내용을 테스트해 보기 위해서 다음의 문제를 풀어 보자.

1. Amazon S3에 새로운 객체가 업로드되었을 때 확장자에 따라 다른 람다 함수를 실행시키고자 한다. 예를 들면, 한 개의 함수는 .pdf 파일에 적용하고, 다른 하나의 함수는 .png 파일에 적용한다. 어떻게 해야 하는가?

   a. 모든 함수를 생성한 뒤 각각의 함수에서 이벤트 소스 설정 탭에서 원하는 확장자를 옵션에 접두어로 설정하여 트리거한다.

   b. 모든 함수를 생성한 뒤 각각의 함수에서 이벤트 소스 설정 탭에서 원하는 확장자를 옵션에 접미어로 설정하여 트리거한다.

---

1   Cron은 시간-기반 스케줄러로 Unix 운영체제에서 자주 사용한다.

c. 다중 서브루틴을 포함한 한 개의 함수를 만든다. 메인 함수는 S3 객체 키 확장자에 따른 적절한 서브루틴을 이벤트로서 호출한다.

d. 다중 서브루틴을 포함한 한 개의 함수를 만든다. 메인 함수는 S3 객체 키 확장자에 따른 적절한 서브루틴을 context의 일부로 호출한다.

2. Amazon S3에 새로운 문서가 업로드되었을 때 서로 다른 서비스 레벨로 처리를 하고 싶다. 예를 들면, premium/ 접두어를 가진 파일들은 basic/ 접두어를 가진 파일보다 빠르게 처리하고 싶다. 이를 AWS Lambda에 어떻게 적용하겠는가?

a. 한 개의 함수를 생성한 뒤 이벤트 소스 탭에서 더 많은 메모리(더 많은 CPU)를 premium/ 접두어에 배정하고, basic/ 접두어에 적은 메모리를 준다.

b. 한 개의 함수를 생성한 뒤 이벤트 소스 탭에서 더 적은 타임아웃 시간을 premium/ 접두어에 배정하고, basic/ 접두어에는 타임아웃 시간을 많이 배정한다.

c. 같은 코드로 두 개의 함수를 만들어 한 개의 함수에는 더 많은 메모리(및 CPU)를 배정한다. 더 많은 메모리를 배정한 함수에는 premium/ 접두어를, 더 적은 메모리를 배정한 함수에는 basic/ 접두어를 구독한다.

d. 같은 코드로 두 개의 함수를 만들어 한 개의 함수에는 적은 타임아웃을 배정한다. 더 많은 타임아웃을 배정한 함수에는 premium/ 접두어를, 더 적은 타임아웃을 배정한 함수에는 basic/ 접두어를 구독한다.

3. 람다 함수가 월요일에서 금요일까지 30분마다 실행되기를 원한다. 어떤 구문을 사용하여 이벤트 소스를 설정해야 하는가?

a. rate(30 minutes)

b. cron(0/30 * ? * MON-FRI *)

c. rate(5 days)

d. cron(30 * ? * MON-FRI *)

해결 방법

1. b / c; b가 c보다 작은 함수를 관리할 수 있으므로 더 좋은 솔루션이다. 한 개의 큰 함수보다 여러 개의 작은 함수가 좋다. 함수의 코드 설정 부분에 대한 관리가 적어질 수 있기 때문이다.

2. c

3. b

6

사용자 관리하기

이 장에서 살펴볼 내용

- Amazon Cognito에서 제공하는 사용자 관리 기능 소개하기
- 페이스북과 같은 이미 Amazon Cognito와 연결된 외부 인증 사용하기
- 사용자 인증 사용하여 연동하기
- 애플리케이션에서 인증/미인증 사용자 관리하기

이전 장에서 람다 함수를 케이스별로 사용하는 법을 배웠다. 필요한 권한을 함수에게 주어 S3 버킷, DynamoDB 테이블과 같은 다른 AWS 자원에 접근하여 실행했다. 하지만 아직 클라이언트 애플리케이션을 통해 람다 함수와 AWS 자원에 접근하는 외부 사용자의 인증 부분에 대해서 관리하는 방법은 아직 설명하지 않았다(그림 6.1).

Amazon Cognito는 외부 사용자와 애플리케이션이 AWS에서 역할을 사용하여 임시 자격 증명을 사용할 수 있도록 특별히 설계된 서비스다. Amazon Cognito는 AWS 보안의 베스트 케이스들을 따라 하기 쉽게 만들어 놓았다. 예를 들면, AWS 자격 증명을 가능하면 하드코딩(hard-coding)하지 않는 것이 좋으며, 특히 자격 증명에 대해서 접근 권한을 설정할 수 없을 때(모바일 앱 혹은 웹 브라우저의 자바스크립트 코드) 유용하다.

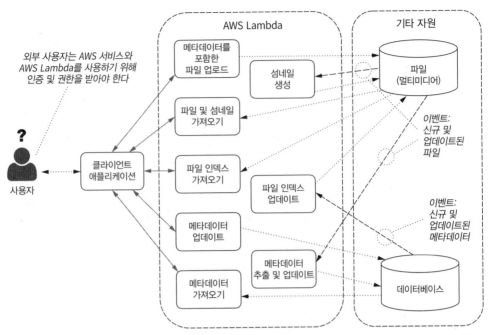

그림 6.1 **사용자 애플리케이션에서 람다 함수 등 AWS 자원을 사용하려는 외부 사용자들은 인증 및 권한을 받아야 한다. 하지만 보안 문제로 인해 사용자 애플리케이션에서는 AWS 자격 증명을 첨부할 수 없다**

6.1 Amazon Cognito Identity 소개

1장에서 Amazon Cognito가 AWS 자격 증명을 클라이언트에게 제공할 수 있다고 이야기했다. 이는 애플리케이션이 직접적으로 AWS Lambda 함수를 사용할 수 있도록 해준다(그림 6.2).

같은 방법으로 Amazon API Gateway(그림 6.3)의 웹 API 노출에 대해서 제한적인 접근을 통해 보호할 수 있다. 그러기 위해서는 API Gateway 웹 콘솔에서 Request의 인증 모드를 AWS IAM 인증 타입으로 설정하면 된다.

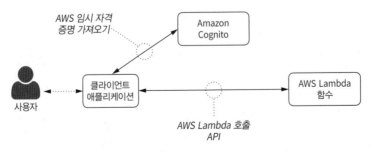

그림 6.2 **Amazon Cognito를 활용한 인증 및 AWS Lambda 함수 호출 방법**

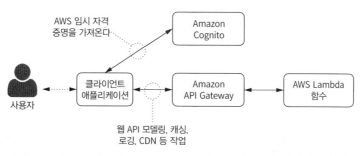

그림 6.3 **Amazon API Gateway를 활용한 웹 API를 통해 람다 함수 접근 방법**

Cognito는 AWS 자격 증명뿐만 아니라 많은 것들을 제공한다. 외부 인증을 사용할 수 있도록 디자인되어 있으며, 예를 들면 독립적인 페이스북, 트위터 혹은 연동시키기 쉬운 사용자 인증 방법 등을 적용할 수 있다. 외부 인증을 거친 후 Cognito는 고유한 ID 값을 주어 어느 디바이스에서 접속하더라도 사용자를 인식할 수 있도록 한다. 인증되지 않은 사용자들은 게스트 ID 값을 디바이스에 고정시킨다(스마트폰, 태블릿, 웹 브라우저 등). 이 방법으로 Cognito는 인증/미인증 두 가지 방법의 인증을 지원하게 된다. 인증 방법에 따라 다른 임시 자격 증명을 가져 서로 다른 IAM 역할을 사용할 수 있다. 보통 미인증 역할에는 더 적은 권한을 주게 된다. 예를 들면, 미인증 사용자들은 애플리케이션에서 AWS 자원의 읽기 기능만 사용할 수 있다. 이에 반해 인증 사용자들은 쓰기 기능과 더불어 다른 강력한 권한을 가질 수 있다.

한 개의 AWS 계정이 여러 개의 애플리케이션을 관리할 수 있으므로 Cognito는 서로 의존성을 가지지 않는 여러 가지 identity를 사용할 수 있게 해준다. Cognito에 있는 **pool** 중 어느 것을 이용할지 명시하여 특정 pool만 사용하도록 할 수 있다. 각각의 **Identity pool**은 IAM 인증 역할을 가진다. 추가적으로, 미인증 사용자들을 Identity pool에 넣을 수도 있다. 이 경우에 미인증 역할을 사용할 수도 있다. 이 기능들은 Amazon Cognito Identity에 있다.

이제 클라이언트, Amazon Cognito, 외부(사용자의) 인증 서비스와 다른 AWS 서비스들 간의 교류가 어떻게 이뤄지는지 자세히 알아보자. **미인증(unauthenticated)** 사용자 쪽에서 시작해 보면(identity pool에서 옵션으로 설정했을 때), 사용 순서도는 다음과 같다(그림 6.4에 설명하고 있다).

1. 사용자가 모바일 디바이스나 자바스크립트 애플리케이션과 같은 클라이언트 애플리케이션을 사용한다.

2. 클라이언트 애플리케이션은 identity pool ID를 Amazon Cognito에 보내 Identity ID를 받는다.

3. identity pool이 미인증된 사용자를 허용하도록 설정되어 있으면, 클라이언트 애플리케이션은 미인증된 사용자는 게스트 Identity ID를 받아 디바이스에 저장한다(스마트폰, 태블릿, 웹 브라우저). 그리고 미래에 같은 클라이언트 애플리케이션을 사용했을 때 재사용한다. 클라이언트 애플리케이션은 임시 AWS 자격 증명을 가져와 identity pool의 미인증 역할 또한 받아올 수 있다.

4. 클라이언트 애플리케이션은 Amazon Cognito에서 받은 임시 AWS 자격 증명을 통해 직접 다른 AWS 서비스를 사용할 수 있다. 이는 identity pool에서 받은 미인증 역할에 부착된 정책에 있는 자원과 권한에 따라 접근 권한을 가져온다.

예를 들면, 미인증 사용자에게 애플리케이션에서 사용하는 AWS 자원에 대해 읽기만 가능한 권한을 줄 수 있다. 또한, 중요한 역할을 하지 않는 AWS Lambda 함수에 접근 권한을 줄 수 있다. 결과적으로, 미인증 사용자들은 인증 사용자들이 하는 것들을 볼 수만 있도록 하는 것이다.

클라이언트 애플리케이션에서 초반에 필요한 유일한 정보는 identity pool ID다. AWS 자격 증명은 애플리케이션이나 보안적으로 안전하지 못한 경로에 노출되지 않는다.

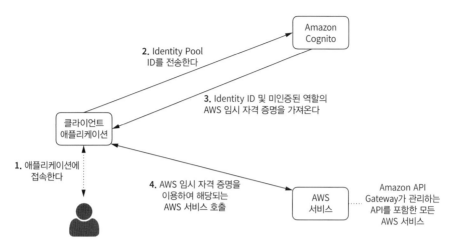

그림 6.4 사용자 애플리케이션에서 Cognito를 활용한 미인증 사용자 관리

6.2 외부 아이덴티티 제공자

인증된 사용자를 만들기 위해서는 어디엔가 인증을 받아야 한다. 모바일에서 실행되는 클라이언트 애플리케이션이나 웹 브라우저가 인증을 받는 가장 흔한 방법으로 페이스북이나 트위터 같은 외부 인증 방법이 있다. 외부 인증을 함으로써 개발자들의 인증 관리가 간소화되었고, 사용자는 이미 보유한 계정을 재사용하므로 사용자 경험의 질은 향상된다.

이 책을 쓸 때 Amazon Cognito는 다음의 외부 아이덴티티 제공자를 지원했다.

- Amazon
- Facebook
- Twitter
- Digits
- Google
- 모든 OpenID 연결 — Salesforce와 같은 호환되는 제공자

Cognito는 외부 아이덴티티 제공자가 제공한 인증에 사용된 인증 토큰을 신뢰한다.

사용자의 일반적인 사용 경험은 그림 6.5와 같다.

1. 사용자는 모바일 디바이스 혹은 브라우저에서 실행되는 자바스크립트 클라이언트 애플리케이션을 사용한다.

2. 클라이언트 애플리케이션은 외부 아이덴티티 제공자를 통해 인증받는다. 보통 제공자의 SDK를 사용하며, 제공자의 자격 증명을 보내 인증한다(AWS와 전혀 관련 없다).

3. 인증이 성공적으로 끝나면 클라이언트 애플리케이션은 인증 토큰을 제공자로부터 받는다.

4. 클라이언트 애플리케이션이 Identity pool ID와 인증 토큰을 Amazon Cognito에 보내 Identity ID를 받아온다.

5. Amazon Cognito는 인증 토큰을 아이덴티티 제공자로부터 유효한지 확인한다.

6. 인증 토큰이 유효하다면 클라이언트 애플리케이션은 고유의 인증된 사용자의 Identity ID를 발급받아 같은 인증 수단을 사용하는 모든 디바이스에서 사용한다(스마트폰, 태블릿, 웹 브라우저에서 모두 동일한 ID 사용). 클라이언트 애플리케이션은 임시 AWS 자격 증명을 가져와 해당 identity pool에 맞는 인증 역할을 사용할 수 있다.

7. 클라이언트 애플리케이션은 직접 다른 AWS 서비스들을 AWS Cognito에서 받은 임시 AWS 자격 증명을 통해 사용할 수 있다. 이때 해당 identity pool의 인증 역할에 부착된 정책에 따라 해당하는 액션 및 자원에 접근할 수 있다.

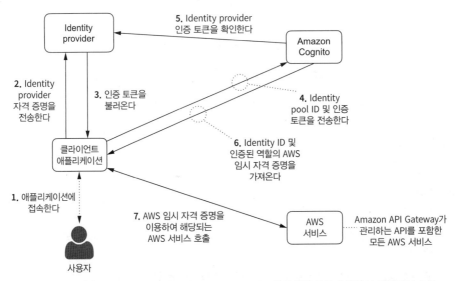

그림 6.5   **애플리케이션에서 Cognito 및 사용자 인증 서비스를 활용한 사용자 인증의 전체적인 흐름**

예를 들면, 인증 사용자에게 애플리케이션에서 사용하는 AWS 자원에 대해 쓰기 권한을 직접 주거나 혹은 AWS Lambda 함수를 통해 간접적으로 줄 수 있다. 이렇게 되면 인증 사용자는 파일을 업로드하거나 데이터베이스의 데이터를 수정할 수 있다.

클라이언트 애플리케이션에서 필요한 정보로는 오직 Identity pool ID밖에 없다. AWS 자격 증명은 애플리케이션이나 보안이 안전하지 않은 경로로 노출되지 않는다. 아이덴티티 제공자와의 인증은 제공자가 관리하는 SDK와 도구들을 사용해서 진행된다.

6.3 사용자 인증 통합하기

외부 아이덴티티 제공자들을 통한 인증 이외에도, Amazon Cognito는 다른 사용자 인증을 사용할 수 있다. 성공적인 인증을 위해서 인증 서비스는 Amazon Cognito에서 인증 토큰을 유효한지 확인하는 백엔드 호출이 있어야 한다. 그래야만 인증 결과를 클라이언트에게 정확하게 제공할 수 있다.

위와 같은 경우 인증 사용자는 AWS 공식 문서에서 언급하는 것을 빌려 말하면 **개발자 인증 아이덴티티**(developer authenticated identities)다. 인증 토큰을 확인하는 백엔드 호출을 제외하면 사용하는 흐름은 외부 아이덴티티 제공자와 동일하다(그림 6.6).

1. 사용자는 모바일 디바이스 혹은 브라우저에서 실행되는 자바스크립트 클라이언트 애플리케이션을 사용한다.

2. 클라이언트 애플리케이션은 사용자 아이덴티티 제공자를 통해 인증받는다. 보통 제공자의 SDK를 사용하며, 제공자의 자격 증명을 보내 인증한다(AWS와 전혀 관련 없다).

3. 인증이 성공적으로 끝나면 사용자 인증 서비스는 Amazon Cognito에 백엔드 호출을 하여 개발자 아이덴티티를 위한 토큰을 가져온다(API 호출은 GetOpenIdTokenForDeveloperIdentity다).

4. 클라이언트 애플리케이션이 Amazon Cognito에서 보낸 인증 토큰을 사용자 인증 서비스에서 받아온다.

5. 클라이언트 애플리케이션이 Identity pool ID와 인증 토큰을 Amazon Cognito에 보내 Identity ID를 받아온다.

6. Cognito가 만든 인증 토큰이 유효하다면 클라이언트 애플리케이션은 고유의 인증된 사용자의 Identity ID를 발급받아 같은 인증 수단을 사용하는 모든 디바이스에서 사용한다(스마트폰, 태블릿, 웹 브라우저에서 모두 동일한 ID 사용). 클라이언트 애플리케이션은 임시 AWS 자격 증명을 가져와 해당 identity pool에 맞는 인증 역할을 사용할 수 있다.

7. 클라이언트 애플리케이션은 직접 다른 AWS 서비스들을 AWS Cognito에서 받은 임시 AWS 자격 증명을 통해 사용할 수 있다. 이때 해당 identity pool의 인증 역할에 부착된 정책에 따라 해당하는 액션 및 자원에 접근할 수 있다.

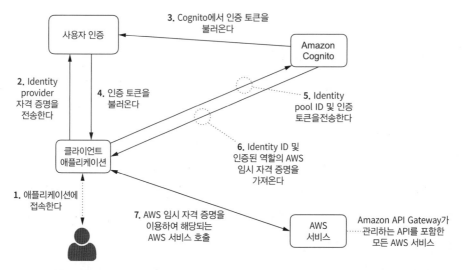

그림 6.6 **사용자 애플리케이션에서 Cognito 및 사용자 인증 서비스를 활용한 사용자 인증의 전체적인 흐름**

사용자 인증 서비스에 의해 인증된 사용자도 외부 아이덴티티 제공자가 인증한 사용자와 동일한 능력을 가진다. 외부 인증과 비교해서 더 좋거나 나쁜 점은 없다.

6.4 인증 사용자와 미인증 사용자

Amazon Cognito에 의해 관리되는 identity pool은 두 가지 사용 방법이 있다.

- 인증 사용자만 사용
- 인증/미인증 사용자 모두 사용

애플리케이션에서 어떻게 AWS 서비스들을 활용할지에 따라 사용자는 애플리케이션과 다른 방법으로 교류해야 한다.

- 애플리케이션 내에서 인증 과정이 필요 없지만, Cognito를 사용하고 사용자가 Identity ID를 가져와 활동 내역과 어떻게 앱을 사용하는지 분석한다(예를 들어, Amazon Mobile Analytics 사용 혹은 Amazon Kinesis에 데이터 스트리밍).

- 인증은 옵션 사항으로 미인증 사용자는 앱 내의 제한된 기능만 사용하며 인증 사용자로 전환하여야만 제대로된 서비스를 받을 수 있다.
- 인증은 필수 사항으로 가장 먼저 시행되어야 한다. 사용자는 애플리케이션을 시작하자마자 인증부터 한다.

보통 두 번째 접근 방법(인증이 옵션 사항인)을 사용자 경험을 위해 많이 사용한다. 사용자는 앱에서 바로 여러 가지 시도를 해볼 수 있고, 인증 후 무엇을 할 수 있는지 정확하게 파악하여 원할 경우 인증을 통해 더 많은 기능들을 사용할 수 있다.

인증을 강제하는 것은 새로운 애플리케이션을 만드는 경우 사용자 경험에 좋은 영향을 끼치지 않는다. 특정 고객, 예를 들면 직원만이 접근할 수 있는 기업 애플리케이션과 같은 타깃팅을 하지 않는 이상 위와 같은 설정은 권장되지 않는다.

인증 없는 애플리케이션은 사용자별 맞춤형 서비스 제공이 제한된다. 또한, 같은 사용자가 다른 여러 디바이스를 사용할 때 인식할 수 없다는 단점이 있다.

6.5 Amazon Cognito 정책 요소 사용하기

Amazon Cognito를 이용한 인증은 또 다른 재미있는 장점이 있다. 특정 정책 요소들을 사용해서 더 개선된 정책을 사용할 수 있다(그림 6.1).

표 6.1 **Amazon Cognito- 특정 정책 요소를 사용한 정책**

정책 요소	설명과 샘플 예제
cognito-identity.amazonaws.com:aud	Identity pool ID
cognito-identity.amazonaws.com:sub	사용자 Identity ID
cognito-identity.amazonaws.com:amr	인증 방법 레퍼런스는 사용자의 로그인 정보를 가지고 있다. 미인증 사용자의 경우, 변수의 요소는 'unauthentificated'을 포함한다. 인증된 사용자들에게는 변수에 'authentificate' 값와 함께 호출 시 어떤 로그인 제공자를 사용했는지 나타난다(예를 들면, 'graph.facebook.com,' 'accounts.google.com,' 'www.amazon.com'이 있다)

버킷 B에서 접두어 P를 사용하고 싶을 때 위의 정책 요소를 사용하면 다음과 같은 정책을 만들 수 있다.

- 특정 사용자만 읽기와 쓰기가 가능한 Amazon S3(그림 6.1)의 프라이빗 폴더에 접근할 수 있다. 이는 소중한 개인 정보를 가지고 있을 때 유용하다.

- 특정 사용자만 쓰기가 가능하지만 모든 사용자가 읽을 수 있는 Amazon S3(그림 6.2)의 공개 폴더에 접근할 수 있다. 이는 공개된 데이터를 저장할 때 매우 유용하다.

리스트 6.1 **Amazon S3의 비공개 폴더들에 접근하기 위한 정책**

```
{
  "Version": "2012-10-17",
  "Statement": [
    {
      "Action": ["s3:ListBucket"],
      "Effect": "Allow",
      "Resource": ["arn:aws:s3:::B"],
      "Condition":
       {"StringLike":
         {"s3:prefix": ["P/${cognito-identity.amazonaws.com:sub}/*"]}
       }
    },
    {
      "Action": [
        "s3:GetObject",
        "s3:PutObject"
      ],
      "Effect": "Allow",
      "Resource":
        ["arn:aws:s3:::B/P/${cognito-identity.amazonaws.com:sub}/*"]
    }
  ]
}
```

> 모든 읽기 및 쓰기 작업에 대해, 객체 키값에 반드시 Amazon Cognito에서 제공하는 Identity ID와 동일하여야 한다

리스트 6.2 **Amazon S3의 공개된 폴더들에 접근하기 위한 정책**

```
{
  "Version": "2012-10-17",
  "Statement": [
    {
      "Action": ["s3:ListBucket"],
      "Effect": "Allow",
      "Resource": ["arn:aws:s3:::B"],
      "Condition":
       {"StringLike":
         {"s3:prefix": ["P/*"]}
       }
    },
    {
      "Action": ["s3:GetObject"],
      "Effect": "Allow",
```

> 버킷 읽기 작업을 위해 접두어 필요

```
        "Resource":
            ["arn:aws:s3:::B/P/*"]                    ←  객체 읽기 작업을 위해
    },                                                    접두어 필요
    {
        "Action": ["s3:PutObject"],
        "Effect": "Allow",
        "Resource":
            ["arn:aws:s3:::B/P/${cognito-identity.amazonaws.com:sub}/*"]  ←
        }
    ]
}                                                  쓰기 작업을 위해 버킷 내 폴더가
                                                   Amazon Cognito에서 제공하는
                                                   Identity ID와 동일하여야 한다
```

또한, Amazon Cognito 정책 요소는 다음의 것을 제공할 수 있다.

- Identity ID가 DynamoDB(리스트 6.3)의 해시 키(hash key)에 포함되어 있는 특정 사용자가 테이블 내 아이템을 읽고 쓸 수 있게 한다.

- Identity ID가 DynamoDB(리스트 6.4)의 해시 키에 포함되어 있는 특정 사용자가 테이블 내 아이템을 읽고 쓸 수 있고, 모든 사용자들이 테이블 내 레코드를 읽을 수 있다.

리스트 6.3 Amazon DynamoDB에 인증된 접근하기 위한 정책

```
{
    "Version": "2012-10-17",
    "Statement": [
        {
            "Effect": "Allow",
            "Action": [
                "dynamodb:GetItem",
                "dynamodb:BatchGetItem",
                "dynamodb:Query",
                "dynamodb:PutItem",
                "dynamodb:UpdateItem",
                "dynamodb:DeleteItem",
                "dynamodb:BatchWriteItem"
            ],
            "Resource": [
                "arn:aws:dynamodb:<region>:<account-id>:table/<table-name>"
            ],
            "Condition": {
                "ForAllValues:StringEquals": {
                    "dynamodb:LeadingKeys":                        모든 읽기 및 쓰기 작업은
                        ["${cognito-identity.amazonaws.com:sub}"]  ←  LeadingKeys(해시 키값)이
                }                                                  Amazon Cognito에서 제공
            }                                                      하는 Identity ID와 동일하
        }                                                          여야 가능하다.
    ]
}
```

리스트 6.4   Amazon DynamoDB에 익명 접근하기 위한 정책

```json
{
  "Version": "2012-10-17",
  "Statement": [
    {
      "Effect": "Allow",
      "Action": [
        "dynamodb:GetItem",
        "dynamodb:BatchGetItem",
        "dynamodb:Query"
      ],
      "Resource": [
        "arn:aws:dynamodb:<region>:<account-id>:table/<table-name>"
      ]
    },
    {
      "Effect": "Allow",
      "Action": [
        "dynamodb:PutItem",
        "dynamodb:UpdateItem",
        "dynamodb:DeleteItem",
        "dynamodb:BatchWriteItem"
      ],
      "Resource": [
        "arn:aws:dynamodb:us-east-1:123456789012:table/MyTable"
      ],
      "Condition": {
        "ForAllValues:StringEquals": {
          "dynamodb:LeadingKeys":
            ["${cognito-identity.amazonaws.com:sub}"]
        }
      }
    }
  ]
}
```

읽기 작업은
특별한 조건 없이 모든 아이템들이
모든 사용자에게 공개된다

쓰기 작업은
LeadingKeys(해시 키값)이
Amazon Cognito에서
제공하는 Identity ID와
동일하여야 가능하다

앞에 있는 정책들을 Amazon S3와 Amazon DynamoDB에 사용하므로 클라이언트 애플리케이션에서 파일 저장소와 데이터베이스로 직접 보안된 접근이 가능하다. 다른 맞춤형 로직을 추가하려면 람다 함수를 저장소나 데이터베이스의 변경에 구독하면 된다. 예를 들면, 함수를 Amazon S3에 구독하여 어떤 파일이 업로드되었을 경우 그 파일의 유효성을 체크할 수 있다. 만약 사용자가 그림을 업로드할 경우 그림이 원하는 포맷과 사이즈로 되어 있는지 확인할 수 있다.

만약에 이전 정책을 미인증 사용자를 위한 미인증 역할에 사용한다면 Identity ID는 하나의 디바이스로 전송되지만, 애플리케이션이 제거되거나 삭제 후 재다운로드, 웹 브라우저의 캐시 삭제 등의 경우 변경될 수 있다. 그러므로 위 정책들은 인증된 역할에 사용하는 것을 권장한다.

인증/미인증 역할을 모두 사용할 경우 Amazon Cognito가 외부 사용자나 애플리케이션이 역할을 사용할 수 있도록 신용 관계가 필요하다. 이때 신뢰-기반 정책은 인증 사용자와 미인증 사용자를 구분지어야 한다. 그렇지 않으면 미인증 사용자 또한 인증 역할을 사용할 수 있기 때문이다.

만약에 Amazon Cognito 웹 콘솔에서 identity pool을 만든다면 role(미인증 접근을 허용할지에 따라 한 개 혹은 두 개)은 자동적으로 특정 identity pool과 신용 관계를 가지게 되고, 클라이언트 애플리케이션에서 Amazon Cognito Sync와 Amazon Mobile Analytics을 접근하게 할 수 있는 권한을 가질 수 있게 해준다. 이후 더 필요한 권한을 전에 언급한 '최소한의 권한' 접근법을 활용하여 추가하면 된다. 다음은 신뢰-기반 정책의 예제다.

- 미인증 role (리스트 6.5)

- 인증 role (리스트 6.6)

<identity-pool-id>는 Cognito 웹 콘솔에 의해 자동 생성되며, 지정한 pool에서 지정한 특정 값이 포함된다.

리스트 6.5 인증되지 않은 역할을 사용하기 위한 Amazon Cognito 신뢰-기반 정책

```
{
  "Version": "2012-10-17",
  "Statement": [
    {
      "Sid": "",
      "Effect": "Allow",
      "Principal": {
        "Federated": "cognito-identity.amazonaws.com"
      },
      "Action": "sts:AssumeRoleWithWebIdentity",
      "Condition": {                                     첫 번째 조건은 사용자가
        "StringEquals": {                                알맞은 identity-pool-id를
          "cognito-identity.amazonaws.com:aud": "<identity-pool-id>"   가져야 한다
        },
        "ForAnyValue:StringLike": {
          "cognito-identity.amazonaws.com:amr": "unauthenticated"
        }                                                두 번째 조건은 사용자가
      }                                                  '미인증된' 사용자여야 한다
    }
  ]
}
```

리스트 6.6 **인증된 역할을 사용하기 위한 Amazon Cognito 신뢰-기반 정책**

```
{
  "Version": "2012-10-17",
  "Statement": [
    {
      "Sid": "",
      "Effect": "Allow",
      "Principal": {
        "Federated": "cognito-identity.amazonaws.com"
      },
      "Action": "sts:AssumeRoleWithWebIdentity",
      "Condition": {
        "StringEquals": {
          "cognito-identity.amazonaws.com:aud": "<identity-pool-id>"
        },
        "ForAnyValue:StringLike": {
          "cognito-identity.amazonaws.com:amr": "authenticated"
        }
      }
    }
  ]
}
```

첫 번째 조건은 사용자가
알맞은 identity-pool-id를
가져야 한다

두 번째 조건은 사용자가
'인증된' 사용자여야 한다

요약

이번 장에서는 AWS 보안이 어떻게 작동하고 AWS Lambda와 Amazon Cognito를 활용하여 애플리케이션을 어떻게 보호하는지 알아보았다. 특히, 다음의 것을 배웠다.

- Amazon Cognito에서 role 사용하기
- Amazon Cognito를 활용해 외부 사용자와 애플리케이션 인증하기
- 외부 아이덴티티 제공자 및 사용자의 인증 시스템 사용하여 인증하기
- 애플리케이션에서 인증/미인증 사용자 사용하기
- 특수한 정책을 사용하여 Amazon S3와 Amazon DynamoDB에 접근하기

다음 장에서는 모바일 디바이스나 웹 브라우저에서 실행되는 자바스크립트 웹 페이지 등에서 함수를 사용하는 방법을 알아보겠다. 또한, AWS 클라우드 내에서 어떻게 이벤트를 함수에 구독하는지 설명한다.

연습 문제 _____

외부 사용자가 myapp라는 Amazon S3 버킷에 대한 접근 권한을 접두사 pub/와 priv/ 아래에 있는 프라이빗 폴더를 사용하여 Amazon Cognito에서 인증하는 정책을 작성하시오. 마지막으로, 정책에 DynamoDB private-table의 비공개 접근을 추가하고, shared-table에 공개 접근 정책을 추가하시오.

해결 방법

옵션을 사용하여 단일 정책에 여러 명령문을 포함시킨다. 이를 통해 리스트 6.1, 6.2, 6.3 및 6.4의 정책을 병합할 수 있다. 정책 구문을 사용하여 유사한 명령문을 하나의 그룹으로 묶을 수 있다. 하지만 원래 정책과 같이 구분하여 유지하면 가독성과 유지 관리가 향상된다.

Amazon S3에서 pub/ 및 priv/ 폴더를 사용할 수 있도록 병합된 정책

```
{
  "Version": "2012-10-17",
  "Statement": [
    {
      "Action": ["s3:ListBucket"],
      "Effect": "Allow",
      "Resource": ["arn:aws:s3:::myapp"],
      "Condition":
       {"StringLike":
         {"s3:prefix": ["priv/${cognito-identity.amazonaws.com:sub}/*"]}
       }
    },
    {
      "Action": [
        "s3:GetObject",
        "s3:PutObject"
      ],
      "Effect": "Allow",
      "Resource":
        ["arn:aws:s3:::myapp/priv/${cognito-identity.amazonaws.com:sub}/*"]
    },
    {
      "Action": ["s3:ListBucket"],
      "Effect": "Allow",
      "Resource": ["arn:aws:s3:::myapp"],
      "Condition":
       {"StringLike":
         {"s3:prefix": ["pub/*"]}
       }
    },
    {
```

```json
      "Action": ["s3:GetObject"],
      "Effect": "Allow",
      "Resource":
        ["arn:aws:s3:::myapp/pub/*"]
    },
    {
      "Action": ["s3:PutObject"],
      "Effect": "Allow",
      "Resource":
        ["arn:aws:s3:::myapp/pub/${cognito-identity.amazonaws.com:sub}/*"]
    },
    {
      "Effect": "Allow",
      "Action": [
        "dynamodb:GetItem",
        "dynamodb:BatchGetItem",
        "dynamodb:Query",
        "dynamodb:PutItem",
        "dynamodb:UpdateItem",
        "dynamodb:DeleteItem",
        "dynamodb:BatchWriteItem"
      ],
      "Resource": [
        "arn:aws:dynamodb:<region>:<account-id>:table/private-table"
      ],
      "Condition": {
        "ForAllValues:StringEquals": {
          "dynamodb:LeadingKeys":
            ["${cognito-identity.amazonaws.com:sub}"]
        }
      }
    },
    {
      "Effect": "Allow",
      "Action": [
        "dynamodb:GetItem",
        "dynamodb:BatchGetItem",
        "dynamodb:Query"
      ],
      "Resource": [
        "arn:aws:dynamodb:<region>:<account-id>:table/shared-table"
      ]
    },
    {
      "Effect": "Allow",
      "Action": [
        "dynamodb:PutItem",
        "dynamodb:UpdateItem",
        "dynamodb:DeleteItem",
        "dynamodb:BatchWriteItem"
      ],
```

```
    "Resource": [
      "arn:aws:dynamodb:us-east-1:123456789012:table/shared-table"
    ],
    "Condition": {
      "ForAllValues:StringEquals": {
        "dynamodb:LeadingKeys":
          ["${cognito-identity.amazonaws.com:sub}"]
      }
    }
  }
 ]
}
```

이 역할에서 사용하는 신뢰-기반 정책은 리스트 6.6에서 사용한 것과 같다. Identity pool ID를
제외한 다른 부분은 변경 사항이 없다.

7

클라이언트에서 함수 호출하기

이 장에서 살펴볼 내용

- 자바스크립트를 통해 웹 페이지 내에서 람다 함수 사용하기
- 모바일 앱에서 람다 함수 호출하기
- AWS Lambda와 Amazon API Gateway를 이용하여 다이내믹한 웹사이트 만들기

6장에서는 일반적인 경우에 사용되는 독립적인 람다 함수를 사용하는 방법을 배웠다. 이벤트를 함수에 구독시키거나 주기적으로 실행을 스케줄링하는 법도 배웠으며, 모듈과 라이브러리를 람다 함수에서 활용하는 법도 살펴봤다. 이 장에서는 AWS 밖에서 클라이언트가 람다 함수를 호출하여 구축하는 방법에 대해서 알아보겠다.

7.1 자바스크립트에서 함수 호출하기

2 장에서 첫 함수를 만들었을 때 우리는 웹 콘솔에서 함수를 테스트했고, AWS CLI를 통해서 함수를 호출했다. 하지만 AWS SDK를 이용해서 람다 함수를 호출할 수도 있다. 웹 애플리케이션을 만들 때 람다 함수를 벡엔드로 사용하는 것은 매우 흥미로운 케이스이며, 사용자의 브라우저에서 자바스크립트 코드를 이용해 직접 호출할 수 있다.

웹 브라우저에서 람다 함수를 호출하는 방법은 두 가지가 있다.

- AWS Lambda API를 이용한 람다 함수를 직접 호출하는 방법
- Amazon API Gateway 모델링을 통해 만들어진 웹 API를 통해 함수를 호출하는 방법

이 절에서는 첫 번째 케이스에 집중해서 설명하겠다(그림 7.1). 첫 번째 케이스는 클라이언트 애플리케이션이 웹 브라우저에서 실행되는 자바스크립트 코드로 구성되어 있다.

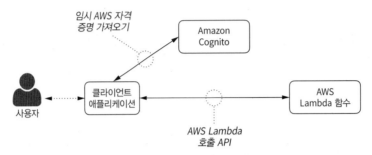

그림 7.1 웹 브라우저에서 실행되는 자바스크립트 코드와 같은 클라이언트 애플리케이션에서 직접 람다 함수를 호출하려면 Amazon Cognito가 제공할 수 있는 AWS 자격 증명이 필요하다

우리가 두 번째 장에서 만든 greetingsOnDemand 함수를 통해 웹 인터페이스를 만들어 사용자가 직접 브라우저에서 웹 페이지로 이동하여 이름과 환영 인사를 받는 프로그램을 만들어 본다.

> **참고하세요!**
>
> 다른 접근 방법으로, Amazon Cognito를 이용하지 않고 AWS STS(Security Token Service)를 이용하여 직접적으로 AssumeRoleWithWebIdentity 혹은 AssumeRoleWithSAML 액션을 이용하여 접근할 수 있다. 이 책에서는 자세하게 다루지 않고 일부 기능에 대해서만 설명한다. 개인적으로 Amazon Cognito를 항상 사용하는 것을 권장한다. AWS STS는 Amazon Cognito와 비교했을 때 모든 디바이스에서 적용되는 고유한 Identity ID 값을 받지 않는다. AWS STS를 직접 사용하는 방법에 대해서 자세한 내용은 다음의 링크를 참고하기 바란다. **URL** http://docs.aws.amazon.com/IAM/latest/UserGuide/id_credentials_temp_sample-apps.html.

Identity pool 만들기

먼저, Cognito identity pool을 만들어야 한다. 이는 임시 AWS 자격 증명을 사용자에게 준다. 첫 번째 identity pool을 만들기 위해서 브라우저를 열고, https://console.aws.amazon.com/에

접속한다. 다음의 절차를 따라 하여 identity pool을 생성한다.

1. AWS 로그인 정보를 입력하여 로그인하고, Mobile Services 섹션에서 Cognito를 선택한다.

2. AWS 리전을 우측 상단에 있는 메뉴에서 선택한 뒤 '연동 자격 증명 관리(Manage Federated Identities)'를 클릭한다.

3. 만약 Amazon Cognito의 리전이 AWS Lambda의 리전과 다르다면 greetingsOnDemand 함수를 새로운 리전에 다시 만들어 놔야 한다.

4. 만약 지정한 리전에서 전에 identity pool을 만든 적이 있다면 웰컴 페이지를 대신하여 전에 생성한 identity pool의 요약이 있는 페이지를 볼 수 있다. '신규 자격 증명 풀 생성'을 선택하여 진행한다.

5. 'greetings'를 identity pool 이름으로 지정한다. 왜냐하면 웹 페이지를 방문하는 누구나 함수를 호출할 수 있도록 하기 위해서 어떠한 인증도 필요없기 때문이다. 'Enable access to unauthenticated identities'를 체크한다(그림 7.2).

6. 마지막으로, '풀 생성'을 선택하여 생성한다.

그림 7.2   임시 자격 증명을 위한 신규 Amazon Cognito identity pool 생성하기

웹 콘솔의 마법사는 두 개의 IAM 역할을 생성한다(그림 7.3). 하나는 인증된 사용자들을 위한 것이며(모든 identity pool을 위한), 다른 하나는 미인증된 사용자(우리가 체크했던)를 위한 것이다. 이 두 가지 역할을 사용하여 각각의 사용자들이 필요한 리소스에 접근할 수 있도록 할 수 있다. 이번 예제에서는 사용자는 람다 함수를 호출해야 하는 권한이 필요하다.

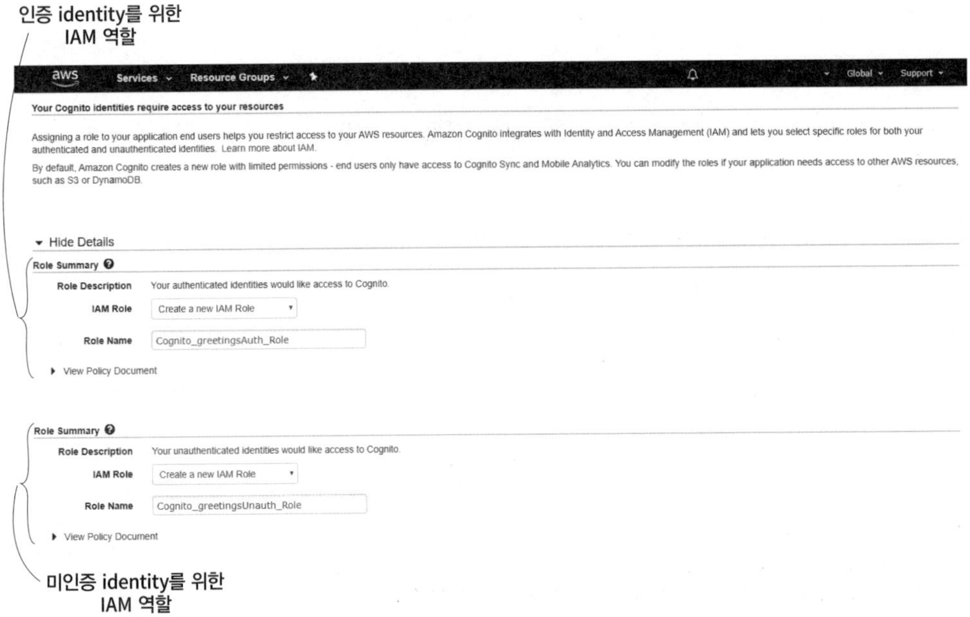

인증 identity를 위한
IAM 역할

미인증 identity를 위한
IAM 역할

그림 7.3 AWS 웹 콘솔은 Cognito identity pool에 필요한 역할을 생성하는 방법을 안내한다. 인증된 identity에는 항상 역할이 있어야 한다. 인증되지 않은 identity에 대한 접근을 활성화했으므로 여기서 두 가지 역할을 수행하게 된다

policy에 대해서 좀 더 자세히 보기 위해서 창을 확대하여 각각의 역할에서 어떤 권한을 가지고 무엇을 할 수 있는지 알 수 있다(그림 7.4). 처음 policy 문서를 보면 '최소한의 역할'만 가지고 있다. 다음은 기본값에 해당하는 기능들이다.

- Amazon Mobile Analytics를 이용한 put 이벤트(웹 앱과 모바일 사용자들의 사용 패턴과 수익에 대해서 알려 주는 서비스, 이 책에서는 다루지 않는다.)

- Amazon Cognito Sync의 사용(Amazon Cognito로 하여금 디바이스 간에 애플리케이션 관련 사용자 데이터를 동기화시켜 주는 서비스, 이 책에서는 다루지 않고 대신 Amazon Cognito Identiy를 다룬다.)

위의 두 가지 IAM 역할은 자동으로 Cognito identity pool에서 사용하는 신뢰-기반 정책을 설정한다.

일반적인 경우 애플리케이션의 용도에 따라 할 수 있는 액션과 리소스의 접근 권한을 적절하게 주어 더 많은 권한을 갖게 한다. 이 예제에서는 미인증 역할인 Cognito_greetingsUnauth_Role(이름을 수정하지 않았다면)에 람다 함수를 호출하는 권한을 줄 것이다. 이는 뒤의 AWS IAM 콘솔에서 할 예정이다.

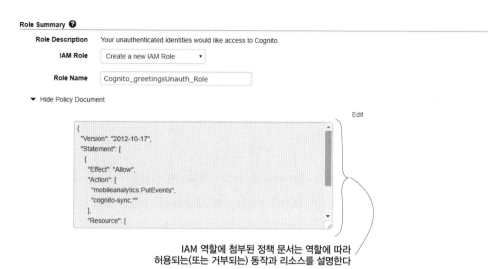

**IAM 역할에 첨부된 정책 문서는 역할에 따라
허용되는(또는 거부되는) 동작과 리소스를 설명한다**

그림 7.4   기본적으로 웹 콘솔에 의해 생성된 IAM 역할에 첨부된 정책 문서를 확인할 수 있다. 그런 다음 애플리케이션에
따라 해당 역할에 더 많은 조치 및 자원을 추가할 수 있다

Allow 파란 버튼을 눌러 위의 역할을 생성한다. 그림 7.5와 같이 Amazon Cognito 사용법에
대한 도움말 페이지가 보일 것이다. 여기에서 원하는 플랫폼을 선택할 수 있는데, 여기에선
'JavaScript'를 선택한다. 그러면 SDK를 다운로드할 수 있는 링크와 함께 문서를 볼 수 있다. 아
래에는 샘플 코드도 있다. 'Get AWS Credentials' 부분의 코드를 한번 보자. 왜냐하면 다음에
서 제대로 AWS 리전과 Cognito identity pool ID를 코드에 넣어야 하기 때문이다. 샘플 코드는
Cognito 콘솔의 샘플 코드 섹션에서 다시 볼 수 있다.

**플랫폼을 선택하고 샘플 코드로
identity pool을 사용하는 방법 및 문서에 연결하는
방법에 대한 특정 정보를 얻을 수 있다**

그림 7.5   Cognito identity pool을 생성한 후에는 다양한 플랫폼에 대한 유용한 정보와 샘플 코드를 볼 수 있다.
드롭 다운 메뉴에서 JavaScript, iOS, Android 등을 선택할 수 있다

AWS JavaScript SDK를 다운받아 브라우저에 사용할 필요없이 브라우저에서 다음의 링크가 포함된 코드를 HTML 페이지에 포함하여 사용할 수 있다. 예를 들면, 다음과 같다.

```
<script src="https://sdk.amazonaws.com/js/aws-sdk-2.2.32.min.js"></script>
```

람다 함수에 권한 주기

identity pool에서 미인증된 사용자들이 사용하는 람다 함수에 권한을 주기 위해서, AWS 콘솔에 들어간 후 Security & Identity 섹션의 Identity & Access Management을 클릭한다. 왼쪽 바에서 Roles를 선택하고, 'greeting'을 필터값으로 한다. 만약 다른 이름으로 했다면 role의 이름 중 identity pool의 이름이 포함되어 있는 것을 필터값으로 해준다(그림 7.6).

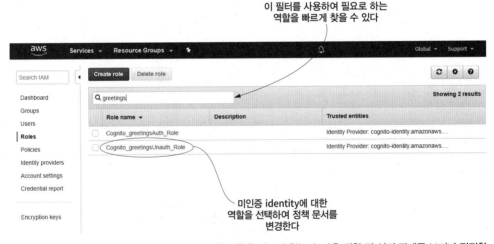

그림 7.6 **AWS IAM 콘솔의 필터를 사용하여 필요한 역할을 빠르게 찾는다. 사용 권한 및 신뢰 관계를 보거나 편집할 역할을 선택한다**

그리고 미인증 사용자를 위한 역할인 Cognito_greetingsUnauth_Role(만약 이름을 변경하지 않았더라면)을 클릭하여 더 자세한 정보를 얻는다(그림 7.7). 만약 역할의 이름을 변경한 후 기억하지 못한다면 Cognito 콘솔로 돌아가 identity pool 탭을 선택한 뒤 해당하는 identity pool을 선택하고, 'edit identity pool'을 눌러 identity pool ID 밑에 있는 두 가지 역할(인증/미인증 역할)의 이름을 확인한다.

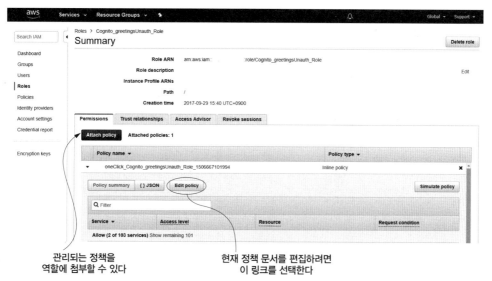

관리되는 정책을
역할에 첨부할 수 있다

현재 정책 문서를 편집하려면
이 링크를 선택한다

그림 7.7 역할을 선택하면 특정 정보와 역할에 첨부된 정책 문서를 변경할 수 있는 옵션이 제공된다. 웹 콘솔에서 작성된 기본 인라인 정책을 편집하거나 버전 관리 및 재사용을 여러 번 할 수 있는 관리 정책을 첨부할 수 있다.

참고하세요!

AWS IAM 콘솔에서 역할을 선택하면 신뢰 관계와 권한을 확인할 수 있다. Access Advisor 탭에서는 역할이 언제 마지막으로 사용했는지, 어떤 서비스를 사용했는지 알 수 있다. Permissions 탭에서는 정책을 원하는 정책을 붙일 수 있다. 여기서 역할들은 재사용을 많이 할 수 있다. 예를 들면, 정책은 roles나 groups에 같은 정책을 여러 번 붙일 수 있다.

지금은 먼저 Inline Policies 섹션에 Edit Policy를 클릭하여 콘솔이 자동으로 만들어 놓은 문서를 편집한다.

여기서 잠깐!

웹 콘솔을 사용하여 여러 개의 AWS 서비스를 사용할 때 웹 브라우저의 탭을 여러 개 띄워 사용하면 편리하다(즉, 탭 하나에 하나의 서비스 사용). 이렇게 하면 하나의 서비스에서 다른 서비스로 빠르게 전환할 수 있다. 예를 들면, 한 개의 탭에 AWS Lambda를 사용하여 함수를 설정하고, 한 개의 탭에 AWS IAM을 사용하여 함수의 역할을 확인하고, 다른 탭에서 Amazon Cognito를 사용해 identity pool을 보거나 수정한다. Cognito identity pool의 다른 역할을 각각의 탭에 추가하기도 한다.

다음의 리스트에 있는 코드를 정책 문서를 추가하여 함수에 호출을 하는 액션을 추가한다. 람다 함수 ARN 부분은 개인의 것으로 대체한다.

리스트 7.1 Policy_Cognito_greetingsOnDemand

```
{
  "Version": "2012-10-17",
  "Statement": [
    {
      "Effect": "Allow",
      "Action": [
        "mobileanalytics:PutEvents",
        "cognito-sync:*"
      ],
      "Resource": [
        "*"
      ]
    },
    {
      "Effect": "Allow",
      "Action": [
        "lambda:InvokeFunction"
      ],
      "Resource": [
        "arn:aws:lambda:<REGION>:<ACCOUNT>:function:greetingsOnDemand"
      ]
    }
  ]
}
```

이 명령문은 Amazon Cognito에서 만든 기본값이며 Amazon Mobile Analytics 및 Amazon Cognito, Sync에 접근할 수 있다

이 명령문은 특정 AWS Lambda 함수에 대한 호출 접근을 제공한다

제대로 된 람다 함수 ARN을 설정하기 위해서 <REGION>, <ACCOUNT> 부분만 수정해도 된다. 만약 ARN이 기억이 나지 않는다면, ARN은 AWS Lambda 콘솔에서 각 함수를 선택하면 오른쪽 상단에 보인다(그림 7.8). 브라우저에서 다른 탭을 열어 람다 콘솔에서 복사 붙여넣기를 하는 것을 권장한다.

웹 콘솔에서 람다 함수의 ARN을 얻을 수 있다

그림 7.8 AWS Lambda 콘솔의 오른쪽 상단에 함수를 정책 리소스로 식별하는 데 필요한 함수 ARN이 있다

정책의 구문의 오류를 검사하기 위해 Validate policy 버튼을 사용할 수 있다(그림 7.9). 만약 오류가 없다면 Save 버튼을 클릭하여 수정한다.

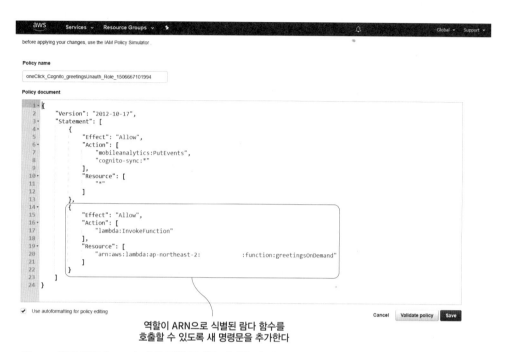

역할이 ARN으로 식별된 람다 함수를
호출할 수 있도록 새 명령문을 추가한다

그림 7.9 AWS IAM Console에서 정책 문서를 편집할 때 변경 사항을 적용하기 전에 정책 유효성 검사 버튼을 통해 구문을 확인할 수 있다

웹 페이지 만들기

이제 모든 권한을 정리했으니 사용자를 위한 HTML 웹 페이지를 만들어 보자. 용이한 관리를 위해서 모든 자바스크립트 클라이언트 사이드 로직을 별도의 파일로 만들어 놓고, 웹 페이지가 실행하는 스크립트를 호출하는 방식을 사용하자. 두 개의 파일(index.html과 greetings.js) 파일을 로컬 컴퓨터의 같은 디렉터리에 만들고, 코드를 리스트 7.2와 7.3의 코드로 순차적으로 수정하자.

> 🖐️ 여기서 잠깐!
>
> 만약 웹 브라우저에서 오류 콘솔을 지원하는 개발자 모드를 지원한다면 지금 그 기능을 사용해 보자. 무언가 오류가 날 때 디버깅을 하고 무엇이 진행되는지 이해하는 데 도움이 많이 된다. 예를 들면, 구글 크롬에서는 F12를 누르면 자바스크립트 콘솔을 사용할 수 있는 개발자 도구를 사용할 수 있다. 파이어폭스에서는 도구 메뉴에서 웹 개발자 섹션을 통해 웹 콘솔을 사용할 수 있다. 사파리 브라우저에서는 개발 메뉴를 켜고 오류 콘솔을 사용할 수 있다.

```html
<html>
  <head>
    <title>Greetings on Demand</title>
    <script src="https://sdk.amazonaws.com/js/aws-sdk-2.2.32.min.js"></script>   ◁┐
  </head>                                                              브라우저에서 자바스크립트용
  <body>                                                               AWS SDK를 로드하기 위해
    <h1>Greetings on Demand</h1>
    <p>This is an example of calling an AWS Lambda function
         from a web page via JavaScript.</p>
    <p>Provide a name, and you will receive your greetings.</p>
    <p>Try without a name, too.</p>
    <form role="form" id="greetingsForm">                     함수를 위한 '이름'을
      <label for="name">Name:</label>                         가져오기 위한 입력
      <input type="text" id="name">                    ◁┐    텍스트 필드
      <button type="submit" id="submitButton">Greet</button>
    </form>
    <div id="result"></div>                          람다 함수를 호출하고
    <script src="greetings.js"></script>       ◁┐    결과를 얻는 모든 논리가
  </body>                                            이 스크립트에 있다
</html>
```

```javascript
AWS.config.region = '<REGION>';        ◁── SDK에 설정할 AWS 리전명을 설정한다     인증되지 않은 아이디에
AWS.config.credentials = new AWS.CognitoIdentityCredentials({           대한 AWS 자격 증명을
  IdentityPoolId: '<IDENTITY-POOL-ID>',                                 얻는다(로그인이
});                                                                     제공되지 않음)

var lambda = new AWS.Lambda();                       ◁┐
                                                       AWS Lambda 서비스
function returnGreetings() {                           인터페이스 객체를 가져온다
  document.getElementById('submitButton').disabled = true;
  var name = document.getElementById('name');
  var input;
  if (name.value == null || name.value == '') {
    input = {};
  } else {
    input = {
      name: name.value                       이것은 자바스크립트에서
    };                                        람다 함수를 호출하는 방법이다
  }
  lambda.invoke({                    ◁┐
    FunctionName: 'greetingsOnDemand',        ◁┐  호출할 함수의 이름
    Payload: JSON.stringify(input)                페이로드는 입력 이벤트다.
  }, function(err, data) {                    ◁┐  문자열 형식의 JSON 객체를
    var result = document.getElementById('result');  변환해야 한다
```

```
    if (err) {
      console.log(err, err.stack);
      result.innerHTML = err;          ◁──── 오류가 발생하면 결과로 표시된다
    } else {
      var output = JSON.parse(data.Payload);   ◁──   데이터를 JSON 형식으로 파싱하여
      result.innerHTML = output;       ◁──  함수가 반환한       함수 출력에 저장한다
    }                                        결과가 표시된다
    document.getElementById('submitButton').disabled = false;
  });
}
var form = document.getElementById('greetingsForm');
form.addEventListener('submit', function(evt) {   ◁──   HMTL 양식의
  evt.preventDefault();          ◁──  양식 제출의 경우       제출 이벤트에
  returnGreetings();       ◁──       기본 동작을            리스너를 추가한다
});                                   피한다
            양식 제출의 경우
       이 자바스크립트 함수를 호출한다
```

✋ 여기서 잠깐!

최신 버전의 AWS JavaScript SDK를 사용하고 싶다면 다음의 링크에서 브라우저에서 SDK를 어떻게 불러
오는지 업데이트된 예제를 확인할 수 있다. URL http://docs.aws.amazon.com/AWSJavaScriptSDK/
guide/browser-intro.html

리스트 7.3의 코드에서 방금 Cognito identity pool ID를 생성한 리전을 알맞게 넣고,
IdentityPoolId 또한 리전을 포함한 값으로 찾아서 넣는다. 완성하게 되면 다음의 코드와 달라
그대로 붙여 넣으면 안 된다. IdentityPoolId는 Congito 콘솔에서도 확인할 수 있다.

```
AWS.config.region = 'us-east-1';
AWS.config.credentials = new AWS.CognitoIdentityCredentials({
    IdentityPoolId: 'us-east-1:a1b2c3d4-1234-1234-a123-12f34f56f78f,
});
```

index.html 파일을 웹 브라우저에서 열어 코드를 테스트한다. 그림 7.10과 비슷한 화면이 보일
것이다.

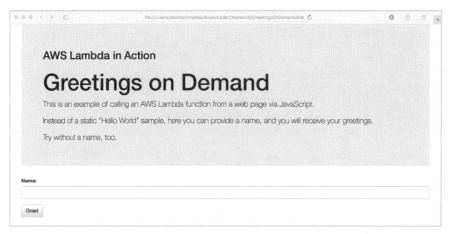

그림 7.10 greetingsOnDemand 람다 함수를 위해 구축한 웹 인터페이스. 이 스크린샷은 서식 도구가 포함된 책과 함께 제공되는 코드에서 가져온 것이다. 책에서 기본 HTML 예제를 사용하면 시각적 렌더링이 달라진다

> **참고하세요!**
>
> 이 책에 있는 예제 HTML들은 단순히 HTML만 사용하여 조금 더 쉽게 알아볼 수 있도록 했다. 이 책에 수록된 소스 코드를 보면 부트스트랩(Bootstrap)을 사용하여 더 나은 시각적인 효과와 더불어 모바일 플랫폼에서 반응형으로 만들어 보았다. 부트스트랩은 HTML, CSS와 JS 프레임워크를 사용한 유명한 반응형 모바일 웹 프로젝트 개발 도구로 트위터의 어느 개발자와 디자이너가 만든 것이다. 부트스트랩에 대한 더 많은 정보는 http://getbootstrap.com을 참고하기 바란다.

이름을 입력하고 Greet 버튼을 클릭하여 결과를 볼 수 있다. 예를 들면, 'John'이라는 이름을 입력하면 'Hello John'이라고 초록색 배경과 함께 나온다. 만일 오류가 발생한다면 붉은색 배경 화면이 뜬다. 이름을 입력하지 않은 상태에서 'Greet' 버튼을 눌러 보자. 이때 'Hello World'가 출력되는데, 이는 자바스크립트 코드가 빈 인풋 이벤트를 받았을 때 '{}'의 JSON을 받아 함수의 호출에 반응한 것이다.

이제 여러분은 람다 함수를 웹 애플리케이션에 백엔드로 사용할 수 있게 되었다. 이 예제는 기본 중의 기본이다. 하지만 개념을 잡기에는 훌륭한 예제이며, 더 많은 기능을 애플리케이션에 추가할 수 있도록 하는 아이디어를 제공해 준다.

이 예에서 공개 웹사이트를 만들려면 이 두 파일을 공용 호스팅 웹사이트 또는 Amazon S3과 같은 공용 웹 접근을 제공할 수 있는 클라우드 스토리지 웹사이트에 업로드할 수 있다. 성능을 최적화하기 위해 Amazon CloudFront와 같은 CDN(Content Delivery Network)을 사용하여 두 파일을 제공할 수 있다.

7.2 모바일 앱에서 함수 호출하기

이 절은 모바일 앱에서 람다 함수를 어떻게 사용하는지에 대해 집중한다. 이 절을 건너뛰어도 다음 내용을 이해하는 데 문제없다.

모바일 개발자들은 클라우드 전문가일 필요가 없다. 그래서 AWS는 AWS Mobile Hub 서비스를 최근에 출시하였다. 이 서비스를 통해 모바일 개발자의 관점에서 어떤 기능을 사용하는지 선택할 수 있으며, 이는 원하는 맞춤형 모바일 애플리케이션을 제작하는 데 도움이 될 것이다. 선택한 기능들을 해당 AWS 서비스에서 생성하고 설정하는 부분이 지원되기 때문이다. 다음에서 볼 수 있듯이 많은 기능 중 하나는 Amazon Cognito의 통합을 가능하게 하여 애플리케이션의 로그인 부분 관리를 해준다. 다른 기능들 중 몇몇은 모바일 앱에서 람다 함수를 호출할 수 있도록 해준다.

브라우저를 열고 https://console.aws.amazon.com/에 접속한다. AWS 로그인 정보를 입력하여 로그인한 후 Mobile Services 섹션의 Mobile Hub를 선택한다. 새로운 모바일 프로젝트를 생성하고 이름을 만들어 보자. 예를 들면 'AWS Lambda in Action'을 이름으로 쓰겠다.

이제 패널이 나타나고 애플리케이션에서 어떤 기능을 사용할 수 있는지 보여 준다(그림 7.11). 자세히 보면 어떤 AWS 서비스를 통해 모바일 백엔드의 각 기능에 활용할 수 있는지 알 수 있다.

예를 들면, User Sign-in을 선택한 경우 애플리케이션에서 로그인 기능을 사용할지 여부를 선택할 수 있다. 모바일 앱에서 로그인 기능은 제공하는 서비스에 따라 필수적인 기능일 수 있고, 옵션일 수도 있다. AWS 설정은 서비스가 관리해 주며, 이 경우 AWS Congito Identity Pool을 세팅해 준다. 설명서는 윈도우 오른쪽 부분에 잘 나타나 있다. 외부 페이스북이나 구글 인증, 즉 외부 아이덴티티 서비스를 사용하는 방법도 보여 준다.

여기에서 Amazon Cognito를 사용하여
페이스북이나 구글과 같은 외부 아이덴티티
제공 업체를 사용하여 애플리케이션에
로그인할 수 있다

여기서 AWS Lambda 기능을
모바일 애플리케이션의 백엔드
로직으로사용할 수 있다

그림 7.11 **AWS Mobile Hub를 사용하여 새 프로젝트를 만들 때 모바일 애플리케이션에 포함할 기능을 선택할 수 있다. 함수가 코드에 포함되며 필요한 AWS 서비스가 자동으로 구성된다**

AWS Lambda 함수를 애플리케이션 백엔드에서 사용하기 위해서 Cloud Logic을 선택한다. 여기서 'Enable Logic'을 선택할 수 있다(그림 7.12).

이제 어떤 AWS Lambda 함수를 사용할 수 있는지 보여 준다. 이때 람다 함수는 AWS Mobile Hub와 같은 리전을 사용해야 한다(그림 7.13). 여기서 모바일 앱이 람다 함수를 호출하는 데 필요한 권한을 설정해야 한다. 'Hello World' 예제 함수는 샘플로 제공하여 먼저 모바일 앱에서 빠르게 테스트할 수 있도록 해준다.

이제 윈도우 왼쪽에서 Integrate 탭을 클릭한다(과거에 Build 탭이었음). 그리고 안드로이드와 iOS 설정에 따른 사용자 소스 코드를 다운받는다. AWS Mobile Hub 콘솔에서는 Xcode(iOS), Android Studio의 개발 환경, 코드 가져오기, 모바일 앱 실행하기를 전부 제공하며, 여러분은 어떤 플랫폼을 선택한 후 다운로드하면 된다.

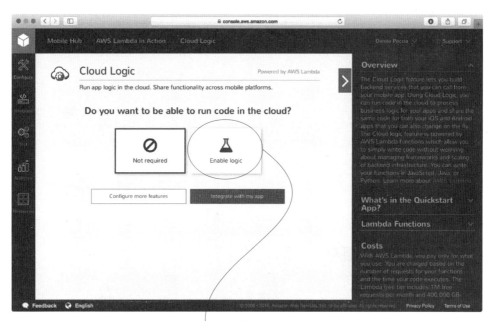

AWS 모바일 허브에서 제작한 모바일 앱의
AWS Lambda 함수 호출을 허용하는 로직을 사용하시오

그림 7.12　Cloud Logic 기능을 선택하면 로직을 활성화(또는 비활성화)할 수 있다

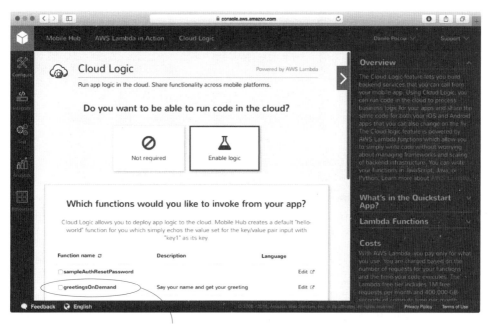

람다 함수 목록에서 모바일 앱에서 호출할 함수를 선택할 수 있다.
샘플 'hello-world' 함수가 AWS Mobile Hub에서 생성된다

그림 7.13　로직을 활성화한 후 모바일 앱에서 호출하는 람다 함수를 선택할 수 있다. 기본적인 hello-world 함수가
기본 예제로 만들어져 있다

이후 Cloud Logic 기능을 테스트할 수 있다(그림 7.14). 모바일 앱의 흐름은 다른 지원 환경과 비슷하다. 람다 함수를 호출하는 것은 AWS CLI나 웹 인터페이스로 자바스크립트를 사용하는 것과 같은 효과를 가져와 같은 결과를 출력한다.

> **여기서 잠깐!**
>
> AWS Mobile Hub는 콘솔에서 선택한 기능들의 백엔드 AWS 서비스를 생성해 준다. Resources 탭으로 가면 어떤 리소스들을 생성했는지 볼 수 있다.

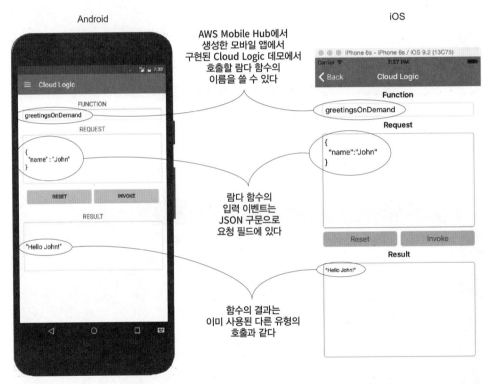

그림 7.14 AWS Mobile Hub에서 생성한 모바일 애플리케이션에서는 모든 함수 이름을 쓸 수 있지만, Cloud Logic 함수의 구성에서 선택한 함수만 호출할 수 있다

모바일 앱을 위한 샘플 코드

AWS Mobile Hub Helper objects를 이용해 iOS, Objective C, Swift에서 람다 함수를 호출하기 위해서 사용하는 코드는 다음의 리스트 7.4, 7.5, 7.6을 순서대로 참고하면 된다.

```
[[AWSCloudLogic sharedInstance]
invokeFunction:functionName
withParameters:parameters
withCompletionBlock:^(id result, NSError *error) {
// 호출 결과 사용
}];
```

리스트 7.5 iOS(Swift)에서 람다 함수 호출하기

```
AWSCloudLogic.defaultCloudLogic().invokeFunction(functionName,
    withParameters: parameters, completionBlock: {(result: AnyObject?, error:
    NSError?) -> Void in
        if let result = result {
// 호출 결과 사용
        }
        if let error = error {
// 호출 오류 관리
        }
})
```

안드로이드에서 람다 함수를 호출하려면 InvokeRequest와 Invoke-Result 객체를 사용하면 된다(다음의 리스트 참고).

리스트 7.6 안드로이드에서 람다 함수 호출하기

```
final InvokeRequest invokeRequest =
    new InvokeRequest()
        .withFunctionName(functionName)
        .withInvocationType(InvocationType.RequestResponse)
        .withPayload(payload);
final InvokeResult invokeResult =
    AWSMobileClient
        .defaultMobileClient()
        .getCloudFunctionClient()
        .invoke(invokeRequest);
// 호출 결과 사용
```

안드로이드 플랫폼에서 개발할 때 어노테이션을 이용하여 로컬 함수를 호출할 때와 같은 방식으로 모바일 앱에서 원격 람다 함수를 호출하는 구문을 간소화하는 방법도 있다. 예를 들면, 안드로이드 모바일 앱에서 faceDetection 람다 함수를 호출할 때 다음의 구문을 사용할 수 있다.

```
@LambdaFunction
FacesResult faceDetection(String imageUrl);
```

이제 faceDetection 함수를 레퍼런스로 사용하는 안드로이드 코드는 람다 함수를 원격으로 호출이 가능해졌다. 만약 람다 함수의 이름이 안드로이드 코드에 있는 자바 함수와 다르다면 주석으로 이것을 강조하여 해결할 수 있다. 예를 들어, faceDetection 람다 함수를 detectFaces Java 함수로 사용해 안드로이드 코드를 사용했다면 다음의 코드를 주석에 넣을 수 있다.

```
@LambdaFunction(functionName = "faceDetection")
FacesResult detectFaces(String imageUrl);
```

만약 당신이 모바일 개발자라면 AWS Mobile Hub를 이용하여 람다 함수를 빠르게 백엔드로 사용할 수 있다. 이 방법으로 모바일 앱의 서버리스 백엔드를 구현할 수 있고, 웹 애플리케이션과 같은 다른 클라이언트와 공유해 사용할 수도 있다.

7.3 웹 브라우저에서 함수 호출하기

Amazon API Gateway를 설정하여 람다 함수를 사용할 때 아무런 인증 과정을 거치지 않고 API를 공개적으로 노출시킬 수 있다. HTTP GET 방법을 위 옵션과 같이 사용하면 웹 브라우저에서 설정해 놓은 API를 호출할 수 있게 된다. HTML(text/html)을 위해 예상되는 콘텐츠 타입을 결괏값에 넣어 공개된 웹사이트에서 볼 수 있도록 해야 한다.

이 예제에서 사용하는 아키텍처적인 설정은 그림 7.15에 잘 나와 있다. 웹 브라우저를 클라이언트로 사용하였으며, AWS Lambda와 Amazon API Gateway를 이용하여 인터넷에 공개 웹사이트를 배포하였다. Amazon S3에서 쉽게 만들 수 있는 고정 웹사이트 호스팅과 비교해 보면 람다 함수는 서버사이드(server-side)에서 다이내믹한 콘텐츠를 사용할 수 있다는 장점이 있다.

그림 7.15 Amazon API Gateway를 사용하여 람다 함수에서 웹 콘텐츠를 제공하고 HTTP GET을 통해 이 함수를 노출할 수 있다. 통합 구성할 때 올바른 HTTP Content-Type을 반환하도록 주의해야 한다. 예: HTML의 경우 text/htm

예제로, 내장된 자바스크립트(EJC, Embedded JavaScript) 템플릿[1]을 사용하여 간단한 웹사이트를 만들어 보자. 이 사이트는 활동적인 최종 일반 사용자를 받을 것이다. 이 예제는 EJS 템플릿을 사용하지만, 어떠한 서버사이드 기술을 사용해도 작동할 것이다. 먼저 Amazon API Gateway 에서 많은 리소스들을 통합할 수 있는 한 개의 람다 함수가 필요하다(리스트 7.7). 예를 들어, API의 루트(/)와 어떠한 싱글레벨(single-level) 경로를 사용하는 리소스 매개변수(/{path})가 함수 를 호출하면 HTML 콘텐츠를 결과로 출력할 것이다.

> **참고하세요!**
>
> 이 예제는 EJC 템플릿을 사용하므로 Node.js에서만 사용할 수 있다.

리스트 7.7 **ejsWbsite(Node.js)**

```
console.log('Loading function');

const fs = require('fs');
const ejs = require('ejs');

exports.handler = (event, context, callback) => {
  console.log('Received event:', JSON.stringify(event, null, 2));
  var fileName = './content' + event.path + 'index.ejs';        ← 이벤트 배포 경로에 따라
  console.log(fileName)                                            함수 배포 패키지에 포함된
  fs.readFile(fileName, function(err, data) {                      로컬 파일 이름을 만든다
    if (err) {
      callback("Error 404");              ← 파일이 누락된 경우
    } else {                                Amazon API Gateway가 들어와
      var html = ejs.render(data.toString());   HTTP 404 상태를 반환할 수 있는
      callback(null, { data: html });  ←       오류 문자열을 반환하지 못한다
    }                                ↖
  });                    EJS 템플릿을 서버사이드에서
};          ↖           해석하여 HTML 콘텐츠를 생성한다
     인코딩을 유지하려면 JSON으로
     래핑된 HTML을 반환하시오
```

이름이 ejsTemplateLambda인 함수를 생성하고, 기본 실행 역할과 기본 매개변수를 모두 사용한다. ejs 모듈이 필요하므로 npm으로 필요 파일을 설치해야 하며, ZIP 파일로 압축하여 개발 패키지에 업로드해야 한다. ZIP 파일에 content 폴더를 만들어 람다 함수가 샘플 EJS 템플릿을 처리할 수 있도록 한다. 예를 들어, 간단한 소개와 연락처 페이지가 있는 작은 웹사이트를 만들기 위해 다음의 파일들이 있을 수 있다.

---

1 EJS 템플릿에 대한 더 많은 정보는 http://www.embeddedjs.com를 참고하기 바란다.

```
content/index.ejs
content/about/index.ejs
content/contact/index.ejs
```

각각의 파일 내용은 리스트 7.8, 7.9, 7.10에 순서대로 있다. 보는 바와 같이 이 파일들은 모두 비슷하며, 람다 함수를 통해 서버단에서 평가받은 다이내믹한 콘텐츠를 포함하고 있다. 이는 Amazon API Gateway가 웹 브라우저에 결괏값을 도출하기 이전의 단계다.

리스트 7.8   content/index.ejs 파일

```html
<html>
  <head>
    <title>Home Page</title>
  </head>
  <body>
    <h1>Home Page</h1>
    <p>The home page at <strong><%= new Date() %></strong></p>
    <ul>
      <li><a href="about/">About</a></li>
      <li><a href="contact/">Contact</a></li>
    </ul>
  </body>
</html>
```

> <%=와 %> 사이의 자바스크립트 코드는 다음과 같이 람다 함수에 의해 서버사이드에서 해석된다

리스트 7.9   content/content/index.ejs 파일

```html
<html>
  <head>
    <title>About</title>
  </head>
  <body>
    <h1>Home Page</h1>
    <p>The about page at <strong><%= new Date() %></strong></p>
    <ul>
      <li><a href="../">Home Page</a></li>
      <li><a href="../contact/">Contact</a></li>
    </ul>
  </body>
</html>
```

> <% =와 %> 사이의 자바스크립트 코드는 다음과 같이 람다 함수에 의해 서버사이드에서 해석된다

리스트 7.10   content/about/index.ejs 파일

```html
<html>
  <head>
    <title>Contact</title>
```

```
    </head>
    <body>
      <h1>Home Page</h1>
      <p>The contact page at <strong><%= new Date() %></strong></p>
      <ul>
        <li><a href="../">Home Page</a></li>
        <li><a href="../about/">About</a></li>
      </ul>
    </body>
</html>
```

> <% =와 %> 사이의 자바스크립트
> 코드는 다음과 같이 람다 함수에
> 의해 서버사이드에서 해석된다

템플릿의 이 부분은 EJS 템플릿 구문을 이용하여 현재의 날짜와 시간을 서버사이드 시간으로 맞춰 준다.

```
<%= new Date() %>
```

Amazon API Gateway와 람다 함수 통합하기

이제 람다 함수를 Amazon API Gateway와 통합해야 한다. API Gateway 콘솔에서 간단한 웹사이트 API를 생성한다. 이것은 일반적인 웹 API가 아니며, 공개된 웹사이트로서의 역할을 할 것이다.

루트(/) 리소스에 대한 메서드를 생성한다. 이 웹사이트에서 코드는 HTTP GET 요청에만 응답하여야 하기에 GET 방식을 메뉴에서 선택한다. 이 예제를 POST와 같은 HTTP 동사를 사용하도록 쉽게 확장시킬 수 있다.

통합 요청을 하는 동시에 위에서 생성한 ejsTemplate 람다 함수를 선택하고 함수로 가는 방법을 제공하기 위해 매핑 템플릿을 작성한다. application/json 콘텐츠 타입을 사용하고 다음의 기본 고정 매핑 템플릿을 사용한다.

```
{
  "path": "/"
}
```

이제 API 호출에 의한 결괏값의 기본 콘텐츠 타입을 text/html로 변경해야 한다. 메서드 응답에서 200 HTTP Status를 확장하여 text/html 콘텐츠 타입을 빈 모델과 함께 추가하고, 기본 값인 application/json 콘텐츠 타입을 제거한다. 아래의 리스트에 있는 코드를 매핑 템플릿으로 사용하여 text/html 콘텐츠 타입에 맞게 바꾼다.

```
#set($inputRoot = $input.path('$'))
$inputRoot.data
```

여기서는 모든 HTML 콘텐츠를 임베드(embed)하기 위해 함수에서 반환한 JSON 페이로드에서 데이터 속성을 사용했다. 이 템플릿은 HTML 콘텐츠만 추출하는 역할을 한다. 만약 HTML 콘텐츠를 직접 반환한다면 HTML 엔터티에서 이스케이프 처리되므로 사용하기 어렵다. 테스트 버튼을 사용하여 반환된 콘텐츠와 콘텐츠 타입이 맞는지 확인할 수 있다.

이제 홈페이지만 있는 웹사이트를 만드는 것은 완료했다. 하지만 다른 완성본을 하나 만들어 모든 싱글레벨 경로를 관리해 보자. 다음은 /about, /contact를 통합하여 사용하는 예제다. 'Page'를 이름으로 하는 리소스를 새로 생성하고, '{page}'를 리소스의 경로로 지정한다. 그리고 GET 방식을 추가한다. 메서드 요청 섹션에서 이제 리소스 경로 매개변수를 가진다. 통합 요청에서는 전에 사용한 ejsTemplate 함수를 사용하고, 매핑 템플릿에서는 콘텐츠 타입을 application/json 타입으로 한다. 다음의 템플릿을 이용하여 page 매개변수를 함수에 전달하자.

```
{
  "path": "/$input.params('page')/"
}
```

통합 응답에서는 기본값인 application/json 콘텐츠 타입을 text/html으로 바꾸고, 방금 사용한 매핑 템플릿을 사용한다. 리스트 7.11의 코드를 사용하자.

이제 수많은 요청 중 콘텐츠(EJS 템플릿)를 함수 내에서 못 찾았을 경우 어떻게 할지 관리해 보자. 그러기 위해서는 메서드 응답 섹션에 HTTP 404 Status를 추가하자. 통합 응답 섹션에서는 람다 함수의 콘텐츠 폴더에 페이지(EJS 템플릿)가 없으면 람다 오류 정규 표현식으로 통합 응답 섹션을 추가하여 HTTP 404 코드를 반환하도록 한다.

테스트 버튼을 사용하여 page에 다른 값들을 테스트해 본다. 예를 들면, about/이나 wrong/ 값을 사용하여 EJS 템플릿이 있을 때와 없을 때 어떤 일이 벌어지는지 확인하자.

이 API를 스테이지에 배포하면(예를 들면, home에) 웹사이트는 외부에서 공개적으로 접근이 가능할 경우 웹 브라우저를 통해 링크를 타고 들어올 수 있다. 주의해야 할 점은 꼭 스테이지를 포함한 도메인 URL을 사용해야 하는 점이다. 예를 들면, 다음과 같다(도메인은 상황에 따라 다를 것이다).

```
https://123ab12ab1.execute-api.us-east-1.amazonaws.com/home
```

EJC 템플릿에 있는 날짜 값은 서버 시간에 근거한다. 또한, 링크를 통해 브라우저에 접근할 때마다 이 날짜 값이 업데이트되는 것을 확인할 수 있다.

> **여기서 잠깐!**
>
> Amazon API Gateway 혹은 Amazon CloudFront 같은 CDN(Contents Delivery Network)을 지원하는 URL을 사용하면 원하는 맞춤형 URL로 변경할 수 있다. CDN을 사용하면 AWS Lambda 함수가 캐시되어 호출되는 수를 줄일 수 있다.

요약

이번 장에서 독립적인 AWS Lambda 함수를 여러 가지 경우를 통해 사용해 보았다. 다음은 이번 장에서 배운 내용이다.

- 자바스크립트 웹 애플리케이션의 백엔드로 함수 사용하기
- 일반 모바일 애플리케이션에서 AWS Mobile Hub를 사용하여 함수 호출
- Amazon API Gateway 및 AWS Lambda를 사용하여, 서버 측에서 함수별로 응답 콘텐츠가 만들어지는 웹사이트 구축

다음 장에서는 여러 가지 함수를 사용하여 첫 번째 이벤트 기반 애플리케이션을 만들어 보려한다. 이 애플리케이션은 서버리스 인증 서비스를 제공할 수 있다.

연습 문제 _____

이번 장의 초반에는 웹 페이지를 사용해 greetingsOnDemand 함수를 호출하는 법을 배웠다. 같은 방법으로, 이름을 묻고 인사하는 웹 페이지도 만들어 보자. 2장의 customGreetingsOnDemand 함수를 사용하여 결과 인사를 계산해 보고, 웹 페이지에 표시하는 것까지 시도해 보자. 다음의 함수 코드들을 활용하여 자유롭게 사용해 보자.

customGreetingOnDemand(Node.js) 함수

```javascript
console.log('Loading function');

exports.handler = (event, context, callback) => {
    console.log('Received event:',
        JSON.stringify(event, null, 2));
    console.log('greet =', event.greet);
    console.log('name =', event.name);
    var greet = '';
    if ('greet' in event) {
        greet = event.greet;
    } else {
        greet = 'Hello';
    };
    var name = '';
    if ('name' in event) {
        name = event.name;
    } else {
        name = 'World';
    }
    var greetings = greet + ' ' + name + '!';
    console.log(greetings);
    callback(null, greetings);
};
```

customGreetingOnDemand(파이썬) 함수

```python
import json

print('Loading function')

def lambda_handler(event, context):
    print('Received event: ' +
        json.dumps(event, indent=2))
    if 'greet' in event:
        greet = event['greet']
    else:
        greet = 'Hello'
    if 'name' in event:
        name = event['name']
    else:
        name = 'World'
    greetings = greet + ' ' + name + '!'
    print(greetings)
    return greetings
```

해결 방법

HTML 페이지는 다음 리스트의 코드를 본다.

customGreetingOnDemand HTML 페이지

```html
<html>
  <head>
    <title>Custom Greetings on Demand</title>
    <script src="https://sdk.amazonaws.com/js/aws-sdk-2.2.32.min.js"></script>
  </head>
  <body>
    <h1>Custom Greetings on Demand</h1>
    <p>This is an example of calling an AWS Lambda function
      from a web page via JavaScript.</p>
    <p>Instead of a static Hello World, here you can provide
      a greet and name, and you will receive customized greetings.</p>
    <p>Try without a greet or without a name, too.</p>
      </div>
      <form role="form" id="greetingsForm">
        <label for="greet">Greet:</label>
        <input type="text" class="form-control" id="greet">
        <label for="name">Name:</label>
        <input type="text" class="form-control" id="name">
        <button type="submit" class="btn btn-default">Greet</button>
      </form>
      <div id="result">
      </div>
    </div>
    <script src="customGreetings.js"></script>
  </body>
</html>
```

웹 브라우저에서 실행되어 람다 함수를 호출하고 결괏값을 받아오는 기능을 하는 자바스크립트 코드는 다음 리스트를 참고한다.

customGreetings.js(브라우저의 자바스크립트)

```javascript
AWS.config.region = '<REGION>';
AWS.config.credentials = new AWS.CognitoIdentityCredentials({
  IdentityPoolId: '<IDENTITY-POOL-ID>',
});
var lambda = new AWS.Lambda();
function returnGreetings() {
  var greet = document.getElementById('greet');
  var name = document.getElementById('name');
  var input = {};
  if (greet.value != null && greet.value != '') {
```

```
      input.greet = greet.value;
    }
  if (name.value != null && name.value != '') {
    input.name = name.value;
  }
  lambda.invoke({
    FunctionName: 'customGreetingsOnDemand',
    Payload: JSON.stringify(input)
  }, function(err, data) {
    var result = document.getElementById('result');
    if (err) {
      console.log(err, err.stack);
      result.innerHTML = err;
    } else {
      var output = JSON.parse(data.Payload);
      result.innerHTML = output;
    }
  });
}
var form = document.getElementById('greetingsForm');
form.addEventListener('submit', function(evt) {
  evt.preventDefault();
  returnGreetings();
});
```

8

인증 서비스 설계하기

이 장에서 살펴볼 내용

- ■ 이벤트 중심의 샘플 애플리케이션 설계하기
- ■ 자바스크립트를 활용하여 사용자와 상호작용하기
- ■ 람다 함수에서 이메일 전송하기
- ■ Amazon DynamoDB에 데이터 저장하기
- ■ 암호화된 데이터 관리하기

이전 장에서는 다른 클라이언트 애플리케이션에서 독립 람다 함수를 사용하는 방법을 배웠다.

- 자바스크립트를 활용한 웹 페이지

- 시작 코드를 생성하기 위해 AWS Mobile Hub의 도움으로 만든 네이티브 모바일 애플리케이션

- 웹 브라우저 전용 서버 측 동적 콘텐츠를 생성하는 Amazon API Gateway

- 여러 가지 기능을 활용하여 목표 달성을 위한 첫 이벤트 기반 서버리스 애플리케이션을 구축해 보자. 목표는 자체적으로 사용될 수 있거나 개발자 인증을 위한 Amazon Cognito와 함께 사용할 수 있는 샘플 인증 서비스를 구현하는 것이다.

만들고자 하는 인증 서비스는 이벤트 기반 서버리스 애플리케이션의 예시 중 하나이며, 보안 감사는 확인되지 않았다. 이러한 서비스가 필요한 경우 Amazon Cognito 사용자 풀(user pool) 등 이미 구축된 프로덕션 환경에 적합한 구현 방법을 사용하는 것이 좋다.

AWS Lambda로 구축된 서버리스 백엔드 아키텍처를 정의한다. 이후 장에서는 필요한 모든 구성 요소를 구현할 예정이다. 첫 번째 단계는 사용자가 애플리케이션과 어떻게 상호작용하는지 정의하는 것이다.

8.1 상호작용 모델

다양한 사례에서 애플리케이션을 쉽게 사용할 수 있으려면 사용자의 주요 인터페이스는 웹 브라우저여야 한다. 웹 브라우저를 통하여 사용자들은 자바스크립트를 포함한 정적 HTML 페이지를 접속할 수 있다. 해당 페이지에서는 백엔드 코드를 실행하는 하나 이상의 람다 함수를 호출할 수 있다. 이번 장이 끝날 때쯤 모바일 앱에서도 마찬가지로 동일한 흐름과 구조를 재사용하는 것이 얼마나 간단한지 알 수 있을 것이다.

Amazon API Gateway 사용하기

람다 함수를 클라이언트 애플리케이션에서 직접 호출하는 것이 아닌 3장에서 배운 방법을 사용하여 Amazon API Gateway에서 RESTful API를 모델링할 수 있다. 이 방법의 장점은 실제 백엔드 구현에서 클라이언트 애플리케이션을 디커플링(decoupling)한다는 것이다.

- 람다 함수가 아닌 클라이언트 애플리케이션에서 웹 API를 호출한다.
- 클라이언트 애플리케이션(웹 애플리케이션 및 모바일 애플리케이션 등)의 개발에 영향을 주지 않고 백엔드 구현을 언제든지 AWS Lambda로 쉽게 변경할 수 있다.
- 애플리케이션의 도달 범위를 더욱 넓힐 수 있는 공개 API를 퍼블리시하여 백엔드를 다른 서비스에 공개할 수 있다.

Amazon API Gateway는 다음과 같은 흥미로운 기능들을 추가적으로 제공한다.

- SDK 생성
- 함수 결과 캐싱
- 트래픽 튐 현상을 견딜 수 있는 스로틀링

하지만 이 책의 목적상 AWS Lambda를 인증 서비스에 직접 사용하기로 했다. 이로 인해 전반적인 구현이 보다 쉽게 구축되어 초보자도 쉽게 이해할 수 있다.

새로운 애플리케이션을 만드는 경우, 내가 그러했듯이 Amazon API Gateway 활용의 장단점을 따져 보고 적절한 판단을 내릴 것을 권한다.

HTML 페이지, 자바스크립트 코드 및 웹 브라우저상에서 페이지를 올바르게 렌더링하는 데 필요한 기타 파일(CSS 스타일 시트 등)은 공개적으로 읽을 수 있는 객체로 Amazon S3에 저장할 수 있다. 사용자 프로파일 및 암호와 같은 구조화된 데이터를 저장하기 위해 람다 함수는 DynamDB 테이블을 활용할 수 있다. 이 상호작용 모델의 개요는 그림 8.1에서 확인할 수 있다.

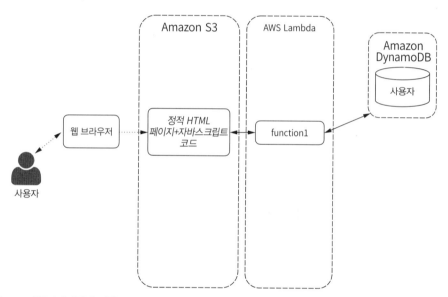

그림 8.1 애플리케이션에 대한 통신 모델 구현의 첫 번째 단계: 웹 브라우저를 사용하여 DynamoDB 테이블에 데이터를 저장할 수 있는 람다 함수를 통해 백엔드 로직을 실행한다

👆 여기서 잠깐!

클라이언트 측 애플리케이션은 HTML 페이지와 자바스크립트 코드를 사용하여 구축되어 있으므로 아파치 코르도바(Apache Cordova, 구 폰갭(PhoneGap)) 등의 프레임워크를 사용하여 하이브리드 모바일 애플리케이션으로 비교적 쉽게 다시 패키지화할 수 있다. 하이브리드 앱은 모바일 클라이언트를 한 번 개발하여 iOS, 안드로이드, 윈도우 모바일 등 다양한 환경에서 사용할 수 있어서 인기가 좋다. 아파치 코르도바를 사용하여 모바일 앱을 구현하는 방법에 대한 자세한 내용은 https://cordova.apache.org에서 확인할 수 있다.

사용자가 제공하는 연락처 데이터를 인증하는 것은 인증 서비스에 있어서 매우 중요한 것이다. 일반적인 사용 예는 사용자가 지정한 이메일 주소가 유효한지 확인하는 것이다. 이를 위해 백엔드 람다 함수는 사용자에게 이메일을 보내야 한다. 이메일 서버의 설정과 관리의 복잡함을 피하기 위해 아마존 심플 이메일 서비스(SES, Amazon Simple Email Service)를 활용하여 이메일을 보낼 수 있다. 이 기능을 추가함으로써 상호작용 모델을 확대시킬 수 있다(그림 8.2).

> 📝 **참고하세요!**
>
> Amazon SES는 어떠한 크기의 이메일도 전송할 수 있는 완전 관리형 이메일 서비스다. 그리고 Amazon S3에 자동으로 저장되거나 AWS Lambda에 의해 처리되는 이메일을 수신할 수 있다. Amazon SES에서 이메일을 수신하면 Amazon SNS(Simple Notification Service)를 사용하여 알림을 보낼 수 있다. Amazon SES에 대한 자세한 내용은 https://aws.amazon.com/ses/에서 확인할 수 있다.

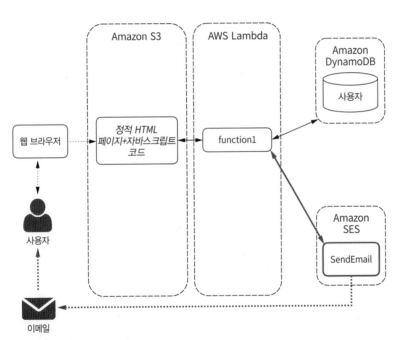

그림 8.2 **Amazon SES를 통해 사용자에게 이메일을 보내는 람다 함수의 기능을 추가한다. 이 방법으로 사용자가 제공한 이메일 주소의 유효성을 확인할 수 있다**

사용자가 Amazon SES에서 전송된 이메일을 수신하면 검증 프로세스를 완료하기 위해 백엔드와 상호작용하는 방법이 필요하다. 이렇게 하기 위해서 Amazon S3의 다른 정적 HTML 페이지의 URL 링크를 이메일 본문에 포함할 수 있다. 사용자가 링크를 클릭하면 웹 브라우저는 그 페이지를 열고, 페이지에 포함된 자바스크립트 코드를 실행한다. 이 실행에는 Amazon DynamoDB에 저장되어 있는 데이터와 상호작용할 수 있는 다른 람다 함수 호출이 포함되어 있다(그림 8.3).

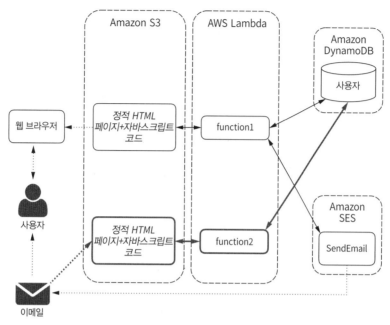

그림 8.3 **사용자가 받은 이메일에는 자바스크립트 코드를 실행할 수 있는 다른 HTML 페이지에 대한 링크가 포함될 수 있으며, DynamoDB 테이블과 같은 백엔드 데이터 저장소와 통신하는 다른 람다 함수를 호출할 수 있다**

이제 웹 브라우저를 사용하여 사용자와 상호작용하는 방법과 이메일을 보내는 방법을 알고 있으므로 인증 서비스의 전반적인 아키텍처를 설계할 수 있을 것이다.

8.2 이벤트 기반 아키텍처

Amazon S3에 넣은 모든 정적 HTML 페이지는 사용자를 참여시킬 수 있는 잠재적인 상호작용 단계(interactive step)로 활용할 수 있다. 이를 네이티브 모바일 앱과 비교하면 각각의 HTML 페이지는 안드로이드 **액티비티(activity)** 및 iOS **신(scene)**처럼 작동한다.

첫 번째 단계로 사용자가 수행할 수 있는 모든 작업(가입, 로그인, 암호 변경) 메뉴를 구현하고, index.html 페이지(그림 8.4)에 배치한다. 아직까지 이 페이지는 클라이언트 로직을 필요로 하지 않으므로 실행할 자바스크립트 코드가 없다. 이는 다른 HTML 페이지에 링크하는 작업의 목록이다.

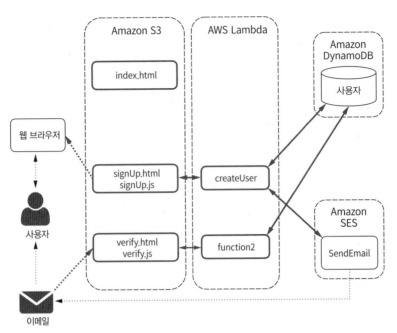

그림 8.4 새 사용자를 등록하고 이메일 주소를 확인하는 데 필요한 첫 번째 HTML 페이지, 자바스크립트 파일, 람다 함수

다음으로, signUp.html 페이지를 사용하여 사용자가 가입하여 새 계정을 만들 수 있어야 한다. 이 페이지는 createUser 람다 함수를 호출하는 자바스크립트 코드를 필요로 한다(그림 8.4 참고).

🖐 **여기서 잠깐!**

사용자 인터페이스(HTML 페이지)와 클라이언트 로그인(자바스크립트 코드)을 간단하게 별도로 관리하기 위해서는 자바스크립트 코드를 HMTL 페이지와 같은 이름으로 하고 다른 파일에 넣되 .js 확장자(이 경우 signUp .js)로 입력한다.

createUser 람다 함수는 새로운 사용자가 제공한 모든 정보(이메일 및 암호)를 입력으로 사용하고, Users DynamoDB 테이블에 저장한다. 새로운 사용자가 제공한 이메일 주소가 정확한지 여부를 알 수 없으므로 테이블에 미인증으로 플래그(flag)된다. 사용자가 지정한 이메일 주소가 유효하고 그 주소로 이메일을 받을 수 있는지 확인하기 위해 createUser 함수는 사용자에게 (Amazon SES를 통해) 이메일을 보낸다.

사용자에게 전송되는 이메일에는 쿼리 매개변수가 포함되어 있는 verify.html 페이지의 링크가 포함되어 있다. 이 매개변수는 특정 사용자를 위해 무작위로 생성되고, 사용자의 DynamoDB 테이블에 저장된 고유 식별자(토큰 등)를 가지고 있다. 예를 들어, HTML 페이지의 링크는 다음과 같다.

```
http://some.domain/verify.html?token=<some unique identifier>
```

verify.html 페이지의 자바스크립트 코드는 URL에서 고유 식별자(토큰)를 읽고, 그것을 verifyUser의 람다 함수(이벤트의 일부로서) 입력으로 보낼 수 있다. 이 함수는 토큰의 유효성을 검사하여 DynamoDB 테이블에서 사용자의 상태를 '확인됨'으로 변경할 수 있다.

확인된 사용자는 제공된 자격 증명(이메일, 비밀번호)을 사용하여 로그인할 수 있다. login.html 페이지와 로그인 람다 함수를 사용하여 사용자 테이블에서 사용자가 인증 자격 증명이 올바른지 확인한다(그림 8.5). 첫째, 이 함수는 부울값(true 또는 false)으로 로그인 상태를 반환할 수 있다. 이번 장의 뒷부분에서는 개발자 인증 ID로서 Amazon Cognito를 사용하여 구축된 인증 서비스를 페더레이션(federation)하는 방법을 설명한다.

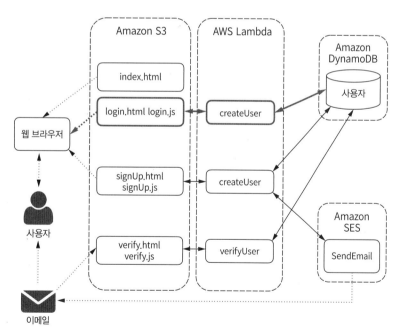

그림 8.5 로그인 페이지를 추가하여 제공된 자격 증명 및 사용자 저장소의 사용자 유효성을 테스트한다

또 다른 중요한 기능은 사용자가 암호를 변경하는 것이다. 암호를 정기적으로 변경하는 것(예를 들어, 몇 개월마다)은 자격 증명이 침해될 경우의 위험을 줄이기 위한 좋은 습관이다.

changePassword 람다 함수를 사용하여 사용자 DynamoDB 테이블의 자격 증명을 업데이트할 수 있는 changePassword.html 페이지의 추가가 가능하다(그림 8.6). 그러나 이 페이지의 차이점은 인증된 사용자만이 자신의 암호를 변경할 수 있다는 점이다.

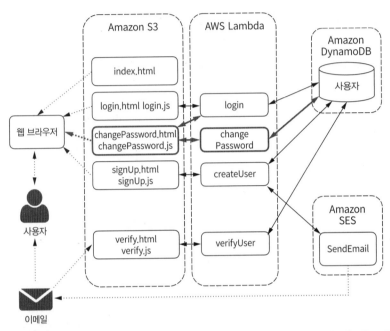

그림 8.6 **사용자가 암호를 변경할 수 있는 페이지의 기능은 인증된 사용자만 사용할 수 있도록 보호해야 하는 함수를 호출하는 것이다**

changePassword 함수에 대한 안전한 접근에 활용할 수 있는 구현이 두 가지 있다.

1. 현재 암호를 함수의 입력 이벤트에 추가하여 암호를 변경하기 전에 사용자 인증을 확인한다.

2. 로그인 기능을 사용한 Amazon Cognito를 활용하여 인증된 상태를 사용자에게 제공한다.

첫 번째 방법은 간단하게 구현할 수 있다(예: 로그인 기능의 코드를 재사용). 하지만 이번 인증 서비스를 Amazon Cognito와 연계시키고, 이 예제를 더 재미있게 만들기 위해서라도 두 번째 옵션을 선택하자.

생각을 되짚어 보면 HTML 페이지는 Amazon Cognito에서 AWS 자격 인증을 받아 람다 함수를 호출해야만 한다. 지금까지의 모든 예에서는 인증되지 않은 사용자만 사용했다. 그 사용자가 람다 함수를 호출하는 것을 가능하게 하기 위해 이 함수를 코그니토 ID 풀(Cognito ID pool)

과 연관된, 인증되지 않은 IAM 역할(role)에 추가했다.

changePassword 함수에 대한 접근을 보호하기 위해 이 함수를 인증된 IAM 역할에 추가한다. 인증된 사용자만이 수행해야 하는 모든 함수에 동일한 방법이 적용될 수 있다.

때로는 사용자가 현재 암호를 잊어버려서 암호를 변경해야 할 수 있다. 이런 경우에는 초기 등록할 때와 같은 방법으로 이메일 주소를 사용하여 요청을 확인할 수 있다. 임베디드 링크와 고유 식별자를 포함한 이메일을 보낸다.

lostPassword.html 페이지에서는 사용자 DynamoDB 테이블에 저장되어 있는 고유 식별자(resetToken)를 생성하기 위해 lostPassword 람다 함수를 호출한다. 확인 메일에 resetToken이 링크 쿼리 매개변수로 사용자에게 전송된다(그림 8.7).

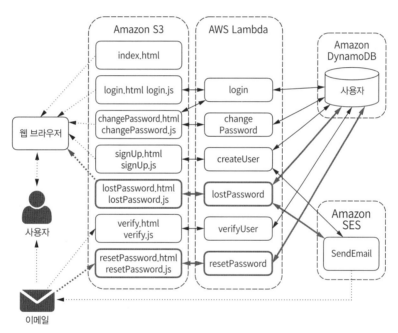

그림 8.7 암호가 분실된 경우 분실한 암호 페이지를 사용하여 링크가 포함된 이메일을 보내 암호를 재설정한다. DynamoDB 테이블과 재설정된 암호 링크의 일부인 고유 식별자는 암호 재설정 요청을 한 사용자가 이메일을 수신한 사용자와 동일한지 확인하는 데 사용된다

예를 들면, 링크는 다음과 같이 될 수 있다.

```
http://some.domain/resetPassword?resetToken=<some unique identifier>
```

사용자는 이메일을 열고, resetPassword.html 페이지로의 링크를 클릭할 수 있다. 그러면 새로운 암호를 입력하고, resetPassword 람다 함수를 호출하여 사용자 DynamoDB 테이블의 고유 식별자(resetToken)를 확인할 수 있다. 식별자가 정확하다면 함수는 암호를 새로운 값으로 변경할 것이다.

이제 인증 서비스를 구현하기 위한 기본적인 기능을 포함한 전체 흐름과 필요한 구성 요소를 설계했다. 그러나 다음 장의 구현 단계로 이동하기 전에 Amazon Cognito와 인증을 페더레이트하는 방법을 배우고, 다른 세부 사항을 구현하는 방법을 정의할 것이다. **아이덴티티 페더레이션(identity federation)**이란, 외부 서비스(구축하고 있는 샘플 인증 서비스) 인증을 인증 서비스(이 경우 Amazon Cognito)로서 신뢰하는 것을 뜻한다.

> 📝 **참고하세요!**
>
> HTML 페이지마다 여러 람다 함수를 만드는 대신에 하나의 람다 함수를 작성하고, 입력 이벤트의 일부로 액션의 종류(signUp과 resetPassword 등)를 전달할 수 있다. 관리해야 할 함수가 줄어들지만(아마도 하나의 함수로), 그 함수의 코드 기반은 더 커지고 기능적으로 진화하고 확장하기 어려울 것이다. 한 가지 조언하자면 마이크로서비스 접근법에 의하여 개별적으로 업데이트하고 배치할 수 있는 명확한 입출력 인터페이스를 갖춘 여러 작은 함수를 만드는 것이 좋다. 하지만 함수의 크기 및 구현하는 함수 개수의 적절한 균형은 실제 사용 사례와 코딩 스타일에 따라 달라진다. 여러 함수를 하나의 서비스 콜에 집약할 필요가 있다면 Amazon API Gateway는 함수 자체가 아니라 그 함수를 수행하는 장소라고 생각하면 된다.

8.3 Amazon Cognito로 작업하기

Amazon Cognito 인증 서비스를 사용하려면 개발자 아이덴티티 토큰을 얻기 위해 로그인 람다 함수에 Amazon Cognito 호출을 추가해야 한다. 이렇게 해야만 로그인 함수는 올바른 인증을 위해 인증 토큰을 반환할 수 있다.

페이지의 자바스크립트 코드는 그 토큰을 사용하여 Amazon Cognito에서 인증하고 인증된 역할(그림 8.8)의 AWS 임시 자격을 취득할 수 있다.

> ⚠️ **주의하세요!**
>
> Amazon Cognito에서 반환된 AWS 자격은 일시적인 것이며, 일정 기간이 경과하면 만료된다. 자격 증명의 순환을 관리해야만 하는데, 예를 들어 자바스크립트의 setInterval() 메서드를 사용하여 정기적으로 Amazon Cognito를 호출하고 자격 증명을 업데이트한다.

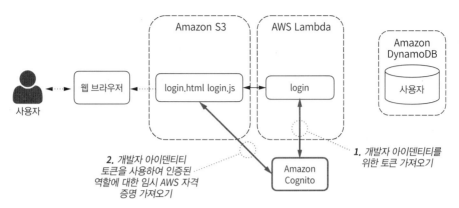

그림 8.8 로그인 함수와 Cognito 개발자 인증 통합. 로그인 함수에서 Amazon Cognito로부터 토큰을 받아 자바스크립트 코드에서 인증 역할을 처리할 수 있다

8.4 사용자 프로필 저장하기

이 샘플 애플리케이션에서는 사용자 프로파일을 저장하기 위해 Users DynamoDB 테이블을 사용할 것이다. 일반적으로 람다 함수는 인터넷으로 접속 가능한 저장소, AWS의 아마존 버추얼 프라이빗 클라우드(VPC, Virtual Private Cloud)에 배포된 저장소, 온프레미스(on-premise)에 배치되어 Amazon VPC에 연결된 저장소를 사용할 수 있다. Amazon DynamoDB를 사용하는 이유는 이 책에서 접근하고자 하는 서버리스 방식을 적용한 완전 관리형 NoSQL 데이터베이스 서비스이기 때문이다.

새 테이블을 만들 때 Amazon DynamoDB는 기본 키만을 선언하고, 테이블의 모든 아이템에서 사용되어야 한다. 나머지 테이블 스키마는 유연하며, 다른 속성을 사용하여(또는 사용하지 않아도 됨) 어떠한 항목이라도 정보를 추가할 수 있다.

> 🖋️ 참고하세요!
>
> DynamoDB 아이템은 속성의 집합이며, 각 속성에는 이름과 값이 존재한다. 아이템의 사용 방법에 대한 자세한 내용은 https://docs.aws.amazon.com/amazondynamodb/latest/developerguide/ WorkingWithItems.html을 참고하기 바란다.

프라이머리 키는 아이템에 대해 독점적이어야 하며, 하나의 해시 키(예를 들어, 사용자 ID) 또는 해시 키와 **범위 키**(range key, 사용자 ID 및 만료일 등)로 구성할 수 있다.

이 인증 서비스는 사용자의 이메일 범위 키 없이 해시 키로만 사용할 수 있는 고유 식별자다. 동일한 사용자에게 여러 아이템을 갖게 하고 싶은 경우(예를 들어, 사용자 프로필의 수정 및 업데이트를 관리하는 경우), 이메일을 해시 키로 사용하여 만든 프라이머리 키와 소트 키의 유효 기간을 사용할 수 있다.

8.5 사용자 프로필에 데이터 추가하기

Amazon DynamoDB는 프라이머리 키 이외의 스키마를 실행하지 않으므로 테이블의 모든 항목에 자유롭게 속성을 추가할 수 있다. 서로 다른 아이템은 다른 속성을 가질 수 있다. 예를 들어, 새로 생성된 사용자를 확인되지 않은 플래그로 설정하려면 true와 동일한 unverified 속성을 추가할 수 있다.

사용자의 이메일이 확인되면 unverified 속성을 false 값으로 유지하는 대신에 unverified 속성이 존재하지 않는 경우 사용자가 확인된다는 가정을 사용하여 항목에서 속성을 제거할 수 있다. 이 방법(부울값과 쉽게 사용할 수 있음)은 특히 unverified 속성의 색인을 만들 경우 해당 속성을 가진 아이템만 색인에 포함되므로 데이터베이스 스토리지를 작고 효율적으로 사용할 수 있게 해준다.

Amazon DynamoDB는 JSON 문서 모델도 지원하고 있으므로 속성값이 JSON 문서 형태일 수 있다. 이러한 방식으로 계층적이고 구조화된 방법으로 데이터 저장 능력을 더욱 강화시킬 수 있다. 예를 들어, AWS JavaScript SDK는 문서 클라이언트를 사용하여 DynamoDB 속성과 네이티브 자바스크립트 데이터를 매핑할 수 있다.

AWS JavaScript SDK 문서 클라이언트에 대한 자세한 내용은 http://docs.aws.amazon.com/AWSJavaScriptSDK/latest/AWS/DynamoDB/Document-Client.html을 참고하기 바란다.

8.6 암호 암호화하기

암호를 관리할 때 특정 상호작용이 중요하며 이에 대한 보안을 확실히 해야 한다. 예를 들어, 다음의 경우는 안전하지 않다.

- 데이터베이스 테이블에 대한 읽기 권한을 가진 사용자는 모든 사용자 자격 증명을 가로챌 수 있으므로 데이터베이스 테이블에 텍스트 그대로 암호를 저장하는 경우는 위험하다.
- 악의적으로 도청하고자 하는 사용자가 자격 증명을 감청할 수 있으므로 보호되지 않은 채널에 비밀번호를 보내는 것 역시 바람직하지 않다.

이번 인증 서비스를 위해 salt를 사용하여 암호를 저장해 보자. 암호학에서 salt는 각각 암호를 위해 생성되고 단방향 함수에 대한 추가 입력으로 사용되는 임의의 데이터다. 이 단방향 함수는 salt와 함께 사용자 프로필에 저장되는 암호 해시다.

```
hashingFunction(password, salt) = hash
```

로그인 시 암호를 테스트하려면 사용자 프로필에서 salt를 읽고, 같은 해시 함수를 사용하여 저장된 해시와 결과를 비교한다. 예를 들면, 다음과 같다.

```
if hashingFunction(inputPassword, salt) == hash then // Logged in...
```

사용자 프로필이 손상되어 공격자가 데이터베이스에 접속할 때 salt를 사용하면 일반적인 암호 목록 및 암호 해시 목록을 사용하는 사전 공격으로부터 보호할 수 있다.

> **여기서 잠깐!**
>
> 암호에 salt하기 위한 과거의 일반적인 해시 함수는 MD5와 SHA1이었지만, 특정 공격으로부터 보호하는 데 충분히 강력하지 않다는 것이 입증되었다. 해시 함수를 사용하는 경우 해시 함수의 견고함을 확인해야 한다.

로그인 단계에서는 로그인 람다 함수를 호출 login.html 페이지에서 사용되는 AWS API가 HTTPS를 전송 수단으로 사용하고 있으므로 안전한 채널에서 암호를 보낸다.

> **여기서 잠깐!**
>
> 이 방법은 샘플 구현에 충분히 안전하지만, 더 견고한 방법은 암호를 일반 텍스트로 전송하지 않는 것이다. Amazon Cognito 사용자 풀에서 사용되는 원격보안암호(SRP, Secure Remote Password) 프로토콜로 구현된, 같은 challenge-response 인증을 사용한다. SRP 프로토콜에 대한 자세한 내용은 http://srp.

stanford.edu를 참고하기 바란다.

원격 접속 시 암호 보안의 더 깊이 있는 분석을 원한다면 로버트 모리스와 켄 톰슨(Robert Morris and Ken Thompson, 1978)의 《암호 보안: 케이스 히스토리(Password Security: A Case History)》(https://www.bell-labs.com/usr/dmr/www/passwd.ps)를 확인할 것을 권한다.

요약

이번 장에서는 AWS Lambda를 사용하여 백엔드 로직을 구현하는 샘플 인증 서비스로서 이벤트 기반 애플리케이션의 전반적인 아키텍처를 처음으로 설계해 보았다. 특히 다음의 것을 배웠다.

- 자바스크립트를 사용하여 정적 HTML 페이지를 통해 클라이언트 애플리케이션을 다루기
- 인증된 접속과 인증되지 않은 접속을 구별하기
- 이메일 본문의 사용자 정의 링크를 사용하여 상호작용하고 이메일을 보내기
- 애플리케이션 기능을 아키텍처의 다양한 구성 요소에 매핑하기
- 사용자 정의 인증 서비스와 Amazon Cognito 페더레이트하기
- Amazon DynamoDB를 사용하여 사용자 프로필 저장하기
- 암호화를 사용하여 암호를 가로채거나 침입을 방지하기

다음 장에서는 이 샘플 인증 서비스를 구현할 것이다.

연습 문제 _____

1. 웹 페이지에서 이메일을 보내고자 한다면?

   a. SMTP를 사용하기 위해 브라우저에서 자바스크립트를 사용한다.
   b. IMAP을 사용하기 위해 브라우저에서 자바스크립트를 사용한다.
   c. Amazon SES를 호출하기 위해 람다 함수를 사용한다.
   d. Amazon SQS를 호출하기 위해 람다 함수를 사용한다.

2. 웹이나 모바일 앱에서 접속하는 인증된 사용자들만 람다 함수에 접속을 허용하려고 한

다면?

    a. AWS IAM 사용자와 그룹을 이용하여 인증된 사용자들에게만 함수에 접속 권한을 부여한다.

    b. Amazon Cognito를 이용하여 인증된 역할에게만 함수에 접속 권한을 부여한다.

    c. AWS IAM 사용자와 그룹을 이용하여 인증되지 않은 사용자들에게만 함수에 접속 권한을 부여한다.

    d. Amazon Cognito를 이용하여 인증되지 않은 역할에게만 함수에 접속 권한을 부여한다.

3. 로그인 서비스를 이용하여 사용자 암호를 인증하는 가장 안전한 방법은?

    a. CAPTCHA와 같은 challenge-response 인터페이스를 사용한다.

    b. HTTP를 통해 암호를 전송한다.

    c. SRP와 같은 challenge-response 프로토콜을 사용한다.

    d. 이메일을 통해 암호를 전송한다.

해결 방법

1. c

2. b

3. c

CHAPTER

9

인증 서비스 구현하기

이 장에서 살펴볼 내용

- 예시 인증 서비스를 위한 서버리스 아키텍처 구현하기
- 람다 함수를 활용하여 백엔드 생성
- 클라이언트 애플리케이션 구현을 위한 브라우저에서 구동되는 자바스크립트와 HTML 이용하기
- AWS CLI를 활용한 초기화 자동화 및 배치
- 복수의 람다 함수 간 코드 공유 및 통합 구성
- 관리할 서버가 없는 상태에서 Amazon SES를 활용하여 이메일 보내기

이전 장에서는 신규 사용자 생성, 이메일 확인, 암호 변경 또는 재설정 및 Amazon Cognito 개발자 기반 인증 수단으로 로그인하는 데 사용할 수 있는 샘플 인증 서비스 서버리스 아키텍처를 설계했다.

이전 장에서 많은 것을 배웠는데, 지금이야말로 더 복잡한 시나리오에서 이 지식을 활용할 수 있는 적기다.

람다 함수 작성 클라이언트 애플리케이션에서 호출 AWS에 발생한 이벤트(Amazon S3의 새로운 파일이나 업데이트된 파일, Amazon DynamoDB 데이터베이스에 기록된 파일 등)의 실행 등록 방법을 앞에서 배웠다.

이번에는 사용자 프로필을 저장하기 위해 Amazon DynamoDB와 여러 람다 함수를 사용하여 이러한 서비스를 구현하고, 그림 9.1에서 설명했듯이 Amazon SES(Simple Email Service)를 사용

하여 이메일을 검증할 것이다.

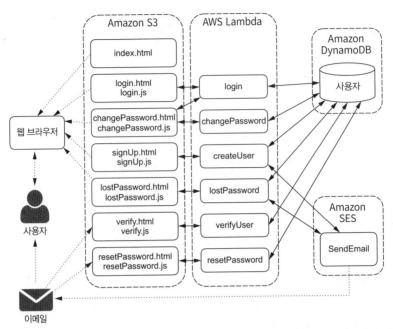

그림 9.1 구현하려는 샘플 인증 서비스의 전체 서버리스 아키텍처. HTML 및 자바스크립트 파일은 Amazon S3에서 호스팅되고, 람다 함수는 백엔드 로직을 제공하며, DynamoDB 테이블은 사용자 프로필을 저장하는 데 사용되고, Amazon SES는 확인 및 암호 재설정을 위해 이메일을 전송한다

👆 **여기서 잠깐!**

자신의 프로젝트를 구현할 때 코드를 공유할 수 있는 람다 함수를 작성하는 것으로 확인되면 단일 함수를 가지고 여러 용도에 따라 매개변수를 추가할 수 있다. 예를 들어, createUser, readUser, updateUser, deleteUser의 네 가지 기능을 가진 사용자를 조작할 필요가 있다고 하자. 필요에 따라 단일 manageUser 함수를 만들고, 읽기, 업데이트, 삭제 등 다른 값을 가질 액션 매개변수를 추가할 수 있다. 선택은 프로그래밍 스타일에 따라 달라진다.

✏️ **참고하세요!**

이 예에서는 클라이언트(브라우저에서 실행 중인) 측과 서버(람다 함수에서 실행) 측의 두 코드를 사용하고 있다. 브라우저에서 실행되는 코드는 자바스크립트이므로 람다 함수의 예도 자바스크립트로 제공되고 있다. 파이썬의 이러한 함수의 구현은 애플리케이션의 아키텍처와 로직을 변경하지 않으므로 예제로서 스스로 해볼 만하다.

9.1 통합 구성 관리하기

개발자로서 코드 외부에 구성 정보를 넣는 것은 좋은 습관이다. 만들고자 하는 애플리케이션은 config.json 파일을 사용하여 모든 배포 관련 설정을 JSON 형식으로 저장한다(다음 리스트 참고고).

리스트 **9.1 config.json(템플릿)**

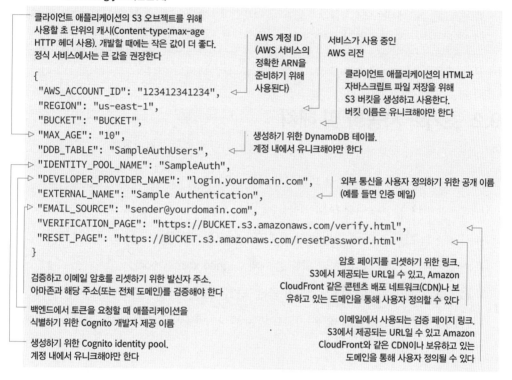

ⓘ 정보!

샘플 인증 서비스를 초기화하여 배포하게 되면 필요한 모든 서비스를 이용할 수 있는 그 어떤 AWS 리전이든 사용할 수 있다. 이 책을 쓴 시점에서는 US East(N. Virginia) us-east-1과 EU West(Ireland) eu-west-1 중 하나를 선택할 수 있다. 사용자는 특정 서비스(Amazon SES)에 다른 리전을 사용하여 더 많은 리전을 선택할 수 있다.

👆 여기서 잠깐!

옵션에서 config.json 파일에 CLI_PROFILE를 추가하여 AWS CLI 프로필을 사용할 수 있다. 예를 들어, "CLI_PROFILE": "personal"을 추가하면 애플리케이션을 만들어 배포하여 개인 프로파일을 사용할 수 있다.

9.2 초기화 자동화 및 배치

샘플 인증 서비스를 구현하기 위해서는 여러 AWS 자원을 만들어야 한다.

- 백엔드 상호작용 요구 사항을 만족하기 위한 6개의 람다 함수

- 각각의 람다 함수를 위한 IAM 역할을 생성할 때 필요한 6개의 IAM 정책

- 사용자 프로필을 저장하기 위한 한 개의 DynamoDB 테이블

- 인증 서비스를 페더레이트하기 위한 한 개의 Cognito identity pool

- Cognito pool의 인증되거나 인증되지 않은 역할을 위한 두 개의 IAM 정책

- HTML과 자바스크립트 파일을 가지고 만든 클라이언트 애플리케이션을 저장하기 위한 한 개의 S3 버킷

- Cognito identity pool의 인증되거나 인증되지 않은 역할과 람다 함수를 위한 세 개의 IAM 트러스트 정책

웹 콘솔에서 이 자원을 만들 때 유용하지만 느리고 오류가 발생할 수 있다. 이러한 단계를 자동화하는 데 사용할 수 있는 배시(Bash)[1] 스크립트를 두 개 만들었다.

- init.sh를 사용하여 필요한 모든 리소스를 생성하고 초기화하므로 웹 콘솔에서 무언가를 생성할 필요가 없다.

---

1 배시(Bash)는 Bourne Again Shell의 약자로서 콘 셸(ksh)과 시 셸(csh)의 유용한 기능을 접목한 것이다. 배시에 관한 추가적인 정보는 https://www.gnu.org/software/bash/에서 확인하면 된다.

- 모든 백엔드와 프론트엔드 코드(클라이언트 애플리케이션의 람다 함수와 HTML/JavaScript)를 배포하고 업데이트하는 deploy.sh

참고하세요!

스크립트를 사용하기 전에 다음 절을 읽어 보고 구성 관리 방법을 이해하기 바란다. 두 스크립트는 AWS CLI를 시스템에 설치하고 구성해야 한다. JSON 콘텐츠를 조작하기 위해 스크립트는 jq 유틸리티를 사용하는데, 이것은 https://stedolan.github.io/jq에 있다.

스크립트는 이 책의 소스 코드 저장소에서 찾을 수 있다. 리눅스나 맥에서 배시 스크립트를 기본적으로 사용할 수 있다. 또한, t2.micro와 t2.nano 등의 작은 리눅스 Amazon EC2 인스턴스를 사용할 수 있다. 윈도우 플랫폼에서 다음 중 하나를 사용하여 배시 스크립트를 실행할 수 있다.

- 오픈 소스 시그윈(Cygwin) 프로젝트. 이는 윈도우에서 실행할 수 있는 대규모 오픈 소스 도구 모음이 포함되어 있다. 자세한 내용은 https://www.cygwin.com를 참고하기 바란다.
- 윈도우 10에서 사용할 수 있는 새로운 네이티브 배시. 설치 및 사용 방법은 https://msdn.microsoft.com/commandline를 참고하기 바란다.

여기서 잠깐!

AWS에서의 활동을 자동화하기 위한 AWS CLI를 사용하는 방법의 예로 배시 스크립트를 생각해 보자. AWS CLI 명령을 실행하거나 AWS SDK(루비와 파이썬 등)를 사용할 수 있는 기타 자동화 도구가 사용 가능하다. 본인의 프로젝트는 본인에게 가장 편안한 도구를 사용해야 한다.

config.json 파일은 모든 람다 함수를 아마존 S3에 업로드하고 init.sh와 deploy.sh 스크립트 람다 함수와 IAM 역할의 코드를 정의하는 데 사용된다.

config.json 파일을 사용자 정의한 후 init.sh 스크립트를 사용하여 애플리케이션을 초기화하고 deploy.sh를 사용하여 백엔드와 프론트엔드 코드를 업데이트할 수 있다. init.sh을 한 번 실행한 후 deploy.sh를 사용하여 환경을 업데이트할 수 있다.

9.3 코드 공유하기

람다 함수를 만들거나 코드를 업데이트할 때마다 함수에서 사용되는 모든 코드(및 바이너리)를 업로드해야 한다. 하지만 이는 애플리케이션을 개발할 때 공유 코드를 관리할 수 없다는 것은 아니다. '자기 자신을 반복하지 않는다(DRY, Don't Repeat Yourself)' 원칙이 적용된다. AWS Lambda에 업로드하기 전에 코드를 패키징하는 방법이 필요하다.

이 경우에는 모든 공유 코드를 유지하는 프로젝트의 루트에 lib 폴더를 사용한다. init.sh 및 deploy.sh 스크립트는 업로드 ZIP 파일을 구축할 때 구성 파일과 함께 모든 기능을 가진 lib 폴더를 자동으로 포함한다.

예를 들면, 샘플 인증 애플리케이션에서는 정렬 기능을 사용하여 데이터베이스에 저장되어 있는 모든 암호를 암호화한다. 사용자가 올바른 암호를 제공하는지 여부(로그인 중 등)를 확인하기 위해 동일한 기능을 다시 사용하여 결과를 비교한다. 이 함수는 여러 함수에서 필수이자 cryptoUtils.js 파일(다음 리스트 참고)에 구현된 공유 라이브러리에 딱 알맞다.

리스트 9.2 **cryptoUtils.js 공유 라이브러리(Node.js)**

함수가 세 가지 매개변수(암호, 솔트, 콜백 함수)로
적용되었다면 솔티드 암호로 진행한다

digest 함수에서 사용할 SHA512

이 함수는 Crypto 모듈을
필요로 한다

세 개의 인수를 가진
computeHash() 함수 선언하기

솔티드 암호로 인한 바이트 크기

단방향 해싱을 확보하기 위한 반복 횟수.
(실제값은 보안 전문가가 검수해야 한다)

반환값(솔트와 derivedKey)이나
콜백의 람다 함수를 통과시킨다

만약에 함수가 두 가지 매개변수
(암호와 콜백 함수)로 적용되었다면
솔트는 무작위로 생성될 것이다.
암호가 처음 제공될 때 사용하며,
솔트는 무작위 반환값을 준다

```javascript
var crypto = require('crypto');

function computeHash(password, salt, fn) {
  var len = 512;
  var iterations = 4096;
  var digest = 'sha512';

  if (3 == arguments.length) {
    crypto.pbkdf2(password, salt, iterations, len, digest, function(err,
      derivedKey) {
      if (err) return fn(err);
      else fn(null, salt, derivedKey.toString('base64'));
    });
  } else {
    fn = salt;
    crypto.randomBytes(len, function(err, salt) {
      if (err) return fn(err);
      salt = salt.toString('base64');
```

```
    computeHash(password, salt, fn);
  });
 }
}

module.exports.computeHash = computeHash;
```

◁── 무작위 솔트가 생성되면, 함수는 세 가지
     매개변수에 반복하여 적용된다

◁── 함수를 모듈의
     일부분으로 내보낸다

👆 여기서 잠깐!

정식 서비스 환경에서는 바이트 크기의 값, 반복문, 다이제스트 알고리즘이 보안 전문가가 검수해야 한다.

9.4 홈페이지 만들기

사용자 회원 가입 및 로그인, 암호 변경 등을 포함한 다양한 인증 기능을 가진 간단한 홈페이지를 첫 페이지(index.html)에 담아 보자(그림 9.2).

리스트 9.3의 HTML 페이지는 정적 페이지로서 자바스크립트 코드는 없다.

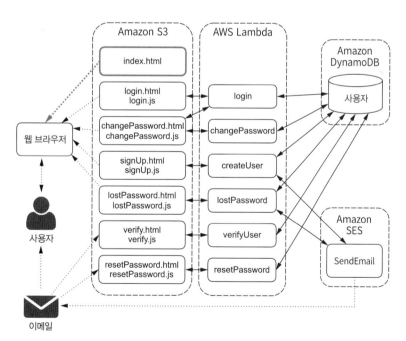

그림 9.2 사용자는 홈페이지에서 애플리케이션과 통신하기 시작한다. 이 애플리케이션은 사용 가능한 모든 함수에 대한 색인 역할을 한다

리스트 9.3 **index.html(홈페이지)**

```html
<html>
<head>
 <title>Index - Sample Authentication Service</title>
</head>
<body>
 <h2>Sample Authentication Service</h2>
 <h1>Index</h1>
 <p>Choose Your Option:</p>
 <a href="signUp.html">Sign Up</a>
 <a href="login.html">Login</a>
 <a href="changePassword.html">Change Password</a>
 <a href="lostPassword.html">Reset Password</a>
</body>
</html>
```

홈페이지는 다양한 기능을 구현
(신규 사용자 생성, 암호 변경 등)하는
다른 HTML 페이지의 링크를
포함한 정적 HTML 파일이다.

홈페이지의 스크린샷 예시는 그림 9.3에서 볼 수 있다.

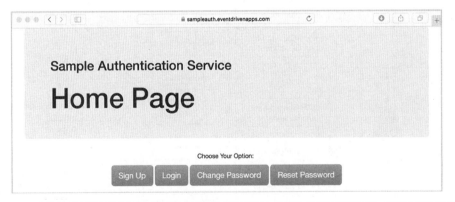

그림 9.3 새 사용자를 등록하거나, 로그인하거나, 암호를 변경하거나, 손실된 암호를 재설정하는 옵션에 대한 링크가 있는 샘플 인증 애플리케이션의 홈페이지다

9.5 신규 사용자 등록하기

사용자의 첫 번째 단계는 신규 사용자로 가입하고 생성하는 것이다(그림 9.4).

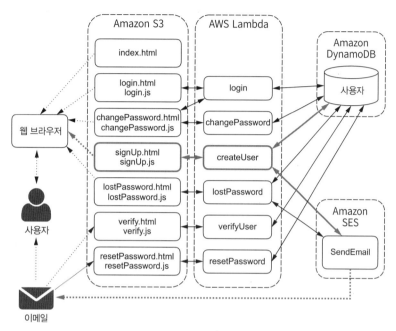

그림 9.4 **Sign Up** 페이지는 데이터베이스에 새로운 사용자를 생성하고 유효성 검사 이메일을 다시 사용자에게 보낸다

signUp.html 페이지의 코드는 다음 리스트에서 확인할 수 있다.

리스트 9.4 **signUp.html(가입 페이지)**

```
<html>
<head>
 <title>Sign Up - Sample Authentication Service</title>          브라우저에 AWS JavaScript
 <script src="https://sdk.amazonaws.com/js/aws-sdk-2.3.16.min.js"></script>   SDK 포함시키기
</head>
<body>
 <h2>Sample Authentication Service</h2>
 <h1>Sign Up</h1>
 <form role="form" id="signup-form">          신규 사용자 생성 입력 매개변수를
  <div>                                          받기 위한 HTML 양식
   <label for="email">Email:</label>
   <input type="email" id="email">
  </div>
```

```
<div>
  <label for="password">Password:</label>
  <input type="password" id="password">
</div>
<div>
  <label for="password">Verify Password:</label>
  <input type="password" id="verify-password">
</div>
<button type="submit" id="signup-button">Sign Up</button>
</form>
<div id="result">
</div>
<a href="index.html">Back</a>          ◁─── 홈페이지로
<script src="js/signUp.js"></script>         돌아가는 링크
</body>
</html>                                  ◁─── 현재 페이지를 띄운 브라우저에서
                                             돌아가는 자바스크립트 코드
```

👆 **여기서 잠깐!**

AWS JavaScript SDK는 이 책이 쓰여진 시점의 것보다 최신 버전을 사용하는 것이 좋다. 브라우저에서 SDK를 띄우는 방법에 대한 최신의 예시는 http://docs.aws.com/AWSJavaScriptSDK/guide/browser-intro.html에서 찾을 수 있다.

signUp.html 페이지의 브라우저에서 실행되는 자바스크립트 코드는 signUp.js 파일에 있다 (리스트 9.5 참고). 코그니토 아이덴티티 풀에 인증되지 않은 사용자 IAM 역할은 리스트 9.6에 나와 있다.

리스트 9.5 signUp.js(브라우저에서의 자바스크립트)

```
AWS.config.region = '<REGION>';        ◁─── 사용 중인 AWS 리전
AWS.config.credentials = new AWS.CognitoIdentityCredentials({   ┐ 미인증된 IAM 역할을 위해
  IdentityPoolId: '<IDENTITY_POOL_ID>'                          │ Amazon Cognito에서
});                                                             ┘ AWS 자격 인증 불러오기
var lambda = new AWS.Lambda();        ◁─── SDK에서 AWS Lambda
                                           서비스 객체 가져오기

function signup() {   ◁─── signup() 함수 선언하기

  var result = document.getElementById('result');              ┐
  var email = document.getElementById('email');                │ HTML form에서
  var password = document.getElementById('password');          │ 입력 매개변수
  var verifyPassword = document.getElementById('verify-password'); ┘ 가져오기

  result.innerHTML = 'Sign Up...';
```

```
if (email.value == null || email.value == '') {
  result.innerHTML = 'Please specify your email address.';
} else if (password.value == null || password.value == '') {
  result.innerHTML = 'Please specify a password.';
} else if (password.value != verifyPassword.value) {
  result.innerHTML = 'Passwords are <b>different</b>, please check.';
} else {

  var input = {
    email: email.value,
    password: password.value,
  };

  lambda.invoke({
    FunctionName: 'sampleAuthCreateUser',
    Payload: JSON.stringify(input)
  }, function(err, data) {
    if (err) console.log(err, err.stack);
    else {
      var output = JSON.parse(data.Payload);
      if (output.created) {
        result.innerHTML = 'User ' + input.email + ' created. Please check
    your email to validate the user and enable login.';
      } else {
        result.innerHTML = 'User <b>not</b> created.';
      }
    }
  });
 }
}
var form = document.getElementById('signup-form');
form.addEventListener('submit', function(evt) {
 evt.preventDefault();
 signup();
});
```

람다 함수 적용 전에 입력 매개변수가 정확한지 확인하기. 이러한 확인 과정을 계속해야 한다

람다 함수를 위한 입력 JSON을 준비하기

람다 서비스 객체를 사용하여 동기적으로 함수 실행하기

함수명 명시하기

함수를 적용하기 전에 JSON 입력 객체가 문자열 형태로 변경되어야 한다

동기 실행으로부터 반환값을 받는 익명의 콜백 함수

반환값은 문자열 형태의 데이터다. 이 같은 경우에는 페이로드 함수 출력이 JSON으로 파싱이 가능하다. 하지만 함수를 어떻게 작성하느냐에 따라 달라진다. 반환값으로 예시 문자열을 전달할 수 있다

람다 함수는 부울값("created")을 반환하여 클라이언트 응용 프로그램에 사용자 생성 여부를 알려 준다

양식을 입력받게 되면 자동적으로 signup() 함수를 실행한다

init.sh와 deploy.sh 스크립트를 사용하는 경우는 앞의 예와 마찬가지로 <REGION>과 <IDENTI-TY_POOL_ID>처럼 꺾쇠괄호로 묶인 옵션을 소스 코드에 교체할 필요가 없다. 이 책 중 init.sh 및 deploy.sh 스크립트는 현재 구성에 따라 이러한 옵션을 자동으로 정확한 것으로 대체한다.

리스트 9.6 Policy_Cognito_Unauthenticated_Role

```
{
  "Version": "2012-10-17",
  "Statement": [
    {
      "Effect": "Allow",
      "Action": [
        "mobileanalytics:PutEvents",
        "cognito-sync:*"
      ],
      "Resource": [
        "*"
      ]
    },
    {
      "Effect": "Allow",
      "Action": [
        "lambda:InvokeFunction"
      ],
      "Resource": [
        "arn:aws:lambda:<REGION>:<ACCOUNT>:function:createUser",
        "arn:aws:lambda:<REGION>:<ACCOUNT>:function:verifyUser",
        "arn:aws:lambda:<REGION>:<ACCOUNT>:function:lostPassword",
        "arn:aws:lambda:<REGION>:<ACCOUNT>:function:resetPassword",
        "arn:aws:lambda:<REGION>:<ACCOUNT>:function:login"
      ]
    }
  ]
}
```

> 클라이언트 애플리케이션이 사용하고 있는 람다 함수 접속이 가능하다

createUser 람다 함수의 코드는 리스트 9.7에 나와 있으며, 함수에서 사용하는 IAM 역할은 리스트 9.8에 있다.

리스트 9.7 createUser 람다 함수(Node.js)

```
console.log('Loading function');

var AWS = require('aws-sdk');
var crypto = require('crypto');
var cryptoUtils = require('./lib/cryptoUtils');
var config = require('./config');

var dynamodb = new AWS.DynamoDB();
var ses = new AWS.SES();

function storeUser(email, password, salt, fn) {
var len = 128;
```

> AWS SDK와 같은 표준 모듈을 실행한다

> 업로드된 ZIP 아카이브에 포함된 crytoUtils.js 모듈 공유 코드를 실행한다

> 업로드된 ZIP 아카이브에 포함된 config.json 내 설정을 읽는다

> Amazon DynamoDB 서비스 객체를 실행한다

> Amazon SES 서비스 객체를 실행한다

> storeUser() 함수는 신규 사용자를 DynamoDB 테이블에 저장한다

```
crypto.randomBytes(len, function(err, token) {
  if (err) return fn(err);
  token = token.toString('hex');
  dynamodb.putItem({
    TableName: config.DDB_TABLE,
    Item: {
      email: {
        S: email
      },
      passwordHash: {
        S: password
      },
      passwordSalt: {
        S: salt
      },
      verified: {
        BOOL: false
      },
      verifyToken: {
        S: token
      }
    },
    ConditionExpression: 'attribute_not_exists (email)'
  }, function(err, data) {
    if (err) return fn(err);
    else fn(null, token);
  });
});
}

function sendVerificationEmail(email, token, fn) {
  var subject = 'Verification Email for ' + config.EXTERNAL_NAME;
  var verificationLink = config.VERIFICATION_PAGE + '?email=' +
    encodeURIComponent(email) + '&verify=' + token;
  ses.sendEmail({
    Source: config.EMAIL_SOURCE,
    Destination: {
      ToAddresses: [
        email
      ]
    },
    Message: {
      Subject: {
        Data: subject
      },
      Body: {
        Html: {
          Data: '<html><head>'
            + '<meta http-equiv="Content-Type" content="text/html; charset=UTF-8" />'
            + '<title>' + subject + '</title>'
```

사용자를 인증하기 위한 승인 이메일로 보내진 무작위 토큰

DynamoDB 테이블에 아이템을 넣기

config.json 설정 파일에서 지정된 테이블명

대부분 데이터는 문자열("S")이지만, 사용자 인증 속성은 부울값("BOOL")으로 새 사용자는 미확인 상태값(false)으로 무작위로 생성된 토큰은 "verifyToken" 속성에 저장된다

이 조건은 (이메일 주소가 같은) 기존 사용자에 덮어쓰는 것을 방지한다

storeUser() 함수는 무작위로 생성된 토큰을 반환한다

VerificationEmail() 함수는 신규 사용자에게 승인 이메일을 전달한다

verify.html 페이지로의 인증 링크는 쿼리로서 무작위로 생성된 토큰을 통과한다

HTML 형태로 이메일 전송하기

```
      + '</head><body>'
      + 'Please <a href="' + verificationLink + '">click here to verify
    your email address</a> or copy & paste the following link in a browser:'
      + '<br><br>'
      + '<a href="' + verificationLink + '">' + verificationLink + '</a>'
      + '</body></html>'
    }
  }
}
}, fn);
}

exports.handler = (event, context, callback) => {                    ◁──  createUser 람다 함수를
  var email = event.email;                                                사용하여 적용하거나
  var clearPassword = event.password;                                      내보내질 수 있는 함수
  cryptoUtils.computeHash(clearPassword, function(err, salt, hash) {   ◁──  event로부터 입력 매개변수
    if (err) {                                                             (이메일, 암호) 가져오기
      callback('Error in hash: ' + err);
    } else {                                                           ◁──  crytoUtils.js의
      storeUser(email, hash, salt, function(err, token) {                  computeHash() 사용하여
        if (err) {                                                         암호 솔트하기
          if (err.code == 'ConditionalCheckFailedException') {        ◁──  storeUser() 함수에
                                                                           사용자 저장하기
            // 이미 존재하는 경우                                     ◁──  데이터베이스에 이미
            callback(null, { created: false });                            들어 있는 이메일 때문에
          } else {                                                         데이터베이스 오류가
            callback('Error in storeUser: ' + err);                        발생하는지 확인하기
          }
        } else {
          sendVerificationEmail(email, token, function(err, data) {  ◁──  승인 이메일
            if (err) {                                                     전달하기
              callback('Error in sendVerificationEmail: ' + err);
            } else {
              callback(null, { created: true });
            }
          });
        }
      });
    }
  });
}
```

👆 여기서 잠깐!

이 책에 수록된 소스 코드의 모든 람다 함수 이름 앞에 sampleAuth을 추가했다. 예를 들어, createUser
함수는 sampleAuthCreateUser로 명명했다. AWS Lambda 콘솔 또는 AWS CLI를 사용하여 함수를 논리
적으로 그룹화하여 쉽게 검색 및 관리할 수 있도록 하는 것이 좋다.

리스트 9.8 람다 정책 createUser

```
{
  "Version": "2012-10-17",
  "Statement": [
    {
      "Action": [
        "dynamodb:PutItem"        ←  신규 사용자를 위한 새로운
      ],                             아이템을 DynamoDB
      "Effect": "Allow",            테이블에 넣기
      "Resource": "arn:aws:dynamodb:<REGION>:<AWS_ACCOUNT_ID>:table/<DYNAMODB_TABLE>"
    },
    {
      "Effect": "Allow",
      "Action": [
        "ses:SendEmail",          Amazon SES를 활용하여
        "ses:SendRawEmail"        승인 이메일 보내기
      ],
      "Resource": "*"
    },
    {
      "Sid": "",
      "Resource": "*",
      "Action": [
        "logs:*"
      ],
      "Effect": "Allow"
    }
  ]
}
```

signUp.html 페이지의 스크린샷은 그림 9.5에서 볼 수 있다.

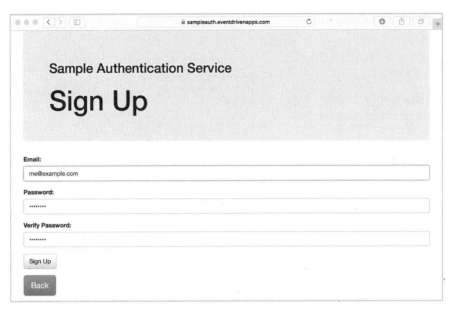

그림 9.5 사용자가 이메일과 암호를 제공하여 새 계정을 만드는 가입 페이지

9.6 사용자 이메일 인증하기

사용자가 생성되면 제공된 주소에 대한 인증 이메일이 전송된다. 이메일에는 링크가 포함되어 있다. 예를 들면, 인증 이메일은 다음과 같다.

```
Subject: Verification Email for Sample Authentication

Please click here to verify your email address or copy & paste the following
link in a browser:

https://sampleauth.eventdrivenapps.com/verify.html?email=me%40example.com&verify=1073
eac77cd4959c45a16e656398321b275f84ea3394c74921771782086662c1c0fd44e21179d424436e9d090
0c308298d2339ec16657a26ce69754013f562003bf8595eca4770bfaf0e3d1bd73a502085f1ba330b0a12
331c4cdef6ba333dec52202cc11ecf357a8d6e4b7c9572bab8eafcb57fc2be6fd3061e908140ed8f27
```

인증 이메일의 링크는 verify.html 페이지(그림 9.6)를 열고, 확인 토큰을 쿼리 매개변수로 전달한다(리스트 9.9).

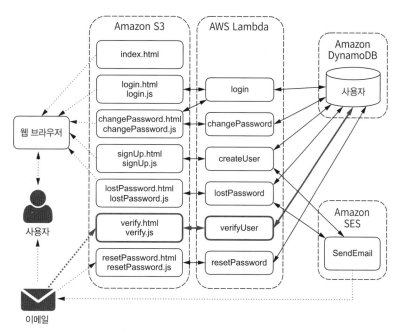

그림 9.6 유효성 검증 이메일에서 링크를 클릭하면 verify.html 페이지가 열린다. verify.html 페이지는 verifyUser 람다 함수를 사용하여 링크의 토큰이 올바른지 확인한다

리스트 9.9 **verify.html(Verify 페이지)**

```
<html>
<head>
 <title>Verify - Sample Authentication Service</title>
 <script src="https://sdk.amazonaws.com/js/aws-sdk-2.3.16.min.js"></script>
</head>
<body>
 <h2>Sample Authentication Service</h2>
 <h1>Verify</h1>
 <div id="result">
 </div>
 <a class="btn btn-info btn-lg" href="index.html">Back</a>
 <script src="js/verify.js"></script>          ◁─┐ verify.js 스크립트는 페이지 로드 시
</body>                                           자동으로 실행되어 URL(쿼리 매개변수)에서
</html>                                           토큰을 가져와 verifyUser 람다 함수를
                                                 호출하는 데 사용한다
```

쿼리 매개변수는 verify.js(리스트 9.10 참고) 자바스크립트 코드가 클라이언트 측에서 읽고 verifyUser 람다 함수를 호출하여 사용자(리스트 9.11)를 검증하는 데 사용된다. 함수가 사용하는 IAM 역할은 리스트 9.12와 같다.

리스트 9.10 verify.js(브라우저에서의 자바스크립트)

```javascript
AWS.config.region = '<REGION>';
AWS.config.credentials = new AWS.CognitoIdentityCredentials({
 IdentityPoolId: '<IDENTITY_POOL_ID>'
});

var lambda = new AWS.Lambda();

var result = document.getElementById('result');      ← getUrlParams() 함수는
                                                        URL에서 쿼리 매개변수를
function getUrlParams() {                                읽어온다
 var p = {};
 var match,                          추가 심벌을 공백과 뒤바꾸기
  pl   = /\+/g,                      위한 Regex 함수다
  search = /([^&=]+)=?([^&]*)/g,
  decode = function (s) { return decodeURIComponent(s.replace(pl, " ")); },
  query = window.location.search.substring(1);
 while (match = search.exec(query))
  p[decode(match[1])] = decode(match[2]);
 return p;
}
                           모든 인증 로직을      URL로부터              URL에 있는
function init() {       ←  init() 함수가 실행한다  매개변수를 가져온다      매개변수를
 var urlParams = getUrlParams();              ←                       확인한다
 if (!('email' in urlParams) || !('verify' in urlParams)) {
  result.innerHTML = 'Please specify email and verify token in the URL.';
 } else {
  result.innerHTML = 'Verifying...';
  var input = {
   email: urlParams['email'],       람다 함수를 위한
   verify: urlParams['verify']      입력 매개변수를 준비한다
  };
  lambda.invoke({
   FunctionName: 'sampleAuthVerifyUser',   verifyUser 람다 함수
   Payload: JSON.stringify(input)          적용하기
  }, function(err, data) {          ←       람다 함수의
   if (err) console.log(err, err.stack);    결과 가져오기
   else {                               반환값을 파싱하고 사용자가
    var output = JSON.parse(data.Payload);  인증되었는지 확인한다
    if (output.verified) {
     result.innerHTML = 'User ' + input.email +
              ' has been <b>Verified</b>, thanks!';
    } else {
     result.innerHTML = 'User ' + input.email +
              ' has <b>not</b> been Verified, sorry.';
    }
   }
  });
 }
}
                          페이지가 뜨면 init() 함수를
                          자동으로 실행한다
window.onload = init();   ←
```

```
console.log('Loading function');

var AWS = require('aws-sdk');
var config = require('./config');

var dynamodb = new AWS.DynamoDB();

function getUser(email, fn) {
 dynamodb.getItem({
  TableName: config.DDB_TABLE,
  Key: {
   email: {
    S: email
   }
  }
 }, function(err, data) {
  if (err) return fn(err);
  else {
   if ('Item' in data) {
    var verified = data.Item.verified.BOOL;
    var verifyToken = null;
    if (!verified) {
     verifyToken = data.Item.verifyToken.S;
    }
    fn(null, verified, verifyToken);
   } else {
    fn(null, null);
   }
  }
 });
}
function updateUser(email, fn) {
 dynamodb.updateItem({
   TableName: config.DDB_TABLE,
   Key: {
    email: {
     S: email
    }
   },
   AttributeUpdates: {
    verified: {
     Action: 'PUT',
     Value: {
      BOOL: true
     }
    },
    verifyToken: {
     Action: 'DELETE'
    }
```

getUser() 함수가 데이터베이스 내 사용자를 검색하고 확인 결과를 반환한다

데이터에 아이템이 있으면 해당 아이템을 가지고 있는 이메일을 데이터베이스에서 찾는다

인증 상태를 가져온다

사용자가 인증되지 않으면 토큰을 가져온다

사용자가 검색이 안 됨

updateUser() 함수가 데이터베이스의 인증 상태를 변경한다

인증된 속성을 true로 변경한다

토큰을 삭제한다

```
    }
  },
  fn);
}
exports.handler = (event, context, callback) => {          AWS
 var email = event.email;                                  Lambda로
 var verifyToken = event.verify;                           내보내진 함수

 getUser(email, function(err, verified, correctToken) {    해당 사용자를
  if (err) {                                               데이터베이스에서
   callback('Error in getUser: ' + err);                   찾아본다
  } else if (verified) {                     이미 인증되었으면
   console.log('User already verified: ' + email);  아무 작업도 하지 않는다
   callback(null, { verified: true });
  } else if (verifyToken == correctToken) {   URL의 토큰이 데이터베이스에
   updateUser(email, function(err, data) {    있는 것과 동일하면 검증된
    if (err) {                                사용자로 처리한다
     callback('Error in updateUser: ' + err);
    } else {                                 데이터베이스의 인증 상태를
     console.log('User verified: ' + email); 업데이트하고 토큰을 삭제한다
     callback(null, { verified: true });
    }
   });
  } else {
   console.log('User not verified: ' + email);  (토큰이 잘못된 경우)
   callback(null, { verified: false });          사용자를 인증할 수 없다
  }
 });
}
```

리스트 9.12 **Policy_Lambda_verifyUser**

```
{
  "Version": "2012-10-17",
  "Statement": [
    {                                     기본 키값(여기서는 이메일 주소)로
      "Action": [                          항목을 검사한다
        "dynamodb:GetItem",               플래그를 확인으로 항목을
        "dynamodb:UpdateItem"             업데이트한다
      ],
      "Effect": "Allow",
      "Resource": "arn:aws:dynamodb:<REGION>:<AWS_ACCOUNT_ID>:table/
<DYNAMODB_TABLE>"
    },
    {
      "Sid": "",
      "Resource": "*",
      "Action": [
        "logs:*"
```

```
    ],
    "Effect": "Allow"
  }
 ]
}
```

verify.html 페이지의 출력은 그림 9.7에서 볼 수 있다.

요약

이번 장에서는 웹 클라이언트 애플리케이션을 사용하여 예시 인증 서비스를 만들었다. 특히 다음 사항에 대해 학습했다.

- 백엔드를 구현하기 위해 여러 개의 람다 함수 사용

- 자바스크립트와 함께 HTML을 사용하여 웹 클라이언트 애플리케이션을 구현

- AWS CLI를 사용하여 자원 생성이나 AWS 업데이트를 자동화하기

- 애플리케이션에서 통합 구성이나 공유 코드 관리하기

- Amazon SES를 사용하여 이메일 전달하기

다음 장에서는 암호 변경 또는 재설정, Amazon Cognito와 로그인 사용 등 인증 서비스의 고급 기능을 추가하여 인증된 사용자의 AWS 자격 증명을 가져온다.

연습 문제 _____

가입 페이지에 이름 필드를 추가하고, 이름을 DynamoDB 테이블 및 확인 이메일에 저장한다.

> ☝ **여기서 잠깐!**
>
> Amazon DynamoDB는 기본 키(이 경우는 이메일)만 지정해야 테이블의 각 항목마다 다른 속성을 추가할 수 있다. 연속 순서로 람다 함수에 의해 사용되는 IAM 역할 변경은 필요로 하지 않는다.

해결 방법

이름을 추가하려면 HTML 페이지(signUp.html), 클라이언트 측 자바스크립트 파일(signUp.js), 람다 함수(createUser)를 변경해야 한다. 가능한 해결책은 표준 구현과 비교하여 다음 리스트에 굵게 표시되어 있다.

signUpWithName.html(Sign Up 페이지)

```
<html>
<head>
 <title>Sign Up - Sample Authentication Service</title>
 <script src="https://sdk.amazonaws.com/js/aws-sdk-2.3.16.min.js"></script>
</head>
<body>
 <h2>Sample Authentication Service</h2>
 <h1>Sign Up</h1>
 <form role="form" id="signup-form">
  <div>
   <label for="email">Email:</label>
   <input type="email" id="email">
  </div>
  <div>
   <label for="name">Email:</label>
   <input type="text" id="name">
  </div>
  <div>
   <label for="password">Password:</label>
   <input type="password" id="password">
  </div>
  <div>
   <label for="password">Verify Password:</label>
   <input type="password" id="verify-password">
  </div>
  <button type="submit" id="signup-button">Sign Up</button>
  </form>
 <div id="result">
```

```
  </div>
  <a href="index.html">Back</a>
  <script src="js/signUp.js"></script>
</body>
</html>
```

signUpWithName.js(브라우저의 자바스크립트)

```
AWS.config.region = '<REGION>';
AWS.config.credentials = new AWS.CognitoIdentityCredentials({
 IdentityPoolId: '<IDENTITY_POOL_ID>'
});

var lambda = new AWS.Lambda();

function signup() {

 var result = document.getElementById('result');
 var email = document.getElementById('email');
 var name = document.getElementById('name');
 var password = document.getElementById('password');
 var verifyPassword = document.getElementById('verify-password');

 result.innerHTML = 'Sign Up...';

 if (email.value == null || email.value == '') {
  result.innerHTML = 'Please specify your email address.';
 } else if (name.value == null || name.value == '') {
  result.innerHTML = 'Please specify your name.';
 } else if (password.value == null || password.value == '') {
  result.innerHTML = 'Please specify a password.';
 } else if (password.value != verifyPassword.value) {
  result.innerHTML = 'Passwords are <b>different</b>, please check.';
 } else {

  var input = {
   email: email.value,
   name: name.value,
   password: password.value,
  };
  lambda.invoke({
   FunctionName: 'sampleAuthCreateUser',
   Payload: JSON.stringify(input)
  }, function(err, data) {
   if (err) console.log(err, err.stack);
   else {
    var output = JSON.parse(data.Payload);
    if (output.created) {
     result.innerHTML = 'User ' + input.email + ' created. Please check
your email to validate the user and enable login.';
```

```
    } else {
      result.innerHTML = 'User <b>not</b> created.';
    }
  }
 });
 }
}

var form = document.getElementById('signup-form');
form.addEventListener('submit', function(evt) {
 evt.preventDefault();
 signup();
});
```

createUser 람다 함수(Node.js)

```
console.log('Loading function');

var AWS = require('aws-sdk');
var crypto = require('crypto');
var cryptoUtils = require('./lib/cryptoUtils');
var config = require('./config');

var dynamodb = new AWS.DynamoDB();
var ses = new AWS.SES();

function storeUser(email, name, password, salt, fn) {
 var len = 128;
 crypto.randomBytes(len, function(err, token) {
  if (err) return fn(err);
  token = token.toString('hex');
  dynamodb.putItem({
   TableName: config.DDB_TABLE,
   Item: {
    email: {
     S: email
    },
    name: {
     S: name
    },
    passwordHash: {
     S: password
    },
    passwordSalt: {
     S: salt
    },
    verified: {
     BOOL: false
    },
```

```
      verifyToken: {
        S: token
      }
    },
    ConditionExpression: 'attribute_not_exists (email)'
  }, function(err, data) {
    if (err) return fn(err);
    else fn(null, token);
  });
 });
}
function sendVerificationEmail(email, name, token, fn) {
 var subject = 'Verification Email for ' + config.EXTERNAL_NAME;
 var verificationLink = config.VERIFICATION_PAGE + '?email=' +
    encodeURIComponent(email) + '&verify=' + token;
 ses.sendEmail({
  Source: config.EMAIL_SOURCE,
  Destination: {
   ToAddresses: [
    email
   ]
  },
  Message: {
   Subject: {
    Data: subject
   },
   Body: {
    Html: {
     Data: '<html><head>'
     + '<meta http-equiv="Content-Type" content="text/html; charset=UTF-8" />'
     + '<title>' + subject + '</title>'
     + '</head><body>'
     + 'Hello ' + name + ', please <a href="' + verificationLink +
'">click here to verify your email address</a> or copy & paste the
following link in a browser:'
     + '<br><br>'
     + '<a href="' + verificationLink + '">' + verificationLink + '</a>'
     + '</body></html>'
    }
   }
  }
 }, fn);
}

exports.handler = (event, context, callback) => {
 var email = event.email;
 var name = event.name;
 var clearPassword = event.password;

 cryptoUtils.computeHash(clearPassword, function(err, salt, hash) {
  if (err) {
```

```
    callback('Error in hash: ' + err);
  } else {
    storeUser(email, name, hash, salt, function(err, token) {
      if (err) {
        if (err.code == 'ConditionalCheckFailedException') {
          // userId 이미 검색됨
          callback(null, { created: false });
        } else {
          callback('Error in storeUser: ' + err);
        }
      } else {
        sendVerificationEmail(email, name, token, function(err, data) {
          if (err) {
            callback('Error in sendVerificationEmail: ' + err);
          } else {
            callback(null, { created: true });
          }
        });
      }
    });
  }
});
}
```

10

인증 기능 추가하기

이 장에서 살펴볼 내용

- 암호 재설정 및 변경하는 등 추가적인 사용 사례 살펴보기
- Amazon Cognito로 로그인 절차 통합하기
- 인증된 사용자로 로그인하여 AWS 자격 증명 가져오기
- 인증된 사용자에게만 람다 함수 접속 허용하기

이전 장에서는 새로운 사용자를 생성하여 이메일 주소를 확인할 수 있는 샘플 인증 서비스(그림 10.1)의 서버리스 아키텍처를 구현했다. 이번 장에서는 암호를 변경 또는 재설정하는 기능과 Amazon Cognito 개발자의 인증된 아이덴티티로 로그인하는 기능 등 더 흥미로운 기능을 추가할 예정이다.

> **참고하세요!**
>
> 이 예에서는 클라이언트(브라우저에서 실행 중인)와 서버 측(람다 함수에서 실행)의 두 코드를 사용하고 있다. 브라우저에서 실행되는 코드는 자바스크립트이므로 람다 함수의 예도 자바스크립트로 제공되고 있다. 파이썬으로 이런 함수를 구현할 때 애플리케이션의 아키텍처와 로직을 변경하지 않으니 이 부분은 스스로 연습해 보기 바란다.

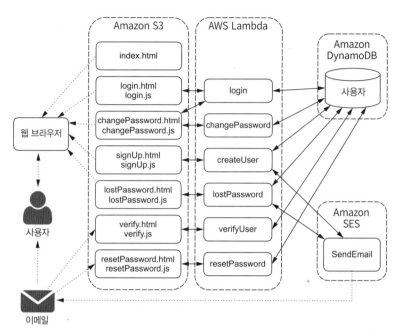

그림 10.1 이 장에서 구현 중인 샘플 인증 서비스의 전체 서버리스 아키텍처. HTML 및 자바스크립트 파일은 Amazon S3에서 호스팅된다. 람다 함수는 백엔드 로직을 제공한다. DynamoDB 테이블은 사용자 프로필을 저장하는 데 사용된다. Amazon SES는 확인 및 암호 재설정을 위해 이메일을 보낸다

10.1 분실된 암호 보고하기

사용자 페이지의 작성 및 인증과 비슷한 흐름을 사용하여 임의의 토큰을 포함하는 이메일을 통해 사용자를 확인하는 암호 재설정 절차를 구현할 수 있다.

> **참고하세요!**
>
> 다양한 사용 사례에 적용할 수 있지만, 이해를 돕기 위해 이 기능을 '암호 분실'이라고 이름 붙이자. 예를 들어, 사용자의 자격 증명이 침해되었다고 의심되는 경우 암호 재설정을 요구하는 것이 좋다.

첫째, 사용자는 lostPassword.html 페이지(그림 10.2)에서 잃어버린 암호를 보고한다.

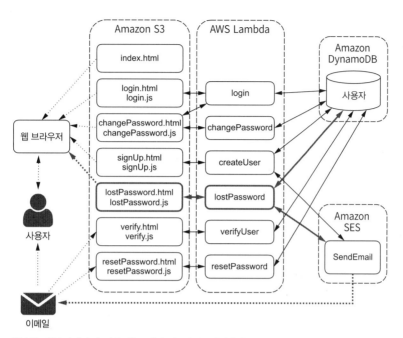

그림 10.2 암호를 재설정하려면 사용자는 먼저 암호를 분실했음을 보고해야 한다. lostPassword 람다 함수는
임의의 토큰을 가진 이메일을 보내 요청의 유효성을 검사한다

lostPassword.html 페이지의 코드를 리스트 10.1에서 볼 수 있다.

리스트 10.1 **lostPassword.html(Lost Password 페이지)**

```
<html>
<head>
 <title>Change Password - Sample Authentication Service</title>
 <meta charset="utf-8">
 <script src="https://sdk.amazonaws.com/js/aws-sdk-2.3.16.min.js">
 </script>
</head>
<body>
 <h2>Sample Authentication Service</h2>
 <h1>Lost Password</h1>
 <form role="form" id="lost-password-form">
  <div>
   <label for="email">Email:</label>
   <input type="text" class="form-control" id="email">
  </div>
  <button type="submit" class="btn btn-default" id="lost-password-
button">
   Lost Password
  </button>
 </form>
 <div id="result">
 </div>
```

```
<a class="btn btn-info btn-lg" href="index.html">Back</a>
<script src="js/lostPassword.js"></script>    ◁─┐  브라우저에서 구동 중인 클라이언트
</body>                                           │  로직이 이 자바스크립트 코드에
</html>                                           │  들어 있다.
```

브라우저에서 실행되는 lostPassword.js 자바스크립트 코드(다음 리스트 참고)는 lostPassword 람다 함수를 호출하여 암호 재설정 프로세스를 시작한다.

리스트 10.2 lostPassword.js(브라우저의 자바스크립트)

```
AWS.config.region = '<REGION>';
AWS.config.credentials = new AWS.CognitoIdentityCredentials({
 IdentityPoolId: '<IDENTITY_POOL_ID>'
});

var lambda = new AWS.Lambda();

function lostPassword() {

 var result = document.getElementById('result');
 var email = document.getElementById('email');

 result.innerHTML = 'Password Lost...';

 if (email.value == null || email.value == '') {
  result.innerHTML = 'Please specify your email address.';
 } else {

  var input = {
   email: email.value                    암호 재설정 절차를 시작하기 위해서는
  };                                       이메일 주소만 있어도 된다

  lambda.invoke({
   FunctionName: 'sampleAuthLostPassword',    ◁─┐ 호출하기 위한 백엔드 람다 함수.
   Payload: JSON.stringify(input)                 입력의 이메일 주소를 전달한다
  }, function(err, data) {
   if (err) console.log(err, err.stack);
   else {
    var output = JSON.parse(data.Payload);
    if (output.sent) {
     result.innerHTML =
      'Email sent. Please check your email to reset your password.';
    } else {
     result.innerHTML = 'Email <b>not</b> sent.';
    }
   }
  });
 }
}
```

```
var form = document.getElementById('lost-password-form');
form.addEventListener('submit', function(evt) {
 evt.preventDefault();
 lostPassword();
});
```

lostPassword 람다 함수(리스트 10.3)는 데이터베이스에 저장되며, 재설정된 이메일 메시지 내 쿼리 매개변수로 전송되는 링크는 무작위로 재설정 토큰을 생성한다. 이 함수를 사용하는 IAM 역할을 리스트 10.4에서 볼 수 있다. 예를 들어, 초기화된 이메일 메시지는 다음과 같다.

Subject: Password Lost for Sample Authentication

```
Please click here to reset your password or copy & paste the following link
in a browser:

https://sampleauth.eventdrivenapps.com/resetPassword.html?email=you@example.com&lost
=7d66118778f1c222f51ca68802652e6d569216a5e4b5ad93756bed9cb680755b3ef45be06714c17a623
68d4853db408658223821aa0208d9ef50e59460d7617995ac291b1973dd5dfae5bb15ebfd6eb3e1ae5f1
3c5339af0d8e4680af42f96766c4b33933008e5c66e8fce32c05be2d089502779ca2112cfd09aba78908
96155
```

리스트 10.3 lostPassword 람다 함수(Node.js)

```
console.log('Loading function');

var AWS = require('aws-sdk');
var crypto = require('crypto');
var config = require('./config.json');

var dynamodb = new AWS.DynamoDB();
var ses = new AWS.SES();                        getUser() 함수는 모든 사용자
                                                데이터를 DynamoDB 테이블에서
function getUser(email, fn) {          ◁─────   읽어 온다
 dynamodb.getItem({
  TableName: config.DDB_TABLE,
  Key: {
   email: {
    S: email
   }
  }
 }, function(err, data) {
  if (err) return fn(err);
  else {
   if ('Item' in data) {      ┤ 사용자가
    fn(null, email);    ◁─────  검색되지 않음
```

```
    } else {
      fn(null, null);
    }
  }
 });
}

function storeLostToken(email, fn) {    ◁⎯⎯⎯   storeLostToken() 함수는 무작위
 var len = 128;                                    토큰을 생성하고 DynamoDB 테이블의
 crypto.randomBytes(len, function(err, token) {    lostToken 속성에 그 값을 저장한다
  if (err) return fn(err);              ◁⎯⎯ 바이트 크기
  token = token.toString('hex');
  dynamodb.updateItem({
    TableName: config.DDB_TABLE,
    Key: {
     email: {
      S: email
     }
    },
    AttributeUpdates: {
     lostToken: {
      Action: 'PUT',
      Value: {
        S: token
       }
      }
     }
    },
    function(err, data) {
    if (err) return fn(err);
    else fn(null, token);
   });
 });
}
                                                  sendLostPasswordEmail() 함수가
                                                  재시작 이메일을 전송한다
function sendLostPasswordEmail(email, token, fn) {  ◁⎯
 var subject = 'Password Lost for ' + config.EXTERNAL_NAME;
 var lostLink = config.RESET_PAGE +
  '?email=' + email + '&lost=' + token;           ◁⎯  무작위로 생성된 토큰이
 ses.sendEmail({          ◁⎯  Amazon SES가            resetPassword.html 링크의
  Source: config.EMAIL_SOURCE,   재설정 이메일을       쿼리 매개변수로 사용된다
  Destination: {                 전송하기 위해
   ToAddresses: [                사용된다
    email
   ]
  },
  Message: {
   Subject: {
    Data: subject
   },
   Body: {
```

```
    Html: {
     Data: '<html><head>'
      + '<meta http-equiv="Content-Type"
        content="text/html; charset=UTF-8" />'
      + '<title>' + subject + '</title>'
      + '</head><body>'
      + 'Please <a href="' + lostLink + '">'
      + 'click here to reset your password</a>'
      + ' or copy & paste the following link in a browser:'
      + '<br><br>'
      + '<a href="' + lostLink + '">' + lostLink + '</a>'
      + '</body></html>'
    }
   }
  }
 }, fn);
}
exports.handler = (event, context, callback) => {     ◁──  AWS Lambda을
 var email = event.email;                                   사용하여 적용될
                                                            내보내진 함수

 getUser(email, function(err, emailFound) {      ◁──  데이터베이스에서
  if (err) {                                           읽어진 사용자 데이터
   callback('Error in getUserFromEmail: ' + err);
  } else if (!emailFound) {
   console.log('User not found: ' + email);
   callback(null, { sent: false });
  } else {
   storeLostToken(email, function(err, token) {   ◁──  무작위 토큰이
    if (err) {                                          데이터베이스에
     callback('Error in storeLostToken: ' + err);      저장된다
    } else {
     sendLostPasswordEmail(email, token, function(err, data) {  ◁──  재설정 이메일
      if (err) {                                                     메시지가 사용자에게
       callback('Error in sendLostPasswordEmail: ' + err);          전달된다
      } else {
       console.log('User found: ' + email);
       callback(null, { sent: true });
      }
     });
    }
   });
  }
 });
}
```

리스트 10.4 **Policy_Lambda_lostPassword**

```
{
  "Version": "2012-10-17",
  "Statement": [
```

```
{
  "Action": [
    "dynamodb:GetItem",                아이템을 읽고 업데이트한다
    "dynamodb:UpdateItem"
  ],
  "Effect": "Allow",
  "Resource": "arn:aws:dynamodb:<REGION>:<ACCOUNT>:table/<TABLE>"
},
{
  "Effect": "Allow",
  "Action": [
    "ses:SendEmail",                   Amazon SES를 사용하여
    "ses:SendRawEmail"                 재설정 이메일을 전송한다
  ],
  "Resource": "*"
},
{
  "Sid": "",
  "Resource": "*",
  "Action": [
    "logs:*"
  ],
  "Effect": "Allow"
}
  ]
}
```

그림 10.3에서는 lostPassword.html 페이지의 스크린샷을 나타낸다. 사용자가 암호 재설정 절차를 시작하고, 재설정된 이메일 메시지를 수신하기 위해 이메일 주소를 제공해야 한다.

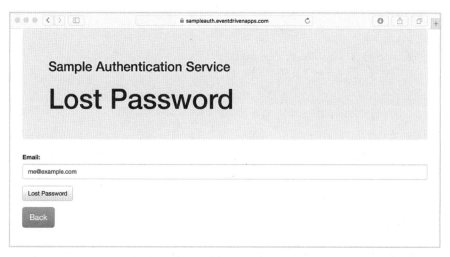

그림 10.3 Lost Password 페이지의 출력. 제출되면 재설정된 이메일 메시지가 사용자에게 전송된다

10.2 암호 재설정하기

암호가 손실되었다고 보고된 후 사용자가 재설정된 이메일 메시지를 수신한다. 재설정된 이메일 메시지의 링크를 클릭하면 resetPassword.html 페이지(리스트 10.5)가 열리고 잃어버린 토큰이 URL로 전달된다(그림 10.4).

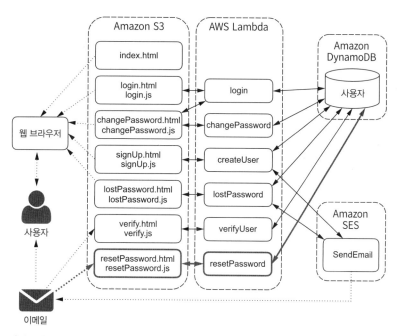

그림 10.4 **잃어버린 암호 프로세스의 두 번째 부분: 재설정된 이메일 메시지의 링크는 새 암호를 묻는 resetPassword.html 페이지를 열고, 잃어버린 암호 토큰을 전달하는 resetPassword 람다 함수를 호출한다. 잃어버린 암호 토큰이 올바르면 데이터베이스를 확인하고, 람다 함수는 암호를 새 암호로 변경한다**

재설정된 암호 토큰은 브라우저에서 실행된 resetPassword.js 파일(리스트 10.6)의 자바스크립트 코드에서 읽은 새 암호와 함께 resetPassword 람다 함수(리스트 10.7)에 전달된다. 함수에 의해 사용되는 IAM 역할은 리스트 10.8에 나와 있다.

리스트 10.5 **resetPassword.html(Reset Password 페이지)**

```
<html>
<head>
 <title>Reset Password - Sample Authentication Service</title>
 <script src="https://sdk.amazonaws.com/js/aws-sdk-
2.3.16.min.js"></script>
</head>
<body>
 <h2>Sample Authentication Service</h2>
 <h1>Reset Password</h1>
```

```
<form role="form" id="reset-password-form">
 <div>
  <label for="password">New Password:</label>
  <input type="password" class="form-control" id="new-password">
 </div>
 <div >
  <label for="password">Verify New Password:</label>
  <input type="password" class="form-control" id="verify-new-password">
 </div>
 <button type="submit" id="reset-password-button">
  Reset Password
 </button>
</form>
<div id="result">
</div>
<a href="index.html">Back</a>
<script src="js/resetPassword.js"></script>
</body>
</html>
```

브라우저에서 구동되고 있는
클라이언트 로직이 이 자바스크립트
코드에 들어 있다

리스트 10.6 **resetPassword.js(브라우저의 자바스크립트)**

```
AWS.config.region = '<REGION>';
AWS.config.credentials = new AWS.CognitoIdentityCredentials({
 IdentityPoolId: '<IDENTITY_POOL_ID>'
});

var lambda = new AWS.Lambda();            getUrlParams() 함수가
                                          URL로부터 쿼리 매개변수를 읽는다
function getUrlParams() {
 var p = {};
 var match,                                추가적인 심벌을 공백으로
  pl   = /\+/g,                            뒤바꾸기 위한 Regex 함수
  search = /([^&=]+)=?([^&]*)/g,
  decode = function (s)
   { return decodeURIComponent(s.replace(pl, " ")); },
  query = window.location.search.substring(1);
 while (match = search.exec(query))
  p[decode(match[1])] = decode(match[2]);
 return p;
}
                                          양식이 전송되었을 때
                                          resetPassword() 함수를
function resetPassword() {                 실행한다

 var result = document.getElementById('result');
 var password = document.getElementById('new-password');
 var verifyPassword = document.getElementById('verify-new-password');

 var urlParams = getUrlParams();
 var email = urlParams['email'] || null;
```

```
var lost = urlParams['lost'] || null;

if (password.value == null || password.value == '') {
  result.innerHTML = 'Please specify a password.';
} else if (password.value != verifyPassword.value) {
  result.innerHTML = 'Passwords are <b>not</b> the same, please check.';
} else {
  if ((!email)||(!lost)) {
    result.innerHTML = 'Please specify email and lost token in the URL.';
  } else {
    result.innerHTML = 'Trying to reset password for user ' +
      email + ' ...';

    var input = {
      email: email,
      lost: lost,
      password: password.value
    };
    lambda.invoke({
      FunctionName: 'sampleAuthResetPassword',
      Payload: JSON.stringify(input)
    }, function(err, data) {
      if (err) console.log(err, err.stack);
      else {
        var output = JSON.parse(data.Payload);
        if (output.changed) {
          result.innerHTML = 'Password changed for user ' + email;
        } else {
          result.innerHTML = 'Password <b>not</b> changed.';
        }
      }
    });
  }
}
}
function init() {
  if (email) {
    result.innerHTML = 'Type your new password for user ' + email;
  }
}

var form = document.getElementById('reset-password-form');
form.addEventListener('submit', function(evt) {
  evt.preventDefault();
  resetPassword();
});

window.onload = init();
```

람다 함수를 위한 입력 이벤트는 이메일, 분실된 토큰, 그리고 새로운 암호를 포함하고 있다

resetPassword 람다 함수를 실행한다

resetPassword에 의해서 암호가 변경되었는지 여부를 확인한다

init() 함수를 사용하여 HTML의 결과 메시지를 사용자 정의한다

페이지에서 init() 함수가 자동으로 실행된다

```
console.log('Loading function');

var AWS = require('aws-sdk');
var cryptoUtils = require('./lib/cryptoUtils');
var config = require('./config');

var dynamodb = new AWS.DynamoDB();

function getUser(email, fn) {
 dynamodb.getItem({
  TableName: config.DDB_TABLE,
  Key: {
   email: {
    S: email
   }
  }
 }, function(err, data) {
  if (err) return fn(err);
  else {
   if (('Item' in data) && ('lostToken' in data.Item)) {
    var lostToken = data.Item.lostToken.S;
    fn(null, lostToken);
   } else {
    fn(null, null); // 사용자나 토큰이 없는 경우
   }
  }
 });
}
function updateUser(email, password, salt, fn) {
 dynamodb.updateItem({
   TableName: config.DDB_TABLE,
   Key: {
    email: {
     S: email
    }
   },
   AttributeUpdates: {
    passwordHash: {
     Action: 'PUT',
     Value: {
      S: password
     }
    },
    passwordSalt: {
     Action: 'PUT',
     Value: {
      S: salt
     }
    },
```

> lostPassword 람다 함수로 쓰여진
> 분실 토큰과 같이 getUser() 함수가
> 데이터베이스에서 사용자 데이터를
> 읽어들인다

> updateUser() 함수가
> 사용자 데이터를 데이터베이스에
> 업데이트하면서 예전 암호를 삭제하고,
> 신규 암호를 업데이트한다

```
    lostToken: {
      Action: 'DELETE'
    }
  }
},
  fn);
}
```
호출을 위해 AWS Lambda로
함수를 내보낸다

```
exports.handler = (event, context, callback) => {  ◁
 var email = event.email;
 var lostToken = event.lost;
 var newPassword = event.password;
```
데이터베이스에서
분실된 암호를 읽는다

```
 getUser(email, function(err, correctToken) {  ◁
  if (err) {
   callback('Error in getUser: ' + err);
  } else if (!correctToken) {
   console.log('No lostToken for user: ' + email);
   callback(null, { changed: false });
  } else if (lostToken != correctToken) {
   // 잘못된 토큰. 암호가 분실되지 않음.
   console.log('Wrong lostToken for user: ' + email);
   callback(null, { changed: false });
  } else {
   console.log('User logged in: ' + email);
   cryptoUtils.computeHash(newPassword,
     function(err, newSalt, newHash) {
    if (err) {
     callback('Error in computeHash: ' + err);
    } else {
     updateUser(email, newHash, newSalt, function(err, data) {
      if (err) {
       callback('Error in updateUser: ' + err);
      } else {
       console.log('User password changed: ' + email);
       callback(null, { changed: true });
      }
     });
    }
   });
  }
 });
}
```
데이터베이스에 분실된
토큰이 없는 사용자에게는
암호를 재설정하라고 묻지 않는다

데이터베이스의 분실 암호 토큰이
람다 함수에 주어진 것과 다르면,
암호는 변경되지 않는다

분실된 암호 토큰이 맞는 것이라면
새 암호를 데이터베이스에
업데이트한다

리스트 10.8 **Policy_Lambda_resetPassword**

```
{
  "Version": "2012-10-17",
  "Statement": [
```

```
{
  "Action": [
    "dynamodb:GetItem",
    "dynamodb:UpdateItem"          데이터베이스의 아이템을
  ],                                읽고 업데이트하기 위한 권한
  "Effect": "Allow",
  "Resource": "arn:aws:dynamodb:<REGION>:<ACCOUNT>:table/<TABLE>"
},
{
  "Sid": "",
  "Resource": "*",
  "Action": [
    "logs:*"
  ],
  "Effect": "Allow"
  }
 ]
}
```

resetPassword.html 페이지의 출력은 그림 10.5에 나와 있다.

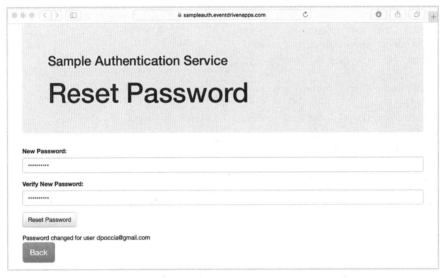

그림 10.5   resetPassword.html 페이지의 스크린샷으로, 암호 재설정 성공 여부를 보고한다

10.3 사용자 로그인하기

인증 서비스의 가장 중요한 기능은 로그인하는 옵션을 제공하는 것이다(그림 10.6). login. html(리스트 10.9) 페이지에서는 login.js 파일(리스트 10.10)을 자바스크립트 코드와 사용자 인증 정보(이메일과 암호)를 사용하여 로그인 람다 함수(리스트 10.11)를 호출하고 사용자를 인증한다. 함수에 의해 사용되는 IAM의 역할이 리스트 10.12에 나와 있다.

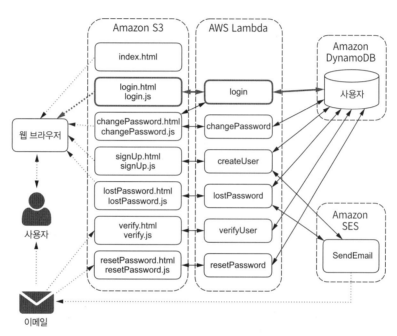

그림 10.6 로그인 프로세스는 데이터베이스의 사용자 자격 증명을 확인하고 로그인 확인 및 사용자 인증을 위한 AWS 자격 증명을 얻는 데 사용할 수 있는 Cognito Developer Authenticated Identity 토큰을 반환한다

리스트 10.9 **login.html(Login 페이지)**

```html
<html>
<head>
 <title>Login - Sample Authentication Service</title>
 <script src="https://sdk.amazonaws.com/js/aws-sdk-2.3.16.min.js">
 </script>
</head>
<body>
 <h2>Sample Authentication Service</h2>
 <h1>Login</h1>
 <form role="form" id="login-form">
  <div>
    <label for="email">Email:</label>
    <input type="text" class="form-control" id="email">
```

```
   </div>
   <div>
     <label for="password">Password:</label>
     <input type="password" class="form-control" id="password">
   </div>
   <button type="submit" id="login-button">Login</button>
 </form>
 <div id="result">
 </div>
 <a href="index.html">Back</a>
 <script src="js/login.js"></script>    ◁——  login.js 자바스크립트에 클라이언트
</body>                                         로직이 들어 있다
</html>
```

리스트 10.10 **login.js(브라우저의 자바스크립트)**

```
AWS.config.region = '<REGION>';
AWS.config.credentials = new AWS.CognitoIdentityCredentials({
  IdentityPoolId: '<IDENTITY_POOL_ID>'
});

var lambda = new AWS.Lambda();

function login() {

  var result = document.getElementById('result');
  var email = document.getElementById('email');
  var password = document.getElementById('password');
  result.innerHTML = 'Login...';

  if (email.value == null || email.value == '') {
    result.innerHTML = 'Please specify your email address.';
  } else if (password.value == null || password.value == '') {
    result.innerHTML = 'Please specify a password.';
  } else {

    var input = {                              로그인 람다 함수의
      email: email.value,                      입력 이벤트에 이메일과
      password: password.value                 암호가 들어 있다
    };
    lambda.invoke({                            입력 이벤트에 사용자
      FunctionName: 'sampleAuthLogin',         자격 증명과 함께 람다 함수가
      Payload: JSON.stringify(input)           적용된다
    }, function(err, data) {
      if (err) console.log(err, err.stack);
      else {
        var output = JSON.parse(data.Payload);       로그인이 성공적인지
        if (!output.login) {                   ◁—— 여부를 확인한다
          result.innerHTML = '<b>Not</b> logged in';
        } else {
```

```
      result.innerHTML = 'Logged in with IdentityId: '
        + output.identityId + '<br>';

      var creds = AWS.config.credentials;
      creds.params.IdentityId = output.identityId;
      creds.params.Logins = {
        'cognito-identity.amazonaws.com': output.token
      };
      creds.expired = true;

      // 인증 역할을 가지고 무언가를 해야 한다.

    }
   }
  });
 }
}

var form = document.getElementById('login-form');
form.addEventListener('submit', function(evt) {
 evt.preventDefault();
 login();
});
```

아이덴티티 ID와 함께
AWS 자격 증명을 업데이트
하고 로그인한다

현재 AWS 자격 증명만을
만료시키면서, 인증된 사용자로
강제 재시작한다

리스트 10.11 login 람다 함수(Node.js)

```
console.log('Loading function');

var AWS = require('aws-sdk');
var config = require('./config.json');
var cryptoUtils = require('./lib/cryptoUtils');

var dynamodb = new AWS.DynamoDB();
var cognitoidentity = new AWS.CognitoIdentity();
function getUser(email, fn) {
 dynamodb.getItem({
  TableName: config.DDB_TABLE,
  Key: {
   email: {
    S: email
   }
  }
 }, function(err, data) {
  if (err) return fn(err);
  else {
   if ('Item' in data) {
    var hash = data.Item.passwordHash.S;
    var salt = data.Item.passwordSalt.S;
    var verified = data.Item.verified.BOOL;
    fn(null, hash, salt, verified);
```

getUser() 함수가
솔티드 암호(해시와 솔트)를
읽는다

```
    } else {
      fn(null, null); // 사용자가 검색되지 않음.
    }
  }
});
}

function getToken(email, fn) {
  var param = {
    IdentityPoolId: config.IDENTITY_POOL_ID,
    Logins: {}
  };
  param.Logins[config.DEVELOPER_PROVIDER_NAME] = email;
  cognitoidentity.getOpenIdTokenForDeveloperIdentity(param,
    function(err, data) {
      if (err) return fn(err);
      else fn(null, data.IdentityId, data.Token);
    });
}

exports.handler = (event, context, callback) => {
  var email = event.email;
  var clearPassword = event.password;

  getUser(email, function(err, correctHash, salt, verified) {
    if (err) {
      callback('Error in getUser: ' + err);
    } else {
      if (correctHash == null) {
        // 사용자가 검색되지 않음.
        console.log('User not found: ' + email);
        callback(null, { login: false });
      } else if (!verified) {
        // 사용자가 확인되지 않음.
        console.log('User not verified: ' + email);
        callback(null, { login: false });
      } else {
        cryptoUtils.computeHash(clearPassword, salt,
          function(err, salt, hash) {
            if (err) {
              callback('Error in hash: ' + err);
            } else {
              console.log('correctHash: ' + correctHash + ' hash: ' + hash);
              if (hash == correctHash) {
                // 로그인 성공
                console.log('User logged in: ' + email);
                getToken(email, function(err, identityId, token) {
                  if (err) {
                    callback('Error in getToken: ' + err);
                  } else {
                    callback(null, {
```

getToken() 함수가 config.json의 Developer Provider Name을 사용하여 사용자를 위한 토큰과 Identity ID를 Amazon Cognito에서 가져온다

호출을 위해 AWS Lambda로 함수 내보내기

솔티드 암호 (해시와 솔트)를 가져온다

해시가 존재하지 않는다면 사용자도 검색할 수 없다

사용자가 인증되지 않는다면 로그인할 수 없다

데이터베이스의 동일한 솔트를 사용하여 입력에서 주어진 암호를 위한 해시를 처리한다

만약에 두 해시값(처리된 것과 데이터베이스에 저장된 것)이 동일하다면, 사용자는 로그인 가능하다

Amazon Cognito에서 토큰을 가져오고, 결괏값 일부로 반환한다

```
          login: true,
          identityId: identityId,
          token: token
        });
      }
    });
  } else {                     ⟵  해시가 다르다
    // 로그인 실패                   (입력된 암호가 맞지 않음)
    console.log('User login failed: ' + email);
    callback(null, { login: false });
  }
  }
 });
 }
 }
});
}
```

리스트 10.12 **Policy_Lambda_login**

```
{
  "Version": "2012-10-17",
  "Statement": [
  {
    "Action": [
      "dynamodb:GetItem"      ⟵  테이블에 있는 아이템을
    ],                            (이메일 키로) 읽는다
    "Effect": "Allow",
    "Resource": "arn:aws:dynamodb:<REGION>:<ACCOUNT>:table/<TABLE>"
  },
  {
    "Effect": "Allow",
    "Action": [
      "cognito-identity:GetOpenIdTokenForDeveloperIdentity"  ⟵  개발자 확인을 위한
    ],                                                           코그니토 토큰을 가져온다
    "Resource":
     "arn:aws:cognito-identity:<REGION>:<ACCOUNT>:identitypool/<POOL>"
  },
  {
  "Sid": "",
  "Resource": "*",
   "Action": [
    "logs:*"
   ],
   "Effect": "Allow"
  }
 ]
}
```

그림 10.7에 login.html 페이지의 예시 스크린샷을 보여 준다.

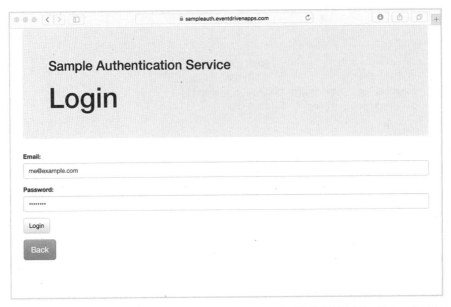

그림 10.7 **Login** 페이지의 출력. 사용자가 올바르게 로그인하면 인증된 사용자에게 할당된 고유 Cognito Identity ID가 확인으로 표시된다

10.4 인증된 사용자를 위해 AWS 자격 증명 가져오기

사용자의 자격 증명(이메일 및 암호)이 활성화되면 로그인 람다 함수는 Amazon Cognito 개발자 인증 ID 토큰을 요청한다(그림 10.8). 토큰과 함께 Amazon Cognito는 사용자의 고유 identity ID를 돌려준다.

토큰은 login.js 스크립트로 반환되는데, 이는 Cognito identity pool에 인증된 IAM 역할의 새로운 AWS 자격 증명을 요구할 수 있다(그림 10.9).

새로운 AWS 자격 증명을 사용하면 클라이언트 애플리케이션은 Cognito identity pool에 인증된 IAM 역할에서 허용되는 모든 자원과 액션을 사용할 수 있다. 예를 들면, 이 방법을 사용하면 인증된 사용자만 암호를 변경할 수 있다.

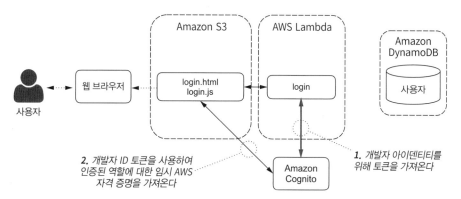

그림 10.8　로그인 람다 함수는 Developer Identities에 대한 Cognito 토큰을 가져와서 login.js 스크립트로 반환한다

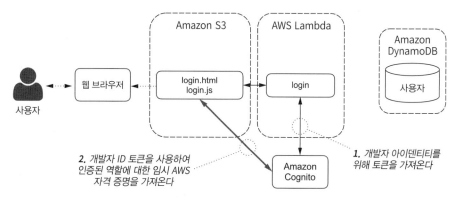

그림 10.9　login.js 스크립트는 Cognito 토큰을 사용하여 Cognito identity pool의 인증된 역할에 대한 AWS 자격 증명을 가져올 수 있다

10.5 암호 변경하기

암호를 변경하려면 기존 암호를 알고 있어야 한다. 그렇지 않다면 이전에 소개한 lost/reset 비밀번호 프로세스를 사용할 수 있다. 이전 암호를 changePassword 람다 함수에 전달하는 대신 로그인 기능을 사용하여 인증된 IAM 역할의 AWS 자격을 취득하고, changePassword 람다 기능에 인증된 사용자만 접속할 수 있다.

Cognito identity pool 인증된 사용자 IAM 역할은 리스트 10.13에 나와 있다. 보다시피 changePassword 람다 함수에 대한 접속은 인증되지 않은 사용자의 역할에 비해 굵게 추가되어 있다.

```
{
  "Version": "2012-10-17",
  "Statement": [
   {
    "Effect": "Allow",
    "Action": [
     "mobileanalytics:PutEvents",
     "cognito-sync:*"
    ],
    "Resource": [
     "*"
    ]
   },
   {
    "Effect": "Allow",
    "Action": [
     "lambda:InvokeFunction"
    ],
    "Resource": [
     "arn:aws:lambda:<REGION>:<ACCOUNT>:function:createUser",
     "arn:aws:lambda:<REGION>:<ACCOUNT>:function:verifyUser",
     "arn:aws:lambda:<REGION>:<ACCOUNT>:function:changePassword",
     "arn:aws:lambda:<REGION>:<ACCOUNT>:function:lostPassword",
     "arn:aws:lambda:<REGION>:<ACCOUNT>:function:resetPassword",
     "arn:aws:lambda:<REGION>:<ACCOUNT>:function:sampleAuthLogin"
    ]
   }
  ]
}
```

인증된 사용자들만 이 클라이언트에서 changePassword 람다 함수를 접속할 수 있다

이처럼 changePassword.html 페이지는 두 개의 백엔드 람다 함수(그림 10.10)를 사용하는 애플리케이션의 유일한 페이지다.

- 사용자를 인증하기 위한 login 함수

- 데이터베이스의 암호를 변경하기 위한 changePassword 함수

changePassword.html의 내용은 다음과 같다. 이 페이지에서는 changePassword.js 스크립트(리스트 10.15)와 changePassword 람다 함수(리스트 10.16)를 사용하고 있다. 함수가 사용하는 IAM 역할은 리스트 10.17과 같다.

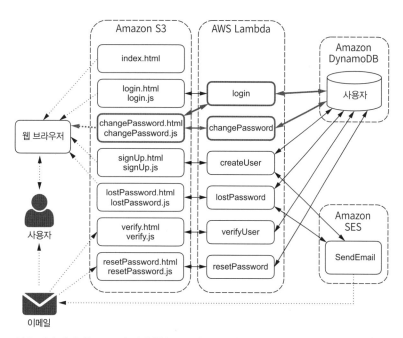

그림 10.10 암호 변경 페이지는 로그인 람다 함수를 사용하여 사용자를 인증하고 changePassword 람다 함수에
대한 접근 권한을 부여한다

리스트 10.14 **changePassword.html(암호 변경 페이지)**

```
<html>
<head>
 <title>Change Password - Sample Authentication Service</title>
 <script src="https://sdk.amazonaws.com/js/aws-sdk-2.3.16.min.js"></script>
</head>
<body>
 <h2>Sample Authentication Service</h2>
   <h1>Change Password</h1>
<form role="form" id="change-password-form">
 <div>
  <label for="email">Email:</label>
  <input type="email" class="form-control" id="email">
 </div>
   <div>
  <label for="password">Old Password:</label>
  <input type="password" class="form-control" id="old-password">
 </div>
 <div>
  <label for="password">New Password:</label>
  <input type="password" class="form-control" id="new-password">
 </div>
 <div>
  <label for="password">Verify New Password:</label>
```

```
    <input type="password" class="form-control" id="verify-new-password">
   </div>
   <button type="submit" id="change-button">Change Password</button>
  </form>
  <div id="result">
  <a href="index.html">Back</a>
  <script src="js/changePassword.js"></script>  ◁──┤ changePassword.js 파일에
 </body>                                            모든 클라이언트 로직이 있다
 </html>
```

리스트 10.15   **changePassword.js(브라우저의 자바스크립트)**

```
AWS.config.region = '<REGION>';
AWS.config.credentials = new AWS.CognitoIdentityCredentials({
 IdentityPoolId: '<IDENTITY_POOL_ID>'
});

var lambda = new AWS.Lambda();

function changePassword() {

 var result = document.getElementById('result');
 var email = document.getElementById('email');
 var oldPassword = document.getElementById('old-password');
 var newPassword = document.getElementById('new-password');
 var verifyNewPassword = document.getElementById('verify-new-password');

 result.innerHTML = 'Change Password...';

 if (email.value == null || email.value == '') {
  result.innerHTML = 'Please specify your email address.';
 } else if (oldPassword.value == null || oldPassword.value == '') {
  result.innerHTML = 'Please specify your current password.';
 } else if (newPassword.value == null || newPassword.value == '') {
  result.innerHTML = 'Please specify a new password.';
 } else if (newPassword.value != verifyNewPassword.value) {
   result.innerHTML = 'The new passwords are <b>different</b>'
    + ', please check.';
 } else {

   var input = {                           로그인 람다 함수는
     email: email.value,                   이메일과 이전 암호만
     password: oldPassword.value    ◁──    있으면 된다
   };

   lambda.invoke({                         로그인 람다 함수
     FunctionName: 'sampleAuthLogin',      실행하기
     Payload: JSON.stringify(input)
   }, function(err, data) {
```

```
    if (err) console.log(err, err.stack);
    else {
      var output = JSON.parse(data.Payload);
      console.log('identityId: ' + output.identityId);
      console.log('token: ' + output.token);
      if (!output.login) {
       result.innerHTML = '<b>Not</b> logged in';
      } else {
       result.innerHTML = 'Logged in with identityId: '
         + output.identityId + '<br>';

      var creds = AWS.config.credentials;
      creds.params.IdentityId = output.identityId;
      creds.params.Logins = {
       'cognito-identity.amazonaws.com': output.token
      };
      creds.expired = true;
      var input = {
       email: email.value,
       oldPassword: oldPassword.value,
       newPassword: newPassword.value
      };

      lambda.invoke({
       FunctionName: 'sampleAuthChangePassword',
       Payload: JSON.stringify(input)
      }, function(err, data) {
       if (err) console.log(err, err.stack);
       else {
        var output = JSON.parse(data.Payload);
        if (!output.changed) {
         result.innerHTML = 'Password <b>not</b> changed.';
        } else {
         result.innerHTML = 'Password changed.';
        }
       }
      });
     }
    }
  });
 }
}
var form = document.getElementById('change-password-form');
form.addEventListener('submit', function(evt) {
 evt.preventDefault();
 changePassword();
});
```

정확한 로그인의 경우
AWS 자격 증명이 인증된
사용자로 갱신된다

changePassword
람다 함수는 이전 및
신규 암호 둘 다
필요로 한다

changePassword
람다 함수 실행

changePassword 함수에 의해
암호 변경 여부를 확인한다

```
console.log('Loading function');

var AWS = require('aws-sdk');
var cryptoUtils = require('./lib/cryptoUtils');
var config = require('./config');

var dynamodb = new AWS.DynamoDB();

function getUser(email, fn) {
 dynamodb.getItem({
  TableName: config.DDB_TABLE,
  Key: {
   email: {
    S: email
   }
  }
 }, function(err, data) {
  if (err) return fn(err);
  else {
   if ('Item' in data) {
    var hash = data.Item.passwordHash.S;
    var salt = data.Item.passwordSalt.S;
    fn(null, hash, salt);
   } else {
    fn(null, null); // 사용자가 검색되지 않음
   }
  }
 });
}

function updateUser(email, password, salt, fn) {
 dynamodb.updateItem({
   TableName: config.DDB_TABLE,
   Key: {
    email: {
     S: email
    }
   },
   AttributeUpdates: {
    passwordHash: {
     Action: 'PUT',
     Value: {
      S: password
     }
    },
    passwordSalt: {
     Action: 'PUT',
     Value: {
      S: salt
```

getUser() 함수가 사용자 데이터를 데이터베이스에서 읽어 온다. 이 경우 사용자가 있는지 여부를 확인하기 위해 사용된다

updateUser() 함수가 사용자 암호(해시와 솔트)를 업데이트한다

```javascript
        }
       }
      }
     },
    fn);
}

exports.handler = (event, context, callback) => {
```

실행을 위해
AWS Lambda로
내보내기

```javascript
  var email = event.email;
    var oldPassword = event.oldPassword;
  var newPassword = event.newPassword;

  getUser(email, function(err, correctHash, salt) {
   if (err) {
    callback('Error in getUser: ' + err);
   } else {
    if (correctHash == null) {
     console.log('User not found: ' + email);
     context.succeed({
      changed: false
     });
    } else {
     computeHash(oldPassword, salt, function(err, salt, hash) {
      if (err) {
       context.fail('Error in hash: ' + err);
      } else {
       if (hash == correctHash) {
        console.log('User logged in: ' + email);
        computeHash(newPassword, function(err, newSalt, newHash) {
         if (err) {
          context.fail('Error in computeHash: ' + err);
         } else {
          updateUser(email, newHash, newSalt,
           function(err, data) {
           if (err) {
            context.fail('Error in updateUser: ' + err);
           } else {
            console.log('User password changed: ' + email);
            context.succeed({
             changed: true
            });
           }
          });
         }
        });
       } else {
        console.log('User login failed: ' + email);
        context.succeed({
         changed: false
```

데이터베이스에서
사용자 데이터를 읽는다

사용자가 존재하는지
확인한다

이전 암호와
맞는지 확인한다.

새로운 암호로 데이터베이스를
업데이트한다

암호가 변경된 것이
아닌 경우 로그 남기기

```
        });
      }
    }
  });
  }
}
});
}
```

리스트 10.17   Policy_Lambda_changePassword

```
{
  "Version": "2012-10-17",
  "Statement": [
    {
      "Action": [
        "dynamodb:GetItem",              데이터베이스 아이템을 읽고
        "dynamodb:UpdateItem"            업데이트한다
      ],
      "Effect": "Allow",
      "Resource":
        "arn:aws:dynamodb:<REGION>:<AWS_ACCOUNT_ID>:table/<DYNAMODB_TABLE>"
    },
    {
      "Sid": "",
      "Resource": "*",
      "Action": [
        "logs:*"
      ],
      "Effect": "Allow"
    }
  ]
}
```

Change Password 페이지의 스크린샷이 그림 10.11에 나타나 있다.

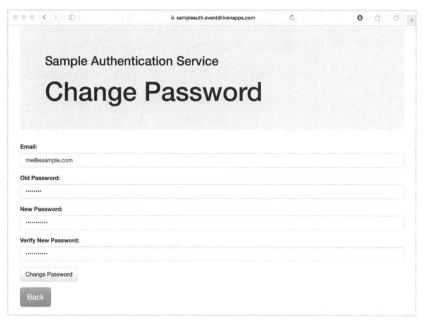

그림 10.11 **Change Password** 페이지는 현재 사용자 자격 증명(이메일 및 이전 암호)과 새 암호를 두 번 묻고 올바르게
작성되었는지 확인한다

요약

이 장에서는 예시 인증 서비스에 더 많은 기능을 추가했다. 특히 다음 사항에 대해 학습했다.

- 이메일 주소를 확인하기 위해 이메일을 사용하여 암호 재설정 절차 구현하기

- Amazon Cognito과 함께 인증 서비스의 로그인을 사용하여 AWS 자원에 대한 인증된
접속 제공하기

- Amazon Cognito에서 사용되는 IAM 역할을, 인증된 사용자와 인증되지 않은 사용자
를 구별하여 기능 및 자원에 대한 인증 전용 접속 제공하기

다음 장에서는 인증 서비스를 사용하여 이벤트 기반의 더 복잡한 서버리스 미디어 공유 애플
리케이션을 구축한다.

연습 문제 _____

1. 이름에서 알 수 있듯이 데이터베이스에서 모든 사용자 데이터를 읽을 수 있는 새로운 readUserProfile 람다 함수를 만들고, 이 함수에 대한 접속을 인증된(authenticated) 사용자에게만 허용하는 경우에 Amazon Cognito가 사용하는 IAM 역할에서 무엇을 변경해야 하는가?

2. 로그인 람다 함수가 콜백 {login:true}을 반환하지 않을 경우에 클라이언트에 추가 정보를 다시 전송하려고 한다. 어떻게 구현할 것인가?

해결 방법

1. Policy_Cognito_Authenticated_Role 내 허가된 람다 함수에 readUserProfile을 추가해야 한다. 예를 들면, 다음 리스트를 참고하자. Policy_Cognito_Unauthenticated_Role에서는 새로운 기능이 존재하지 않고, 기본적으로 인증되지 않은 사용자에게 권한이 부여되지 않으므로 변경이 필요하지 않다.

Policy_Cognito_Authenticated_Role(readUserProfile가 있는)

```
{       "cognito-sync:*"
  ],
  "Resource": [
  "*"
  ]
},
{
  "Effect": "Allow",
  "Action": [
  "lambda:InvokeFunction"
  ],
  "Resource": [
  "arn:aws:lambda:<REGION>:<ACCOUNT>:function:createUser",
  "arn:aws:lambda:<REGION>:<ACCOUNT>:function:verifyUser",
  "arn:aws:lambda:<REGION>:<ACCOUNT>:function:changePassword",
  "arn:aws:lambda:<REGION>:<ACCOUNT>:function:lostPassword",
  "arn:aws:lambda:<REGION>:<ACCOUNT>:function:resetPassword",
  "arn:aws:lambda:<REGION>:<ACCOUNT>:function:sampleAuthLogin",
  "arn:aws:lambda:<REGION>:<ACCOUNT>:function:readUserProfile"
  ]
  }
 ]
}
```

가능한 해결책은 람다 함수를 종료한 콜백에 제공된 JSON 페이로드에 정보를 추가하는 것인데, login이 false인 경우에만 클라이언트에서 읽게 된다. 예를 들면, 다음과 같다.

```
callback(null, { login: false , info: "User not found"});
```

또는 다음과 같다.

```
callback(null, { login: false , info: "Wrong password"});
```

11

미디어 공유 서비스 만들기

이 장에서 살펴볼 내용

- AWS Lambda를 이용하여 기술적 구현을 아키텍처와 매핑하기
- 간단명료하고 통합된, 진화된 베스트 케이스 아키텍처 사례 보기
- Amazon S3와 Amazon DynamoDB을 활용하여 데이터 모델 디자인하기
- 클라이언트 애플리케이션 보안 부분을 신경 써서 구현하기
- 백엔드에서 반응형 이벤트 사용하기

10장에서는 샘플 인증 서비스를 만들어 보았다. 암호를 변경하거나 재설정하는 기능을 추가해 보았고, 로그인 프로세스를 Amazon Cognito와 통합하여 임시 AWS 자격 증명을 가져오기도 했다.

이제 인증 서비스를 사용하여 사용자들을 관리하고 조금 더 복잡한 이벤트 기반 서버리스 애플리케이션 예제를 만들어 보자. 이 애플리케이션은 사용자가 공개/비공개 설정 후 사진들을 업로드하여 다른 사용자들과 소통하는 미디어 공유 애플리케이션이 될 것이다.

11.1 이벤트 기반 아키텍처

미디어 공유 애플리케이션의 전체적인 아키텍처(그림 11.1)는 이 책의 1장에 나온 첫 번째 예제였다. 이제 지금까지 배운 모든 것들을 활용하여 구현해 보자.

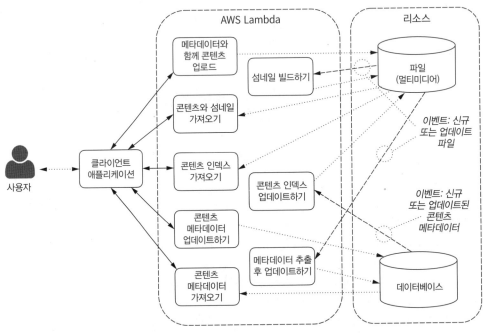

그림 11.1 이 책의 시작 부분에 제안된 미디어 공유 애플리케이션의 전체 이벤트 기반 아키텍처

다른 사용자들이 사진을 볼 수 있도록 애플리케이션은 공개 혹은 비공개 설정을 한 후 사진을 업로드해야 한다. 사용자들은 자신의 권한에 따라 알맞은 사진들의 섬네일을 볼 수 있고, 사진들의 제목, 설명 등 메타데이터를 확인할 수 있다.

클라이언트 애플리케이션과 백엔드 기능들은 API 기반으로 연결된다. 여기서 우리는 자바스크립트를 사용하여 클라이언트 애플리케이션의 백엔드를 만들어 데스크톱의 웹 페이지나 모바일 디바이스에서 실행될 수 있도록 한다. 만약 당신이 모바일 개발자라면 다른 디바이스들을 사용하는 동일한 사용자에 대한 서비스 구현이 손쉽게 이뤄질 수 있다. 예를 들면, 7장에서 나온 것과 같이 AWS Mobile Hub를 사용하여 애플리케이션을 킥스타트(kick-start)할 수 있다.

이 예제는 브라우저에서 실행되는 클라이언트사이드(clinent-side) 코드와 람다 함수에서 사용하는 서버사이드(server-side) 코드를 모두 다룬다. 브라우저에서 실행되는 코드는 자바스크립트이므로 람다 함수 예제에서 사용하는 코드도 자바스크립트로 한다. 파이썬으로 이 예제를 구현하는 방법은 스스로 하기 바란다. 아키텍처적으로나 논리적으로나 같은 애플리케이션이므로 설명하지 않는다.

위와 같은 애플리케이션에서는 사용자들이 새로운 콘텐츠들을 업로드하는 것보다 같은 콘텐츠가 사용자들에게 사용되는 경우가 많다고 기대된다. 효율성을 위해서, 공개 및 비공개된 그림들에 대해서 정적 인덱스를 만들어 본다. 즉, 데이터베이스에 계속 쿼리를 날리는 대신 인덱스를 사용하여 그림들을 화면에 시각적으로 보여 줄 수 있는 것이다. 예를 들면, 인덱스는 클라이언트 애플리케이션에서 그림을 화면에 보여 줄 때 필요한 정보를 모두 가진 파일일 수 있다. 이 파일은 XML 혹은 YAML 등 어떠한 포맷을 사용해도 관계 없다. 필자는 자바스크립트가 네이티브로 지원하는 JSON을 사용했다.

캐싱(chaching)은 사용자 경험을 강화하는 굉장히 중요한 최적화 방법이다. 캐싱으로 확장 가능성을 증가시킬 수 있고, 지연 시간 또한 줄일 수 있다. 현재 캐싱은 소프트웨어 및 하드웨어 구현에서 보편적으로 사용되고 있다. 많은 CPU는 다수의 캐시를 내부에 가지고 있고, 데이터베이스에서 데이터를 불러올 때 캐시를 많이 사용하기도 하며, DNS 질의 결과를 캐싱하여 네트워크 스택에 사용하기도 한다. 이외에도 많은 곳에서 캐싱이 사용되고 있으며, 애플리케이션을 만들 때 항상 데이터가 안전하게 캐싱되는지, 얼마 동안 캐싱을 할 것인지 고려해야 한다.

애플리케이션 구현 더 쉽게하기

새로운 애플리케이션을 구현할 때 개발 속도를 빠르게 하고 시장에 출시하는 시간을 앞당기기 위해서 많은 서비스와 기능들을 찾아보게 된다.

《린 스타트업(The lean Startup)》(Crown Business, 2011)에서 저자 에릭 리스(Eric Ries)가 사용한 '린 싱킹(lean thinking, 혁신, 파괴, 창조의 실행론)' 접근 방법을 사용한다면 새로운 서비스와 기능을 찾는 작업은 더욱 중요해진다. 이와 같은 관행에 따르면 **최소기능제품(MVP, Minimum Viable Product)**을 더 빠르게 사용자들에게 제공해 줄 수 있다. 최소한의 기능의 유효성을 확인하기 위한 제품 및 비즈니스 모델을 구현할 수 있게 하며, 그 위에 새로운 기능들을 빠르게 추가할 수 있게 한다.

린 싱킹을 이용한 접근 방법을 사용하여 필요한 기능을 제공하는 서비스를 만들어 보자. 이를 위해 아키텍처를 단순화하고 몇 가지 구현해야 할 사항이 있다.

- 그림, 섬네일, 인덱스 파일들의 저장소로서 Amazon S3를 사용할 수 있다. 이 방법은 S3 API를 이용하여 직접 사진이나 인덱스 파일을 업로드 및 다운로드 가능하므로 직접 구현할 수고가 줄어드는 장점이 있다.

- 제목, 설명, 그림이 저장된 링크 및 섬네일과 같은 메타데이터의 경우 NoSQL 데이터베이스 서비스인 Amazon DynamoDB를 사용한다. 여기서도 마찬가지로, DynamoDB API를 사용하여 메타데이터 읽기나 업데이트를 할 수 있으므로 직접 API를 작성하지 않고 빠르게 구현할 수 있다.

- Amazon S3 저장소 혹은 Amazon DynamoDB 데이터베이스의 업데이트에 대해서 반응하기 위해서 람다 함수를 이용하여 이벤트에 반응하도록 한다.

위와 같은 결정 사항에 따라 그림 11.1에 있는 아키텍처가 그림 11.2에 있는 기술 구현이 적용된 아키텍처로 매핑이 가능해졌다. 기존에 람다 함수가 8개 사용되었던 반면 뒤에 있는 단순화된 아키텍처에서는 세 개밖에 남지 않았다. 다섯 개의 람다 함수는 S3 API와 DynamoDB API를 직접 사용함으로써 대체되었다.

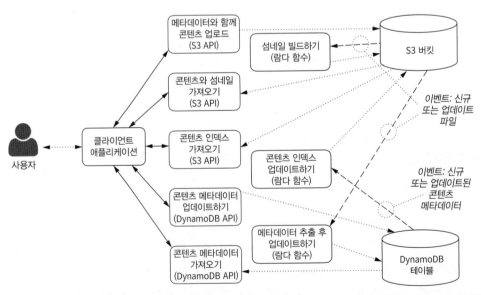

그림 11.2 Amazon S3, Amazon DynamoDB, AWS Lambda를 사용하여 기술 구현에 미디어 공유 애플리케이션 매핑. 대부분의 함수는 그림 업로드 및 다운로드(S3 API 사용) 및 메타데이터 읽기 및 업데이트(DynamoDB API 사용)와 같이 AWS 서비스 자체에서 직접 구현되므로 개발은 그림 11.1의 구현보다 훨씬 간단하다

여러분이 염두에 두어야 할 질문 중 하나는 Amazon S3 또는 Amazon DynamoDB의 기능을 사용하여 다섯 개의 람다 함수를 대체할 수 있는지 여부다. 이에 대한 대답을 위해 기능 및 보안 기능이 구현 요구 사항을 충족하는지 확인해야 한다. 이는 우리가 밑에서 앱을 같이 만들면서 하나씩 확인할 수 있다.

AWS API를 사용하는 클라이언트 애플리케이션의 인증과 권한 부분에 대해서는 6장에서 배웠던 Amazon Cognito(그림 11.3)를 이용하면 된다. AWS IAM 역할은 AWS 자원에 대해 접근 권한을 정밀하게 컨트롤할 수 있게 해준다. 예를 들면, 정책 요소들을 사용하여 S3 버킷 혹은 DynamoDB 테이블에 접근하는 클라이언트를 제한할 수 있다. 이 기능들은 이번 애플리케이션 구현에서 다시 볼 수 있을 것이다.

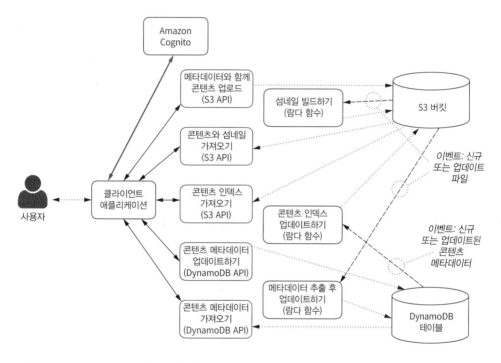

그림 11.3 **Amazon Cognito를 사용하면 S3 버킷 및 DynamoDB 테이블과 같은 AWS 리소스에 대한 안전하고 세밀하게 제어된 접근을 제공할 수 있으므로 클라이언트 애플리케이션에서 S3 및 DynamoDB API를 직접 사용할 수 있다**

이제 그림 11.3에서 볼 수 있는 블록들을 Amazon S3, Amazon DynamoDB, AWS Lambda를 사용하여 실제로 적용하고 사용 가능한 구현 방식(그림 11.4)으로 새롭게 매핑할 수 있다. 다음에서 단순화된 아키텍처에 대한 디테일을 더 이야기해 보자.

클라이언트 애플리케이션의 프론트엔드는 이제 모두 S3 API(사진 및 파일 조작), DynamoDB

API(메타데이터) 두 가지를 사용하여 대부분 처리한다. S3에서는 PUT 객체를 사용하여 콘텐츠를 업로드하거나 업데이트할 수 있고, GET 객체를 사용하여 다운로드한다. Amazon DynamoDB에서는 GetItem을 사용하여 기본 키를 이용해 item을 불러오고, UpdateItem을 이용하여 업데이트한다.

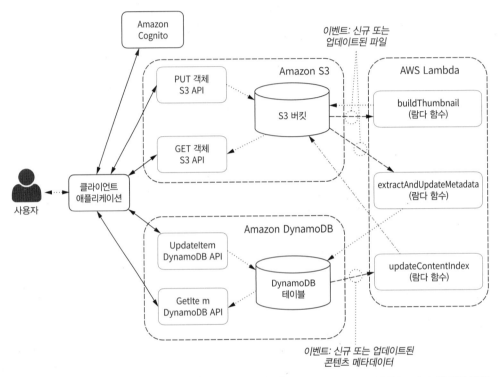

그림 11.4 **새 매핑을 사용하면 아키텍처 블록이 Amazon S3, Amazon DynamoDB, AWS Lambda와 같이 구현 도메인에 매핑된다**

클라이언트 측에서는 DynamoDB에 직접 접근하여 PutItem을 이용해 데이터베이스에 새로운 아이템 생성을 할 필요가 없다. 왜냐하면 S3 버킷에 새로운 콘텐츠가 업로드될 때 extractAndUpdateMetadata 람다 함수가 백엔드에서 사용자 메타데이터를 S3 객체로부터 불러들여 DynamoDB 테이블에 새로운 아이템에 집어넣어 주기 때문이다. buildThumbnails 람다 함수는 같은 이벤트(새로운 파일 및 업데이트)에 대해 반응하며, 사진에 대한 작은 섬네일을 만들어 클라이언트에게 콘텐츠를 보여 주는 데 사용한다. 섬네일은 같은 S3 버킷에 다른 접두어를 사용하여 저장된다.

마지막으로, updateContentIndex 람다 함수는 DynamoDB의 메타데이터 테이블이 수정되었을 때 반응하여 모든 변경 사항을 S3 버킷의 정적 인덱스 파일에 업데이트한다.

람다 함수들은 백엔드에서 이벤트에 반응하므로 클라이언트에서 자원들에 직접 접근할 필요가 없다. 이것은 보안 측면에서 훌륭하다. 이미 검증된 AWS API를 사용하여 클라이언트에 제공함으로써 위험 요소를 최소화할 수 있다.

람다 함수 통합하기

애플리케이션 아키텍처에 대한 디자인을 시작할 때 기능별로 다른 모듈을 생성해야 한다. 하지만 구현 단계에 들어가면 몇몇 모듈(AWS Lambda에서 사용하는 함수들)들을 사용할 때 애플리케이션 혹은 데이터에 묶여 있는 것을 확인할 수 있다.

extractAndUpdateMetadata 람다 함수와 buildThumbnails 함수는 같은 이벤트(S3 버킷에 새로운 자료 업로드 혹은 업데이트)에 반응하므로 같이 묶어서 사용할 수 있다. 예를 들면, 첫 번째 함수가 끝나기 전에 비동기적으로 두 번째 함수를 불러올 수 있다. 그림 11.5를 참고하자.

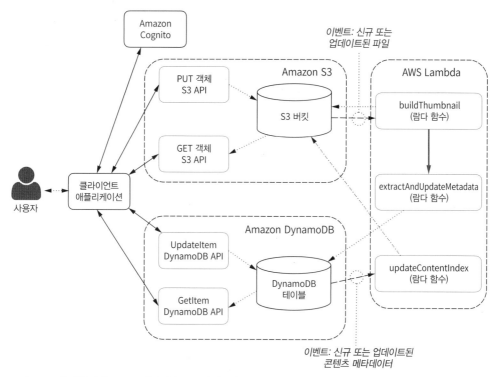

그림 11.5 동일한 이벤트로 두 개의 함수가 트리거되면 이를 함께 그룹화할 수 있다. 예를 들어, extractAndUpdate Metadata 및 buildThumbnails의 경우와 같이 하나의 함수가 종료 전에 다른 함수를 비동기적으로 호출할 수 있다

계속해서 이 두 람다 함수를 구현하기 위해서 인풋에서 두 개 모두 같은 값을 필요로 한다.

- buildThumbnails는 섬네일을 만들기 위한 사진 파일 필요
- extractAndUpdateMetadata는 데이터베이스에 넣을 객체 메타데이터 자료 필요

하지만 Amazon S3에는 사용할 수 있는 작업이 두 가지 있다.

- GET 객체: 객체, 파일, 메타데이터를 모두 읽어들임
- HEAD 객체: 파일을 제외한 메타데이터 읽어들임

두 개의 람다 함수는 같은 S3 객체를 한 번은 GET으로, 한 번은 HEAD로, 두 번 읽어들여야 한다. 하지만 이 접근 방식은 몇 천 개 혹은 몇 백만 개의 객체가 있을 때, 즉 규모가 커지면 적합하지 않은 접근 방법이다.

이럴 때는 한 개의 람다 함수를 만들어 같은 인풋을 사용하여 섬네일을 생성하고 메타데이터도 처리하는 방법을 사용하는 것을 권장한다(그림 11.6).

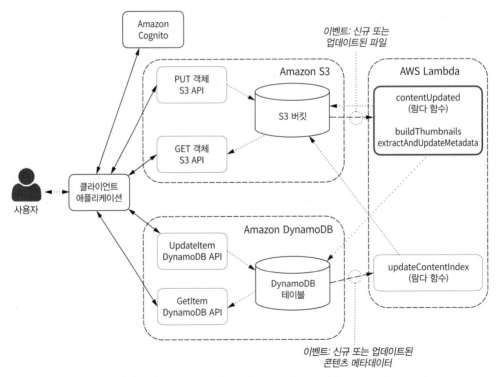

그림 11.6 스토리지 접근을 최적화하고 S3 객체를 한 번만 읽기 위해 extractAndUpdateMetadata 및 build Thumbnails 람다 함수를 단일 contentUpdated 함수로 그룹화하기

이벤트 기반 아키텍처의 진화

이벤트 기반 애플리케이션 및 반응형 아키텍처의 장점은 중앙집중식 작업이 아닌 람다 함수 내에서 데이터 흐름에 따른 작업을 연결할 수 있다는 점이다. 예를 들어, 미디어 공유 애플리케이션에서 사용자들이 콘텐츠를 삭제하는 옵션을 추가하고 싶을 경우에도 가능하다.

이 기능을 추가하기 위해서 새로운 delete API를 생성해야 하지만 Amazon S3에는 이미 해당 API가 있다. DELETE 객체 API를 사용하면 된다. 그러므로 contentUpdated 람다 함수에서 S3 버킷에서 삭제 이벤트를 관리해 주고, updateContentIndex 람다 함수에서 삭제된 콘텐츠의 인덱스를 업데이트해야 한다(그림 11.7).

이벤트 기반 애플리케이션에 새로운 기능을 추가한다는 것은 기존의 절차주의 접근법에 비해 훨씬 쉽다. 왜냐하면 두 자원 간의 관계에만 집중하면 되기 때문이다. 만약 다른 프로젝트에서 비슷한 접근 방법을 사용한다면 위에서 경험한 것과 같이 새로운 기능을 훨씬 쉽게 추가할 수 있을 것이다. 데이터 모델에 대한 파악과 변화에 대한 반응을 관리해 주면 간단하다. 하지만 때때로 한 가지 기능을 추가하는 것은 매우 복잡한 작업일 수 있다. 그럴 경우, 가지고 있는 데이터를 다시 한 번 점검하여 데이터의 저장 방식(파일, RDS, NoSQL 데이터베이스)이 전체 작업 흐름을 단순화시킬 수 있는지 여부에 대해 확인해 보는 것을 권장한다.

이제 독자 여러분은 소프트웨어 모듈과 서비스에서 효율적이고 빠르게 함수들을 매핑하고 구현하는 방법에 대해 더 좋은 관점을 가졌을 것이라 믿는다. 다음으로, 이벤트 기반 접근 방식을 지원하기 위해 데이터를 어떻게 구성할지 알아보자.

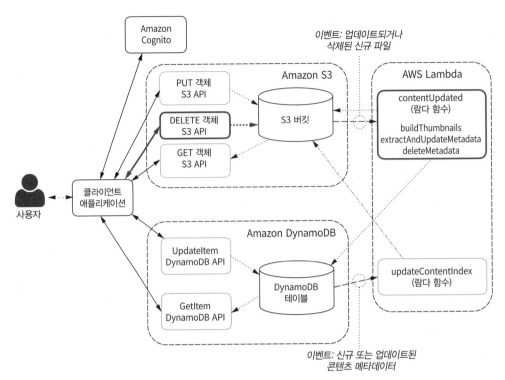

그림 11.7 클라이언트는 S3 DELETE 객체 API를 사용하여 내용을 삭제할 수 있다. 람다 함수에서 삭제 이벤트를 관리하여 메타데이터를 데이터베이스와 콘텐츠 인덱스에서 업데이트된 상태로 유지해야 한다

11.2 Amazon S3 객체 이름 짓기

이제 S3 버킷에는 람다 함수들이 업데이트하는 콘텐츠(사진들), 섬네일 및 정적 인덱스들이 있다. 공개 콘텐츠에 대해서는 모두 공개 인덱스가 필요하고, 비공개 콘텐츠에 대해서는 각 사용자마다 개인의 인덱스를 제공해야 한다.

Amazon S3는 전통적인 파일 시스템이 아니지만, 객체에 대해서 키를 정의할 때 계층적인 구문을 선택해서 사용하여 다음과 같은 것을 할 수 있다.

- 원할 때만 람다 함수 호출하기
- Amazon Cognito와 IAM 역할을 사용하여 공개/비공개 콘텐츠를 해당되는 사용자에게만 접근 권한 주기

그림 11.8에 있는 것과 같이 계층 구조 구문을 S3 Key로 사용하는 것을 권장한다. 버킷에는 접두어가 두 개, 즉 public/과 private/이 있으며, 공개 및 비공개 콘텐츠 설정을 각각 하기 위해서 IAM 역할을 사용하게 된다.

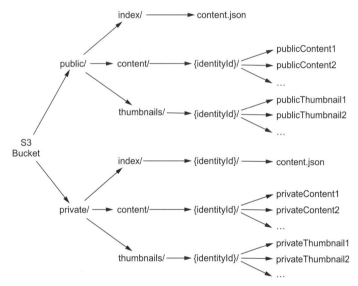

그림 11.8 **IAM 역할을 통한 접근을 보호하고 미리 정의된 접두사가 있는 이벤트가 올바른 람다 함수를 트리거할 수 있도록 S3 버킷에 사용되는 S3 키의 계층적 구문**

두 폴더에는 각각 클라이언트가 업로드한 파일을 넣는 content/ 폴더, contentUpdated 람다 함수가 생성한 섬네일을 저장하는 thumbnails/ 폴더, 정적 인덱스 파일이 있는 index/ 폴더가 있다.

public/과 private/ 공간의 가장 큰 차이점은 각각의 사용자에 해당하는 개인 인덱스 파일을 가지는가, 아니면 하나의 공개 인덱스 파일을 가지는가 하는 것이다. {identityId}에 해당하는 키는 Amazon Cognito에서 처음으로 로그인한 후 제공하는 실제 ID 값으로 대체된다.

S3에 있는 각각의 경로에 따라 Amazon Cognito에 의해 인증 혹은 미인증된 각각 다른 사용자와 람다 함수가 어떤 권한을 가지는지 다음의 표 11.1에서 볼 수 있다.

표 11.1 S3 경로에 따른 읽기 및 쓰기 권한 배정

S3 경로	읽기 권한	쓰기 권한
public/index/content.json	모든 사용자(인증/미인증)	updateContentIndex 람다 함수
public/content/{identityId}/*	모든 사용자(인증/미인증) contentUpdated 람다 함수	같은 identityId를 가진 인증된 사용자
public/thumbnails/{identityId}/*	모든 사용자(인증/미인증)	contentUpdated 람다 함수
private/index/{identityId}/content.json	같은 identityId를 가진 인증된 사용자	contentUpdated 람다 함수
private/content/{identityId}/*	contentUpdated 람다 함수, 같은 identityId를 가진 인증된 사용자	같은 identityId를 가진 인증된 사용자
private/thumbnails/{identityId}/*	같은 identityId를 가진 인증된 사용자	contentUpdated 람다 함수

표 11.2는 해당하는 람다 함수를 S3 접두어에 따라 호출하는 경우의 값을 보여 준다.

표 11.2 람다 함수의 이벤트 소스에 해당하는 접두어

S3의 접두어	람다 함수
public/content/	contentUpdated
private/content/	contentUpdated

11.3 Amazon DynamoDB의 데이터 모델 디자인하기

DynamoDB 테이블은 고정된 스키마 값을 가지고 있지 않다. 테이블을 만들 때 primary key를 정의하여 하나의 파티션 키(Partition Key) 혹은 파티션 키와 정렬 키(Sort Key)를 가진 합성 키를 지정해야 한다. 이 예제에서는 content 테이블을 합성 키를 사용하여 만들 것이며, identityID를 파티션 키로 설정하고, objectKey를 정렬 키로 설정할 것이다. 다음의 표 11.3을 참고하라.

공개된 콘텐츠에 대해 쿼리하기 위해서 파티션 키를 가진 GSI(Global Secondary Index)를 생성해야 한다. 파티션 키는 value 값으로만 쿼리가 가능하며, 정렬 키의 경우 범위로 쿼리가 가능하고 정렬을 가능하게 해준다.

공개된 콘텐츠에 대해서 공개 인덱스에 가장 최근의 업로드를 보관하고, 사용자가 범위로 예전 콘텐츠를 찾아볼 때만 데이터베이스에 쿼리하는 방식을 사용하려고 할 경우가 있다. 이 경우에는 인덱스 파티션 키를 하위 집합에 있는 uploadDay로 사용하고, uploadDate를 정렬 키

를 사용하여 해결할 수 있다(표 11.4). 이 방법으로, 최근에 업로드된 파일들을 먼저 가져오고, 만약 부족할 경우 어제의 업로드를 쿼리하고, 더 필요할 경우 계속 쿼리한다.

표 11.3 **DynamoDB 콘텐츠 테이블**

속성	타입	설명
identityId	Partition Key (String)	Amazon Cognito에서 사용자에게 제공하는 아이디 값인 identityID를 파티션 키로 지정한다. 같은 identityID를 사용한 인증된 사용자만 테이블에 읽고 쓸 수 있다
objectKey	Sort Key (String)	Amazon S3에서 사용하는 객체 키값인 objectKey를 파티션 키로 지정한다
thumbnailKey	Attribute (String)	Amazon S3에 있는 섬네일 키값
isPublic	Attribute (Boolean)	콘텐츠를 공개('true') 혹은 비공개('false')
title	Attribute (String)	콘텐츠의 제목
description	Attribute (String)	콘텐츠의 설명 부분
uploadDate	Attribute (String)	S3 메타데이터에서 가져온 업로드 시간 및 날짜
uploadDay	Attribute (String)	S3 메타데이터에서 가져온 날짜 값으로 최근 업로드에 대해 global secondary index를 활용하여 빠르게 쿼리한다

표 11.4 **DynamoDB의 공개 콘텐츠 검색을 위한 GSI(Global Secondary Index)**

속성	타입	설명
uploadDay	Attribute (String)	인덱스의 파티션 키, S3 메타데이터에서 가져온 업로드 날짜
uploadDate	Attribute (String)	인덱스의 정렬 키, S3 메타데이터에서 가져온 업로드 날짜와 시간

사용자가 점차 증가하고 업로드가 기하급수적으로 늘어나면 인덱스의 파티션 키를 더 자세하게 설정할 경우가 있을 것이다. 예를 들면, 업로드 시간 단위로 설정하여 최근 업로드를 현재 시간에 맞춰 가져오고, 그 다음에 부족할 경우 이전의 데이터를 불러오는 방법이 있다. 사실 uploadDay보다 더 유연한 속성 이름으로 partitialUploadDay를 사용할 수 있다. 더 많은 업로드가 있고, 각 파티션 키에 많은 아이템을 가지고 있지 않을 때 인덱스가 느려지지 않도록 그 기간을 늘릴 수 있기 때문이다.

> 📝 **참고하세요!**
>
> 바로 위 문단에서 '많은'이라는 단어를 자주 사용했다. 왜냐하면 파티션 키에 값이 많다는 것은 고정된 값이 아닌 상대적인 값이기 때문이다. 데이터와 인덱스의 접근 패턴에 따라 인덱스의 지연 시간을 증가시키는 볼륨에 도달하는 값이 다르기 때문이다. 지연 시간이 증가되면 파티션 키를 더 조정하는 것이 도움이 된다. 일반적으로 테이블에서 identityId와 같이 다양한 값을 가질 수 있는 파티션 키를 갖는 것이 좋은 선택이다.

여기에서는 인덱스에서 모든 속성에 GSI를 적용하여 단일 DynamoDB가 테이블로 왕복하지 않고, 애플리케이션의 콘텐츠 인덱스를 작성하는 데 필요한 모든 정보를 반환할 수 있도록 하는 것이 좋다. 만약 인덱스에 테이블 키(identityId 및 objectKey)만 적용하는 경우 쿼리에서 반환하는 각 항목에 대해 GetItem을 실행하여 필요한 추가 속성을 검색해야 한다.

이제 애플리케이션 구현에 필요한 모든 정보를 배웠으니 실제 클라이언트 프론트엔드 쪽부터 시작해 보자.

11.4 클라이언트 애플리케이션

> **참고하세요!**
>
> 앞에서 비슷한 설정을 하는 방법을 다뤘으니 이제는 빌드하는 방법에 대해서 주로 설명할 예정이다. 이전 장들에서 배운 내용을 이용하여 AWS 웹 콘솔 혹은 AWS CLI에서 필요한 단계를 거쳐 애플리케이션을 만들어 보자.

자바스크립트를 이용해서 클라이언트 애플리케이션을 만들려면 컨테이너 역할을 하는 HTML 페이지가 필요하다(리스트 11.1 참고).

리스트 11.1 index.html(홈페이지)

```
<html lang="en">
 <head>
  <title>Sample Media Sharing - AWS Lambda in Action</title>
  <meta charset="utf-8">
  <meta name="viewport" content="width=device-width, initial-scale=1">
  <!-- JQuery - required by Bootstrap -->
  <script src="https://code.jquery.com/jquery-1.12.0.min.js">        ◁── 부트스트랩을 위해
  </script>                                                               제이쿼리는
  <!-- Bootstrap -->                                                      필요하다
  <link rel="stylesheet" href="https://maxcdn.bootstrapcdn.com/bootstrap/
   3.3.6/css/bootstrap.min.css" integrity="sha384-
   1q8mTJOASx8j1Au+a5WDVnPi2lkFfwwEAa8hDDdjZlpLegxhjVME1fgjWPGmkzs7"
   crossorigin="anonymous">                                          ◁── 부트스트랩
  <link rel="stylesheet" href="https://maxcdn.bootstrapcdn.com/bootstrap/    자바
   3.3.6/css/bootstrap-theme.min.css" integrity="sha384-fLW2N01lMqjakBkx3l/   스크립트와
   M9EahuwpSfeNvV63J5ezn3uZzapT0u7EYsXMjQV+0En5r" crossorigin="anonymous">  CSS
  <script src="https://maxcdn.bootstrapcdn.com/bootstrap/3.3.6/js/          스타일시트
   bootstrap.min.js" integrity="sha384-                                     로드하기
   0mSbJDEHialfmuBBQP6A4Qrprq5OVfW37PRR3j5ELqxss1yVqOtnepnHVP9aJ7xS"    ◁──
   crossorigin="anonymous"></script>
```

```
<script src="https://sdk.amazonaws.com/js/aws-sdk-2.4.6.min.js"></script>
<style>
  .public { background-color: LightCyan; }
  .private { background-color: LightYellow; }
</style>
</head>
<body>
 <div class="container">
  <div class="jumbotron">
   <h2>AWS Lambda in Action</h2>
   <h1>Sample Media Sharing</h1>
   <p>This is an example of a serverless event-driven
     media-sharing app.</p>
  </div>
  <div class="row" id="result">
  </div>
  <div id="actions">
  </div>
  <div id="content">
  </div>
  <div id="myModalDetail" class="modal fade" role="dialog">
   <div class="modal-dialog">
    <div id="detail">
    </div>
   </div>
  </div>
 </div>
 <!-- This is where AWS Lambda is invoked -->
 <script src="mediaSharing.js"></script>
</body>
</html>
```

공개 및 비공개 콘텐츠의
배경을 변경할 때
스타일시트 클래스를
사용할 수 있다

AWS
자바스크립트와
SDK 로드하기

부트스트랩을 통해
자바스크립트가 관리하는
세부 대화 상자를 모달
대화 상자로 만든다

자바스크립트 앱의
실질적인 로직

📝 참고하세요!

부트스트랩을 사용하여 시각적인 효과 및 모바일에서 반응할 수 있도록 만들었다. 트위터의 개발자 및 디자이너가 만든 부트스트랩은 모바일에서 호환 가능한 반응형 웹 프로젝트에 사용하는 유명한 HTML, CSS 및 JS 프레임워크다. 더 자세한 정보는 다음의 링크를 참고하라. **URL** http://getbootstrap.com

---

클라이언트 애플리케이션에서 사용하는 코드는 mediaSharing.js 자바스크립트 파일(리스트 11.2)에 있다. 이 코드에 대해서 간단하게 설명하고 어떻게 동작하는지 보자.

- 사용자를 관리하기 위해서 클라이언트는 Amazon Cognito 혹은 독자가 만든 인증 서비스를 이용한다. 미디어 공유 애플리케이션과 같은 리전에 인증 서비스를 운영해야 상호 호환이 되니 주의한다.

- 로그인 기능은 인증 서비스의 로그인 페이지 코드와 비슷하다. 가장 큰 차이점은 사용자가 로그인했을 때 혹은 로그인하지 않았을 때 표시하는 콘텐츠를 새로 고침하는 기능이 있는가 하는 것이다.

- S3 커스텀 메타데이터를 이용해 제목, 설명 부분을 업로드할 때 리턴한다.

- 주기적으로 업데이트를 확인하기 위해 마지막 다운로드 이후 업데이트된 경우에만 HTTP 사양의 일부인 헤더를 사용하여 Amazon S3에 대한 클라이언트 풀 리퀘스트(client pull request)를 사용하여 새 콘텐츠를 다운로드한다.

> **여기서 잠깐!**
>
> 미디어 공유 애플리케이션의 인덱스 페이지에 인증 서비스 링크를 삽입하여 사용자들로 하여금 자신의 아이디를 생성하고 관리하기 쉽도록 할 수도 있다.

> **여기서 잠깐!**
>
> 클라이언트 풀 리퀘스트 대신 서버가 업데이트를 푸시하도록 하려면 AWS IoT 플랫폼을 사용하는 방법이 있다. 이를 위해 물리적 IoT 장치가 필요하지는 않다. 단순히 AWS IoT 서비스 중 양방향 MQTT[1] 게이트웨이를 사용하면 된다. AWS IoT를 사용하면 브라우저에서 보안 웹 소켓을 사용하여 각각에 대한 MQTT 토픽에 대해 반응할 수 있다. 예를 들면, 백엔드에서 람다 함수를 사용하여 해당 주제에 대한 업데이트를 게시할 수 있다. 이 방법과 AWS IoT에 대한 자세한 내용은 https://aws.amazon.com/iot를 참고하라. 공개/등록 메시지 전송 서비스인 MQTT 프로토콜에 대한 자세한 설명은 http://mqtt.org를 참고하라.

리스트 11.2 mediaSharing.js(브라우저의 자바스크립트)

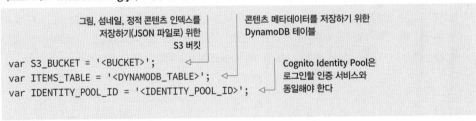

```
var S3_BUCKET = '<BUCKET>';
var ITEMS_TABLE = '<DYNAMODB_TABLE>';
var IDENTITY_POOL_ID = '<IDENTITY_POOL_ID>';
```

그림, 섬네일, 정적 콘텐츠 인덱스를 저장하기(JSON 파일로) 위한 S3 버킷

콘텐츠 메타데이터를 저장하기 위한 DynamoDB 테이블

Cognito Identity Pool은 로그인할 인증 서비스와 동일해야 한다

---

1 MQTT는 M2M(Machine-to-Machine) 및 IoT(Internet of Things) 프로젝트에서 일반적으로 사용되는 가볍도록 설계된 발행/구독 메시징 프로토콜이다. 자세한 내용은 http://mqtt.org를 참고하기 바란다.

```
AWS.config.region = '<REGION>';
AWS.config.credentials = new AWS.CognitoIdentityCredentials({
 IdentityPoolId: IDENTITY_POOL_ID
});
```
인증되지 않은 역할에 대한
Amazon Cognito의
AWS 임시 자격 증명 얻기

```
var identityId = null;
var publicContent = emptyContent();
var privateContent = emptyContent();
var index = {};
```
빈 인증값 설정
빈 공개 콘텐츠값 설정
빈 비공개 콘텐츠값 설정
빈 콘텐츠 인덱스 설정

```
var result = document.getElementById('result');
var actions = document.getElementById('actions');
var detail = document.getElementById('detail');
var content = document.getElementById('content');
```
DOM 페이지에서 수정할
주요 구성 요소들 가져오기

```
var lambda = new AWS.Lambda();
var s3 = new AWS.S3();
var dynamodb = new AWS.DynamoDB();
```
AWS 서비스 객체 가져오기

```
function emptyContent() {
 return { lastUpdate: null, index: null };
}

function login() {
```
login () 함수는
인증 서비스의 함수와
비슷하다

```
 var email = document.getElementById('email');
 var password = document.getElementById('password');

 result.innerHTML = getAlert('info', 'Login...');

 if (email.value == null || email.value == '') {
  result.innerHTML = getAlert('warning',
   'Please specify your email address.');
 } else if (password.value == null || password.value == '') {
  result.innerHTML = getAlert('warning',
   'Please specify a password.');
 } else {

  var input = {
   email: email.value,
   password: password.value
  };

  lambda.invoke({
   FunctionName: 'sampleAuthLogin',
   Payload: JSON.stringify(input)
  }, function(err, data) {
   if (err) {
    console.log(err, err.stack);
    result.innerHTML = getAlert('danger', err);
   } else {
```

```
    var output = JSON.parse(data.Payload);
    if (!output.login) {
      result.innerHTML = getAlert('warning', '<b>Not</b> logged in');
    } else {
      result.innerHTML = getAlert('success',
        'Logged in with IdentityId: ' + output.identityId + '<br>');
      identityId = output.identityId;
      var creds = AWS.config.credentials;
      creds.params.IdentityId = output.identityId;
      creds.params.Logins = {
        'cognito-identity.amazonaws.com': output.token
      };
      creds.expired = true;
      updateActions();
      updateContent();
    }
  }
 });
}
}
```

logout () 함수는
로그아웃할 때 비공개
콘텐츠를 지우고 있다

```
function logout() {
 identityId = null;
 result.innerHTML = getAlert('info', 'Logged out.');
 privateContent = emptyContent();

 var creds = AWS.config.credentials;
 creds.params.Logins = {};
 creds.refresh(function() {
  renderContent();
  updateActions();
 });
}
```

로그인했는지 업로드할 수
있는지에 따라 가능한
작업 업데이트

```
function updateActions() {

 if (identityId == null) {
  result.innerHTML = getAlert('info',
   '<p>Please login to upload and see your private content.</p>');
  actions.innerHTML =
   '<form class="form-inline" role="form" id="login-form">' +
    '<div class="form-group">' +
     '<label for="email">Email </label>' +
      '<input type="text" class="form-control" id="email">' +
     '</div> ' +
    '<div class="form-group">' +
     '<label for="password">Password </label>' +
      '<input type="password" class="form-control" id="password">' +
     '</div>' +
     '<button type="submit" class="btn btn-default">Login</button>' +
    '</form>';
```

```javascript
  var form = document.getElementById('login-form');
  form.addEventListener('submit', function(evt) {
   evt.preventDefault();
   login();
  });
 } else {
 actions.innerHTML =
  '<form class="form-horizontal" role="form" id="add-picture-form">' +
   '<div class="form-group">' +
    '<label class="control-label col-sm-2" for="mediaFile">' +
     'Photo to Upload</label>' +
    '<div class="col-sm-10">' +
     '<input type="file" name="mediaFile" id="mediaFile">' +
    '</div>' +
   '</div>' +
   '<div class="form-group">' +
    '<label class="control-label col-sm-2" for="is-public">Public</label>' +
     '<div class="col-sm-10">' +
      '<input type="checkbox" value="" name="is-public" id="is-' +
   public" placeholder="is-public">' +
     '</div>' +
    '</div>' +
   '</div>' +
   '<div class="form-group">' +
    '<label class="control-label col-sm-2" for="title">Title</label>' +
    '<div class="col-sm-10">' +
     '<input type="text" class="form-control" name="title" id="title' +
   placeholder="title">' +
    '</div>' +
   '</div>' +
   '<div class="form-group">' +
    '<label class="control-label col-sm-2" for="description">Description</label>' +
    '<div class="col-sm-10">' +
     '<input type="text" class="form-control" name="description" id="description"' +
   placeholder="description">' +
    '</div>' +
   '</div>' +
   '<div class="form-group">' +
    '<div class="col-sm-offset-2 col-sm-10">' +
     '<button type="submit" class="btn btn-default"> Add Picture</button>' +
     '<button type="button" id="logout-button" class="btn btn-' +
   default"> Logout</button>' +
    '</div>' +
   '</div>' +
  '</form>';
 var form = document.getElementById('add-picture-form');
 form.addEventListener('submit', function(evt) {
  evt.preventDefault();
  addPicture();
 });
 var logoutButton = document.getElementById('logout-button');
```

```
  logoutButton.addEventListener('click', logout);
 }
}
function addPicture() {
 var mediaFile = document.getElementById('mediaFile');
 var isPublic = document.getElementById('is-public');
 var title = document.getElementById('title');
 var description = document.getElementById('description');
 var file = mediaFile.files[0];

 if (!file) {
  result.innerHTML = getAlert('warning', 'Nothing to upload.');
  return;
 }
 if (description.value == '') {
  result.innerHTML = getAlert('warning', 'Please provide a description.');
  return;
 }

 result.innerHTML = '';
 var key = (isPublic.checked ? 'public' : 'private') +
   '/content/' + identityId + '/' + file.name;
 console.log(key);
 console.log(isPublic.checked);
 var params = {
  Bucket: S3_BUCKET,
  Key: key,
  ContentType: file.type,
  Body: file,
  Metadata: {
   data: JSON.stringify({
    isPublic: isPublic.checked,
    title: title.value,
    description: description.value
   })
  }};
 uploadToS3(params);
}
function uploadToS3(params) {

 if (identityId == null) {
  result.innerHTML = getAlert('warning', 'Please login to upload.');
 } else {
  result.innerHTML = getAlert('info', 'Uploading...');
  var s3 = new AWS.S3();
  s3.putObject(params, function(err, data) {
   result.innerHTML =
    err ? getAlert('danger', 'Error!' + err + err.stack)
     : getAlert('success', 'Uploaded.');
```

S3 버킷으로
새로운 그림 업로드하기

Amazon S3에
업로드를 관리하는
실제 함수

```
  });
 }
}

function updateContent() {
  var publicContentIndexKey = 'public/index/content.json';
  checkContent(publicContentIndexKey, publicContent);
  if (identityId != null) {
    var privateContentIndexKey = 'private/index/' + identityId + '/content.json';
    checkContent(privateContentIndexKey, privateContent);
  }

}

function checkContent(key, content) {

  var params = {
    Bucket: S3_BUCKET,
    Key: key
  };
  if (content.lastUpdate != null) {
    params.IfModifiedSince = content.lastUpdate;
  }
  s3.getObject(params, function(err, data) {
    if (err) {
      if (err.code == 'NotModified') {
        console.log('Not Modified');
      } else {
        console.log(err, err.stack);
      }
    } else {
      console.log(key);
      console.log(data);
      currentUpdate = new Date(data.LastModified);
      console.log('currentUpdate: ' + currentUpdate);
      console.log('lastUpdate: ' + content.lastUpdate);
      if (content.lastUpdate == null ||
       currentUpdate > content.lastUpdate) {
        content.lastUpdate = currentUpdate;
        content.index = JSON.parse(data.Body);
        renderContent();
        console.log("Updated");
      }
    }
  });
}

function getSignedUrlFromKey(key) {

  var params = {Bucket: S3_BUCKET, Key: key, Expires: 60};
  var url = s3.getSignedUrl('getObject', params);
```

updateContentIndex 람다 함수가
준비한 콘텐츠 인덱스에 새로운 공개
또는 비공개 콘텐츠가 있는지 확인한다

업데이트할 때 콘텐츠를 다운로드하기 위해
IfModifiedSince HTTP 헤더를 사용하여
업데이트된 콘텐츠 인덱스를 확인하는
보다 일반적인 함수다

AWS 자격 증명을 사용하여
Amazon S3 URL에 서명하는
유틸리티 함수다

```
    console.log('The URL is', url); // 60초 후에 만료된다.

    return url;
}
function renderContent() {
    index = {};
    console.log(publicContent.index);
    if (publicContent.index != null) {
      publicContent.index.forEach(function(element) {
        element.isPublic = true;
        element.isOwner = (identityId != null && element.identityId == identityId);
        index[element.objectKey] = element;
      });
    }
    console.log(privateContent.index);
    if (privateContent.index != null) {
      privateContent.index.forEach(function(element) {
        element.isPublic = false;
        element.isOwner = (identityId != null && element.identityId == identityId);
        index[element.objectKey] = element;
      });
    }
    var html = '';
    for(var objectKey in index) {
      var element = index[objectKey];
      console.log(element);

      html += '<div class="col-sm-3 thumbnail alert ' +
        (element.isPublic ? 'alert-success' : 'alert-warning') + '"">' +
        (element.isOwner ? '<button type="button" class="close"
    onclick=deleteContent("' +
        objectKey + '")>&times;</button>' : '') +
        '<h4 class="text-center">' + element.title + '</h4>' +
        '<a data-toggle="modal" data-target="#myModalDetail" ' +
        'onclick=showContent("' + objectKey + '")>' +
        '<img class="img-rounded" ' +
        'src="' + getSignedUrlFromKey(element.thumbnailKey) + '" ' +
        'alt="' + element.title + '" ' + '>' +
        '</a>' +
        '<p class="text-center">' + element.description + '</p>' +
        '</div>';
    }
    content.innerHTML = html;

}
function showContent(objectKey) {

    var element = index[objectKey];
    detail.innerHTML =
```

인덱스에서 다운로드할 때와 같이
콘텐츠 섬네일 및 메타데이터
렌더링하기

콘텐츠의 세밀한 부분
(전체 그림과 메타데이터)
렌더링하기

```
       '<div class="modal-content">' +
        '<div class="modal-header">' +
         '<button type="button" class="close" data-dismiss="modal">&times;</button>' +
          '<h4 class="modal-title">' + element.title + ' (' +
          (element.isPublic ? "Public" : "Private") +')</h4>' +
        '</div>' +
        '<div class="modal-body">' +
         '<p>' + element.description + '</p>' +
         '<div class="thumbnail">' +
          '<img class="img-responsive" src="' + getSignedUrlFromKey(objectKey) + '">' +
         '</div>' +
        '</div>' +
        '<div class="modal-footer">' +
         '<button type="button" class="btn btn-default" data
  -dismiss="modal">Close</button>' +
        '</div>' +
       '</div>' +
       '</div>';
}
function deleteContent(objectKey) {    ◁──┐  동일한 사용자가 소유한
 console.log(objectKey);                   콘텐츠를 동일한 identityId로
 var params = {                            삭제하기
   Bucket: S3_BUCKET,
   Key: objectKey
 }
 deleteFromS3(params);                      Amazon S3에
}                                          삭제를 관리하는
function deleteFromS3(params) {   ◁──┐     실제 함수
 result.innerHTML = getAlert('info', 'Deleting...');
 s3.deleteObject(params, function(err, data) {
   result.innerHTML =
    err ? getAlert('danger', 'Error!' + err + err.stack)
      : getAlert('success', 'Deleted.');
 });                                       Boostrap Alerts로
}                                          HTML을 생성하는
function getAlert(type, message) {   ◁──┐  유틸리티 함수
 return '<div class="alert alert-' + type + '" >' +
  '<a href="#" class="close" data-dismiss="alert" aria-
   label="close">&times;</a>' +
  message + '</div>';
}

function init() {                   ┌─ 콘텐츠 및 작업을 준비하고 콘텐츠 업데이트
 updateActions();              ◁──┤  (클라이언트 폴링)에 대한 반복적인 백그라운드
 updateContent();                  └─ 검사를 예약하는 초기화 함수
 setInterval(updateContent, 3000);
}                                       초기화 함수는
                                        브라우저 창이 로드될 때
window.onload = init();      ◁──┐        실행된다
```

Amazon CloudFront와 같은 CDN(Content Delivery Network)을 S3 버킷 앞에 사용하여 새로운 콘텐츠에 대한 전송 속도를 증가시키는 것이 더 효율적이다. 이와 같은 경우 현재 Amazon S3에서 사용되는 Signed URL들을 쿠키와 같은 다른 기술들로 대체하여 민감한 정보를 안전하게 전송한다.

Cognito identity pool에서 사용되는 IAM 역할은 8장 및 9장에서 사용한 룰에서 조금 더 확장한 것이다. IAM 역할을 사용하면 하나의 역할에 여러 개의 정책을 붙일 수 있다. 여기에서는 리스트 11.3과 11.4에 있는 정책들을 사용하여 인증된 역할과 미인증된 역할에 추가한다.

만약 Cognito identity pool에서 사용하는 샘플 인증 서비스의 정책을 수정하거나 삭제할 경우 기존 로그인이 더 이상 작동하지 않을 수 있으며, 사용자를 만들고 패스워드를 변경하는 용도로 생성했던 람다 함수가 제대로 작동하지 않을 수 있으며, Amazon CloudWatch Logs에 로그를 남기는 기능이 제대로 작동하지 않을 수 있다.

리스트 11.3 Policy_Cognito_mediaSharing_Unauth_Role

```
{
  "Version": "2012-10-17",
  "Statement": [
    {
      "Effect": "Allow",
      "Action": [
        "s3:GetObject"
      ],
      "Resource": [
        "arn:aws:s3:::<BUCKET>/public/*"    ◁  인증되지 않은 경우
      ]                                        S3 버킷의 공개 콘텐츠만
    }                                          볼 수 있다
  ]
}
```

리스트 11.4   Policy_Cognito_mediaSharing_Auth_Role

접두사에 정책 변수를 사용하여 사용자 identityId가
포함된 경우에만 S3 버킷의 비공개 콘텐츠를 읽을 수 있다

```
{
  "Version": "2012-10-17",
  "Statement": [
    {
      "Effect": "Allow",
      "Action": [
        "s3:GetObject"
      ],                                              S3 버킷의 모든 공개
      "Resource": [                                   콘텐츠를 읽을 수 있다
        "arn:aws:s3:::<BUCKET>/public/*",        ◁
"arn:aws:s3:::<BUCKET>/private/index/${cognito-identity.amazonaws.com:sub}/*",
"arn:aws:s3:::<BUCKET>/private/content/${cognito-identity.amazonaws.com:sub}/*",
"arn:aws:s3:::<BUCKET>/private/thumbnail/${cognito-identity.amazonaws.com:sub}/*"
      ]
    },
    {
      "Effect": "Allow",
      "Action": [                                     접두사에 정책 변수를 사용하여 사용자
        "s3:PutObject",                               identityId가 포함된 경우에만 S3 버킷의 공개
        "s3:DeleteObject"                             또는 비공개 콘텐츠를 업로드하고 삭제할 수 있다
      ],
      "Resource": [
"arn:aws:s3:::<BUCKET>/public/content/${cognito-identity.amazonaws.com:sub}/*",
"arn:aws:s3:::<BUCKET>/private/content/${cognito-identity.amazonaws.com:sub}/*"
      ]
    },
    {
      "Effect": "Allow",
      "Action": [
        "dynamodb:UpdateItem"
      ],
      "Resource": "arn:aws:dynamodb:<REGION>:<AWS_ACCOUNT_ID>:table/
      <DYNAMODB_TABLE>",
      "Condition": {
        "ForAllValues:StringEquals": {
          "dynamodb:LeadingKeys": [
            "${cognito-identity.amazonaws.com:sub}"        사용자 identityId가 파티션 키에
          ],                                           ◁    있는 경우에만 DynamoDB 테이블의
          "dynamodb:Attributes": [                          항목을 업데이트할 수 있다
            "title",                              DynamoDB 테이블에서
            "description"                         제목과 설명만 업데이트할 수 있다
          ]
        },
        "StringEqualsIfExists": {                     DynamoDB 속성의 가시성을
          "dynamodb:Select": "SPECIFIC_ATTRIBUTES",  ◁  제한할 수 있다(이 구현에서는
          "dynamodb:ReturnValues": [                     중요하지 않지만 알아두면
            "NONE",                                       유용하다)
```

```
            "UPDATED_OLD",
            "UPDATED_NEW"
        ]
      }
    }
  }
  ]
}
```

👆 여기서 잠깐!

동일한 역할에 여러 정책을 추가하는 것은 정책별로 서로 다른 임무를 분리하여 유지하는 데 유용할 수 있다. 이 경우에서는 각 역할마다 인증 서비스에 필요한 정책과 애플리케이션별 요구 사항에 대해 커스터마이즈된 정책이 있다.

클라이언트 애플리케이션은 새로운 콘텐츠(사진)를 Amazon S3에 업로드하고, 백엔드의 람다 기능에 의해 공개 및 비공개 색인이 업데이트될 것으로 예상된다. 어떻게 작동하는지 한번 보겠다.

11.5 콘텐츠 업데이트에 반응하기

콘텐츠 업데이트에 대응하는 첫 번째 단계는 공개 또는 비공개 콘텐츠가 S3 버킷에 추가되거나 삭제될 때 트리거하는 기능을 갖추는 것이다. 이때 트리거의 두 접두사는 다음과 같다.

- public/content/
- private/content/

⚠ 주의하세요!

public/ 혹은 private/와 같이 트리거에 다른 접두어를 더하거나 더 넓은 범위의 접두어를 추가하면 오류가 발생하거나 끝없는 루프가 발생할 수 있다. 람다 함수가 S3 버킷에 섬네일을 업로드하여 설정 오류가 발생함에 따라 동일한 함수의 실행을 반복해서 트리거할 수 있으므로 주의해야 한다.

다음 리스트의 코드는 업데이트되는 콘텐츠에 반응하는 코드다.

리스트 11.5 **contentUpdated 람다 함수(Node.js)**

```javascript
var async = require('async');                              // 비동기 모듈은 자바스크립트에서
var gm = require('gm').subClass({ imageMagick: true });    // 비동기 호출을 단순화한다
var util = require('util');
var AWS = require('aws-sdk');                               // 콘텐츠 메타데이터를
                                                            // 저장할 DynamoDB      // ImageMagick 통합을
                                                            // 테이블               // 가능하게 한다
var DDB_TABLE = '<DYNAMODB_TABLE>';
var MAX_WIDTH = 200;
var MAX_HEIGHT = 200;                    // 축소판의 최대 높이 및 너비

var s3 = new AWS.S3();                   // Amazon S3 및 Amazon DynamoDB용
var dynamodb = new AWS.DynamoDB();       // AWS 클라이언트

function startsWith(text, prefix) {
 return (text.lastIndexOf(prefix, 0) === 0)    // 문자열의 시작 부분이
}                                              // 다른 문자열과 같은지
                                               // 확인하는 유틸리티 함수

exports.handler = (event, context, callback) => {
 console.log('Reading options from event:\n',
  util.inspect(event, {depth: 5}));
 var srcBucket = event.Records[0].s3.bucket.name;
 var srcKey = unescape(event.Records[0].s3.object.key);
 var eventName = event.Records[0].eventName;
 var eventTime = event.Records[0].eventTime;
 var dstBucket = srcBucket;
 var dstKey = srcKey.replace(/content/, 'thumbnail');
 var identityId = srcKey.match(/.*\/content\/([^\/]*)/)[1];

 console.log('eventName = ' + eventName);
 console.log('dstKey = ' + dstKey);
 console.log('identityId = ' + identityId);
                                            // Amazon S3에서 받은
                                            // 이벤트가 객체를 삭제하는
                                            // 이벤트인 경우
 if (startsWith(eventName, 'ObjectRemoved')) {
  s3.deleteObject({                     // S3 버킷에서
   Bucket: dstBucket,                   // 해당 축소판 그림을 삭제
   Key: dstKey
  }, function(err, data) {
   if (err) console.log(err);
   else console.log(data);
  });

  dynamodb.deleteItem({                 // DynamoDB 테이블에서
   TableName: DDB_TABLE,                // 객체 메타데이터를 삭제
   Key: {
    identityId: { S: identityId },
    objectKey: { S: srcKey }
   }
  }, function(err, data) {
   if (err) console.log(err);
```

```
    else console.log(data);
  });

} else {                                     Amazon S3에서 받은
                                             이벤트가 새 객체를 위한
                                   ◄──────   이벤트인 경우

var typeMatch = srcKey.match(/\.([^.]*)$/);   ◄──── 이미지 유형을 추측
if (!typeMatch) {
  callback('Unable to infer image type for key ' + srcKey);
}
var imageType = typeMatch[1];
if (imageType != 'jpg' && imageType != 'png' && imageType != 'gif') {
  callback('Skipping non-image ' + srcKey);
}
                                             'async' 모듈을 사용하여
async.waterfall([                    ◄────   함수의 waterfall 목록을 시작.
  function download(next) {      ◄──         함수는 순서대로 실행
    // S3에서 이미지를 버퍼로 다운로드한다.        S3 버킷
    s3.getObject({                           (맞춤 메타데이터 포함)에서
      Bucket: srcBucket,                     사진을 다운로드
      Key: srcKey
    },
    next);
  },
  function tranform(response, next) {   ◄──── 섬네일을 생성
    gm(response.Body).size(function(err, size) {
      var scalingFactor = Math.min(
        MAX_WIDTH / size.width,
        MAX_HEIGHT / size.height
      );
      var width = scalingFactor * size.width;
      var height = scalingFactor * size.height;
                                             이미지 버퍼를
                                             메모리로 변환
      this.resize(width, height)     ◄──
        .toBuffer(imageType, function(err, buffer) {
          if (err) {
            next(err);
          } else {
            next(null, response.ContentType,
              response.Metadata.data, buffer);
          }
        });
    });
  },
  function upload(contentType, metadata, data, next) {   축소판을
    s3.putObject({                               ◄──     S3 버킷에 업로드
      Bucket: dstBucket,
      Key: dstKey,
      Body: data,
      ContentType: contentType
    }, function(err, buffer) {
      if (err) {
```

```
      next(err);
    } else {
      next(null, metadata);
    }
  });
},
function index(metadata, next) {                    ⟵  DynamoDB 테이블에
  var json_metadata = JSON.parse(metadata);              콘텐츠 메타데이터를 저장
  var params = {
   TableName: DDB_TABLE,
   Item: {
    identityId: { S: identityId },
    objectKey: { S: srcKey },
    thumbnailKey: { S: dstKey },
    isPublic: { BOOL: json_metadata.isPublic },
    uploadDate: { S: eventTime },
    uploadDay: { S: eventTime.substr(0, 10) },
    title: { S: json_metadata.title },
    description: { S: json_metadata.description }
   }
  };
  dynamodb.putItem(params, next);
}], function (err) {                                 ⟵  비동기식 waterfall 목록에서
  if (err) console.log(err, err.stack);                  오류가 발생하면 트리거된다
  else console.log('Ok');
 }
 );
 }
}
```

⚠ **주의하세요!**

contentUpdated 함수는 외부 모듈인 async와 gm이 로컬에 설치되어야 한다. 5장에서 배운 것과 같이 로컬에 위의 두 모듈이 있어야 AWS Lambda에 코드를 zip으로 압축하여 올릴 때 정상적으로 작동한다. 예를 들어, npm install async gm 명령어를 사용하여 설치할 수 있다.

AWSLambdaBasicExecutionRole을 작성하는 함수에 필요한 정책은 다음 리스트의 코드에서 확인할 수 있다.

리스트 11.6 **Policy_Lambda_contentUpdated**

```
{
  "Version": "2012-10-17",
  "Statement": [
    {
```

```
      "Effect": "Allow",
      "Action": [
        "s3:GetObject"
      ],
      "Resource": [
        "arn:aws:s3:::<BUCKET>/public/content/*",            S3 버킷의 공개 및
        "arn:aws:s3:::<BUCKET>/private/content/*"            비공개 콘텐츠를 읽는다
      ]
    },
    {
      "Effect": "Allow",
      "Action": [
        "s3:PutObject",
        "s3:DeleteObject"
      ],
      "Resource": [
        "arn:aws:s3:::<BUCKET>/public/thumbnail/*",           S3 버킷에 공개 및
        "arn:aws:s3:::<BUCKET>/private/thumbnail/*"           비공개 섬네일 이미지를
      ]                                                       작성한다
    },
    {
      "Effect": "Allow",
      "Action": [
        "dynamodb:PutItem",
        "dynamodb:DeleteItem"
      ],                                                      DynamoDB 테이블에서
      "Resource":                                             항목을 추가하거나 삭제한다
      "arn:aws:dynamodb:<REGION>:<AWS_ACCOUNT_ID>:table/<DYNAMODB_TABLE>"
    }
  ]
}
```

지금까지의 작업이 완료되면 콘텐츠의 메타데이터가 DynamoDB 테이블에 기록된다. 그러나 모든 사용자의 데이터에 대해 테이블을 쿼리하는 것은 효율적이지 않다. 그러므로 재사용할 수 있는 콘텐츠 인덱스를 작성하여 적당한 값을 캐싱할 수 있는 방법을 살펴보겠다.

11.6 콘텐츠 인덱스 업데이트하기

DynamoDB 콘텐츠 테이블의 메타데이터는 이전 절에서 자세히 설명했던 contentUpdated 함수에 의해 동기화 상태가 유지된다. 해당 함수가 제공하는 두 가지 주요 기능은 다음과 같다.

- 새 객체가 S3 버킷에 업로드되면 사용자 정의 메타데이터가 추출되어 DynamoDB 테이블의 새 항목에 기록한다.

- 특정 객체가 S3 버킷에서 삭제되면 DynamoDB 테이블에서 관련 항목을 삭제한다.

DynamoDB 스트림을 사용하면 DynamoDB 테이블 내용이 업데이트될 때마다 람다 함수를 트리거할 수 있다. updateContentIndex 함수는 S3 버킷에서 JSON 파일로 유지되는 정적 인덱스를 업데이트할 수 있다. 그런 다음 정적인 인덱스 파일은 자바 스크립트 클라이언트 애플리케이션에 의해 읽혀 장치에 표시된 내용을 업데이트한다. updateContentIndex 함수의 코드는 다음 리스트 코드에 있다.

리스트 11.7 **updateContentIndex 람다 함수(Node.js)**

```
console.log('Loading function');

var AWS = require('aws-sdk');              사진, 미리보기 이미지 및
var dynamodb = new AWS.DynamoDB();         콘텐츠 인덱스가 포함된 S3 버킷
var s3 = new AWS.S3();

var S3_BUCKET = '<BUCKET>';                콘텐츠 메타데이터가 있는
var ITEMS_TABLE = '<DYNAMODB_TABLE>';      DynamoDB 테이블

function uploadToS3(params) {              Amazon S3에 업로드하는
 s3.putObject(params, function(err, data) {  유틸리티 함수
  if (err) console.log(err);
  else console.log(data);
 });
}

function indexContent(dynamodb_params, s3_params) {   DynamoDB 테이블을 쿼리하고
  var content = [];                                   형식화된 결과를 S3 버킷에
  dynamodb.query(dynamodb_params, function(err, data) {  업로드하는 일반 함수.
    if (err) {                                        DynamoDB 쿼리 및 S3 버킷에
      console.log(err, err.stack);                    업로드하는 데 사용하는 매개변수는
    } else {                                          입력으로 주어지므로 비공개 및
      data.Items.forEach((item) => {                  공개 콘텐츠 모두에 동일한
        console.log(item);                            함수를 사용한다
        content.push({
          identityId: item.identityId.S,
          objectKey: item.objectKey.S,
          thumbnailKey: item.thumbnailKey.S,
          uploadDate: item.uploadDate.S,
          title: item.title.S,
          description: item.description.S
        });
      });                                             여기서 DynamoDB 쿼리의
      s3_params.Body = JSON.stringify(content);       결과가 업로드할 S3 객체에
      uploadToS3(s3_params);                          JSON 형식으로 추가된다
    }
  });
}
```

```javascript
function indexPublicContent(day) {
  console.log('Getting public content for ' + day);
  var dynamodb_params = {
    TableName: ITEMS_TABLE,
    IndexName: 'uploadDay-uploadDate-index',
    Limit: 100,
    ScanIndexForward: false,
    KeyConditionExpression: 'uploadDay = :uploadDayVal',
    FilterExpression: 'isPublic = :isPublicVal',
    ExpressionAttributeValues: {
      ':uploadDayVal' : { S: day },
      ':isPublicVal' : { BOOL: true }
    }
  };
  var s3_params = {
    Bucket: S3_BUCKET,
    Key: 'public/index/content.json',
    ContentType: 'application/json'
  };
  indexContent(dynamodb_params, s3_params);
}

function indexPrivateContent(identityId) {
  console.log('Getting private content for ' + identityId);
  var dynamodb_params = {
    TableName: ITEMS_TABLE,
    KeyConditionExpression: 'identityId = :identityIdVal',
    FilterExpression: 'isPublic = :isPublicVal',
    ExpressionAttributeValues: {
      ':identityIdVal' : { S: identityId },
      ':isPublicVal' : { BOOL: false }
    }
  };
  var s3_params = {
    Bucket: S3_BUCKET,
    Key: 'private/index/' + identityId + '/content.json',
    ContentType: 'application/json'
  };
  indexContent(dynamodb_params, s3_params);
}

exports.handler = (event, context, callback) => {
  var uploadDays = {};
  var identityIds = {};
  event.Records.forEach((record) => {
    console.log(record.eventID);
    console.log(record.eventName);
    console.log('DynamoDB Record: %j', record.dynamodb);
```

특정 날짜에 업로드된 최신 공개 콘텐츠를 가져오는 중

공개 콘텐츠에 대한 쿼리를 실행하는 DynamoDB 매개변수

인덱스의 정렬 키와 반대 순서로 가장 오래된 것부터 가장 오래된 것까지의 결과를 가지려면 (정렬 키는 시간을 포함한 전체 uploadDate)

쿼리에 사용할 GSI (Global Secondary Index).

결과를 100개의 항목으로 제한.

색인의 파티션 키 선택 (uploadDay)

공개 콘텐츠만 필터링

표현식에 사용된 실제 값

공개 콘텐츠 인덱스 업로드를 위한 S3 매개변수

DynamoDB 및 S3 매개변수를 indexContent() 함수에 전달하여 쿼리를 실행하고 결과를 업로드한다

특정 사용자의 비공개 콘텐츠를 가져오는 중(identityId 기준)

비공개 콘텐츠에 대한 쿼리를 실행하기 위한 DynamoDB 매개변수

사용자의 identityId 선택 (테이블의 파티션 키)

비공개 콘텐츠만 필터링한다

표현식에 사용된 실제 값

비공개 콘텐츠 인덱스를 업로드하기 위한 S3 매개변수. 접두사는 identiyId를 포함

DynamoDB 및 S3 매개변수를 indexContent() 함수에 전달하여 쿼리를 실행하고 결과를 업로드한다

람다 함수에 의해 입력으로 받은 DynamoDB 스트림 레코드를 반복

```
      var image;
      if ('NewImage' in record.dynamodb) {
       image = record.dynamodb.NewImage;
      } else if ('OldImage' in record.dynamodb) {
       image = record.dynamodb.OldImage;
      } else {
       console.log('Unknown event format: ' + record);
      }
      if ('isPublic' in image &&
        image.isPublic.BOOL &&
        'uploadDay' in image) {                        ◁──  공개 콘텐츠의 경우
       var uploadDay = image.uploadDay.S;                    업데이트할 날짜를
       uploadDays[uploadDay] = true;                         연관 배열로
       console.log('Public content found for ' + uploadDay); 플래그 지정
      } else {                                         ◁──  개인 콘텐츠 플래그의
       var identityId = record.dynamodb.Keys.identityId.S;   경우(연관 배열에서)
       identityIds[identityId] = true;                       업데이트할 아이덴티티
       console.log('Private content found for ' + identityId); ID다
      }
    });
    var latestUploadDay = Object.keys(uploadDays).sort().pop();  ◁── 가장 최근의
    if (latestUploadDay) {                                           uploadDay에 대한
     indexPublicContent(latestUploadDay);                            콘텐츠만
    }                                                                업데이트하시오
    Object.keys(identityIds).forEach((identityId) => {
     indexPrivateContent(identityId);
    });
};
```

추가적으로, AWSLambdaBasicExecutionRole 정책 외에도 updateContentIndex 기능을 사용하려면 S3 버킷과 인덱스를 포함한 DynamoDB 테이블에 접근하기 위해 다음 리스트의 IAM 정책이 필요하다.

리스트 11.8 **Policy_Lambda_updateContentIndex**

```
{
  "Version": "2012-10-17",
  "Statement": [
    {
      "Effect": "Allow",
      "Action": [
        "s3:PutObject"
      ],
      "Resource": [
        "arn:aws:s3:::<BUCKET>/public/index/*",     ◁──  S3 버킷에 공개 및 비공개
        "arn:aws:s3:::<BUCKET>/private/index/*"            콘텐츠 인덱스를 작성
      ]
    },
```

```
{
  "Effect": "Allow",
  "Action": [
    "dynamodb:Query",                          ←  DynamoDB
    "dynamodb:GetRecords",                         테이블을 쿼리
    "dynamodb:GetShardIterator",
    "dynamodb:DescribeStream",                  DynamoDB 이벤트
    "dynamodb:ListStreams"                      스트림 조작
  ],
                                                        DynamoDB 테이블 자원에 대한
                                                             접근 권한을 부여
  "Resource": [
    "arn:aws:dynamodb:<REGION>:<AWS_ACCOUNT_ID>:table/<DYNAMODB_TABLE>",     ←
    "arn:aws:dynamodb: <REGION>:<AWS_ACCOUNT_ID>:table/<DYNAMODB_TABLE>/*"   ←
  ]
                                                        DynamoDB 인덱스 및 스트림에
    }                                                      대한 접근 권한을 부여
  ]
}
```

드디어 애플리케이션이 완성되었다! 이제 사진을 공개적으로 공유하거나 개인적으로 사용할 수 있도록 사진을 업로드하여 프로그램을 사용할 수 있다. 그림 11.9, 11.10 및 11.11은 미디어 공유 애플리케이션 사용의 몇 가지 예제 및 샘플 스크린샷이다. 다음 사진은 NASA와 위키미디어 재단 관련 사진이다.

그림 11.9 미디어 공유 애플리케이션에서, 처음에는 로그인하지 않고 Amazon Cognito에서 사용하는 미인증 IAM 역할이 허용하는 공개 사진만 볼 수 있다

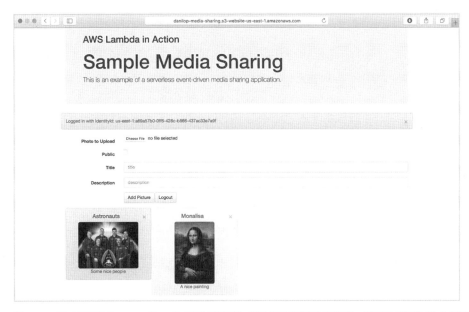

그림 11.10 로그인하면 Amazon Cognito에서 사용하는 인증 IAM 역할이 허용하는 비공개 사진을 볼 수 있다

그림 11.11 섬네일 중 하나를 선택하면 전체 그림의 세부 정보와 제목 및 설명과 같은 메타데이터를 볼 수 있다

요약

이번 장에서는 드디어 서버리스 및 이벤트 기반 아키텍처를 사용하여 미디어 공유 애플리케이션을 구현했다. 배운 내용은 다음과 같다.

- 이벤트 기반 아키텍처의 설계 및 기술적 구현
- 백엔드에서 AWS Lambda를 사용하여 이벤트에 반응하는 기술 구현
- AWS 플랫폼에서 올바른 서비스를 선택하여 작업을 더 쉽게 함
- Amazon S3의 계층적 키 구조로 데이터 매핑
- 데이터 접근을 기반으로 DynamoDB의 테이블 및 인덱스 구조 정의
- 클라이언트 및 백엔드에서 AWS IAM 역할 및 정책을 사용하여 보안 강화

축하한다! 이제 이벤트 중심 애플리케이션을 설계하고 구현하는 기술을 사용할 수 있게 되었다. 다음 장에서는 이벤트 중심 아키텍처에 대해 더 깊이 알아볼 것이며, 분산 아키텍처가 애플리케이션에 미치는 영향에 대해 자세히 설명할 예정이다.

연습 문제

1. 업로드한 공개 또는 비공개 콘텐츠의 제목이나 설명을 업데이트하는 옵션을 추가하라. 예를 들면, 콘텐츠와 identityId가 같은 사용자가 로그인하여 제목 혹은 설명 필드를 선택하면 해당 필드를 편집할 수 있게 한다. 여러분은 어떤 방법을 사용하여 해당 기능을 적용하겠는가? 이 기능을 사용하기 위해 백엔드 람다 함수를 변경해야 하는가?

2. 사용자가 Amazon Cognito에서 인증된 역할을 사용하면 DynamoDB 속성 중 제목 및 설명 속성만 편집할 수 있도록 제한한다. 부울 속성을 편집하려면 관리해야 할 사항은 무엇인가?

해결 방법

1. 클라이언트 애플리케이션에서 콘텐츠의 identityId가 로그인한 사용자와 동일한 경우 medisSharing.js의 showContent() 함수가 변경되어야 한다. 이 함수에서 제목 및 설명 HTML 태그를 <input type = "text">로 지정하고 고유 ID를 줘야 한다. 예를 들면, 'new-title' 및 'new-description'의 고유 ID를 준다. 또한, 편집 가능한 필드를 표시하기 전에 원래 값을 저장해야 한다. 편집 창을 닫을 때 제목 및 설명 값이 원래 값과 다른 경우

DynamoDB UpdateItem API를 해당 기본 키(identityId 및 objectKey)와 함께 사용하여 업데이트할 항목을 선택하여 업데이트해야 한다. 백엔드 쪽은 이벤트 기반이므로 업데이트할 필요가 없다. update-ContentIndex 람다 함수는 콘텐츠 구성에 따라 DynamoDB 스트림에서 업데이트를 처리하고, Public 또는 Private 인덱스를 업데이트한다.

2. isPublic 속성을 변경하는 것은 조금 복잡하다. S3에 있는 사진과 해당하는 섬네일의 S3 key를 변경해야 하기 때문이다. Amazon S3에서는 이를 바로 적용할 수 없으므로 새 객체를 삽입하고 이전 객체를 삭제하여 contentUpdated 함수를 트리거해야 한다. 이를 수행하는 가장 좋은 방법은 S3 버킷에서 원본 콘텐츠를 삭제한 다음, isPublic 속성에 대해 다른 값으로 다시 삽입하고, 백엔드 기능이 업데이트를 적용하도록 하는 것이다. 클라이언트에 노출시키는 람다 함수에 삭제와 재삽입을 집어넣는 방법이 있고, 다른 방법으로 updateContentIndex 함수에서 관리하여 DynamoDB 스트림에서 isPublic 속성을 업데이트할 수 있다.

12

이벤트 기반의 장점

이 장에서 살펴볼 내용

- 프론트엔드 및 백엔드 시스템에서 이벤트 기반 아키텍처 사용하기
- 이벤트 기반 아키텍처와 반응형 프로그래밍 연관시키기
- 이벤트 기반 접근 방식을 사용하여 마이크로서비스 구현하기
- 확장성, 가용성, 탄력성 관리하기
- 비용 예측 후 해당 정보를 사용하여 비즈니스 모델 설계하기

이전 장에서는 사용자를 인식하는 인증 서비스와 통합된 미디어 공유 애플리케이션을 빌드했다. 이번 장에서는 이벤트 기반이라는 것의 의미와 여러 기능을 함께 사용하여 애플리케이션을 빌드하는 방법에 대해 더 깊이 들어가 볼 것이다.

이번 장에서는 다른 아키텍처 스타일에 대해서도 다룬다. AWS Lambda를 사용하여 구축 중인 솔루션을 패턴과 비교해 볼 것이다. 이 패턴은 반응형 프로그래밍 및 마이크로서비스와 같은 분산 애플리케이션의 확장성, 보안성, 관리 효율성을 개선하기 위해 수년간 발전해 왔다.

인터넷으로 인해 확장성이 실제로 무엇을 의미하는지 생각하게 되었다. 하지만 그 이전 시절에는 분산 시스템을 피하는 경향이 있었다. 관리하기가 복잡했었고 비싼 서버가 모든 확장성 문제에 대한 최선의 해결책이었다. 그러나 요즘에는 수천 개의 서버에서 동시에 애플리케이션을 실행하는 것이 인터넷 사용 회사에서 비교적 일반적이고, 확장성을 위한 애플리케이션을 설계하는 것이 주요 업무 중 하나가 되었을 것이다.

이 장에는 코드 예제가 제공되지 않지만, 이벤트 기반 애플리케이션을 설계하는 도구에 대해 설명할 것이다. 이전 장 대비 이론이 더 많고 실습은 적겠지만, 곧 이 모든 이론을 실천에 옮기게 될 것이다.

👆 **여기서 잠깐!**

앞으로 배우게 될 것들이 AWS Lambda에 집중되어 있지만, 대부분 분산 시스템에 일반적으로 적용할 수 있다. 또한, 앞으로 배우게 될 것들은 사용하려는 기술 스택으로부터 독립된, 확장 가능하고 안정적인 애플리케이션을 설계할 때 매우 유용하게 사용될 것이다.

애플리케이션을 구성하는 함수는 여러 가지 방식으로 통신한다. 특정 기능은 최종 사용자가 브라우저 또는 모바일 애플리케이션에서 직접 호출한다. 특정 함수는 파일 저장소나 데이터베이스와 같은 애플리케이션에서 사용하는 리소스의 이벤트를 수신하기 위해 구독한다. 예를 들면 파일이 업로드되었거나 데이터베이스가 업데이트된 경우와 같이 리소스의 변경으로 인해 함수가 활성화된다. 그러나 애플리케이션의 전반적인 흐름을 살펴보면 모든 로직은 이벤트에 의해 구동된다.

12.1 이벤트 기반 아키텍처 개요

이벤트 기반 애플리케이션은 리소스 처리를 조정하기 위한 중앙집중식 워크플로 없이 내부 및 외부 이벤트에 대응한다. 이러한 이벤트는 사용자 입력(human input), 센서, 다른 애플리케이션, 타이머, 애플리케이션에서 사용하는 리소스의 모든 액티비티 등 모든 소스에서 가져올 수 있는 신호다. 이러한 신호는 사용자 선택 사항이나 리소스 변경 내용과 같은 데이터를 가져올 수 있다.

이벤트 기반 개념의 중요한 측면은 애플리케이션이 처리되는 이벤트 시퀀스를 제어하거나 시행하지 않는다는 것이다. 대신 전체 실행 흐름은 수신된 이벤트를 추적하고 액티비티를 트리거하여 결국 다른 액티비티를 트리거할 수 있는 다른 이벤트를 생성한다. 이는 주 절차가 최종 목표를 달성하기 위해 여러 가지 액티비티를 계획하는 일반적인 절차적 프로그래밍과는 대조적이다.

이벤트 기반 접근 방식을 사용하면 설계 시 특별한 이점을 누릴 수 있다.

- 이벤트 송신자를 수신자와 분리한다.
- 단일 이벤트에 대해 여러 수신자를 가질 수 있으며, 다른 수신자에게 영향을 주지 않고

수신자를 추가하거나 제거할 수 있다.

- 액티비티가 이벤트에 반응하는 방식을 수정하여 애플리케이션의 흐름을 변경할 수 있다. 예를 들어, 코드에 액티비티(AWS Lambda의 경우 함수)를 건드리지 않고 특정 구독을 활성화 또는 비활성화할 수 있다.

- 데이터는 이벤트나 외부 저장소(데이터베이스 등)를 통해 액티비티 간 공유되며, 동일한 실행 환경을 공유하는 여러 액티비티에 대한 요구 사항이 없다. 이를 통해 탄력성과 확장성을 위한 여러 물리 서버에서 이러한 액티비티의 실행을 배포할 수 있으므로 애플리케이션을 배포할 수 있다.

대규모 문제를 해결하는 애플리케이션을 생각해 보자. 전자상거래 웹사이트, 온라인 게임 또는 유전자 데이터를 분석하는 애플리케이션일 수 있지만, 이는 중요하지 않다. 이벤트 기반 아키텍처를 사용하면 소프트웨어 구성 요소가 다음의 내용에 대한 로컬 가시성을 갖는 애플리케이션을 구현할 수 있다.

- 알아야 하는 것(받을 수 있는 이벤트)

- 필요한 작업(예를 들면, 리소스 작업, 파일 업데이트, 데이터베이스 작성)

- 게시해야 할 새로운 이벤트

이 방법을 사용하면 대규모 애플리케이션을 각각의 작은 문제에 적용할 수 있는 구성 요소로 분해해야 한다. 이벤트 기반의 아키텍처 패턴은 전기통신업계에 높은 가용성과 자가치유 시스템을 구축하기 위해 수년 동안 사용되어 왔다. 이러한 패턴의 유산은 원래 에릭손(Ericsson)에서 개발한 얼랭(Erlang)과 액터 모델(actor model)을 통해 아카(Akka)와 같은 툴킷(Toolkit) 및 런타임과 같은 프로그래밍 언어에서 찾을 수 있다.

액터(Actor) 모델

1973년 컴퓨터 공학에서 처음 논의된 액터 모델은 액터를 계산의 주체로 사용한다. 모든 것은 액터이며 받는 메시지에 대한 응답으로 액터는 (동시에) 지역 결정을 내리고, 다른 액터를 만들고, 다른 액터에게 메시지를 보내고, 향후 메시지를 처리하는 방법을 결정할 수 있다. 자세한 내용은 다음 리소스를 참고하기 바란다.

"인공 지능을 위한 범용 모듈러 액터 형식주의(A Universal Modular ACTOR Formalism for Artificial Intelligence)" 칼 휴잇, 피터 비숍, 리차드 스타이거(Carl Hewitt, Peter Bishop, and Richard Steiger) (1973), http://dl.acm.org/citation.cfm?id=1624775 .1624804.

"액터 의미론의 기초(Foundations of Actor Semantics)" 윌리엄 클링어(William Clinger)의 수학 박사 학위 논문(1981), http://hdl.handle.net/1721.1/6935.

12.2 프론트엔드로부터 시작하기

이벤트 기반 프로그래밍을 생각할 때 가장 먼저 떠오르는 것은 일반적으로 사용자 인터페이스 (UI, User Interface)다. UI에서 버튼을 클릭하면 어떤 일이 벌어진다. 원하는 프로그래밍 언어를 사용하여 이를 수행하려면 함수(또는 메서드)를 캐치하려는 이벤트에 연결한다. 예를 들어, 사용자가 단추를 클릭하면 이 일련의 동작을 수행한다.

이는 사용자가 UI와 통신하는 시점 또는 사용자가 수행할 작업을 모르기에 맞는 말이라고 할 수 있다. 통신 과정이 발생할 때 반응하고 무언가를 할 수 있는 방법이 필요하다.

웹사이트와 통신하는 다른 사람들을 추적하여 애플리케이션 내에서 새로운 사용자를 생성할 수 있는 능력을 부여한다고 생각해 보자. 새 사용자를 생성하는 기본 UI는 그림 12.1과 비슷하다.

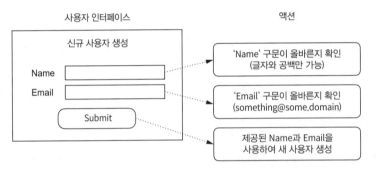

그림 12.1　새 사용자를 만드는 샘플 UI: 사용자가 UI 구성 요소와 상호작용할 때 작업을 트리거한다. 예를 들어, 텍스트 상자에서 문자를 쓰거나 변경할 때마다 'Name' 및 'Email'을 쓰는 구문을 검사하고 구문이 유효하지 않은 경우 'Submit' 단추를 비활성화하고, 새 사용자를 만들 때 'Submit' 버튼이 활성화되고 눌러졌다

UI를 구현하려면 UI를 구성하는 요소와 가능한 통신 과정에 행동(action)을 연결하자. 예를 들면, 다음과 같다.

- 문자가 Name 텍스트 상자에 써지거나 변경될 때마다 구문이 구문에 따라 유효한 이름 인지 확인한다(문자 및 공백만 있고 다른 문자는 없음). 그리고 작성된 이름을 대문자로 표시 해도 된다.

- Email 텍스트 상자에서 문자를 쓰거나 변경할 때마다 구문이 유효한 이메일 주소 (something@some.domain)인지 확인한다. 또한, 이메일 주소에 사용된 도메인이 유효한 도 메인인지 여부를 확인할 수 있다.

- 이전에 했던 검사 중 하나가 실패하면 Submit 단추가 비활성화되고, 사용자가 틀린 부 분을 수정하도록 도와주는 경고가 표시된다. 예를 들어, 이름에는 문자와 공백만 사용 할 수 있다.

C++ 또는 Java와 같은 객체지향 언어에서 UI는 일반적으로 **관찰자 패턴(observer pattern)**을 사용하여 구현된다. 이는 관찰할 대상 객체를 등록하는 객체이며, 사용자가 버튼을 클릭하거나 드롭다운 메뉴(그림 12.2)에서 옵션을 선택하는 것과 같은 일이 발생할 때 실행할 행동(메서드)이다.

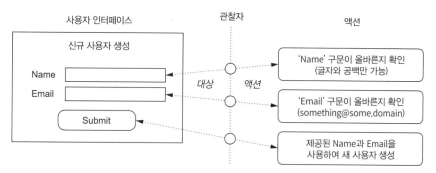

그림 12.2 　객체지향 언어에서 관찰자 패턴은 일반적으로 사용자 인터페이스에서 특정 UI 요소를 특정 통신에 의해 트리거된 작업(예: 텍스트 상자 내부의 문자가 변경되거나 버튼이 눌려진 것)과 분리한다

> **참고하세요!**
>
> 관찰자 패턴을 실제로 구현할 때는 관찰자 이벤트를 처리하는 데 이벤트 루프(event loop)가 사용된다. 이벤트 루프는 일반적으로 단일 스레드(single-thread)이며, 다른 스레드에서 실행 중인 행동을 트리거하는 데에만 사용해야 한다. 이벤트 루프가 너무 바쁠 경우 최신 이벤트를 대기시켜야 하므로 UI와의 사용자 통신 속도가 느려진다. 이런 경우는 항상 피해야 한다. 좋은 소식은 AWS Lambda를 사용하면 이벤트가 플랫폼 자체에서 확장 가능한 방식으로 관리되므로 다음 절에서 볼 수 있듯이 이벤트 루프를 생각할 필요가 없다는 것이다.

12.3 　백엔드는 무엇인가?

애플리케이션의 백엔드에서는 데이터의 일부가 다른 클라이언트와 공유되어야 하거나 보안상의 이유 때문에 클라이언트에서 안전하게 구현할 수 없는 로직들이 배치된다(이는 클라이언트가 특정 결정을 내리는 것에 대해 믿을 수 없기 때문이다).

백엔드 개발 시 다음과 같은 중요한 고려 사항을 염두에 두자. 첫째, 절차적 접근 방식으로 애플리케이션을 설계하는 경우 클라이언트의 요청이 백엔드에 도착하면 필요한 로직을 수행하기 위해 실행해야 하는 활동의 세부 워크플로를 구현하고, 필요한 모든 데이터 조작 및 점검을 수행해야 한다. 이 워크플로는 기능을 추가하거나 가끔씩 버그를 해결하기 위해 애플리케이션을 업데이트해야 할 때마다 복잡해진다.

둘째, 사용자 또는 통신 과정의 수가 늘어남에 따라 애플리케이션의 백엔드를 확장해야 하며, 항상 단일 서버에서 실행될 것이라고 가정할 수 없다. 결국 여러 시스템에 배포해야 한다.

셋째, 백엔드에서는 동기식(커밋) 또는 전혀 변경되지 않은(롤백) 여러 데이터 소스와 관련된 트랜잭션(transaction)을 갖는 것이 일반적이다. 데이터가 로컬로 중앙집중화되지 않고 다른 저장소에 분산되어 있으면 상황이 훨씬 복잡해진다. 분산 트랜잭션은 관리가 느리고 복잡하다.

분산 시스템은 데이터에 대한 동기식 접근이 필요하지 않지만, 최종 일관성을 사용하는 방식으로 설계되어야 한다. 데이터가 다른 저장소에 저장되어 있는 경우 데이터가 항상 같은 상태에 있다고 기대해서는 안 된다. 애플리케이션에 데이터에 대한 동기식 접근이 있거나 강력한 일관성이 처음에는 솔루션을 설계해야 할 때 안전하고 실용적인 것처럼 보인다고 가정한다. 그러나 이러한 솔루션은 실제로 구현, 관리 및 확장하기가 어렵다.

> ### CAP 이론 정리
>
> 복잡한 분산 시스템 설계를 더 잘 이해하기 위해 브루어(Brewer) 정리라고도 하는 CAP(Consistency, 정리를 살펴보길 권한다. 이 컴퓨터 공학의 정리에 따르면 분산된 컴퓨터 시스템이 다음 세 가지를 동시에 보장하는 것은 불가능하다(다음의 약어가 CAP 정리의 이름이다).
>
> 1. 서로 다른 노드간 데이터 일관성(Consistency)
> 2. 분산 시스템이 받는 요청(항상 응답해야만 하는)에 대한 가용성(Availability)
> 3. 파티션 공차(Partition tolerance)(네트워크 문제로 인해 시스템이 계속 작동해야 하는 것처럼 노드가 서로 연결이 끊어진 경우).
>
> CAP 정리 및 그 의미에 대한 자세한 내용은 다음에서 찾을 수 있다. "브루어의 추측과 일관성 있고 사용 가능한 파티션 공차 웹 서비스의 타당성(Brewer's Conjecture and the Feasibility of Consistent Available Partition-Tolerant Web Services)"(세스 길버트와 낸시 린치(Seth Gilbert and Nancy Lynch)(2002), http://citeseerx.ist.psu.edu/viewdoc/summary?doi=10.1.1.20.1495

이상적인 접근 방식은 공간(환경이 다른 경우)과 시간(데이터가 비동기적으로 전송되고 업데이트되고 특정 시점에만 수렴되어 최종 일관성이 유지되는 공간)에 애플리케이션을 배포하는 것이다.[1] 이는 아키텍처의 모든 요소가 미리 정의된 인터페이스(계약)와 비동기적으로 통신해야 한다는 것을 뜻한다.

---

1 이 개념에 대해 더 많은 정보를 얻으려면 Akka 툴킷과 런타임을 개발한 조나스 보너(Jonas Bonér)의 "탄력성 없이는 다른 모든 것은 무의미하다(Without Resilience, Nothing Else Matters)"라는 제목의 이야기를 참고하기 바란다.

이전에 도입한 이벤트 기반 아키텍처가 이러한 접근 방식을 취하는 것을 쉽게 볼 수 있다.

- 각 행동(action)의 실행은 다른 행동과 독립적이며, 다른 시스템에서 행동을 실행할 수 있다.
- 데이터는 이벤트를 통해 교환된다. 여러 행동이 동일한 데이터에 접속하는 경우 해당 데이터가 변경될 때(이벤트를 통해) 각 이벤트는 모든 관련 작업을 트리거하는 데이터가 포함된 리소스다.
- 각 행동은 인풋 이벤트, 변경 가능한 리소스, 최종적으로 트리거해야 하는 이벤트까지만 알고 있다(이 행동에 의해 조작된 자원이 트리거한 이벤트는 고려 대상이 아니다).

AWS Lambda와 이용 가능한 통신을 사용하여 이러한 아키텍처를 구현하는 방법에 대해 자세히 살펴보자.

이벤트를 가져오는 방법은 UI에서 가져오거나 일반적으로 클라이언트 애플리케이션에서 가져온다. **사용자 정의 이벤트(custom events)**를 호출하여 다른 리소스에 대한 구독에서 오는 이벤트와 구별해 보자. 이러한 직접 호출은 동기식으로 응답(값을 다시 가져옴)을 기대할 수 있다(그림 12.3).

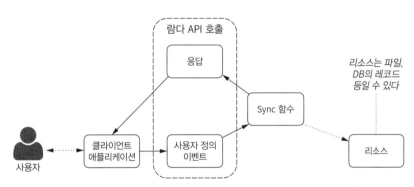

그림 12.3   클라이언트 애플리케이션의 동기 호출에 대한 통신 모델. 이 함수는 일부 리소스(파일, 데이터베이스)를 읽거나 쓸 수 있으며 응답을 반환한다. 이 모델은 다른 통신을 다루기 위해 이 장에서 더 살펴볼 예정이다

비동기 호출을 트리거하는 맞춤 이벤트가 있을 수 있다. 이러한 호출은 값을 반환하지 않지만, 시스템 상태에서 무언가를 변경한다. 예를 들면, 애플리케이션에서 사용하는 리소스(파일, 데이터베이스)에 저장하는 경우다. 가장 큰 차이점은 클라이언트 애플리케이션에서 호출이 암시하는 행동이 완료된 시점을 알 필요가 없다는 것이다. 이러한 행동을 시작하라는 요청이 정확하게 접수되고 백엔드가 그것을 실행하기 위해 수단과 방법을 가리지 않을 것이다(그림 12.4).

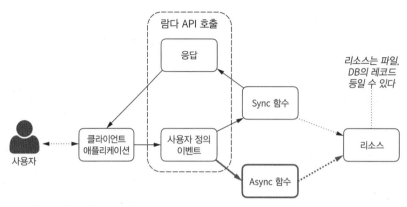

그림 12.4 **비동기 호출을 이전 통신 모델에 추가. 비동기 호출은 응답을 반환하지 않으며 클라이언트는 함수가 종료될 때까지 기다릴 필요가 없다**

리소스 자체가 변경되면 자체 이벤트를 트리거할 수 있다. 새 그림이 업로드된 경우 인덱스 페이지에서 그림을 렌더링하기 위해 축소판을 작성하거나 데이터베이스에서 그림 메타데이터를 인덱스할 수 있다. 새로운 사용자가 데이터베이스에 생성된 경우 제공된 이메일 주소가 정확한지, 사용자가 해당 주소에서 이메일을 받을 수 있는지 확인하기 위해 이메일을 보내야 할 수도 있다(그림 12.5).

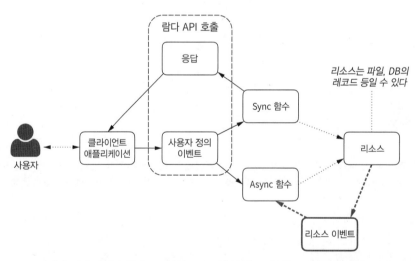

그림 12.5 **리소스에 의해 생성된 이벤트를 이전 통신 모델에 추가. 함수가 새 파일을 만들거나 데이터베이스를 업데이트한 경우 해당 함수에 다른 함수를 구독할 수 있다. 이러한 함수는 리소스에 발생한 일을 입력으로 설명하는 이벤트와 비동기적으로 호출된다**

백엔드 내부에서 함수는 다른 함수를 호출할 수 있다. 하지만 AWS Lambda를 사용하면 다른 함수에서 동기적 함수 호출을 피할 수 있다. 왜냐하면 경과 시간을 다음과 같이 두 번 지불하기 때문이다. 한 번은 동기 호출을 수행하는 함수(호출이 반환될 때까지 대기하고 차단), 나머지 한 번은 호출된 함수에 대해 지불한다. 예외가 거의 없지만, 함수는 다른 함수에 의해 비동기적으로 호출된다(그림 12.6).

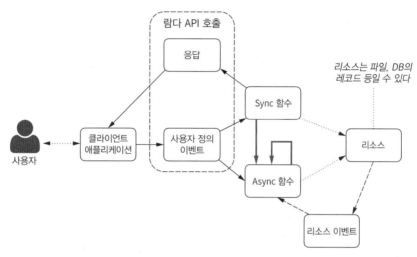

그림 12.6 다른 함수에 의해 비동기적으로 호출된 함수를 이전 통신 모델에 추가. 이 방법으로 여러 번 여러 목적을 위해 함수를 재사용할 수 있다. 동일한 함수는 클라이언트나 다른 함수에 의해 직접 호출될 수 있다

여기서 잠깐!

일반적인 규칙은 첫 번째 함수를 라우터로 사용하여 여러 함수를 비동기적으로 호출하고 작업을 수행하기 위해 병렬로 작업하는 것이다. 워크로드(workload)를 분할할 수 있다면 여러 기능을 동시에 실행할 수 있다. 이러한 각 기능은 단일 워크로드에 중점을 두고 결과를 수집할 수 있는 중앙 저장소에 결괏값을 저장한다.

특정 리소스의 경우 클라이언트로부터 직접 통신할 수 있다(그림 12.7). 예를 들어, Amazon S3와 같은 파일 저장소, Amazon DynamoDB와 같은 NoSQL 데이터베이스, Amazon Kinesis[2]와 같은 스트리밍 서비스는 AWS Lambda 호출과 마찬가지로 클라이언트에서 안전하게 사용할

---

2 이 책에서는 Amazon Kinesis를 다루지 않지만, 실시간 데이터 분석을 위한 플랫폼으로서 클라이언트의 실시간 데이터를 저장 분석할 수 있는 서비스다. 자세한 사항은 https://aws.amazon.com/kinesis를 참고하기 바란다.

수 있다. 모두 AWS IAM(Identity and Access Management)에 의해 구현된 것과 동일한 보안 프레임워크를 사용하며, Amazon Cognito가 배포한 임시 인증키로 보호할 수 있다.

그림 12.7의 통신 다이어그램은 이벤트 기반 애플리케이션이 서로 다른 소스에서 이벤트를 수신하는 방법과 이러한 통신 과정이 서로 어떻게 관련되어 있는지 보여 준다.

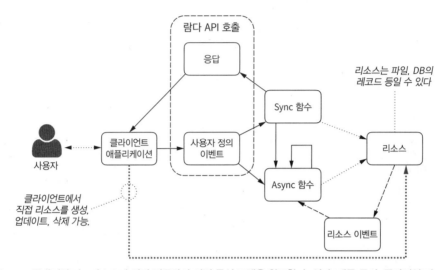

그림 12.7 클라이언트는 리소스에 직접 접근하여 이전 통신 모델을 완료할 수 있다. 예를 들어, 클라이언트는 파일 (예: 그림)을 업로드하거나 데이터베이스에 내용을 쓸 수 있다. 이 이벤트는 발생한 내용을 분석하고 새롭거나 업데이트된 내용으로 무언가를 할 수 있는 함수를 트리거할 수 있다. 예를 들어, 고해상도 그림이 업로드될 때 섬네일 그림을 렌더링하거나 데이터베이스의 새 내용을 기반으로 파일을 업데이트할 수 있다

이러한 통신을 사용하여 반응형 프로그래밍 및 마이크로서비스와 같은 분산 시스템을 설계하고 개발하는 모범 사례를 따라 해 볼 수 있다. 예를 들어, 그림 12.8에서 설명한 것처럼 AWS Lambda 와 함께 이벤트 기반 아키텍처를 사용하여 미디어 공유 애플리케이션을 설계할 수 있다. 클라이언트 애플리케이션은 스마트폰 또는 웹 브라우저와 같은 모든 디바이스에서 실행할 수 있다.

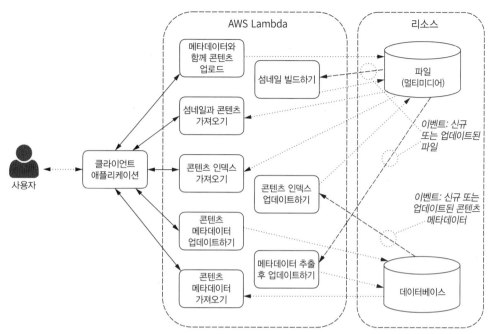

그림 12.8 **AWS Lambda를 사용하여 구축된 이벤트 기반 디자인을 사용한 샘플 미디어 공유 애플리케이션. 특정 함수는 클라이언트가 직접 호출한다. 다른 함수는 파일 공유 또는 데이터베이스와 같은 백엔드 리소스의 이벤트에 등록된다**

12.4 반응형 프로그래밍

애플리케이션에서 정식 단계에 처리할 수 있는 사용자 수 또는 통신 수를 엄격하게 제한하지 않으려면 여러 환경에 애플리케이션을 배포하도록 설계해야 한다. 확장성이 필요한 경우 분산 애플리케이션은 불가피하지만, 설계, 관리, 확장은 여전히 어렵다.

때로는 개발 속도를 높이기 위해 작은 규모의 팀 또는 스타트업에서 만든 프로토타입 애플리케이션이 확장을 위해 설계되지도 않았는데 인터넷을 통해 사용자들과 공유되곤 한다. 바람직한 접근 방법이라고 생각하지만, 프로토타입 개발이 이미 깊숙이 진행되고 많은 업데이트가 신속하게 구현되어야 하는 단계에서 테스트하고 있는 아이디어가 효과적일 경우 많은 사용자가 한 번에 새 애플리케이션을 사용해 보고자 몰리는 모순적인 현상이 발생하기도 한다. 이러한 사용자들은 소셜 미디어에서 폭발적으로 공유된 주요 웹사이트 또는 우호적인 댓글을 보고 애플리케이션을 검토해 볼 수 있다. 사용자가 새로운 애플리케이션을 사용해 보는 그 순간 이야말로 사용자가 개발자에게 감사함을 느끼고, 개발자를 신뢰하게 되는 귀한 기회. 애플리케이션에 너무 많은 사용자가 몰려 확장을 못하고, 작업 속도가 느려지거나 작동을 멈추면 영영 사용자들을 잃을 수 있다. 프로토타입이 확장 가능한 기능을 지니고 있다면 더 좋지 않을까?

> 🖐 **여기서 잠깐!**
>
> 내가 전하고 싶은 조언은 애플리케이션을 개발할 때부터 확장성을 고려하라는 것이다. 몇몇 사용자만 사용하도록 설계된 관리 애플리케이션 같은 예외가 있을 수 있겠지만, 일반적으로 일별/주별/월별 주기로 사용자 현황을 예측하기 어렵거나 자주 변경될 수 있다.

쉽게 확장할 수 있는 애플리케이션을 설계할 수 있는 다양한 아키텍처 방식들이 있다. 보다 흥미로운 접근법 중 하나는 반응형 프로그래밍(Reactive Programming)으로서 이를 사용하면 스프레드 시트와 비슷한 방식으로 시스템을 프로그래밍할 수 있다. 로직은 데이터와 데이터 흐름의 변화를 전달하는 것 중심으로 구축된다.

신중하게 생각해 보면 같은 구문은 절차적으로 또는 반응적(이벤트 기반) 맥락으로 해석하는지에 따라 다른 의미를 갖는다. 예를 들어, 직사각형 영역의 수식을 생각해 보자.

```
area = length x width
```

절차적 프로그래밍(Procedural Programming, 기능적 비반응형 프로그래밍 포함)에서 이 구문은 입력(길이, 너비)을 가져와서 값(영역)을 동기적으로 반환하는 함수를 나타낸다. 반응형 프로그래밍에서 이 구문은 데이터값을 함께 바인딩하는 규칙을 나타낸다. 입력값 중 하나(길이 또는 너비)가 변경되면 새 영역에 대한 명시적 요청 없이 종속 데이터(이 경우 영역)가 자동으로 업데이트된다. 구문이 동일할지라도 절차적 접근 방식과 사후 대응 방식의 차이점을 확인할 수 있을까?

반응형 접근법은 이벤트 기반 구독 프로그래밍과 비슷하다. 이벤트에 대한 구독을 사용하여 종속 데이터를 강제로 업데이트하는 작업을 트리거하거나 예를 들어, 저장소에서 길이 또는 너비가 업데이트되면 사각형의 새 영역을 계산한다. 가장 큰 차이점은 반응형 프로그래밍에서는 일반적으로 함수를 통해 값을 묶는 반면 이벤트 기반 프로그래밍에서는 교환되는 메시지(이벤트)와 해당 메시지가 트리거하는 행동(구독)에 집중한다는 것이다.

비슷한 접근 방식을 구현하기 위해 견고하고 복원이 잘 되며 유연한 '예측 불가'의 워크로드를 처리할 수 있는 소프트웨어를 구현하는 다른 방법도 있다. 리액티브 매니페스토(Reactive Manifesto)에서 좋은 사례를 발견했는데, http://www.reactivemanifesto.org에서 온라인으로 확인할 수 있다.

리액티브 매니페스토에 따르면 반응형 시스템이란, 내부 오류에 대한 내성이 있으며, 분산되고 느슨하게 결합된 확장 가능한 솔루션이다(그림 12.9). 즉, 반응 시스템은 다음 기준을 충족시킨다.

- **반응형(Responsive)** — 허용 가능하고 일관된 시간 내에 응답을 제공하면 시스템을 보다 유용하게 유지 보수할 수 있다.
- **복원성(Resilient)** — 장애가 발생하더라도 시스템은 여전히 응답할 것이다.
- **탄력성(Elastic)** — 시스템은 실제 워크로드에 따라 사용되는 리소스를 늘리거나 줄여 이 용량을 손상시킬 가능성이 있는 병목 현상을 피할 수 있다.
- **메시지 기반 (Message-driven)** — 시스템의 구성 요소는 비동기 비블로킹 통신을 통해 통신해야 한다.

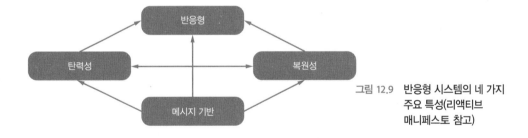

그림 12.9 **반응형 시스템의 네 가지 주요 특성(리액티브 매니페스토 참고)**

CAP 이론을 다시 살펴보자. 이 CAP 이론에 따르면 분산 컴퓨터 시스템이 다음 세 가지를 모두 동시에 보증하는 것은 불가능하다.

1. 서로 다른 노드에서의 데이터 일관성
2. 분산 시스템에 들어오는 요청(항상 응답되어야만 함)에 대한 가용성

3. 파티션 공차(예를 들면, 네트워크 문제로 인해 노드가 서로 연결이 끊어진 경우 시스템이 계속 작동해야 함)

리액티브 매니페스토의 네 가지 특성이 CAP 정리에 따라 분산 아키텍처의 구성 요소에 영향을 끼치는데 어떻게 생각하는가? 전통적인 서버 기반 구현에서 무엇을 변경해야 하는가?

리액티브 매니페스토에서 가장 중요한 부분은 데이터 일관성(CAP 정리에서 'C')의 필요성을 암시적으로 제거하는 통신의 메시지 기반 접근 방식이라고 생각한다. 통신 과정이 비동기적이면 동시에 여러 통신이 발생하지 않으며, 특정 시점에 데이터의 일관성을 유지할 필요가 없다. 이를 보는 올바른 방법은 서로 다른 통신 사이에서 경쟁의 위험을 피하면서 공유하는 것이다.

> **참고하세요!**
>
> 리액티브 매니페스토 온라인(http://www.reactivemanifesto.org) 전체를 읽고, 이 특성을 애플리케이션에 어떻게 적용할 수 있는지 평가하고, 이 책에서 배우는 개념에 대해 확인하는 것이 좋다.

12.5 마이크로서비스를 향한 길

마이크로서비스는 공식적인 정의는 없지만, 일반적으로 다음과 같은 몇 가지 공통된 특성을 지닌 애플리케이션을 독립적으로 배포 가능한 소규모 서비스로 분해하는 아키텍처 스타일을 뜻한다.

- 각 서비스는 기술 도메인이 아닌 사업 도메인 주위에 구축되어야 한다. 이는 무엇보다도 기술이 진화하거나 바뀌면 서비스 경계가 지속될 수 있도록 보장한다.
- 서비스는 느슨하게 결합되어야 하기에 한 서비스 내 변경 사항이 다른 서비스에 영향을 주지 않아야 한다.
- 서비스는 전체 사업 도메인의 일부로 '바운디드 콘텍스트(bounded context)' 내에서 작동하여 서비스 간 통신 모델링을 단순화해야 한다.

> **참고하세요!**
>
> '바운디드 콘텍스트' 개념을 소개하고 사용하는 것은 도메인 기반 설계의 일부로 이 책보다 마틴 파울러(Martin Fowler)의 블로그를 읽는 것을 추천한다(http://martinfowler.com/bliki/BoundedContext.html 참고).

> **데브옵스와 마이크로서비스**
>
> 독립적으로 배치할 수 있는 마이크로서비스의 핵심 특성이 작동 요구 사항이라는 점이 흥미롭다. 이것은 마이크로서비스 아키텍처를 개척한 회사 내에서 개발 작업에 데브옵스(DevOps) 문화를 채택해서 시행해 보고 받은 생생한 피드백이다.
>
> 마이크로서비스와 마찬가지로 데브옵스는 공식적인 정의가 없지만, 일반적으로 데브옵스의 목표는 개발/운영 및 회사 내 다른 IT 관련 역할 간의 의사 소통 및 협업을 촉진하는 것이다.

마이크로서비스에서 '작다'의 개념은 얼마나 작은 것일까? 구체적인 측정 기준은 없지만, 2주 이내에 서비스를 구축하거나 다시 짤 수 있다는 점에서 출발해 보자. 일반적으로 배포 일정 안에서 마이크로서비스를 완전히 다시 작성할 수 있을 정도로 충분히 작아야 한다고 말할 수 있겠다.

이 서비스의 재구성 능력은 중요한 결과를 가져다줄 수 있다. 새로운 요구 사항이 발생하고 현재 서비스 구현에 추가하기가 너무 어렵다면 새 요구 사항과 모든 기존 요구 사항을 구현할 새 서비스를 만들 수 있다. 이 새로운 서비스를 만들 때 다른 기술을 사용하도록 결정할 수 있다. 예를 들어, 자바에서 스칼라로 또는 루비에서 파이썬으로 마이그레이션(migration)할 수 있다.

> **여기서 잠깐!**
>
> 개발자가 항상 특정 목적에 가장 적합한 기술을 사용하도록 돕는 것 외에도 새로운 기술 스택을 사용할 수 있다는 것은 개발자의 의욕을 높여 준다. 개발자는 새로운 프로그래밍 환경을 선택할 자유가 있음을 알고 직접 골라서 사용할 수 있으며, 더 이상 과거 기술 스택에서 개발할 필요가 없다.

이러한 자유의 한 가지 단점은 개발자가 기술 유행만을 따르고 단지 '쿨(cool)'하기 때문에 기술을 선택하는 유혹을 받는 것이다. 한번 만든 서비스는 긴 수명을 가지고 운영될 수 있으며, 안정적인 기술을 사용하면 도움이 된다. 하지만 마이크로서비스에서는 서비스에 사용된 기술의 지원이 더 이상 되지 않으면(서비스 규모가 작아서) 2주 이내에 다른 기술을 사용하여 서비스를 재구성할 수 있다. 그러나 둘 이상의 서비스에서 해당 기술을 사용한 경우 여러 서비스를 재구성하는 데 더 많은 시간을 소비해야 한다. 이러한 서비스 구성은 애플리케이션의 최종 사용자에게 가치가 없다.

이벤트 기반 애플리케이션을 설계하는 방법과 이벤트를 통해서만 통신할 수 있는 작은 함수로 애플리케이션을 분해하여 AWS Lambda가 작동하는 방식을 생각해 보면 이 책에서 설명한 접근 방식을 통해 마이크로서비스를 구현하는 올바른 방법을 알 수 있다. 하지만 아직 구현하는 데에 큰 책임이 있을 것이다.

AWS Lambda는 깔끔한 인터페이스로 작고 대부분 비동기식인 서비스를 구축하기 위한 프레임워크를 제공하며, 정식 단계에서 마이크로서비스 아키텍처를 관리할 때 발생하는 다음과 같은 복잡한 문제를 다룬다.

- Amazon CloudWatch 로그를 통한 중앙집중식 로깅
- AWS Lambda API를 통한 서비스 검색

전체 애플리케이션을 빌드하는 동안 이러한 기능을 사용하는 것은 사용자의 몫이다.

- 마이크로서비스 디버깅을 단순화하기 위해 중앙집중식 로깅은 모든 상호작용하는 서비스 중에서 단일 요청을 따라가는 추적 가능한 '식별자'가 필요하다. 이는 AWS Lambda 및 Amazon CloudWatch Logs가 제공하는 것의 일부가 아니므로 고려해야 한다.
- 서비스 검색을 자동화하려면 AWS Lambda API를 통해 얻은 함수 설명에 표준 구문을 사용해야 한다.

또 다른 중요 사항은 AWS Lambda가 마이크로서비스 아키텍처를 지원하는 방식에 대한 분산 관점의 논의로서 **안무(choreography)** 혹은 **오케스트레이션(orchestration)** 중 어떤 것이 더 나은가 하는 토론이 있다. 더 명확히 하기 위해서 미리엄-웹스터(Merriam-Webster) 영어사전의 정의를 사용해 두 가지 용어에 담긴 예술적 시나리오와 비교해 보자.

미리엄-웹스터 사전의 정의

안무 혹은 디자인(Choreography): 댄서가 공연에서 어떻게 움직일 것인지 결정하는 예술 또는 직업. 또한 공연에서 무용수가 수행하는 움직임.

오케스트레이션 혹은 조율(Orchestration): 오케스트라 연주를 위한 음악 작곡.

이러한 정의를 IT 아키텍처에 적용하려고 노력해 보자. 오케스트레이션을 사용하면 자동화된 워크플로 실행 및 해당 워크플로를 실행하고, 모든 상호작용을 관리할 수 있다. 안무에서는 상호작용하는 요소 중 작은 부분 집합(일반적으로 두 개) 간의 조정된 상호작용을 설명한다.

서비스 기반 아키텍처(SOA, Service-Oriented Architecture)의 엔터프라이즈 배포에 익숙하다면 오케스트레이션 엔진과 확장된 역할 간의 유사성을 쉽게 볼 수 있다. 역할은 중앙집중식 로직에 따라 메시지 라우팅, 필터링, 변환과 같은 엔터프라이즈 메시지 버스에 부여된다. 마이크로서비스에서는 메시징 플랫폼이 적극적인 역할을 해서는 안 되며, 로직이 서비스의 경계 내에 있어야 한다.

이벤트 기반 아키텍처를 사용하면 중앙집중식 워크플로 없이 서비스 간의 안무를 설명하는 것이다. 워크플로는 서비스(및 통신)의 수가 증가함에 따라 통신 과정의 모든 측면을 파악하고, 복잡성을 확장해야 한다. 각 서비스에는 다른 서비스와의 통신이 두 개 이상 있으므로 중앙집중식 워크플로의 복잡성 증가는 선형보다 훨씬 더 커지고, 대규모 배포에서는 관리하기가 어렵다.

12.6 플랫폼의 확장성

확장성은 IT 아키텍처의 핵심 요소 중 하나다. IT 시스템의 맥락에서 확장성에 대한 정의부터 시작해 보자.

> **🔧 뜻풀이!**
>
> **확장성**이란, 증가하는 업무량을 처리할 수 있는 시스템, 네트워크, 프로세스의 기능 또는 그 성장에 맞춰 확장될 수 있는 기능을 일컫는다. "확장성 및 성능에 미치는 영향(Characteristics of Scalability and Their Impact on Performance)", 앙드레 벤자민 본디(André Benjamin Bondi)(2000), http://dl.acm.org/citation. cfm? doid = 350391.350432

이벤트 기반 애플리케이션에서 확장성은 모든 기능에 걸친 총 동시 실행으로 인해 발생한다. 동시 실행의 수는 다음 수식에 따라 들어오는 이벤트의 수와 해당 이벤트에 의해 트리거된 함수의 지속 기간에 따라 다르다.

```
(동시 실행) = (초당 이벤트 수) x (트리거된 함수의 평균 지속 기간)
```

예를 들어, AWS Lambda와의 여러 통신 과정, 사용자로부터 직접 전달되는 여러 이벤트(맞춤 이벤트) 및 리소스 구독과 관련된 여러 가지 시나리오를 고려해 보자.

- 사용자는 클라이언트 애플리케이션을 통해 매초마다 통신하고, 평균 0.2초의 실행 시간을 필요로 하는 람다 함수를 사용하여 관련 사진이 가까이 있는지 확인한다. 이것은 1,000 개의 이벤트 × 0.2 초 = 200 개의 동시 실행을 가져온다.

- 초당 10명의 사용자가 Amazon S3에 사진을 업로드한다. 업로드할 때 트리거되는 해당 이벤트를 구독하는 AWS Lambda 함수다. 사진의 섬네일을 빌드하고 메타데이터를 추출하여 Amazon DynamoDB 테이블에 메타데이터를 삽입한다. 이 함수를 수행하는 데 평균 2초가 소요된다(고해상도 사진이라고 상상해 보자). 이것은 10이벤트 × 2초 = 20동시실행을 제공한다.

- 다른 람다 함수는 DynamoDB 테이블에 가입되어 있다. 모든 이벤트를 수신하고 사용자 사진의 색인을 업데이트한다. 이 함수를 수행하는 데 평균 3초가 소요된다(조정할 수는 있지만, 간단하게 하기 위해 이 기간을 평균으로 사용하자). 이것은 10이벤트 × 3초 = 30동시실행을 제공한다.

- 이 시나리오에서 총 200 + 20 + 30 = 250동시실행을 제공한다.

AWS Lambda를 사용하면 확장성 및 동시성을 관리할 필요가 없다. 서비스가 여러 인스턴스를 병렬로 실행하도록 설계되었기 때문이다. 물론 람다 함수가 사용하는 리소스의 확장성을 관리해야 한다. 예를 들어, 데이터베이스에 대한 읽기 또는 쓰기 기능을 여러 개의 동시실행이 일어나는 경우 데이터베이스가 워크로드를 지탱할 수 있는지 확인해야 한다.

그러나 리전별로 계정당 100개의 동시실행의 기본 안전 스로틀은 오류 또는 재귀 함수의 영향을 제한한다. 이것이 애플리케이션의 확장성 한계라는 것을 알고 있다면 AWS 지원 센터의 서비스 한도 증가에 대한 사례를 무료로 열어 스로틀할 동시실행 수를 늘리라고 요청할 수 있다.

📝 **참고하세요!**

스로틀할 동시실행 수는 계정 및 지역 내에 있는 모든 AWS Lambda 함수에 대한 누적 한도다.

계정이 안전 스로틀을 넘으면 함수 실행이 제한된다. 모니터링 탭 내 AWS Lambda 웹 콘솔의 사용 가능한 해당 Amazon CloudWatch 통계치에서 이 동작을 모니터링할 수 있다.

스로틀되면 동기식으로 호출된 람다 함수는 '너무 많은 요청'에 대해 HTTP 오류 코드 429를 반환한다. 오류 코드 429는 AWS SDK에서 자동으로 관리되며, 지수 백오프(back-off)와 함께 여러 번 재시도한다.

스로틀될 때 비동기적으로 호출되는 람다 함수는 15~30분 동안 자동으로 재시도한다. 백엔드에 트래픽이 급증했다면 그 기간은 버스트를 흡수하고 기능을 실행하기에 충분해야 한다. 15~30분 후에 이 재시도 기간이 끝나고 들어오는 모든 이벤트가 스로틀로 거부된다.

람다 함수가 다른 AWS 이벤트에 의해 생성된 이벤트에 가입되어 있으면 유지되고 재시도한다. 재시도 기간은 대개 24시간이지만, AWS Lambda의 설명서 및 관련 AWS 서비스에서 자세한 내용을 확인해야 한다.

12.7 가용성과 탄력성

확장성과 함께 가용성은 IT 시스템을 정식 단계에서 사용할 수 있는 방법과 시기를 정의한다. 가용성 정의는 이 절에서 논의될 내용을 이해하는 데 도움이 될 것이다.

> **뜻풀이!**
>
> **가용성**이란, 시스템이 작동 상태에 있는 시간의 비율이다.

IT 환경에서 사용할 탄력성의 정의를 찾는 것이 생물학이나 심리학의 맥락에서 일반적으로 논의되므로 쉽지는 않지만, 다음과 같은 일반적인 합의가 이루어질 수 있다.

> **뜻풀이!**
>
> **탄력성**은 갑작스런 서비스 부하 증가에 적응하는 능력이다.

이러한 정의에 따르면 가용성이란, 사용 가능한 특정 시스템을 찾고 대응할 확률을 측정하는 척도다. 탄력성은 그러한 시스템이 대응 능력을 손상시킬 수 있는 문제를 자동으로 복구(자가 치유)할 수 있는 능력이다. 하드웨어 및 소프트웨어 구성 요소가 설치되는 대규모 배포에서는 오류가 발생한다. 가용성을 향상시키기 위해 탄력성이 뛰어난 시스템이 필요하다.

AWS Lambda는 하드웨어 자체 및 소프트웨어 수준에서의 복제 및 이중화와 같은 여러 기능을 사용하여 서비스 자체 및 관리 기능에 고가용성을 제공하도록 설계되었다. AWS Lambda에는 유지 관리 기간이나 예정된 가동 중지 시간이 없다.

그러나 내부 논리가 오류로 종료되므로 람다 함수가 실패할 수 있다. 예를 들어, Noode.js 런타임에서 context.fail()을 사용하거나 파이썬 런타임에서 예외를 발생시킨다.

실패하면 동기 함수는 예외로 응답한다. 비동기 함수가 최소 세 번 재시도되고, 이벤트가 거부될 수 있다. Amazon Kinesis 스트림 및 Amazon DynamoDB 스트림과 같은 AWS 서비스의 이벤트는 일반적으로 24시간 후에 람다 함수가 성공하거나 데이터가 만료될 때까지 재시도한다.

12.4절에서 설명했듯이 비동기 메시지 전달은 백엔드의 여러 구성 요소(AWS Lambda의 경우 함수) 간에 통신하는 더 좋은 방법이며, 가능할 때마다 원하는 방식으로 선택해야 한다. 때로는 비동기 통신을 수용하기 위해 애플리케이션의 내부 논리 부분을 변경해야 한다.

12.8 비용 산정하기

비용은 클라우드 컴퓨팅 서비스의 중요한 요소다. 비용은 서비스의 기술 사양과 함께 서비스를 사용할 수 있는 시기와 방법 및 가능한 이용 사례가 무엇인지 정의한다. 비용을 낮추면 구축 비용이 더 많이 들었을 때 불가능한 이용 사례를 가능하게 만들어 준다.

AWS Lambda를 사용하면 다음과 같은 기능을 위해 월별 비용을 지불하게 된다.

- 웹 콘솔의 테스트 호출과 같은 모든 함수에 대한 요청
- 함수 실행 시간, 함수에 대해 구성한 메모리 양에 따라 각 함수 실행이 가장 가까운 100ms로 올림된다.

시간 비용은 함수에 대해 구성된 메모리에 선형적으로 의존한다. 구성한 메모리를 두 배(또는 반으로) 설정하고 동일한 지속 시간을 유지하면 기간 비용을 두 배(또는 반으로) 조정할 수도 있다.

함수에 더 많은(또는 적은) 메모리를 할당하면 함수가 실행 중에 사용할 수 있는 비례 CPU 성능 및 기타 리소스도 할당한다. 따라서 더 많은 메모리를 제공할 수도 있고(함수에 따라 CPU 및 I/O 사용량에 따라), 함수의 실행 속도가 빨라질 수 있다.

모든 AWS 계정에서 사용할 수 있는 AWS 프리 티어를 초과한 후에만 과금된다. AWS Lambda 프리 티어는 다른 AWS 서비스와 달리 12개월 후에 만료되지 않으며, 모든 AWS 고객이 무기한 사용할 수 있다.

AWS Lambda 프리 티어를 사용하면 무료로 프로토타입을 학습, 테스트, 확장할 수 있다.

- 매월 첫 요청 100만 회
- 매월 첫 400,000GB-초 컴퓨팅 시간

AWS Lambda 프리 티어에서 400,000GB-초는 함수가 1GB의 메모리로 구성된 경우 계정 내 모든 함수 실행의 지속 시간(가장 가까운 100밀리초까지)의 합계로 해석된다. 메모리를 줄이면 더 많은 실행 시간을 무료로 얻을 수 있다. 예를 들어, 128MB의 메모리(1GB 중 1/8)를 구성하면 8 × 400,000초 = 320만 초의 실행 시간을 갖는다.

모든 실행 시간이 가장 가까운 100ms로 올림되므로 빠르게 실행되는 함수(예를 들면, 약 20ms에서)는 100ms 실행 시간에 가까운 함수(예를 들면, 90ms에 가까운)보다 비용에 상당히 큰 영향을 미칠 수 있다 .

다른 함수에서 람다 함수를 호출할 때 두 가지 이용 사례가 있을 수 있다.

1. 두 번째 함수는 비동기적으로 호출되므로 첫 번째 함수는 두 번째 함수가 실행되는 동안 종료될 수 있으며, 두 비용은 완전히 독립적이다.

2. 두 번째 함수는 동기적으로 호출되므로 첫 번째 함수가 차단되고 두 번째 함수가 종료되어 자신의 실행을 계속하기를 기다린다. 이 경우 두 번째 동기 함수 실행에 두 배의 시간을 소요하므로 항상 좋은 방법은 아니며, 다른 함수에서 동기 함수를 호출하지 않는 것이 좋다.

애플리케이션의 비용을 예측하려면 직접 호출로 인한 사용자 지정 이벤트와 일부 리소스에 대한 구독에서 발생하는 사용자 지정 이벤트와 해당 이벤트에 의해 트리거되는 함수의 실행 시간을 모두 예측해야 한다. (여러 개의)테스트 이벤트를 사용하여 웹 콘솔에서 실행 시간을 예측할 수 있다. 또는 웹 콘솔의 모니터링 탭에서 Amazon CloudWatch가 기록한 실행 시간의 통계치를 볼 수 있다.

사용자당 비용(및 소비)을 예측하는 것이 비용 모델, 프리 티어를 초과해야 하는 사용자 수, 사용자 기반에서 비용이 어떻게 증가하는지를 이해하는 가장 좋은 방법이다.

예를 들어, 1장에서 언급한 미디어 공유 애플리케이션을 생각해 보자. 다음 장에서 비슷한 애플리케이션을 만들 것이다. 첫째로, 테스트 사용자를 분석한 후 평균적으로 각 사용자가 월별 100건의 함수 호출(요청)을 모바일 앱에서 직접 또는 사진 저장소와 데이터베이스 테이블에 대한 구독을 통해 측정한다고 가정한다. 평균적으로 이러한 함수의 절반은 빠른 속도이며, 128MB의 메모리로 30ms를 소비한다. 나머지 절반은 더 느리다(예를 들어, 고해상도 사진의 축소판을 작성해야 하는 경우). 그리고 평균 512MB의 메모리로 1초 동안 지속된다.

각 사용자가 기여하고 있는 GB-초를 계산해 보자.

- '빠른' 함수의 경우 50 × 100ms(30ms에서 올림해야 하기 때문에) × 128MB = 5/8 GB-초 (GB로 얻으려면 8로 나누어야 함) = 0.625 GB-초.
- '느린' 함수의 경우 50 × 1s × 512MB = 50/2GB-초(GB를 얻기 위해 2로 나누어야 함) = 25GB-초.

각 사용자의 실행 시간 비용에 대한 전체 기여도는 25.625GB-초다. 예상대로 '빠른' 함수는 '느린' 함수보다 훨씬 적다.

이제 다음과 같은 것을 알려 주는 간단한 비용 모델을 만들 수 있다.

- 프리 티어를 초과할 때
- 10, 100, 1,000 등의 AWS Lambda에 대해 사용자가 지불할 금액

현재 스토리지 및 데이터베이스 비용은 고려하지 않지만, Amazon S3 및 Amazon DynamoDB는 모두 프리 티어에 포함되어 있다.

책을 쓸 당시의 현재 비용을 토대로 표 12.1의 예를 볼 수 있다.

표 12.1 **애플리케이션의 AWS Lambda 비용 모델. 프리 티어 덕분에 10만 명에 도달할 경우에만 비용이 발생한다. 이 표에서는 사용자당 평균 비용을 추정할 수 있다. 또한, 비즈니스 모델의 정의 및 검증에 도움이 된다**

사용자	요청	실행 시간	과금 요청수	과금 실행 시간	요청 비용	실행 시간 비용	총 비용
1	100	25.63	0	0	0	0	0
10	1,000	256.25	0	0	0	0	0
100	10,000	2,562.50	0	0	0	0	0
1,000	100,000	25,625	0	0	0	0	0
10,000	1,000,000	256,250	0	0	0	0	0
100,000	10,000,000	2,562,500	9,000,000	2,162,500	1.8	36.05	37.85
1,000,000	100,000,000	25,625,000	99,000,000	25,225,000	19.8	420.50	440.30

표에서 볼 수 있듯이 프리 티어는 사용자수가 10만 명이 되지 않는 한 비용이 들지 않으며, 비용은 사용자 기반에서 거의 선형으로 증가하기 시작한다.

표 12.1에서 애플리케이션에 대한 사용자당 평균 비용을 예측할 수도 있다. 다른 종류의 사용자(예를 들면, 기본 또는 고급)가 서로 다른 방식으로 통신하고 플랫폼에 다른 비용이 들어가게 되면 비용을 개별적으로 산정해야 할 수 있다. 이는 자신의 사업 모델을 설계하고 지속 가능한지 여부를 검증하는 데 유용할 수 있다. 사용자당 비용을 알면 예를 들어, 다음과 같은 것들을 알아낼 수 있다.

- 스타트업에 대한 인기 있는 접근 방식인 '프리미엄(freemium)' 가격 책정 전략이 여러분의 애플리케이션에 효과가 있는지
- 사용자가 할 수 있는 작업에 따라 다른 가격으로 다른 계층을 사용해야 하는지
- 광고가 청구서의 상당 부분을 지불할 수 있는 경우

프리미엄은 핵심 제품 또는 서비스가 많은 수의 사용자에게 무료로 제공되는 사업 모델이지만, 고급 기능 또는 가상 제품의 사용자 기반 중 적은 부분에 이 비용(프리미엄)이 부과된다. 자세한 내용은 에릭 벤자민 수페르트(Eric Benjamin Seufert)의 《프리미엄 이코노믹스(Freemium Economics)》(새비 매니저리의 가이드(Savvy Manager's Guides), 2013)를 참고하기 바란다.

요약

이번 장에서 배운 내용은 다음과 같다.

- 이벤트 기반 아키텍처 작동 방법
- 이벤트 기반 아키텍처의 프론트엔드에서 사용 방법
- 애플리케이션의 백엔드에서 동일한 접근 방식을 사용하면 얻을 수 있는 이점
- 이것이 반응형 프로그래밍 및 마이크로서비스와 같은 분산 시스템의 아키텍처 모범 사례의 관련성
- IT 아키텍처, 확장성, 가용성의 두 가지 기본 특성에 대한 이점
- 이벤트 기반 애플리케이션을 위한 AWS Lambda 비용을 추정하고 사업 모델을 설계하기 위해 해당 정보를 사용하는 방법

다음 장은 이 책의 세 번째 파트로서 개발에서 정식 서비스까지 AWS Lambda 사용을 지원하는 도구 및 모범 사례에 초점을 맞춘다.

연습 문제 _____

이 장에서 배운 내용을 테스트하려면 다음과 같은 객관식 질문에 답하시오.

1. 리액티브 매니페스토(Reactive Manifesto)에 따르면 시스템 구성 요소끼리 어떻게 통신하는 것이 더 좋은가?

   a. 동기식 커뮤니케이션을 통해 통신하는 것이 좋다. 왜냐하면 응답에 강한 일관성을 보장하기 때문이다.

   b. 비동기 통신을 통해 통신하는 것이 좋다. 왜냐하면 구성 요소가 느슨하게 결합되고 통신이 차단되지 않기 때문이다.

c. 통신 과정에서 사용되는 통신은 시스템이 응답성을 유지하는 한 중요하지 않다.

2. 이벤트 기반 아키텍처를 구현하면 다음 중 무엇을 더 중시하는 것인가?

   a. 리소스 간의 관계를 설명하므로 오케스트레이션보다 형태 디자인(Choreography)을 더 중시한다.

   b. 워크플로가 자동으로 실행되므로 오케스트레이션이 형태 디자인보다 더 중요하다.

   c. 중앙집중화된 워크플로 설계 방법에 따라 다르다.

3. AWS Lambda가 실행하는 함수의 확장성을 관리하려면?

   a. 계정의 안전 스로틀 아래에서 초당 이벤트 수를 유지해야 한다.

   b. 동시 실행 횟수를 계정의 안전 스로틀 아래로 유지해야 한다.

   c. 초당 호출수를 계정의 안전 스로틀 아래로 유지해야 한다.

4. 애플리케이션의 AWS Lambda 사용 비용을 계산하려면?

   a. 사용 중인 함수의 수와 동기식 또는 비동기식으로 호출되는 함수의 수를 알아야 한다.

   b. 얼마나 많은 요청이 이루어지고 전체 함수 실행 시간이 얼마나 걸리는지 이해해야 한다. 프리 티어는 청구서에 큰 영향을 미치지 않으므로 무시해도 된다.

   c. 프리 티어를 고려하여 얼마나 많은 요청이 이루어졌는지와 전체 함수 실행 시간을 이해해야 한다.

해결 방법

1. b

2. a

3. b

4. c

PART

3

개발부터 배포까지

이 장에서는 이벤트 기반 애플리케이션 개발, 테스트 및 정식 서비스 환경에 대한 배포 방법을 중점적으로 다룬다. AWS Lambda에서 버전 관리 및 별칭을 사용하는 방법, 프레임워크로 개발 환경을 향상시킬 수 있는 방법 및 Amazon S3, AWS CloudFormation과 같은 외부 서비스를 사용하여 단일 또는 다중 리전 아키텍처에서 배포를 자동화는 방법을 알아본다. 특히, 서비스 알람을 통한 모니터링, 로깅 및 관리 기법을 살펴본다.

PART 3

From development to production

CHAPTER

13

서버리스 개발 방식 개선하기

이 장에서 살펴볼 내용

- 로컬에서 람다 함수를 개발할 때의 장단점
- 코드 로그와 디버깅하기
- 람다 함수 버전과 별칭 사용하기
- 서버리스 애플리케이션을 만드는 가장 유명한 도구와 프레임워크 살펴보기
- 람다 함수를 사용한 서버리스 테스트 프레임워크 구현하기

12장에서는 이벤트 기반 애플리케이션과 아키텍처의 장점과 단점에 관해 이야기했다. 이번 장에서는 조금 더 이론적인 접근법을 사용해 보고자 한다.

이제 버전 관리 및 별칭과 같은 고급 AWS Lambda 기능을 사용할 수 있으므로 서버리스 개발 및 테스트가 개선될 수 있는지 살펴보고, 특정 도구 및 프레임워크를 사용하는 실습을 해 보자.

13.1 로컬에서 개발하기

내가 AWS Lambda를 사람들에게 소개하면 항상 듣는 질문 중 하나가 어떻게 해야 로컬에서 람다를 개발할 수 있는가다. 몇 줄의 코드만 있으면 로컬에서 람다 함수를 람다를 통해 실행할 수 있는 환경을 만들 수 있다. 람다 함수에서 다른 AWS 서비스들을 사용한다면 적절한 도

구를 찾아 로컬에서 비슷하게 실행할 수 있다. 예를 들면, 다음과 같이 할 수 있다.

- AWS에는 로컬에서 실행 가능한 다운로드할 수 있는 DynamoDB 버전이 있다. 로컬에서 DynamoDB를 실행하는 방법에 대한 더 많은 정보는 다음의 URL을 참고하자. https://docs.aws.amazon.com/amazondynamodb/latest/developerguide/Dynamo-DB-Local.html.

- AWS 커뮤니티에서 Amazon S3를 모방해서 사용하기 위해 몇몇 프로젝트가 개발되었었다. 예를 들면, FakeS3는 Amazon S3의 호출을 동일하게 사용하여 응답을 받을 수 있는 가벼운 서버다. 다른 옵션으로는 Minio가 있다. Minio는 S3와 호환되는 객체지향 저장소 서버다. FakeS3와 Minio의 사용법에 대해서는 다음의 URL을 참고하자. https://github.com/jubos/fake-s3 및 https://github.com/minio/minio.[1]

AWS 프리 티어와 가격 정책은 개발 환경의 람다 함수에 대해 거의 무료로 제공하므로 실제 정식 운영 환경에서의 인프라와 동일한 환경에서 테스트해 볼 수 있다. 이것은 람다 서비스의 최대 장점 중 하나다. 과거에는 정식 운영 환경과 동일한 아키텍처를 사용하여 테스트한다는 것은 매우 어려운 일이었으며, 때때로 개발 환경과 정식 운영 환경에 전혀 다른 도구와 제품을 사용하여 테스트를 하는 경우도 많았다. 예를 들면, 서버의 모델이나 네트워크 로드 밸런스의 버전 혹은 벤더가 실제와 다른 것을 사용해서 테스트하는 경우가 많다. 하드웨어가 같더라도 펌웨어와 소프트웨어가 다른 환경을 관리하는 것은 매우 많은 인원이 필요하다. 따라서 Docker와 같은 도구들이 유용한데, 그것은 다른 환경에 있더라도 전체 컨테이너를 이동시키는 것이 가능하기 때문이다.

여기서 잠깐!

AWS와 함께라면 개발, 테스트, 정식 운영 환경에 정확히 같은 자원을 사용할 수 있다. 람다 함수 혹은 DynamoDB 테이블은 세계의 다른 리전에서 동일하게 사용할 수 있다. 개발, 테스트, 정식 운영 환경에서 같은 자원을 사용하는 것은 애플리케이션 수명 주기의 많은 문제점을 없애 준다. 이러한 이유들로 인해서 로컬에서 개발하는 것은 개인적으로 선호하지 않지만, 로컬에서 개발하여 사용하는 것이 더 합리적인 경우가 있다면 여러분의 이야기를 들려주기 바란다. 로컬에서 개발해야 하는 경우에 대해서 매우 흥미롭게 생각한다.

---

1 **역주** AWS에서는 자체적인 서버리스 배포 방식인 SAM(Serverless Application Model)을 발표하고, 이를 기반으로 로컬에서 개발 및 테스트를 할 수 있는 SAM Local이라는 프로젝트를 시작했다. 더 자세한 것은 https://github.com/awslabs/aws-sam-local을 참고하기 바란다.

AWS 환경에서 개발하는 것의 유일한 단점은 인터넷 환경이 안정적이어야 한다는 것이다. 일시적으로 인터넷 연결이 원활하지 않다면 8장에서 그랬듯이 애플리케이션의 아키텍처적인 디자인을 개선하는 데 시간을 투자해도 된다. 인증 서비스를 구성해야 한다면 11장의 앞부분에서 설명했던 이벤트 기반의 아키텍처와 미디어를 공유하는 애플리케이션 데이터 모델을 참고하면 된다. 내 경험에 의하면 기술 스택에서 올라감에 따라 최적화된 아키텍처의 구성은 더욱 쉬워지며, 개발 시간에 더 많은 투자를 할 수 있다.

로컬에 여러분의 개발 환경을 적용해 볼 수 있지만, 지금은 2장에서 만든 greetingOnDemand 함수를 Node.js와 파이썬을 사용하여 구현해 보자.

Node.js를 사용하여 로컬에서 개발하기

편의를 위해 greetingOnDemand 함수의 Node.js 버전은 다음과 같다.

리스트 13.1   **greetingOnDemand 함수(Node.js)**

```
console.log('Loading function');

exports.handler = (event, context, callback) => {       ⟵  람다 함수는 "handler"로
    console.log('Received event:',                           export(내보내기)된다
        JSON.stringify(event, null, 2));
    console.log('name =', event.name);
    var name = '';
    if ('name' in event) {
        name = event['name'];
    } else {
        name = "World";
    }
    var greetings = 'Hello ' + name + '!';
    console.log(greetings);
    callback(null, greetings);
};
```

다음의 목록에서는 함수를 로컬에서 실행하기 위해 기본 래퍼가 사용된다. 리스트 13.1에 있는 파일과 같은 디렉터리 내에 있어야 하며, 다른 파일(runLocal.js)에 다음의 코드를 넣는다.

리스트 13.2   **runLocal(Node.js)**

```
var lambdaFunction = require('./greetingsOnDemand');   ⟵  람다 함수를 모듈로 불러옴
var functionHandler = 'handler';                        ⟵  모듈에서 내보낸(exported)
                                                            함수 이름
var event = {}; // { name: 'Danilo'};    ⟵  함수에 전달할 테스트 이벤트
var context = {};                        ⟵  함수에 전달할 가짜 context
```

```
function callback(error, data) {
console.log(error);                    함수에서 출력한 데이터 및
console.log(data);                     에러를 처리하기 위한 콜백 함수
}

                                                              실제 함수에서
lambdaFunction[functionHandler](event, context, callback);    불러오는 값
```

👆 **여기서 잠깐!**

만약 context 람다 함수를 사용한다면 여기에서 빈 객체를 사용한 것과 달리 결과에 유사한 값을 넣어 줘야 한다. 이와 관련하여 Node.js에 관한 정보는 다음의 URL을 참고하기 바란다. **URL** https://docs.aws.amazon.com/lambda/latest/dg/nodejs-prog-model-context.html

파이썬을 사용하여 로컬에서 개발하기

2장에 있는 greetingOnDemand 함수의 파이썬 버전은 다음과 같다.

리스트 13.3 **greetingOnDemand 함수(파이썬)**

```
import json

print('Loading function')

def lambda_handler(event, context):         람다 함수는
    print("Received event: " +              여기에 선언
        json.dumps(event, indent=2))
    if 'name' in event:
        name = event['name']
    else:
        name = 'World'
    greetings = 'Hello ' + name + '!'
    print(greetings)
    return greetings
```

다음의 목록에서는 기본 래퍼(runLocal.py)가 로컬에서 함수를 실행하는 데 사용된다. 다음의 코드를 넣고 리스트 13.3의 파일에 있는 디렉터리에 같이 넣어 준다.

리스트 13.4 **runLocal(파이썬)**

```
                            람다 함수를 간단하게 가져오기 위해
                            _import와 ()의 래퍼 역할을 맡고 있는
                            'importlib' 파이썬 패키지
import importlib

mod = importlib.import_module('greetingsOnDemand')        모듈 내 함수 가져오기
```

```
functionHandler = 'lambda_handler'      ←── 모듈 내 함수 이름
lambdaFunction = getattr(mod, functionHandler)      ←┐ 특정 함수명으로
                                                      │ 모듈에서 함수 가져오기
event = { 'name' : 'Danilo' }   ←── 함수 통과 테스트를 위한 이벤트
context = {}
                                              ┌─ 함수에 전달할 가짜 콘텍스트.
                                              │  로컬에서 실행하려는 람다 함수가
→try:                                         │  콘텍스트에서 내보낸 특정 메서드에
     data = lambdaFunction(event, context)  ←─┤  접근해야 하는 경우 더 많은
     print data                               │  함수가 필요하다
except Exception as error:         ┌─ 실제 함수 실행,
     print error                   │  입력 이벤트 및
                                   └─ 콘텍스트 전달
try/catch를 통해 함수를 실행하여
정상 데이터 또는 오류 반환
```

☝ **여기서 잠깐!**

만약 context 람다 함수를 사용한다면 여기에서 빈 객체를 사용한 것과 달리 결과에 유사한 값을 넣어 줘야 한다. 이와 관련하여 파이썬에 대한 정보는 다음의 URL을 참고하기 바란다. **URL** https://docs.aws.amazon.com/lambda/latest/dg/python-context-object.html

커뮤니티 도구

람다 함수가 로컬에서 실행되기 위하여 기본 래퍼를 사용하는 것을 이해했다면, 프로세스를 더 간단히 하기 위해 커뮤니티들이 개발한 프로젝트들을 참고하는 것이 좋다. 예를 들면, 다음과 같다.

- lambda-local은 설정과 사용 모두 수월하다. 다음의 URL을 참고한다. https://github.com/ashiina/lambda-local

- aws-lambda-python-local은 상대적으로 조금 더 복잡하지만 더 강력한 도구로써, Amazon API Gateway와 Amazon Cognito를 사용하는 데도 유용하게 사용할 수 있다. https://github.com/sportarchive/aws-lambda-python-local.

13.2 로그와 디버그

람다 함수의 결과 값으로, 자바스크립트(Node.js)에서 console.log()를 사용하거나 파이썬에서 print를 출력한 값은 Amazon CloudWatch Logs에서 자동으로 수집한다. AWS Lambda를 사용하면 중앙집중식 로깅 프레임워크를 사용할 수 있다. 비용은 로그 저장 공간에 대해서만 지

불하고, 보존 기간은 조정할 수 있다.

위에서 본 것과 같이 람다 함수를 AWS 웹 콘솔에서 실행한 후 로그를 바로 확인할 수 있다. 콘솔에서 일반적인 람다 함수를 선택하여 실행한 경우 링크를 통해 Cloudwatch 콘솔에서 Monitoring 탭을 클릭하여 확인할 수 있다.

각 람다 함수는 /aws/lambda/로 시작하는 CloudWatch 로그 그룹이 생성된다. 그 바로 뒤에는 람다 함수 이름이 붙는다. 예를 들면, 다음과 같다.

```
/aws/lambda/greetingsOnDemand
```

👆 여기서 잠깐!

로그 그룹을 선택하면 옵션에서 로그 보관 기간을 설정할 수 있다. 기본값으로는 영구 보관이므로 삭제되지 않는다. 옵션 수정을 통해 보관 기간을 하루, 3일, 10년 등으로 설정할 수 있다. 설정한 기간이 지난 후 로그들은 자동으로 삭제된다.

로그 그룹 내에서 지표 필터를 통하여 로그들의 패턴 검색 및 추출이 가능하다. 검색할 때 JSON 및 스페이스-기준 로그 이벤트들이 지원된다. 로그에서 추출한 값들은 커스텀 CloudWatch 지표를 활용하여 대시보드를 통한 모니터링이나 Cloudwatch 알람을 설정하여 다른 이벤트들을 트리거할 수 있다. 예를 들면, 지표 필터를 사용하여 애플리케이션에서 잘못된 로그인 시도 횟수를 계산할 수 있다. 이 측정 항목을 사용하면 지정된 시간 단위에 예상보다 잘못된 로그인 시도가 발생할 때 이 측정 항목을 사용하여 경보를 발생시킬 수 있다. 이 경보는 여러분의 애플리케이션이 공격을 받는 신호로 해석할 수 있다.

👆 여기서 잠깐!

Amazon CloudWatch는 AWS 클라우드 자원뿐만 아니라 다양한 방면에서 사용할 수 있다. 예를 들면, AWS에서 운영되는 애플리케이션에 대한 정보를 모니터링할 수 있다. 특히, Amazon CloudWatch를 사용하면 지표 및 로그 파일을 수집하여 모니터링할 수 있고, 알람을 설정하여 자동으로 AWS 자원에 대해 액션을 취할 수 있다. CloudWatch에 대한 전체적인 흐름에 대한 정보는 다음의 URL을 참고하자.
URL https://aws.amazon.com/cloudwatch/

로그 그룹 내부에서 한 개 이상의 람다 함수의 로그 스트림을 확인할 수 있다. 로그 스트림의 이름은 실행 날짜와 함께 람다 함수의 버전과 고유한 ID값을 가진다. 예를 들면, 다음과 같다.

```
2016/07/12/[$LATEST]7eb5d765b13c4649b7019f4487870efd
```

AWS CLI를 사용해도 람다 함수의 로그를 확인할 수 있다.

```
aws logs get-log-events --log-group-name /aws/lambda/<FUNCTION_NAME>
--log-stream-name 'YYYY/MM/DD/[$LATEST]...'
```

위 명령어의 결괏값을 리눅스/유닉스상에서 텍스트 처리 도구(grep과 같은)를 사용하여 필요한 정보를 검색하거나 비슷한 패턴을 로그상에서 확인할 수 있다.

👆 **여기서 잠깐!**

CloudWatch 콘솔에서 자동으로 로그 그룹을 Amazon Elasticsearch 서비스 클러스터에 전송할 수 있으며, Kibana를 이용하여 로그를 분석할 수 있다. Kibana는 Elasticsearch를 시각화해 주는 도구다. Amazon Elasticsearch 서비스는 AWS Cloud에서 Elasticsearch를 손쉽게 배포, 운영 및 확장할 수 있게 해주는 관리형 서비스다. 자세한 정보는 다음의 URL을 참고하기 바란다. **URL** https://aws.amazon.com/elasticsearch-service/

또한, 로그 그룹을 람다 함수로 스트리밍하여 해당 정보를 신속하게 처리하고 특정 패턴에 반응하거나 로그된 데이터를 데이터베이스와 같은 영구 저장소에 저장할 수 있습니다. 이 절에서 언급한 도구와 기능이 어떻게 작동하는지에 대한 개요가 그림 13.1에 나와 있다.

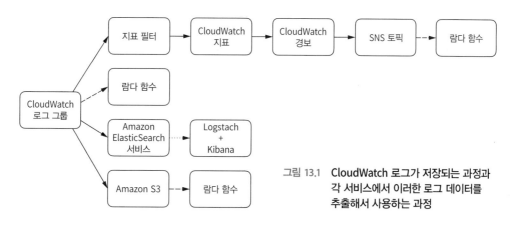

그림 13.1 **CloudWatch 로그가 저장되는 과정과 각 서비스에서 이러한 로그 데이터를 추출해서 사용하는 과정**

13.3 람다 함수 버전 관리하기

AWS Lambda는 함수의 버전을 지원한다. 기본값으로는 최신 버전의 람다 함수만 사용 가능하고 $LATEST로 설정이 되어 있다. 람다 버전을 생성하기 위해서는 다음 세 가지 방법을 사용할 수 있다.

- 람다 함수 생성 시 새로운 버전을 선언할 수 있다(초기 생성 버전은 1이다).
- 람다 함수의 코드를 업데이트할 경우 새로운 버전을 선언할 수 있으며, 이전 버전의 증분 형태로 버전이 지정된다(예를 들면, 2, 3, 4…).
- 언제든지 $LATEST 함수를 근거로 새로운 버전을 선언할 수 있다. 이 또한 버전이 증분 형태로 증가한다.

한 개 이상의 버전을 만들면 웹 콘솔이나 CLI에서 해당 버전을 찾아 접근할 수 있다. 웹 콘솔에서 Qualifiers 버튼을 사용하여 작업 중인 버전을 변경할 수 있다. CLI를 사용하면 --version 인수를 사용하여 함수 버전을 지정할 수 있다. 또한, --version 인수를 사용하면 최신 함수가 아닌 함수의 이전 버전을 호출할 수 있다.

이 책의 앞부분에서 람다 함수를 사용하기 위해 역할과 권한을 설정할 때 함수 ARN(Amazon Resource Name)을 사용하여 어느 람다 함수를 사용할지 지정하였다. ARN을 이용하여 람다 함수를 지정할 때 다음의 두 가지 방법을 사용할 수 있다.

- **Unqualified ARN**은 지금까지 사용했던 ARN으로, 버전의 접미사가 끝에 존재하지 않는다. 그래서 최신 버전인 $LATEST 버전을 사용한다.
- **Qualified ARN**은 버전을 접미사에 붙여 사용한다.

Unqualified ARN의 예제는 다음과 같다.

```
arn:aws:lambda:<REGION>:<ACCOUNT_ID>:function:helloWorld
```

만약 조금 더 자세하게 설정하고 싶다면 다음과 같이 설정할 수 있다.

```
arn:aws:lambda:<REGION>:<ACCOUNT_ID>:function:helloWorld:$LATEST
```

예를 들어, 해당 람다 함수의 버전 3을 사용하고 싶을 때 다음과 같은 ARN을 지정할 수 있다.

```
arn:aws:lambda:<REGION>:<ACCOUNT_ID>:function:helloWorld:3
```

Qualified ARN을 사용하면 어떤 버전을 사용할지에 대해 설정하여 다른 AWS 서비스와 연결을 할 때 사용할 수 있다. 대표적으로 Amazon API Gateway가 있고, 람다 함수를 트리거하는 이벤트 등이 있다.

> **여기서 잠깐!**
>
> 람다 함수 버전에 대한 실습을 하기 위해 greetingsOnDemand 함수를 사용해 보자(파이썬 혹은 Node.js).
> 'Hello'를 'Hi' 혹은 'Goodbye'로 변경하여 여러 버전을 만들어서 특정 ARN을 통해 함수를 실행하고, 결괏값이 다른 것을 확인해 보자.

13.4 별칭을 사용하여 다른 환경 관리하기

람다 함수에서 여러 버전을 생성하였다면 각 버전마다 다른 환경에서 불러들여 사용할 수 있다. 예를 들면, 최신 버전의 람다 함수는 개발 환경에서 테스트하고 있는 함수인데, 정식 운영 환경에 적용되기 전에 통합 테스트 혹은 사용자 수용 테스트 등 여러 단계의 테스트를 거칠 수 있다.

> **여기서 잠깐!**
>
> Amazon API Gateway는 여러 단계의 개념과 스테이지에 의존하는 값(예를 들어, 개발 환경 및 정식 운영 환경에서 데이터베이스 이름이 서로 다를 수 있음)을 호스트 값으로 생성하는 옵션이 있다. AWS Lambda 별칭과 그 스테이지들과 혼동하면 안 된다.

AWS Lambda를 사용하면 별칭에 특정 버전을 지정해 줄 수 있다. 그리고 그 별칭들은 Qualified ARN의 일부로 구성에서 사용할 함수의 버전을 참조하는 데 사용할 수 있다. 함수에서 다른 버전을 사용하도록 별칭을 업데이트하면 해당 별칭에 대한 모든 참조가 자동으로 새 버전을 사용하도록 업데이트한다. 다음의 예시를 참고하자.

람다 함수에 여러 버전을 관리하고 있고, 총 1부터 5까지의 버전 가운데 현재 5버전인 $LATEST 함수를 테스트하고 있다고 가정해 보자. 여러 가지 버전 중 어떤 것은 테스트 환경에서 사용되며, 어떤 것은 정식 운영 환경에서 사용되고 있다. 위와 같이 가정한 상황을 그림 13.2으로 표현했다.

그림 13.2에서 시작하여 UI 테스트가 버전 3에서 성공적으로 진행이 되었다면 정식 운영 환경에서 버전 3을 적용해 볼 수 있다. 이와 동시에 버전 4에 대한 UI 테스트를 진행하도록 설정할 수 있다. UI 테스트의 별칭에 대해 버전 4를 가리키도록 업데이트하고, Production 별칭이 버전 3을 가리키도록 업데이트한다. 그림 13.3에서 위의 개념을 확인할 수 있다.

👆 여기서 잠깐!

별칭에 조금 더 익숙해지기 위해 greetingsOnDemand 함수를 여러 버전으로 수정한 뒤 서로 다른 별칭에 할당하는 실습을 해본다. 최신 버전은 'Dev'가 될 수 있고, 그 전 버전은 'Test', 처음 버전은 'Production' 이 될 수 있다.

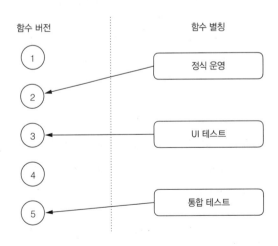

그림 13.2 람다 함수의 버전 및 별칭 사용 방법. 각 별칭은 각 개발 환경(예: 정식 운영, UI 테스트, 통합 테스트)에 맞는 AWS Lambda 함수 버전을 연결할 수 있다

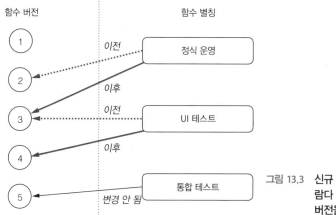

함수 버전   함수 별칭

①

                    이전   정식 운영

②

                    이후

                    이전   UI 테스트

③

                    이후

                                     통합 테스트   **그림 13.3** 신규 버전을 운영 환경으로 이동시킬 때
④   람다 함수 별칭과 UI 테스트를 위한
                    변경 안 됨   버전을 업데이트
⑤

13.5 개발 도구 및 프레임워크

AWS Lambda와 Amazon S3, Amazon DynamoDB, Amazon API Gateway 등 다른 AWS 서비스들을 같이 레고 블록과 같이 조합해서 사용하면 원하는 애플리케이션을 만들 수 있다. 이책에서 다룬 샘플 인증 서비스 혹은 미디어 공유 앱들을 예로 들 수 있다.

위 서비스들은 개발을 단순화시켜 주고, 버저닝(versioning)과 별칭과 같은 고급 기능들을 제공한다. 하지만 동일한 이유로 웹 애플리케이션을 만들 때 자바스크립트만을 사용하기보다 Express와 같은 다양한 도구와 프레임워크로 만든다. 현재 많은 도구와 프레임워크들이 AWS Lambda와 다른 클라우드 도구를 사용할 수 있도록 제공한다.

Express와 같은 프레임워크의 탄생 이유는 개발 환경을 더 쉽고 간단하게 하기 위해서다. 특히, 복잡한 애플리케이션을 만들거나 람다 함수 혹은 다른 서비스들을 통합하여 사용할 경우 유용하다.

> 🖊 **참고하세요!**
>
> 이 절에서 사용하는 프레임워크들은 UNIX/Linux 환경에서만 실행할 수 있도록 디자인되어 있는 것들이 있다. 현재 윈도우 시스템을 사용하고 있다면 리눅스(Ubuntu) AMI(Amazon Machine Image)를 사용하여 Amazon EC2 t2.micro 인스턴스를 생성한다. AWS 프리 티어를 사용하면 AWS 계정을 만든 뒤 1년간 한 개의 Linux EC2 인스턴스에 대해서 무료로 사용할 수 있다. AWS 프리 티어에 관한 더 자세한 정보와 최신 정보는 다음의 URL을 참고하자. **URL** https://aws.amazon.com/free

다양한 서버리스 프레임워크들이 많지만, 이 책에서는 그 일부만 다룬다. 다음의 예제들을 통해 어떤 도구를 사용해야 하는 '목적'보다 그 도구를 사용했을 때 나오는 '결과'에 관해 살펴보길 바란다. 이 책에서 다루지 않는 도구에 대해서도 스스로 검토하여 자신의 개발 환경과 개발 스타일에 따른 가장 편한 도구를 사용하기 바란다. 대부분의 도구와 프레임워크는 오픈 소스-프로젝트이므로 가장 좋아하는 개발 도구에 대해 연구하여 웹상에서 피드백을 제공하거나 아이디어를 내어 세상을 더 풍요롭게 해주기 바란다.

> **참고하세요!**
>
> 이 책을 쓰는 시점에서 AWS는 Flourish라는 서버리스 애플리케이션을 위한 런타임 앱 모델에 대해 작업하고 있다. 이 서비스는 SwaggerHub가 API들에게 제공하는 서비스와 비슷하다. 더 많은 정보는 다음의 URL을 참고하자.[2] **URL** https://swaggerhub.com

Chalice 파이썬 마이크로프레임워크

Chalice는 내가 즐겨 사용하는 매우 간단한 도구다. AWS 개발 도구 팀에서 만들었으며, Chalice의 개념은 CLI 도구를 사용하여 앱을 만들고, 배포하고, 관리할 수 있도록 하는 것이다.[3]

> **참고하세요!**
>
> Chalice는 파이썬 런타임에서 작동하며, 엔드포인트와의 HTTP 상호작용에 사용자 지정 논리를 연결하기 위한 도구다. 재미있고 인기 있는 웹 마이크로프레임워크인 Flask 및 Bottle과 비슷하다.

마이크로프레임워크는 API 개발을 쉽게 할 수 있으며, 일반적인 웹 개발을 포괄하도록 확장될 수 있다. 이 경우 Chalice는 하나의 앱 파일을 사용하여 Amazon API Gateway에서 필요한 모든 API 자원 및 메서드를 생성하고, 이러한 메서드 호출로 실행되는 람다 생성을 도와준다.

Chalice는 자동으로 IAM 정책을 생성하고, S3 버킷과 같이 AWS 리소스를 찾아 접근해야 하는 코드를 검사하여 람다에 필요한 IAM 정책을 자동으로 생성하는 것을 현재 실험 중에 있다.

---

2 **역주** 2016년 11월 AWS는 Serverless Application Model이라는 서버리스 개발 모델을 출시했다. 자세한 것은 https://github.com/awslabs/serverless-application-model을 참고하기 바란다.

3 **역주** 2017년 7월 정식으로 출시하여 정식 운영 환경에서도 사용할 수 있다.

Chalice를 설치하기 위해 'pip'를 사용한다.

```
pip install chalice
```

다음 코드는 3장에서 작성한 함수와 웹 API를 Chalice를 사용하여 다시 구현하는 방법의 간단한 예를 보여 준다. 이 앱은 AWS CLI의 aws configure에 구성된 기본 AWS 지역 및 자격 증명을 사용한다.

```
chalice new-project greetingsOnDemand
cd greetingsOnDemand
chalice deploy
```

위 커맨드를 실행하면 Chalice가 한 일을 보여 준다. 람다 함수를 생성하고, 람다 함수에 필요한 IAM role을 만든 다음, Amazon API Gateway를 사용하여 API를 HTTPS 엔드포인트에 연결한다.

```
Initial creation of lambda function.
Creating role
Creating deployment package.
Lambda deploy done.
Initiating first time deployment...
Deploying to: dev
https://<ENDPOINT>.execute-api.<REGION>.amazonaws.com/dev/
```

위에서 Chalice가 출력한 마지막 줄을 보면 HTTPS 엔드포인트를 확인할 수 있다. 이는 고유한 값으로 웹 브라우저 또는 curl을 사용하여 해당 엔드포인트가 정상적으로 작동하는지 확인할 수 있다. curl을 사용하는 경우 아래 커맨드의 <ENDPOINT> 및 <REGION>을 개인이 할당받은 값으로 대체하여 사용해야 한다.

```
curl https://<ENDPOINT>.execute-api.<REGION>.amazonaws.com/dev
{"hello": "world"}
```

애플리케이션의 논리 및 웹 인터페이스는 app.py 파일에 있다. 다음 예제에서 Chalice에 의해 자동으로 생성된 skeleton과 비슷한 코드를 확인할 수 있다.

```
from chalice import Chalice

app = Chalice(app_name='greetingsOnDemand')

@app.route('/')                    ←⎯⎯  API에서 '/' 리소스에 대해
def index():                             index() 함수를 연결하는 표현
    return {'hello': 'world'}
```

이 앱은 API 엔드포인트 루트 '/'를 호출할 때 JSON으로 랩핑된 { 'hello': 'world'}를 반환한다.
기본적으로 HTTP GET 메서드가 사용되지만, POST와 같은 다른 메서드를 지정할 수 있다.
파이썬에서 Flask나 Bottle 마이크로프레임워크에 익숙한 사람들은 익숙한 구문을 발견할 수
있을 것이다. 매개변수를 URL의 일부로 사용하여 라우팅을 보다 동적으로 만들 수 있으며,
다음 리스트에 굵은 글씨로 표시된 '/ greet / ...'에 대한 'route'를 추가하여 사용자 지정된 인사
말을 반환할 수 있다.

리스트 13.6 name을 반환하는 app.py 파일 수정하기

```
from chalice import Chalice

app = Chalice(app_name='greetingsOnDemand')

@app.route('/')
def index():
    return {'hello': 'world'}
@app.route('/greet/{name}')        ⎫   {name} 매개변수를 받아
def hello_name(name):              ⎬   hello_name() 함수로 전달
    return {'hello': name}         ⎭
```

app.py 코드를 리스트 13.6의 코드로 변경하고, chalice deploy를 사용하여 API를 업데이트한
다. 배포하게 되면 람다 함수의 업데이트를 확인하는 새로운 출력 및 새 경로에 응답하는 API
게이트웨이 구성을 확인할 수 있다.

```
Updating IAM policy.
Updating lambda function...
Regen deployment package...
Sending changes to lambda.
Lambda deploy done.
API Gateway rest API already found.
Deleting root resource id
Done deleting existing resources.
Deploying to: dev
```

```
https://<ENDPOINT>.execute-api.<REGION>.amazonaws.com/dev/
```

이제 웹 브라우저를 사용하거나 curl을 이용하여 새로운 엔드포인트에 접근해 본다. 예를 들어, 다음과 같이 curl을 사용하면 된다.

```
curl https://<ENDPOINT>.execute-api.<REGION>.amazonaws.com/dev/greet/John
{"hello": "John"}
```

Chalice를 사용하면 CloudWatch에 저장된 람다 함수 로그에 빠르고 쉽게 접근할 수 있다. 예를 들어, 프로젝트 디렉터리에서 다음 명령을 사용하면 최신 로그를 볼 수 있다.

```
chalice logs
```

dev가 아닌 다른 API 게이트웨이 스테이지에 배포하려 할 경우 deploy 명령 끝에 다른 스테이지 이름을 추가하면 Chalice가 자동으로 새 스테이지를 만든다. 예를 들면, 다음의 커맨드를 사용할 수 있다.

```
chalice deploy prod
```

출력값은 다음과 같다.

```
Updating IAM policy.
Updating lambda function...
Regen deployment package...
Sending changes to lambda.
Lambda deploy done.
API Gateway rest API already found.
Deleting root resource id
Done deleting existing resources.
Deploying to: prod
https://<ENDPOINT>.execute-api.<REGION>.amazonaws.com/prod/
```

🖖 여기서 잠깐!

프로젝트별 구성은 프로젝트 폴더의 하위 디렉터리에 저장된다(UNIX/Linux 환경에서 '.'으로 시작하는 디렉터리들은 숨겨져 있으니 주의 요망). 예를 들어, config.json 파일에 저장된 기본 API 게이트웨이 스테이지를 변경할 수 있다.

Chalice 소스 코드를 다운로드할 때 virtualenv(격리된 파이썬 환경을 만드는 도구)를 함께 사용하면 좋다. 프로젝트의 현재 상태에 대한 추가 예제와 업데이트된 정보를 찾으려면 다음의 URL을 참고하자. https://github.com/awslabs/chalice

Apex 서버리스 아키텍처

Apex는 람다 함수를 손쉽게 빌드하고, 배포하고, 관리할 수 있는 프레임워크다. 모든 네이티브 런타임을 지원하며(Node.js, 파이썬, 자바), Golang[4]과 같이 AWS Lambda에서 지원하지 않는 언어들도 사용할 수 있게 해준다.

Apex의 가장 중요한 기능 중 하나는 개발 및 배포 흐름을 개선할 수 있다는 점이다. 예를 들면, 함수를 테스트하고, 배포를 롤백하며, 지표 및 로그들을 확인할 수 있다.

Apex는 Linux, OpenBSD, macOS상에서 설치할 수 있다. 다음의 커맨드를 사용해 보자('/usr/local'에 쓰기 위해 'sudo' 권한이 필요할 수 있다).

```
curl https://raw.githubusercontent.com/apex/apex/master/install.sh | sh
```

 여기서 잠깐!

Apex 윈도우 바이너리는 Apex 웹사이트에서 확인할 수 있다. **URL** http://apex.run

첫 함수를 만들기 위해 다음 명령어를 사용할 수 있다.

```
mkdir test-apex && cd test-apex
apex init
```

Apex를 함께 사용하여 프로젝트를 만들면 상호작용하여 값을 설정해야 한다.

---

4 Go 프로그래밍 언어에 대한 자세한 사항은 https://golang.org를 참고하기 바란다.

프로젝트 이름을 적어 넣는다. 람다 함수의 접두어로 들어가므로 프로젝트 이름은 간단한 것이 좋다.

```
   Project name: test
```

프로젝트에 간단한 설명 값을 넣어 준다.

```
   Project description: Just a Test

  [+] creating IAM test_lambda_function role
  [+] creating IAM test_lambda_logs policy
  [+] attaching policy to lambda_function role.
  [+] creating ./project.json
  [+] creating ./functions
```

설정이 끝나면 배포를 시작해 본다.

```
   $ apex deploy
```

배포를 진행하기 위해 다음과 같이 값을 넣어 준다.

```
apex deploy
```

- creating function   function=hello
- created alias current   function=hello version=1
- function created   function=hello name=test_hello version=1

이제 방금 생성한 람다 함수를 호출하고 테스트해 볼 수 있다.

```
apex invoke hellzo

{"hello":"world"}
```

apex help를 입력하면 모든 옵션과 기능들을 확인할 수 있다.

- apex list를 사용하여 함수 목록보기 또는 apex log를 사용하여 최근 로그 보기
- apex rollback을 사용하여 배포를 이전 함수 버전으로 롤백

- apex delete를 사용하여 함수 삭제

- apex docs를 사용하여 Apex 설명서 보기

Apex 프로젝트에 대한 더 많은 정보와 자료는 다음의 URL을 참고하자.

- http://apex.run for the project home page

- https://github.com/apex/apex for the open-source project

Serverless 프레임워크

예전에 JAWS라는 이름을 가졌던 Serverless 프레임워크는 AWS Lambda, AWS API Gateway 및 기타 업체에서 제공하는 도구들이 제공하는 웹, 모바일 및 IoT(Internet of Things) 애플리케이션을 구축하기 위한 애플리케이션 프레임워크다.

Serverless 프레임워크는 여러 람다 함수와 다른 API 게이트웨이 엔드포인트를 사용하여 단일 람다 함수에서 복잡한 웹 API로 확장할 수 있도록 설계되어 있다. 또한, 플러그인 시스템을 통해 확장성을 갖도록 설계되어 있다. 모든 플러그인은 대체하거나 확장할 수 있다.

> **여기서 잠깐!**
>
> Chalice 및 Apex에 비교해서 Serverless 프레임워크는 더 복잡한 애플리케이션을 지원하기 위해 디자인되어 있다. 초기 학습 곡선은 더 가파를 수 있으나, 더 넓은 플랫폼과 생태계를 사용할 수 있는 장점이 있다.

Serverless 프레임워크를 설치하기 위해서 다음의 명령을 실행해 보자.

```
npm install -g serverless
```

> **여기서 잠깐!**
>
> Node.js 설치 방법에 따라 sudo 접두어가 있는 npm 커맨드가 필요할 수 있다.

Serverless 프레임워크는 Node.js, 파이썬, 자바를 지원한다. 다음의 예제를 실습하기 위해 필요한 런타임을 선택하면 된다.

Node.js를 사용하여 샘플 서비스를 만들어 보자. aws-nodejs 커맨드를 사용하면 된다.

```
serverless create --template aws-nodejs -path my-service
```

다른 방법으로 파이썬 샘플 서비스를 만들어 보자. aws-python 커맨드를 사용한다.

```
serverless create --template aws-python -path my-service
```

다음의 결괏값을 확인하여 서비스 생성을 확인한다.

```
Serverless: Creating new Serverless service...
```

```
 _         .-----.----.--.--.-----.----|  .-----.-----.-----.
|__|  -__|  _|  |  |  -__|  _|  |  -__|_  --|_  --|
___       |_____|__|  \__/|_____|__| |_|_|_____|_____|_____|
    |   |
    |
-------'          The Serverless Application Framework
                          serverless.com, v1.0.0-beta.2
```

```
Serverless: Successfully created service in the current directory
Serverless: with template: "aws-<RUNTIME>"
Serverless: NOTE: Please update the "service" property in serverless.yml with
your service name
```

이제 서비스 배포를 위해 프로젝트 경로를 넣고 배포 커맨드를 사용해 보자.

```
serverless deploy
```

AWS에서의 진행 상황을 한눈에 확인할 수 있다.

```
Serverless: Creating Stack...
Serverless: Checking stack creation progress...
......
Serverless: Stack successfully created.
Serverless: Zipping service...
Serverless: Uploading .zip file to S3...
Serverless: Updating Stack...
Serverless: Checking stack update progress...
...............
Serverless: Deployment successful!
```

```
Service Information
service: aws-<RUNTIME>
stage: dev
region: <REGION>
endpoints:
  None
functions:
  aws-<RUNTIME>-dev-hello:
arn:aws:lambda:<REGION>:<AWS_ACCOUNT_ID>:function:aws-<RUNTIME>-dev-hello
```

이제 Node.js 또는 파이썬으로 작성한 람다 함수를 호출할 수 있다.

```
serverless invoke --function hello

{
    "message": "Go Serverless v1.0! Your function executed successfully!",
    "event": {}
}
```

삭제하고 깨끗한 환경을 만들기 위해 다음 remvoe 커맨드를 사용할 수 있다.

```
serverless remove

Serverless: Getting all objects in S3 bucket...
Serverless: Removing objects in S3 bucket...
Serverless: Removing Stack...
Serverless: Checking stack removal progress...
.....
Serverless: Resource removal successful!
```

Serverless 프레임워크에 대한 더 자세한 정보와 예제들은 다음의 URL을 참고하자.[5]

- http://serverless.com(프로젝트 홈페이지)

- https://github.com/serverless/serverless(오픈 소스 홈페이지)

간단한 서버리스 테스트

AWS에서는 모든 것이 자동화할 수 있으며, 람다 함수도 예외는 아니다. 테스트를 자동화하는

---

5 [역주] 서버리스를 지원하는 프레임워크 개발은 가장 인기 있는 오픈 소스 프로젝트다. 이 책에서 소개한 것 이외에도 파이썬 기반 Django나 Flask앱을 손쉽게 변환하는 Zappa, Node.js를 기반한 ClaudiaJS 등 다양한 프로젝트가 있다. 더 자세한 최신 목록은 https://github.com/anaibol/awesome-serverless#frameworks을 살펴보기 바란다.

방법은 여러 가지가 있다. 예를 들어, AWS CLI 혹은 파이썬/Ruby를 이용한 AWS SDK를 활용하여 테스트를 자동화하고, 결괏값을 기존에 예상되는 값과 비교해 보자.

여러분의 상상력을 실제로 구현하기 위해서 다음을 실행해 보자. 웹 콘솔에서 새로운 람다 함수를 생성할 때 제안되는 템플릿 중에 lambda-test-harness 템플릿(Node.js)을 생성한다. 이 템플릿을 사용하면 람다 함수에 대한 단위 테스트 또는 부하 테스트를 실행할 수 있다. 람다 함수를 테스트하기 위해 다른 람다 함수를 사용하는 것은 정말 재미있다. 이 구성을 이해하면 파이썬 함수를 어렵지 않게 준비하여 테스트할 수 있다.

먼저, 웹 콘솔에서 새로운 람다 함수를 생성하고, 사용 가능한 템플릿에서 lambda-test-harness를 선택하라. 람다 함수에 이름(예: lambdaTest)을 부여하고, 리스트 13.7에 복사한 코드를 살펴보자. 이 함수에는 람다 함수(lambda : InvokeFunction to test)를 호출한다. 단위 테스트를 할 때는 DynamoDB 테이블(dynamodb : PutItem)에 결과를 쓰는 데 필요한 IAM 역할이 필요하다.

리스트 13.7 lambdaTest(Node.js) 함수

```
'use strict';

let AWS = require('aws-sdk');
let doc = require('dynamodb-doc');

let lambda = new AWS.Lambda({ apiVersion: '2015-03-31' });
let dynamo = new doc.DynamoDB();

const asyncAll = (opts) => {          ← 여러 번 부하 테스트에
    let i = -1;                          사용할 함수를 비동기로
    const next = () => {                 실행할 함수
        i++;
        if (i === opts.times) {
            opts.done();
            return;
        }
        opts.fn(next, i);
    };
    next();
};
                                      ← 유닛 테스트에
                                        사용할 함수
const unit = (event, callback) => {
    const lambdaParams = {
        FunctionName: event.function,
        Payload: JSON.stringify(event.event)
    };
    lambda.invoke(lambdaParams, (err, data) => {   ← 테스트 실행할
        if (err) {                                    람다 함수
            return callback(err);
```

```
        }
        // DynamoDB에 저장하기
        const dynamoParams = {
            TableName: event.resultsTable,
            Item: {
                testId: event.testId,
                iteration: event.iteration || 0,
                result: data.Payload,
                passed: !JSON.parse(data.Payload).hasOwnProperty('errorMessage')
            }
        };
        dynamo.putItem(dynamoParams, callback);          ◁——  DynamoDB에
    });                                                         유닛 테스트 값 저장
};
const load = (event, callback) => {                ◁——  이전에 정의한 asyncAll
    const payload = event.event;                         함수를 사용한 부하
    asyncAll({                                           테스트에 사용할 함수
        times: event.iterations,
        fn: (next, i) => {
            payload.iteration = i;
            const lambdaParams = {
                FunctionName: event.function,
                InvocationType: 'Event',
                Payload: JSON.stringify(payload)
            };
            lambda.invoke(lambdaParams, (err, data) => next());
        },
        done: () => callback(null, 'Load test complete')
    });
};

const ops = {
    unit: unit,
    load: load
};

exports.handler = (event, context, callback) => {
    if (ops.hasOwnProperty(event.operation)) {
        ops[event.operation](event, callback);
    } else {
        callback(`Unrecognized operation "${event.operation}"`);
    }
};
```

전체적인 흐름을 보면 lambdaTest 함수의 입력으로 다른 람다 함수를 넣고, 단위 또는 부하 테스트를 실행하는 데 필요한 모든 정보가 들어 있는 이벤트를 전달하는 것이다.

greetingsOnDemand 함수에 대해 단위 테스트를 실행한다고 가정하고, 이름을 입력값으로 받는다. 앞에서 사용했던 JSON 구문을 이용하여 greetingsOnDemand를 호출할 때 다음을 포함하는 이벤트를 넣는다.

```
{ "name": "John" }
```

단위 테스트를 실행하려면 필요한 모든 정보를 지정하여야 한다. 테스트를 실행하는 함수의 입력값으로 다음 이벤트를 넣는다.

```
{
    "operation": "unit",
    "function": "greetingsOnDemand",
    "event": { "name": "John" },
    "resultsTable": "myResultTable",
    "testId": "myTest123"
}
```

결과는 사용자가 만들어 놓은 DynamoDB 테이블에 저장된다(해당 DynamoDB 쓰기 기능에 권한 있는지 확인해야 한다). 여기에서 DynamoDB 테이블에 저장된 passed 속성을 특정 사용 사례에 따라 정의할 수 있다. 현재 lambdaTest 함수는 함수 호출에 의해 반환된 페이로드에서 오류 메시지 유무를 확인한다. 또한, testId를 옵션으로 넣어 동일한 테이블에서 여러 테스트를 할 때 식별자로 사용할 수 있다.

위 함수들을 50회 호출하여 부하 테스트를 실행하려면 다음을 수행해야 한다. 'operation'을 'load'로 변경하고, 필요한 반복 횟수를 넣는다. 이제 DynamoDB가 없어도 된다. 다음은 예제다.

```
{
    "operation": "load",
    "iterations": 50,
    "function": "greetingsOnDemand",
    "event": { "name": "John" }
}
```

부하 테스트를 할 경우 퍼포먼스에 대한 결과는 Lambda 혹은 CloudWatch 콘솔에서 확인할 수 있다.

Amazon API Gateway로 작성된 HTTPS 엔드포인트를 테스트하려면 HTTPS를 지원하는 모든 웹 테스트 도구를 사용할 수 있다. 선택적으로 람다 호출 대신 HTTPS 요청을 지원하도록 lambdaTest 함수를 설정할 수 있다. 예를 들어, 'https' Node.js 모듈을 사용하면 가능하다.

요약

이 장에서는 AWS Lambda 및 주요 오픈 소스 프레임워크를 사용하여 서버리스 애플리케이션을 개발하고 테스트하는 방법을 배웠다. AWS Lamda의 고급 기술을 사용하여 개발을 단순화하였고, 새로운 기술 적용에 필요한 모든 단계들을 자동화하였다.

특히, 다음의 항목에 대해서 공부하였다.

- 람다 함수의 버전 및 별칭 사용
- 함수 로그를 사용하여 디버깅하기
- 주요 서버리스 프레임워크 실습, 개발 및 테스트하기
- 람다 함수를 사용하여 다른 람다 함수 단위 및 부하 테스트하기

다음 장에서는 배포에 대해 공부하여 함수를 정식 운영 환경으로 보낸다. 특히 지속적인 통합 프로세스를 지원하기 위해 자동화를 중점적으로 사용할 것이다.

연습문제

1. 고정된 스트링 값을 반환하는 testMe 람다 함수를 생성하라. 예를 들면, 'Test Me'가 있다. Node.js 혹은 파이썬 중 선택해서 사용해도 좋다. 세 가지 버전을 만들어 각 함수가 다른 결괏값을 도출하도록 한다. 'Test Me 1', 'Test Me 2', 'Test Me 3'과 같이 세 개의 버전을 만들고, AWS CLI를 세 함수를 호출한다.

2. 'dev', 'test', 'prod' 세 개의 별칭을 만들고, 세 함수에 각각 할당해 준다. 'dev'는 최신 버전을 가리키게 하고, 'prod'는 처음 만든 함수를 가리키게 한다. 세 별칭을 AWS CLI를 통해 호출한다.

3. lambdaTest 함수를 통해 testMe 함수 비동기 실행을 10회 한다. lambdaTest 함수의 인풋 이벤트를 유의해서 작성한다.

4. lambdaTest 함수를 통해 greetingsOnDemand 함수의 기본 결괏값을 테스트한다. 인풋 이벤트에 아무것도 넣지 않을 때 미리 만들어 놓은 defaultResults DynamoDB 테이블에 결괏값을 쓰도록 만든다. lambdaTest 함수의 인풋 이벤트를 유의해서 작성한다.

해결 방법

1. Node.js 함수는 다음과 같다.

```
exports.handler = (event, context, callback) => {
    callback(null, 'Test Me');
};
```

파이썬 함수는 다음과 같다.

```
def lambda_handler(event, context):
    return 'Test Me'
```

두 개 이상의 버전을 생성하기 위해, 수정한 새 코드를 사용하여 람다 콘솔의 Action 메뉴에서 새로운 버전을 만들어라. 함수에 대해 수정할 때마다 최신($LATEST) 버전을 사용하면 된다.

AWS CLI를 사용하면 새로운 버전을 생성할 수 있다. 버전 숫자는 $LATEST 버전에 따라 계속 증가한다.

```
aws lambda publish-version --function-name testMe --description newVersion
```

AWS CLI를 이용하여 세 가지 버전을 호출하기 위해 다음 명령어를 사용하자.

```
aws lambda invoke --function-name testMe:1 output1.txt
aws lambda invoke --function-name testMe:2 output2.txt
aws lambda invoke --function-name testMe:3 output3.txt
```

람다 콘솔에서 Action 메뉴를 선택한 후 세 개의 별칭을 생성하라. AWS CLI를 사용하면 다음 명령어를 이용하여 버전을 지정하여 호출할 수 있다.

```
aws lambda invoke --function-name testMe:dev output_dev.txt
aws lambda invoke --function-name testMe:test output_test.txt
aws lambda invoke --function-name testMe:prod output_prod.txt
```

2. 다음 이벤트를 사용한다.

```json
{
  "operation": "load",
  "iterations": 10,
  "function": "testMe",
  "event": {}
}
```

3. 다음 이벤트를 사용해도 된다.

```json
{
  "operation": "unit",
  "function": " greetingsOnDemand ",
  "event": {},
  "resultsTable": " defaultResults "
}
```

14

배포 자동화하기

이 장에서 살펴볼 내용

- Amazon S3를 사용하여 람다 함수 코드 저장 및 자동 배포 실행하기
- AWS CloudFormation을 사용하여 배포를 코드로 관리하기
- 다중 리전 아키텍처용 배치 관리하기

이전 장에서는 프로그래밍 경험을 간소화하는 고급 AWS Lambda 기능 및 프레임워크를 사용하여 개발 및 테스트를 개선하는 방법을 배웠다.

이제 AWS CloudFormation 템플릿 및 Amazon S3 버킷과 같은 도구와 서비스를 사용하여 코드를 호스팅하는 람다 함수의 배치를 자동화하는 방법을 살펴보자.

14.1 Amazon S3에 코드 저장하기

이 책의 예제에서 Amazon S3를 여러 번 사용하여 그림이나 HTML 파일과 같은 여러 종류의 정보를 저장했다. 같은 방법으로 람다 함수의 ZIP 파일을 S3 버킷에 저장할 수 있다.

배포를 단순화하기 위해 AWS Lambda는 Amazon S3에 저장된 ZIP 파일에서 직접 람다 함수를 배포하는 기능을 지원한다. 이런 방법으로 람다 함수의 코드를 만들거나 업데이트할 때 ZIP 파일을 업로드하고 보낼 필요가 없다. 사용 가능한 도구(S3 콘솔, AWS CLI, Amazon S3를 지

원하는 타사 솔루션)를 사용하여 ZIP 파일을 S3 버킷에 업로드한 다음, 람다 API를 호출하여 S3 객체를 함수 코드의 소스로 사용할 수 있다. 그림 14.1을 참고하자.

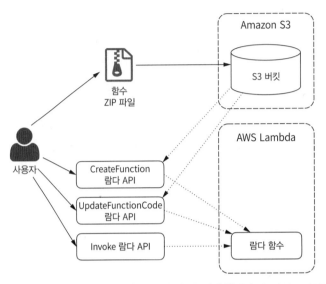

그림 14.1 함수 코드가 포함된 ZIP 파일을 Amazon S3에 업로드하면 웹 콘솔, AWS CLI, SDK, Lambda API를 사용하여 새 함수를 만들거나 기존 함수를 업데이트하여 ZIP 파일의 코드를 사용할 수 있다. 그런 다음 평소처럼 함수를 호출할 수 있다

람다 웹 콘솔을 사용하고 소스 코드를 Amazon S3의 파일로 지정할 수 있다. 그러나 보다 자동화된 접근법을 준비하려면 AWS CLI를 사용하여 이 책에서 여러 번 사용했던 greetingsOnDemand 함수를 업로드하고, 함수 코드를 작성한 다음, 업데이트한다.

> **참고하세요!**
>
> 여기서 Node.js 코드를 사용한다. 하지만 특정 구성에 포함되어 있지 않다면 실제 런타임에 의존하지 않고 파이썬에도 적용된다.

먼저, 다음 함수 코드가 포함된 ZIP 파일을 호스팅하기 위해 버킷을 만들거나 이미 가지고 있는 버킷을 다시 만들어야 한다.

```
aws s3 mb s3://<BUCKET>
```

버킷 이름은 전 세계적으로 고유한 리소스이므로 사용 가능한 버킷 이름을 찾아야 한다. 그렇지 않으면 버킷 생성이 실패한다. 예를 들어, 'danilop'을 사용자가 선택한 공통 사용자 이름으로 바꿀 수 있다.

빈 디렉터리를 만들고 greetingsOnDemand 함수의 코드를 다음 리스트와 같이 index.js라고 부르는 하나의 파일에 넣는다.

리스트 14.1 greetingsOnDemand 함수를 위한 index.js(Node.js)

```
console.log('Loading function');

exports.handler = (event, context, callback) => {
    console.log('Received event:',
        JSON.stringify(event, null, 2));
    console.log('name =', event.name);
    var name = '';
    if ('name' in event) {
        name = event['name'];
    } else {
        name = "World";
    }
    var greetings = 'Hello ' + name + '!';
    console.log(greetings);
    callback(null, greetings);
};
```

이 함수는 의존성을 가지지 않으므로 모듈을 설치할 필요가 없다. 디렉터리 내에서 ZIP 도구를 사용하여 압축된 아카이브 파일(여기서는 단일 파일 포함)을 작성한다.

```
zip -r ../greetingsOnDemand-v1 .
```

버전 식별자를 ZIP 파일 이름의 일부로 포함시켰다. 동일한 함수의 여러 버전을 사용하여 작업할 때 혼란을 피하는 것이 좋다. 그러나 이 버전 관리를 람다 함수 버전 및 별칭에 연결하는 것은 사용자가 결정하며 플랫폼에서 자동으로 관리하지 않는다.

생성한 S3 버킷에 파일을 업로드한다. 코드에 버킷의 해당 부분만 사용하도록 접두어를 추가하고, 다음 명령에서와 같이 다른 사용 사례에 사용할 수 있도록 나머지를 남겨 둘 수 있다.

```
aws s3 cp greetingsOnDemand-v1.zip s3://<BUCKET>/code/
```

이제 웹 콘솔(코드가 Amazon S3에 있음을 지정해야 함)을 사용하거나 AWS CLI를 사용하여 람다 함수를 만들 수 있다.

```
aws lambda create-function  \
    --function-name anotherGreetingsOnDemand \
    --code S3Bucket=<BUCKET>,S3Key=code/greetingsOnDemand-v1.zip \
    --runtime nodejs4.3 \
    --role arn:aws:iam::123412341234:role/lambda_basic_execution \
    --handler index.handler
```

> ⚠️ **주의하세요!**
>
> 이전 명령에서 버킷 이름과 IAM 역할 ARN을 바꿔야 한다. IAM 역할 ARN에 대해서는 이 책의 시작 부분에서 greetingsOnDemand 함수에 대해 작성한 기본 실행 역할을 사용할 수 있다. IAM 콘솔에서 역할을 찾거나 aws iam list-roles와 함께 AWS CLI를 사용하여 보자.

> 👆 **여기서 잠깐!**
>
> --handler 옵션의 값은 <file name without extension.function name>이므로 index.handler는 index. js를 파일 이름으로 사용한 경우 작동한다. 다른 파일 이름을 사용한 경우 적절하게 변경하자.

동일한 접근법을 사용하여 함수 코드를 업데이트하는 방법을 살펴보자. 기능 코드에서 무언가를 변경(예를 들면, 'Hello'를 'Goodbye'로 바꾸기)한 다음, 새 ZIP 파일을 만들어 S3에 업로드하자. 예를 들면, 다음과 같다.

```
zip ./greetingsOnDemand-v2 . -r
aws s3 cp greetingsOnDemand-v2.zip s3://<BUCKET>/code/
```

> ✏️ **참고하세요!**
>
> ZIP 파일에 다른 이름(v2)을 사용하여 이 버전과 첫 번째 버전을 구별했으므로 이전 버전을 덮어 쓰지 않는다. 이 연습을 통해 정식 운영 환경에서 코드를 검사하거나 코드를 롤백해야 할 경우를 대비하여 첫 번째 버전을 사용할 수 있다.

람다 콘솔에서 함수 코드를 업데이트하려면 '코드' 패널을 선택하고, Amazon S3에 새로운 ZIP 파일 좌표를 입력한다. 이번에는 다음 코드와 같이 update-function-code 옵션을 사용하여 함수를 작성한 방법과 마찬가지로 AWS CLI를 사용할 수 있다.

```
aws lambda update-function-code  \
    --function-name anotherGreetingsOnDemand  \
    --s3-bucket <BUCKET> --s3-key code/greetingsOnDemand-v2.zip
```

람다 함수의 새 버전을 게시하려면 이전 명령의 끝에 --publish를 추가한다.

> 🖐 **여기서 잠깐!**
>
> 람다 함수의 ZIP 파일을 생성하기 위해 지속적인 통합 프로세스를 구현하는 경우 AWS CLI의 동기화 기능을 사용할 수 있다(자세한 내용은 aws s3 sync help를 참고하자). 빌드 프로세스의 출력을 Amazon S3로 복사하는 마지막 단계로 사용할 수 있다.

14.2 이벤트 기반 서버리스 연속적으로 배포하기

이 장의 시작 부분에서 모든 단계를 수행했다면 'Amazon S3에 업로드를 할 수는 있는데 자동화는 어떻게 하는 거지?'라는 생각이 들 것이다.

이 접근법에서 흥미로운 점은 함수 코드를 사용하여 ZIP 파일을 업로드한 S3 버킷을 사용하여 다른 람다 함수(greetingsOnDemand 함수 생성 또는 업데이트를 처리할 수 있는 함수)를 트리거하고, 이벤트 기반의 서버리스 연속 배치 프로세스를 구축할 수 있다는 것이다(그림 14.2).

이 방법으로 새로운 버전의 코드가 포함된 ZIP 파일을 Amazon S3에 업로드할 때마다 새 배치를 실행할 수 있다. 깨끗하게 만들려면 트리거에 code/와 같은 특정 접두어를 사용하고, 특정 폴더에서만 업로드에 반응한다. deployFunction은 AWS CLI(UpdateFunctionCode)를 통해 사용한 동일한 람다 API를 사용할 수 있으며, Node.js 및 파이썬과 같이 지원되는 런타임에 작성할 수 있다.

자바스크립트용 AWS SDK를 사용하는 Node.js에서 다음 목록과 같이 람다 서비스 객체의 updateFunctionCode() 메서드를 사용할 수 있다.

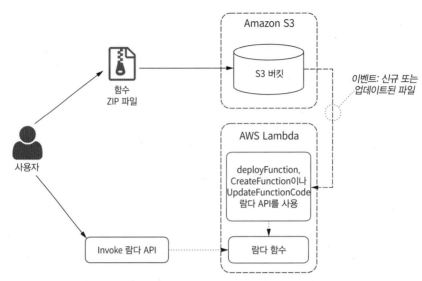

이벤트: 신규 또는
업데이트된 파일

그림 14.2 다른 람다 함수를 자동으로 업데이트할 수 있는 람다 함수를 배포하기 위한 트리거로 Amazon S3를 사용하는
이벤트 기반 서버리스 연속 배포 프로세스

리스트 14.2 updateFunctionCode(Node.js)

```
var lambda = new AWS.Lambda();
var params = {
  FunctionName: 'anotherGreetingsOnDemand',
  S3Bucket: 'danilop-functions',
  S3Key: 'code/greetingsOnDemand-v2.zip'
  Publish: true,
};
lambda.updateFunctionCode(params, function(err, data) {
  if (err) console.log(err, err.stack);
  else      console.log(data);
});
```

람다 함수 코드
업데이트를 위해
필요한 매개변수

새 함수 버전 배포하기.
만약 새 버전을
원하지 않으면
'false' 값 사용

함수 호출을
업데이트하기 위한
람다 API 실제
호출하기

파이썬의 경우 Boto 버전 3, 파이썬용 AWS SDK를 사용하여 다음 목록과 같이 람다 클라이언트의 update_Function_code() 메서드를 사용할 수 있다.

리스트 14.3 updateFunctionCode(파이썬)

```
awslambda = boto3.client('lambda')

response = awslambda.update_function_code(
    FunctionName='anotherGreetingsOnDemand',
    S3Bucket='danilop-functions',
    S3Key='code/greetingsOnDemand-v2.zip',
    Publish=True
)
```

함수 호출을 업데이트하기 위해
람다 API 호출

람다 함수의 코드를
업데이트하는 데 필요한
매개변수

함수의 새 버전을 게시한다.
새 버전을 원하지 않는다면
'false'를 사용할 수 있다.

람다 함수 배포에서 이 메서드를 사용할 때 입력 이벤트에서 ZIP 파일의 S3 버킷 및 키를 얻을 수 있다. 하나의 함수는 다른 S3 버킷에 의해 트리거될 수 있으며, 해당 버킷에 업로드된 코드와 파일 이름이 다르다.

선택적으로 S3 키의 일부(접두사 또는 파일 이름)를 사용하여 배포의 영향을 받는 스테이지(dev, test, prod)와 같은 배포 함수에 특정 정보를 가져올 수 있다. 예를 들면, 다음과 같다.

- 함수를 배포하고, 새 버전을 게시하고, 이 버전으로 별칭을 이동하기 위한 deploy/dev/function.zip
- 함수를 배포하고, 새 버전을 게시하고, 이 버전으로 별칭을 이동하기 위한 deploy/prod/function.zip

이 절에서는 람다 함수를 사용하여 Amazon S3에 업로드된 ZIP 파일과 같은 이벤트에 의해 트리거된 다른 람다 함수를 배포할 수 있는 가능성을 보여 주었다. 이 배포 패턴이나 비슷한 배포 패턴을 사용하여 배포 파이프 라인에 AWS Lambda를 통합할 수 있다.

> ✋ **여기서 잠깐!**
>
> 함수의 크기가 몇 메가바이트 이상으로 커지면 람다 함수 생성 또는 업데이트 중에 코드를 업로드하는 것보다 S3에 업로드하는 것이 훨씬 더 좋다. 큰 함수의 경우 또는 업로드 중에 신뢰할 수 없는 네트워크를 사용하는 경우 S3 다중 업로드를 사용하여 전송 오류를 복구할 수 있다. 이렇게 하면 업로드 중에 오류가 발생하는 경우를 대비하여 함수를 작은 부분으로 병렬로 업로드하고, 단일 부분을 다시 전송할 수 있다. S3 멀티 파트 업로드에 대한 자세한 내용은 https://docs.aws.amazon.com/AmazonS3/latest/dev/uploadobjusingmpu.html을 참고하기 바란다.

14.3 AWS CloudFormation 배포하기

IT 인프라를 관리할 때 자동화는 운영을 단순화하고 사람이 실수할 가능성을 줄이는 데 중요하다. 지난 수년간 관리 및 구성 단계를 설명하고, 이를 인프라에 자동으로 적용하는 방법에 대한 여러 도구가 도입되었다. 예를 들어, Chef,[1] Ansible,[2] Fabric[3] 등이 있다.

---

1 Chef는 인프라 관리 및 구성을 자동화하는 오픈 소스 소프트웨어 에이전트다. 더 자세한 정보는 https://www.chef.io/chef에서 확인하자.

2 Ansible은 설치할 에이전트가 없는 IT 자동화에 대해 다른 접근 방식을 사용한다. 더 자세한 정보는 https://www.ansible.com에서 확인하자.

3 Fabric은 애플리케이션 배포 또는 시스템 관리 작업에 SSH를 사용하기 위한 파이썬 라이브러리 및 CLI 도구다. 더 자세한 정보는 http://www.fabfile.org에서 확인하자.

클라우드 컴퓨팅을 사용하면 API를 사용하여 IT 리소스를 관리하고 자동화를 구현하는 것이 훨씬 쉽다. 그러나 범용 프로그래밍 언어를 사용해야 하는 경우 빌드하려는 내용과 업데이트 방법을 설명하는 것이 여전히 복잡할 수 있다.

AWS CloudFormation을 사용하여 AWS 서비스를 설명하는 YAML[4] 또는 JSON 구문을 기반으로 하는 선언적 언어와 이를 애플리케이션 배포에 맞게 구성하는 방법을 소개했다. 이 방법으로 이전 절에서 수행한 AWS CLI의 모든 작업 단계를 단일 텍스트 파일 또는 텍스트 파일 모음으로 대체할 수 있다.

✋ **여기서 잠깐!**

이것은 인프라를 코드로 관리하는 아이디어이며, 여러 가지 장점이 있다. 예를 들어, 인프라 관리와 함께 버전 관리 및 테스트와 같은 코딩 모범 사례를 사용하는 옵션이 있다.

이 언어를 사용하여 AWS에서 일련의 자원을 구현하고 함수 및 애플리케이션을 위한 인프라를 준비하는 데 필요한 모든 정보를 제공하는 템플릿 텍스트 파일을 작성한다. AWS CloudFormation은 템플릿을 사용하여 실제 리소스의 stack을 구현할 수 있다. 어찌 보면 템플릿은 레시피와 같으며 스택은 해당 레시피의 구현이라고 생각할 수 있다.

✎ **참고하세요!**

이 절에서는 AWS Lambda에 대한 AWS CloudFormation 지원에 중점을 둔다. 다른 AWS 서비스에 대한 자세한 내용과 광범위한 내용은 https://aws.amazon.com/cloudformation을 참고하기 바란다.

고정된 'Hello World' 문자열을 항상 반환하는 기본 람다 함수부터 시작하자. helloWorldFromCF 함수를 호출할 수 있다. 함수가 작으므로 함수의 모든 소스 코드를 템플릿 안에 넣사. 리스트 14.4(YAML) 및 14.5(JSON)에서 예제를 보자.

---

[4] YAML은 JSON보다 사람이 읽을 수 있는 데이터 직렬화 표준이다. 더 자세한 정보는 http://yaml.org에서 확인하자.

리스트 14.4 **AWS CloudFormation을 위한 helloWorld_template(YAML)**

이 CloudFormation 템플릿에 의해 생성되는 리소스.
이 경우 람다 함수이지만 더 많은 함수, S3 버킷,
DynamoDB 테이블을 추가하여 애플리케이션에
필요한 모든 것을 동일한 템플릿에 포함할 수 있다

```yaml
Resources:
  HelloWorldFunction:
    Type: AWS::Lambda::Function          ← 리소스 형식:
    Properties:        ← 리소스 속성         이 경우에는 람다 함수다
      Code:                                ← 함수 코드. 이 경우에는
        ZipFile: |                            템플릿에 인라인으로 제공된다.
          exports.handler = (event, context, callback) => {
            callback(null, 'Hello World from AWS CloudFormation!');
          };
      Description:
        A sample Hello World function deployed by AWS CloudFormation
      FunctionName: helloWorldFromCF
      Handler: index.handler
      MemorySize: 256
      Role: arn:aws:iam::123412341234:role/lambda_basic_execution
      Runtime: nodejs4.3
      Timeout: 10
```

웹 콘솔이나
AWS CLI에서 이미
보았던 것과 비슷한
새로운 람다 함수를
만드는 데 필요한
모든 일반 매개변수.
IAM 역할 ARN을
업데이트하는 것을
잊지 마시오

리스트 14.5 **AWS CloudFormation을 위한 helloWorld_template(JSON)**

이 CloudFormation 템플릿에 의해 생성되는 리소스.
이 경우에는 람다 함수이지만 더 많은 함수, S3 버킷,
DynamoDB 테이블을 추가하여 애플리케이션에 필요한
모든 것을 동일한 템플릿에 포함할 수 있다

```json
{
  "Resources" : {                       ← 리소스 형식.
    "HelloWorldFunction": {                이 경우에는 람다 함수다
      "Type" : "AWS::Lambda::Function",  ←
      "Properties" : {      ← 리소스 속성   함수 코드. 이 경우에는 템플릿에
        "Code" : {                          인라인으로 제공된다
          "ZipFile" : { "Fn::Join": ["\n", [
            "exports.handler = (event, context, callback) => {",
            "  callback(null, 'Hello World from AWS CloudFormation!');",
            "};"
          ]]}
        },
        "Description" :
        "A sample Hello World function deployed by AWS CloudFormation",
        "FunctionName" : "helloWorldFromCF",
        "Handler" : "index.handler",
        "MemorySize" : 256,
        "Role" : "arn:aws:iam::123412341234:role/lambda_basic_execution",
        "Runtime" : "nodejs4.3",
        "Timeout" : 10
      }
    }
  }
}
```

함수를 사용하여 여러 문자열에
인라인 코드를 추가하고 사람이
읽을 수 있게 만든다

웹 콘솔이나 AWS CLI에서 이미 보았던 것과
비슷한 새로운 람다 함수를 만드는 데
필요한 모든 일반 매개변수. IAM 역할
ARN을 업데이트하는 것을 잊지 마시오

이제 관리 도구 섹션의 AWS CloudFormation 웹 콘솔로 이동하자. 이미 생성된 CloudFormation 스택이 없으면 그림 14.3과 같은 페이지가 나타난다. 여기에서 새 템플릿을 그래픽으로 디자 인할 수 있다. CloudFormer라는 도구를 사용하여 기존 리소스를 기반으로 템플릿을 만든다 (AWS CloudFormation으로 이미 수동으로 복제하려는 경우 유용하다). 또는 새 스택을 만든다. 새 스 택을 생성하는 옵션을 선택하자.

새로운 스택을
생성한다

그림 14.3 AWS CloudFormation 콘솔에는 새 스택을 만들거나, 그래픽으로 템플릿을 디자인하거나, CloudFormer 도구를 사용하여 기존 리소스에서 템플릿을 만드는 옵션이 있다

이제 템플릿을 선택하여 생성 중인 새 스택을 구현할 수 있다(그림 14.4). 샘플 템플릿을 보고 S3 버킷에 업로드된 템플릿을 지정하거나 로컬 디스크에 있는 템플릿을 업로드할 수 있다.

원하는 구문인 YAML 또는 JSON을 선택하고, 리스트 14.4 및 14.5의 helloWorld_template. yaml 파일 또는 helloWorld_template.json 파일을 컴퓨터에 로컬로 생성한다. 그리고 작성한 파 일을 업로드한다.

새 스택의 이름을 지정하고(예: 'MyFirstLambdaStack'), Next를 클릭한다(그림 14.5).

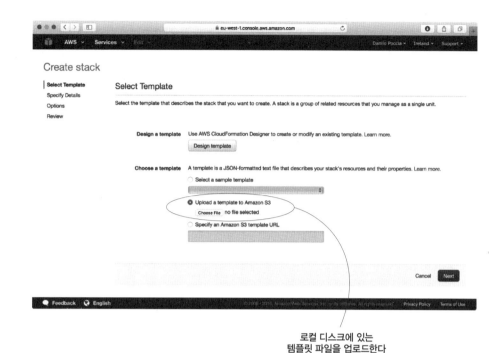

로컬 디스크에 있는
템플릿 파일을 업로드한다

그림 14.4 새로운 CloudFormation 스택 생성을 시작하기 위해 샘플 템플릿, 로컬 파일, Amazon S3에 이미
업로드된 파일 중에서 선택할 수 있다

스택을 위한 의미 있는
이름을 선택한다

그림 14.5 모든 CloudFormation 스택에는 웹 콘솔에서 사용할 수 있는 이름 또는 AWS CLI 및 SDK에서 프로그래밍
방식으로 정보에 접근하고 업데이트하거나 삭제할 수 있는 이름이 있다

아직까지는 태그를 추가하고 고급 설정을 구성하는 옵션으로 단계를 건너뛸 수 있다. 그리고 지금까지 모든 선택 사항을 요약하여 보여 줄 것이다. 모든 것이 정상이면 스택 생성을 진행한다. 그림 14.6과 같은 스택 목록과 이벤트 목록이 표시된다. 이것은 주요 CloudFormation 콘솔이다. 이 섹션에서는 상단 섹션(이 경우 하나)의 모든 스택과 선택한 스택의 모든 정보(예: 이벤트, 템플릿 및 생성된 리소스)를 아래 부분에서 볼 수 있다.

잠시 후 스택 상태가 'CREATE_COMPLETE'로 전환되고, 색상이 녹색으로 바뀐다. 오류가 있는 경우 AWS CloudFormation의 기본 동작은 모든 변경 사항을 롤백하는 것이다. 이벤트 탭의 정보를 사용하여 발생한 일을 이해하고 오류를 수정할 수 있다. 'Cross-account pass role is not allowed'와 같은 오류가 발생하는 경우 AWS 역할 ID를 사용하도록 ARN 역할을 업데이트하지 않은 것일 수 있다.

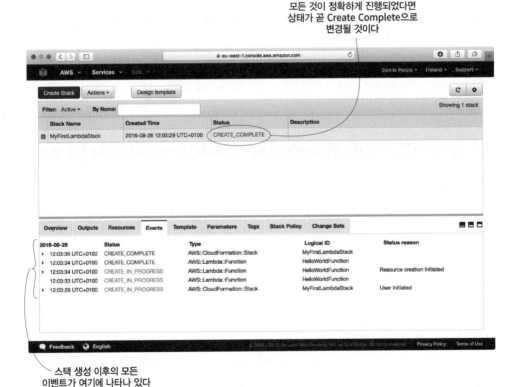

그림 14.6 화면의 상단에는 작성한 CloudFormation 스택 목록이 있다. 아래쪽 절반에는 스택 생성과 생성된 리소스에 의해 생성된 이벤트를 보여 주는 여러 개의 탭이 있다

더 많은 분석이 필요하면 이 스택에 대한 자동 롤백을 비활성화하고, 오류가 발생하기 전에 생성된 리소스를 추가 진단을 위해 사용할 수 있다.

이제 람다 콘솔로 이동하여 AWS CloudFormation에서 만든 함수를 찾을 수 있다. 콘솔에서 함수를 테스트하여 'Hello World' 메시지가 출력으로 수신되는지 확인할 수 있다.

CloudFormation 스택은 업데이트된 템플릿을 제공하거나(이 튜토리얼에서 다루지 않은 입력 매개 변수를 변경하여) 업데이트할 수 있으므로 흥미롭다. 업데이트를 테스트하려면 템플릿 파일의 코드 섹션을 함수의 최종 콜백에 다른 출력이 되도록 변경한다. 예를 들어, 'Hello'를 'Goodbye' 로 바꿀 수 있다. 템플릿의 JSON 구문에 문제를 일으킬 수 있는 비표준 ASCII 문자는 피한다.

이제 CloudFormation 콘솔의 스택 목록에서 만든 스택을 선택하고, 동작 메뉴에서 스택을 업 데이트하도록 선택한다. 그림 14.4와 비슷한 옵션이 있다. 업데이트된 템플릿 파일을 업로드하 도록 선택한다.

업데이트가 완료되고 스택의 상태가 다시 녹색이 되면 람다 함수로 돌아가 업데이트된 함수를 테스트하여 함수의 결과가 이전과 다르며 업데이트된 템플릿에 작성한 함수인지 확인한다.

람다 함수 코드가 길거나 이를 포함하도록 ZIP 파일을 만들어야 하는 종속성이 있는 경우 일 반 텍스트 파일로 함수를 표현할 수 없으므로 CloudFormation 템플릿의 인라인 코드를 사용 하는 옵션이 없다. 또 다른 옵션은 이미 Amazon S3에 업로드된 ZIP 파일을 CloudFormation 으로 지정하는 것이다.

13 장의 Amazon S3에 업로드한 greetingsOnDemand 함수의 ZIP 파일을 사용한다. 버킷 이름, IAM 역할의 ARN 및 14.6(YAML) 또는 14.7(JSON) 템플릿의 객체 키를 업데이트해야 한다.

리스트 14.6 **AWS CloudFormation을 위한 greetingsOnDemand_template(YAML)**

```
Resources:
  GreetingsOnDemandFunction:
    Type: AWS::Lambda::Function
    Properties:
      Code:
        S3Bucket: danilop-functions
        S3Key: code/greetingsOnDemand-v1.zip
      Description: Say your name and you'll be greeted
      FunctionName: greetingsOnDemandFromCF
      Handler: greetingsOnDemand.handler
```

이번에는 템플릿에
코드를 넣지 않고
Amazon S3에 업로드된
ZIP 파일에 대한
참조(버킷, 키)를 넣는다

```
        MemorySize: 256
        Role: arn:aws:iam::123412341234:role/lambda_basic_execution
        Runtime: nodejs4.3
        Timeout: 10
```

리스트 14.7   **AWS CloudFormation을 위한 greetingsOnDemand_template(JSON)**

```
{
  "Resources" : {
    "GreetingsOnDemandFunction": {
      "Type" : "AWS::Lambda::Function",
      "Properties" : {
        "Code" : {
          "S3Bucket" : "danilop-functions",
          "S3Key" : "code/greetingsOnDemand-v1.zip"
        },
        "Description" : "Say your name and you'll be greeted",
        "FunctionName" : "greetingsOnDemandFromCF",
        "Handler" : "greetingsOnDemand.handler",
        "MemorySize" : 256,
        "Role" : "arn:aws:iam::123412341234:role/lambda_basic_execution",
        "Runtime" : "nodejs4.3",
        "Timeout" : 10
      }
    }
  }
}
```

> 이번에는 템플릿에
> 코드를 넣지 않고
> Amazon S3에 업로드된
> ZIP 파일에 대한
> 참조(버킷, 키)를 넣는다

템플릿의 S3 버킷 및 키가 올바른지 확인한다. S3 콘솔을 보거나 AWS CLI를 사용할 수 있다. 예를 들면, 다음과 같다.

```
aws s3 ls s3://danilop-functions/code/greetingsOnDemand-v1.zip
```

이전과 마찬가지로 이 템플릿을 사용하여 새 스택을 만든다. 이 새로운 스택이 녹색이고 리소스 생성이 완료되면 람다 콘솔을 사용하여 새 함수를 테스트할 수 있다.

> **참고하세요!**
>
> 같은 이름을 가진 함수가 이미 존재한다면 스택 생성이 실패하고 에러를 반환하므로 나는 람다 함수에 다른 이름을 사용했다.

AWS CLI를 사용하여 CloudFormation 스택을 만들고 업데이트할 수 있다. 구문은 간단하며, 웹 콘솔에서와 동일한 정보를 제공해야 한다. 구문에 대한 자세한 내용은 다음 두 명령을 사용한다.

```
aws cloudformation create-stack help
aws cloudformation update-stack help
```

이제 AWS CloudFormation을 사용하여 여러 함수가 포함된 스택 생성을 자동화하는 방법에 대해 알게 되었다. JSON 템플릿에 차례로 나열하자.

스택 매개변수와 같이 여기서 언급하지 않은 많은 기능이 여러 개의 사용 사례에서 동일한 템플릿을 적용하는 데 유용할 수 있다. 예를 들어, 개발 및 테스트에서 동일한 템플릿을 사용하고 개발 비용을 줄이기 위해 람다 함수의 다른 메모리 크기(이 값을 매개변수로 전달)를 사용할 수 있다. 웹 콘솔이나 AWS CLI에서 이러한 기능을 시험해 보는 것이 좋다.

🖐 여기서 잠깐!

완전 관리형 소스 제어 시스템(예: GitHub 또는 AWS CodeCommit)에서 CloudFormation 템플릿을 호스팅하는 경우 업데이트(예: git commit)에서 이벤트를 수신하고 배포된 람다 함수를 트리거하여 템플릿에 의해 구현된 스택을 업데이트할 수 있다. 이 장의 이전 절에서 Amazon S3를 사용한 것과 비슷하게 애플리케이션에 이벤트 기반의 지속적인 배포 프로세스를 구축할 것이다. git 브랜치는 업데이트할 스택(예: master 브랜치의 경우 정식 운영 스택, dev 브랜치의 경우 테스트 스택)을 결정하는 데 사용할 수 있다.

14.4 다중 리전 배포

AWS의 대규모 배포는 여러 AWS 리전을 사용하여 대기 시간을 최소화하거나 가용성을 높일 수 있다. Amazon S3를 사용하면 다음과 같이 몇 가지 단계를 통해 람다 함수의 다중 리전(multiregion) 배포를 쉽게 자동화할 수 있다.

- 함수 코드를 업로드하는 S3 버킷은 다른 지역의 S3 버킷에 콘텐츠를 복제하는 데 사용할 수 있다.
- 각 리전에서 업데이트를 로컬에 적용하기 위해 S3 버킷의 새 파일에 의해 트리거된 배포 람다 함수를 가질 수 있다.

예를 들어, EU(아일랜드) 리전에 소스 버킷이 있는 경우 버킷 이름 끝에 AWS 리전을 추가할 수 있다(예: danilop-functions-eu-west-1). 이 소스 버킷은 danilop-functions-ap-northeast-2이라는 서울 리전의 다른 S3 버킷에 모든 변경 사항을 복제할 수 있다.

> **참고하세요!**
>
> S3 콘솔에서 자동 복제를 사용하려면 두 개의 버킷을 만든 다음, 소스 버킷을 선택한다. 버킷 속성 탭에서 'Cross-Region Replication'을 찾는다. 교차 영역 복제의 요구 사항이므로 원본 및 대상 버킷의 버전 관리를 활성화해야 한다.

이제 소스 영역(예: EU(아일랜드))에 함수 코드가 포함된 ZIP 파일을 업로드할 수 있으며, 함수가 EU(아일랜드)와 서울 등 두 리전에 자동으로 배포된다. 전반적인 흐름에 대한 설명은 그림 14.7을 참고하기 바란다.

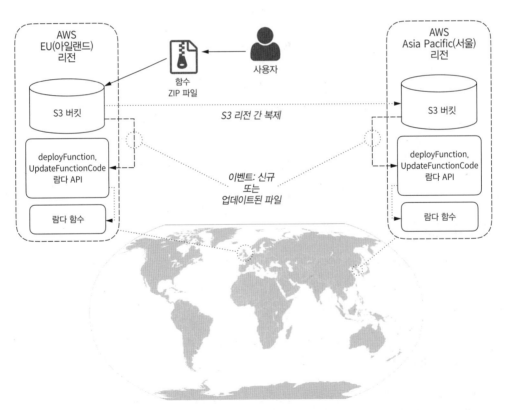

그림 14.7   EU(아일랜드)와 서울 AWS 리전 간에 구현된 다중 리전, 이벤트 중심의 서버리스 배포, S3 교차 리전 복제를 사용하여 ZIP 파일을 함수 코드로 복제하고, 새 파일로 트리거 로컬 배포 기능을 S3 버킷을 사용하여 업데이트를 관리한다

다른 리전의 재해 복구 사이트를 업데이트하기 전에 몇 시간 동안 기다려서 오류를 복제할 가능성을 줄이려면 복제 수동을 유지할 수 있다. 이 경우 소스 버킷의 내용과 대상 버킷의 내용을 다음과 같은 명령과 동기화하도록 AWS CLI의 실행을 예약할 수 있다.

```
aws s3 sync s3://source-bucket s3://target-bucket --source-region eu-west-1
--region ap-northeast-2
```

> **👆 여기서 잠깐!**
>
> 두 버킷을 동기화하는 이전 명령에서 소스 리전을 명시적으로 나타내는 인수를 추가해야 한다.

AWS CloudFormation에서 람다 함수뿐만 아니라 Amazon S3, DynamoDB 등과 같은 리소스를 추가로 생성하고 관리할 수 있는 AWS SAM(AWS Serverless Application Model) 또한 사용할 수 있다.

리스트 14.8과 같이 CloudFormation 확장 템플릿을 통해 람다 함수, API Gateway 엔드포인트 및 API 리소스, DynamoDB 테이블을 표시하고, 각 함수의 핸들러, 런타임, 코드 배포를 위해 업로드할 Zip 파일 URI 등을 포함할 수 있다. 리스트 14.8과 같이 DynamoDB 테이블을 간단한 문법으로 정의하여 테이블명, 기본 키 및 형식, 처리량 등을 설정할 수 있다.

리스트 14.8 **AWS SAM을 통한 서버리스 애플리케이션 배포 설정**

```
AWSTemplateFormatVersion: '2010-09-09'
Transform: AWS::Serverless-2016-10-31

Resources:
  MySimpleFunction:                           람다 함수 이름 및
    Type: AWS::Serverless::Function           배포 패키지 주소 및
    Properties:                               이벤트 설정을 추가
      Handler: index.handler
      Runtime: nodejs4.3
      CodeUri: s3://<bucket>/MyCode.zip
      Events:
        MyUploadEvent:
          Type: S3
          Properties:
            Id: !Ref Bucket
            Events: Create
```

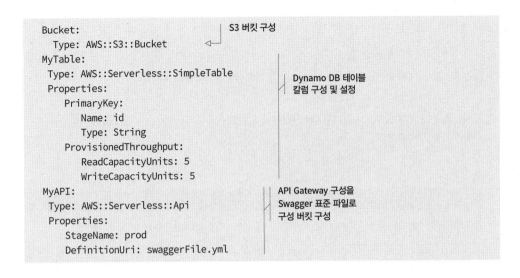

```
Bucket:
  Type: AWS::S3::Bucket                    ←   S3 버킷 구성
MyTable:
  Type: AWS::Serverless::SimpleTable
  Properties:                                  Dynamo DB 테이블
    PrimaryKey:                                 칼럼 구성 및 설정
      Name: id
      Type: String
    ProvisionedThroughput:
      ReadCapacityUnits: 5
      WriteCapacityUnits: 5
MyAPI:                                         API Gateway 구성을
  Type: AWS::Serverless::Api                   Swagger 표준 파일로
  Properties:                                  구성 버킷 구성
    StageName: prod
    DefinitionUri: swaggerFile.yml
```

즉, AWS SAM 파일을 만들어 람다 함수의 배포 패키지로 만들 수 있다. 또는 기존의 람다 함수의 작업 메뉴에서 '함수 내보내기(Export)' 기능을 통해 SAM 파일을 다운로드할 수도 있다. 더 자세한 표준 구성 및 샘플 양식은 https://github.com/awslabs/serverless-application-model 을 참고하면 된다.

요약

이 장에서는 함수 코드 저장소로 Amazon S3를 사용한 자동 배포, AWS CloudFormation 템플릿을 사용한 빌드 및 배포 방법을 배웠다. 특히, 다음 사항을 살펴보았다.

- S3 버킷에 저장된 코드에서 람다 함수 만들기
- Amazon S3에 새로운 코드가 업로드될 때 배포 기능을 사용하여 람다 함수를 자동으로 업데이트
- 애플리케이션에 필요한 함수를 설명하는 AWS CloudFormation 템플릿 만들기 및 스택에 관련 함수 구현
- S3 리전 간 복제를 사용하여 다중 리전, 연속 배포 프로세스 구현

다음 장에서는 AWS Lambda를 사용하여 애플리케이션의 비즈니스 로직뿐만 아니라 AWS에서 서버 기반 또는 서버리스 인프라 관리를 자동화하는 방법을 배우게 될 것이다.

연습 문제 _____

1. 다음 URL을 사용하여 Amazon S3에 업로드된 함수 코드의 세 가지 버전이 있다고 가정하자.

```
s3://mybucket/code/helloWorld-v1.zip
s3://mybucket/code/helloWorld-v2.zip
s3://mybucket/code/helloWorld-v3.zip
```

   이 함수는 이미 생성되었으며, AWS Lambda에서 새 버전을 만들 때마다 세 개의 ZIP 파일을 사용하여 AWS CLI를 사용하고, 함수를 세 번 업데이트하려고 한다. 어떤 명령을 사용해야 하는가?

2. 문제 1의 세 가지 ZIP 파일을 사용하는 CloudFormation 템플릿을 작성하고 helloWorldOne, helloWorldTwo, helloWorldThree라는 세 가지 다른 함수를 만든다. 각 ZIP 파일에는 하나의 hello.py 파일이 들어 있다. 이 파일에서 AWS Lambda가 호출해야 하는 함수는 say_hi()다. 512MB의 메모리와 30초의 타임아웃을 사용하자. 이 장의 다른 예제에서 사용된 기본 실행 권한으로 충분하다.

해결 방법

1. 다음의 세 명령을 사용한다.

```
aws lambda update-function-code --function-name helloWorld \
    --s3-bucket mybucket --s3-key code/helloWorld-v1.zip --publish
aws lambda update-function-code --function-name helloWorld \
    --s3-bucket mybucket --s3-key code/helloWorld-v2.zip --publish
aws lambda update-function-code --function-name helloWorld \
    --s3-bucket mybucket --s3-key code/helloWorld-v3.zip -publish
```

2. 다음 리스트(YAML) 또는 최종 리스트(JSON)의 템플릿을 사용하시오. 역할 ARN을 본인의 것으로 업데이트해야 한다.

AWS CloudFormation을 위한 helloWorldThreeTimes_template(YAML)

```
Resources:
  HelloWorldOneFunction:
    Type: AWS::Lambda::Function
    Properties:
      Code:
        S3Bucket: mybucket
```

```
      S3Key: code/helloWorld-v1.zip
    Description: HelloWorld One
    FunctionName: helloWorldOne
    Handler: hello.say_hi
    MemorySize: 512
    Role: arn:aws:iam::123412341234:role/lambda_basic_execution
    Runtime: python
    Timeout: 30
  HelloWorldTwoFunction:
    Type: AWS::Lambda::Function
    Properties:
      Code:
        S3Bucket: mybucket
        S3Key: code/helloWorld-v2.zip
      Description: HelloWorld Two
      FunctionName: helloWorldTwo
      Handler: hello.say_hi
      MemorySize: 512
      Role: arn:aws:iam::123412341234:role/lambda_basic_execution
      Runtime: python
      Timeout: 30
HelloWorldThreeFunction:
  Type: AWS::Lambda::Function
  Properties:
    Code:
      S3Bucket: mybucket
      S3Key: code/helloWorld-v3.zip
    Description: HelloWorld Three
    FunctionName: helloWorldThree
    Handler: hello.say_hi
    MemorySize: 512
    Role: arn:aws:iam::123412341234:role/lambda_basic_execution
    Runtime: python
    Timeout: 30
```

AWS CloudFormation을 위한 helloWorldThreeTimes_template(JSON)

```
{
  "Resources": {
    "HelloWorldOneFunction": {
      "Type": "AWS::Lambda::Function",
      "Properties": {
        "Code": {
          "S3Bucket": "mybucket",
          "S3Key": "code/helloWorld-v1.zip"
        },
        "Description": "HelloWorld One",
        "FunctionName": "helloWorldOne",
        "Handler": "hello.say_hi",
```

```json
          "MemorySize": 512,
          "Role": "arn:aws:iam::123412341234:role/lambda_basic_execution",
          "Runtime": "python",
          "Timeout": 30
        }
      },
      "HelloWorldTwoFunction": {
        "Type": "AWS::Lambda::Function",
        "Properties": {
          "Code": {
            "S3Bucket": "mybucket",
            "S3Key": "code/helloWorld-v2.zip"
          },
          "Description": "HelloWorld Two",
          "FunctionName": "helloWorldTwo",
          "Handler": "hello.say_hi",
          "MemorySize": 512,
          "Role": "arn:aws:iam::123412341234:role/lambda_basic_execution",
          "Runtime": "python",
          "Timeout": 30
        }
      }
    },
    "HelloWorldThreeFunction": {
      "Type": "AWS::Lambda::Function",
      "Properties": {
        "Code": {
          "S3Bucket": "mybucket",
          "S3Key": "code/helloWorld-v3.zip"
        },
        "Description": "HelloWorld Three",
        "FunctionName": "helloWorldThree",
        "Handler": "hello.say_hi",
        "MemorySize": 512,
        "Role": "arn:aws:iam::123412341234:role/lambda_basic_execution",
        "Runtime": "python",
        "Timeout": 30
      }
    }
  }
}
```

CHAPTER

15

인프라 관리 자동화하기

이 장에서 살펴볼 내용

- CloudWatch 알람을 사용하여 인프라 이슈를 해결하기 위한 람다 함수 트리거하기
- AWS Lambda를 트리거하기 위해 Amazon SNS 사용하기
- CloudWatch 이벤트 및 람다 함수를 사용하여 DNS 또는 서비스 검색 도구를 동기화하기
- 람다 함수를 사용하여 CloudWatch 로그 처리하기
- CloudWatch 이벤트를 사용하여 관리 활동 스케줄링하기
- Amazon API Gateway, 람다 함수, DynamoDB 테이블을 사용하여 다중 영역 아키텍처 설계하기

이전 장에서는 Amazon S3를 사용하여 람다 배포 기능의 트리거로 자동 배포를 구현하는 방법 또는 AWS CloudFormation을 사용하여 템플릿 파일을 통한 람다 함수 관리 방법을 배웠다.

이제 이 책에서 배운 내용을 다른 영역의 인프라 관리에도 적용해 보고자 한다. 순수한 서버리스 아키텍처를 사용하면 관리할 인프라가 많지 않다. 예를 들어, DynamoDB 테이블에 대한 처리량 준비 또는 Kinesis 스트림에 대한 샤드(shard)를 구성해야 할 수도 있다. 하지만 관리해야 하는 가상 서버 또는 부하 분산 장치를 사용하는 구성 요소가 있을 가능성이 크다.

AWS Lambda를 사용하면 일반적으로 사람과의 상호작용이 필요한 단계인 알람 또는 프로세스 로그를 관리하는 방법을 자동화할 수 있다. 여기서 아이디어는 애플리케이션 또는 인프라 오류가 발생할 경우 자동으로 복구할 수 있는 더 똑똑한 아키텍처를 갖추는 것이다.

15.1 알람에 반응하기

IT 인프라를 관리하는 것은 쉬운 일이 아니다. 서버, 스토리지, 네트워크에 문제가 있을 수 있다. 그것은 소프트웨어 문제이거나 하드웨어 문제일 수 있다. 애플리케이션과 관련된 것이거나 운영 체제에서 사용하는 시스템 드라이버일 수 있다. 클라우드 컴퓨팅을 사용하면 API를 사용하여 인프라를 모니터링할 수 있으므로 이 작업이 훨씬 쉬워진다.

AWS에서 Amazon CloudWatch는 사용하는 클라우드 리소스 및 애플리케이션의 모니터링을 단순화하고 자동화할 수 있는 광범위한 서비스다. 이미 CloudWatch Logs를 사용하여 람다 기능의 작동 방식을 모니터링하고 로깅 정보를 확인했다. CloudWatch의 또 다른 중요한 구성 요소는 지표다. 이 지표는 리소스 사용 방법 및 AWS Lambda 또는 Amazon DynamoDB와 같은 다른 AWS 서비스에서 자동으로 제공되거나 CloudWatch API를 사용하여 사용자 정의값으로 채워질 수 있는 양적 정보를 제공한다.

예를 들어, CloudWatch 지표를 사용하여 람다 함수를 모니터링하고 호출에서 오류(및 오류 수)가 반환되는지 여부 또는 DynamoDB 테이블에서 제공되는 처리량의 양을 파악할 수 있다.

CloudWatch 웹 콘솔로 이동하면 왼쪽에 있는 여러 기능을 탐색할 수 있다. 측정 항목을 선택하고, 콘솔에 표시되는 측정 항목을 AWS 서비스별로 그룹화한다. 이 책의 몇 가지 예에서 Amazon DynamoDB를 사용했으며, 콘솔에서 DynamoDB Metrics를 선택하면 표, 색인, 트림 수준에서 많은 정보를 볼 수 있다. 지표는 2주 동안 유지되므로 DynamoDB를 사용한 이후로 더 많은 시간이 지나면 지표가 남지 않을 가능성이 있다.

> ☝ **여기서 잠깐!**
>
> 지표를 2주 이상 저장하려는 경우, 값을 Amazon S3와 같은 영구 데이터 저장소에 복사하여 파일로 저장하거나 Amazon Redshift와 같은 데이터베이스에 관계형 형식으로 보관할 수 있다.

애플리케이션이 올바르게 작동하는지 확인하려면 Amazon CloudWatch를 사용하여 지정한 측정 항목 중 하나가 예상값 범위를 벗어난 경우 트리거되는 알람을 설정하자. 예를 들어, DynamoDB 테이블의 소비된 읽기 또는 쓰기 용량을 프로비저닝된 처리량에 너무 가깝게 설정할 수 있다. 사용량이 많아지면 DynamoDB 호출을 제한하여 응용 프로그램의 속도를 느리게 할 수 있다. DynamoDB 처리량 제한에 도달했는지 알려 주는 알람을 작성해 보자.

CloudWatch 콘솔에서 알람을 선택한 다음, 알람 생성 버튼을 선택한다. DynamoDB 지표에서 테이블 지표를 선택한다(CloudWatch 콘솔에 DynamoDB 지표가 없는 경우 사용 가능한 다른 지표를 선택하여 알람 생성 방법을 이해할 수 있다. 이 문제는 Amazon DynamoDB를 마지막으로 사용한 이후로 2주 이상 지난 경우 발생할 수 있다. 지표는 다르지만 프로세스는 동일하다). 이제 테이블 및 지표 목록이 있다. 원하는 표를 보려면 왼쪽에 있는 작은 상자를 클릭하여 ConsumedReadCapacityUnits가 있는 행을 선택한다(해당 측정 항목이 없는 경우 다른 흐름을 선택하여 흐름을 따른다). 사용자 정의를 할 수 있는 시간 범위의 지표 그래프를 볼 수 있다. 다음을 클릭하고, 경보의 이름과 설명을 입력한다. 예를 들어, CheckThroughput 알람의 이름을 지정하고, 설명으로 '소비 처리량 확인'을 추가할 수 있다.

테이블에 대한 프로비저닝된 처리량이 100개의 용량 단위라고 가정하자(여유 계층에 머물기에는 훨씬 적은 값을 가지지만, 합리적인 가격의 생산에서는 그렇지 않을 수 있다). 지표가 80보다 큰 경우(>=80) 트리거하도록 알람을 구성한다. 처리량이 100개 중 80개, 즉 프로비저닝된 처리량의 80%인 경우 알림이 표시된다. 동작에서 상태가 ALARM이면 목록에 알림을 보낼 수 있다. 새 목록을 작성하고 이메일 주소를 입력할 수 있다. 목록이 Amazon SNS 토픽이라는 점은 흥미로운 사실이다.

> 🖉 **참고하세요!**
>
> Amazon SNS는 전자 메일, HTTP Listener, Apple 및 Google과 같은 모바일 푸시 공급자를 포함한 여러 엔드포인트에 알림을 보낼 수 있는 알림 서비스다. Amazon SNS에 대한 자세한 내용은 https://aws.amazon.com/sns/를 참고하기 바란다.

Amazon SNS는 AWS Lambda에서 지원하는 트리거 중 하나이므로 알람이 트리거된 경우(CloudWatch 알람의 기본 구성과 같이) 전자 메일을 수신하는 대신 람다 함수를 호출하고 자동으로 조치를 취해 수정하거나 완화할 수 있다(그림 15.1). 이것은 자가 치료 아키텍처의 핵심 개념이다.

예를 들어, DynamoDB 테이블의 프로비저닝된 처리량에 접근하면 람다 함수에서 증가시킬 수 있다. 프로비저닝된 처리량을 거의 사용하지 않으면 처리량을 줄이고 비용을 절감할 수 있다. 프로비저닝된 처리량을 줄이려면 람다 함수를 트리거하는 하한 알람을 설정해야 한다. 이것이 바로 Amazon DynamoDB의 자동 크기 조정 기능을 구현하는 방법이다.

얼마나 자주 할 수 있는지에 대한 한계가 존재하므로 좀 더 복잡하다. 현재는 처리량을 원하는 만큼 늘릴 수 있으며, 하루에 테이블당 최대 네 배까지 줄일 수 있다. 이러한 제한에 관한 자세한 내용은 https://docs.aws.amazon.com/amazondynamodb/latest/developerguide/Limits.html을 참고하기 바란다.

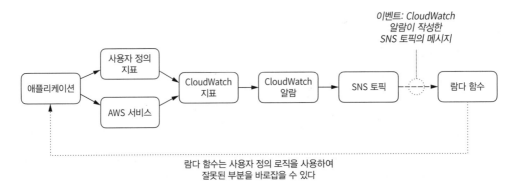

그림 15.1 애플리케이션의 지표는 Amazon SNS를 통해 람다 함수를 호출하는 CloudWatch 알람을 트리거할 수 있다. 이 기능은 자동으로 문제를 이해하며 해결하려고 시도할 수 있으며, 자가 치료 아키텍처를 구현할 수 있다

👆 **여기서 잠깐!**

AWS Lambda 또는 서버에서 실행되는 사용자 정의 스크립트를 사용하는 AWS 고객이 작성한 Amazon DynamoDB에 대한 자동 확장 구현을 몇 가지 확인할 수 있다. https://github.com/channl/dynamodb-lambda-autoscale에서 그 예를 볼 수 있다.

람다 함수를 통해 알람을 관리하는 또 다른 사용 사례는 AWS에서 제공하는 관리 관계형 데이터베이스 서비스인 Amazon RDS다. 데이터베이스의 사용 가능한 공간이 임계값(예: 100MB) 아래로 떨어지면 람다 함수를 사용하여 자동으로 공간을 확장하여 1GB를 추가하는 경우 경고 메시지를 표시할 수 있다. 데이터베이스가 커지고 빠르게 증가하는 경우 알람 및 공간 증가에 더 큰 값을 사용할 수 있다.

람다 함수를 사용하여 CloudWatch 알람에 반응하는 사례가 많지만, 여기서 다 열거하지는 않겠다. AWS 인프라에서 사용하는 서비스와 애플리케이션에 맞춤 지표를 추가했는지 여부에 따라 무엇이 잘못될 수 있는지 AWS API를 사용하여 문제를 해결하거나 완화하는 방법을 생각해 보자. 예를 들어, 기본 하드웨어 오류로 인해 EC2 인스턴스가 손상된 경우 자동으로 EC2 인스턴스를 복구하도록 CloudWatch 알람을 설정할 수 있다.

Amazon CloudWatch는 AWS 클라우드에서 발생하는 로그, 지표, 알람 및 일반 이벤트를 다루는 강력한 도구다. 또한, 대시보드를 만들어 애플리케이션의 기능을 중앙집중식으로 볼 수 있다. 모든 기능에 대한 개요는 https://aws.amazon.com/cloudwatch/에서 시작하는 것이 좋다.

15.2 이벤트에 반응하기

CloudWatch의 또 다른 흥미로운 기능은 AWS 리소스의 상태 변화에 대한 정보를 얻을 수 있는 이벤트다. 일반적인 AWS API 호출, EC2 인스턴스 상태 전환(예: 보류 중에서 실행 중으로) 또는 AWS 콘솔에 로그인하는 것과 같은 여러 소스를 사용할 수 있다. 이전 절에서 살펴본 알람과 마찬가지로 CloudWatch 이벤트를 사용하면 이벤트가 발생할 때까지 기다리는 규칙을 만들고, 해당 이벤트에 의해 트리거된 타깃으로 람다 함수를 추가할 수 있다.

흥미로운 사용 사례는 EC2 인스턴스 상태 전환(예: 시작 또는 중지된 인스턴스)을 수신하고, DNS와 같은 저장소에서 해당 인스턴스의 메타데이터를 등록(또는 등록 취소)하는 것이다(Amazon Route 53을 사용할 수 있다). 이 방법을 사용하여 실행 중인 인스턴스로 DNS를 자동으로 업데이트할 수 있다.

흔히 로드 밸런서(load balancer)는 내부 또는 외부 서비스의 진입점이다. CloudWatch 이벤트를 사용하면 AWS에서 작성된 새 로드 밸런서를 자동으로 등록하고 서비스 발견 도구(DNS 또는 Netflix Eureka/HashiCorp Consul과 같은 고급 도구)를 업데이트할 수 있다. 서비스 발견을 제대로 수행하면 서비스의 엔드포인트를 찾을 수 있는 도구가 마이크로서비스 아키텍처에 적합하다. 이 아키텍처에서는 관리할 서비스가 굉장히 많고, 정적 구성 파일에 서비스 엔드포인트를 넣기 원하지 않는다면 매우 적합하다.

Amazon ECS를 사용하여 컨테이너 및 서비스를 관리하는 경우 이 블로그 게시물(https://aws.amazon.com/blogs/compute/service-discovery-an-amazon-ecs-reference-architecture/)에서 완벽한 솔루션을 찾을 수 있다. 이 블로그에서는 ECS 서비스를 등록/취소하기 위해 내가 설명한 방법을 사용했다.

15.3 실시간에 가까운 속도로 로그 처리하기

람다 함수를 디버깅할 때 콘솔 또는 AWS CLI를 통해 CloudWatch 로그를 사용하는 방법을 배웠다. 다음과 같은 여러 가지 방법으로 자동화할 수 있다(그림 15.2).

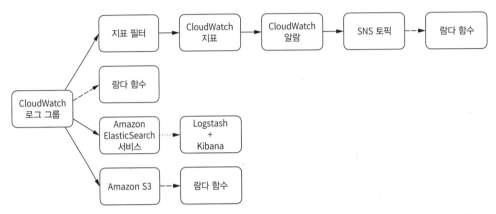

그림 15.2 **CloudWatch 로그를 자동으로 처리 가능한 방법. 로그의 정보를 추출하는 지표 필터를 이용하거나 로그 파일을 Amazon S3에 저장하는 방법으로 직접 람다 함수를 트리거할 수 있다**

- 로그에서 정보를 추출하고 이를 CloudWatch 지표로 게시하는 지표 필터를 작성한다. 예를 들어, 이 방법은 모든 람다 함수 호출에서 메모리 사용량을 추출하고, 여러 호출과 확장된 기간 동안 메모리를 사용하는 방법을 보여 주는 지표를 생성하는 데 사용할 수 있다.

- 로그 그룹을 람다 함수로 스트리밍하여 로그를 처리하고 필요한 모든 작업을 수행할 수 있다. 이 경우 CloudWatch 로그가 람다 함수의 트리거다.

- Logstash 및 Kibana와 같은 도구를 사용할 수 있는 Amazon Elasticsearch Service로 로그 그룹을 스트리밍하면 해당 항목에 대해 자세히 파악할 수 있다. 이 옵션은 콘솔의 동작 메뉴에 있다.

- 로그를 Amazon S3로 내보내고 S3 버킷에서 읽을 수 있는 도구를 사용한다. S3 API 또는 AWS CLI를 사용하여 해당 파일을 로컬 또는 EC2 인스턴스에 복사할 수도 있다. Amazon S3가 새 파일을 버킷에 넣었을 때 람다 함수를 트리거하여 해당 로그를 처리하게 할 수도 있다.

이 모든 옵션은 CloudWatch 로그 콘솔에서 사용할 수 있다. 로그 그룹을 Amazon Elasticsearch Service(작업 메뉴의 옵션)로 스트리밍하도록 선택한 경우 로그를 처리하고, Elasticsearch 클러스터에 쓸 수 있도록 자동으로 제공되는 람다 함수를 사용한다. 이 함수를 템플릿으로 사용하여 로그를 처리하고 자신의 논리를 추가하는 방법을 이해할 수 있다.

15.4 반복되는 활동 스케줄링하기

관리할 인프라가 있는 경우 특히 애플리케이션이 100% 서버리스가 아닌 경우 정기적으로 몇 가지 관리 작업을 실행해야 할 수 있다. 예를 들면, 다음과 같다.

- EC2 인스턴스에서 사용하는 모든 EBS(Elastic Block Store) 볼륨의 일일 스냅 샷을 가져온다('Backup=True'와 같이 특정 태그가 있는 인스턴스로만 제한할 수 있다).
- 매월 S3 버킷에서 이전 파일을 삭제할 수 있다. S3 객체 생명주기 관리를 사용하여 이를 수행할 수 있지만, 응용 프로그램의 파일 이름 및 경로 구조가 네이티브 S3 기능에서 지정할 수 있는 것보다 더 복잡할 수 있다.
- 3개월마다 데이터베이스에서 사용하는 보안 자격 증명을 교체한다.

낮은 비용을 감안할 때 람다 함수는 관리 작업 스케줄링에 완벽하지만, 함수의 타임 아웃 한계 내에 머무를 수 있는지 확인한다. 스케줄 가능한 활동의 몇 가지 예는 그림 15.3을 참고하자.

5장의 얼굴 인식 예제를 예로 들면 람다 함수를 사용하여 사용자가 얼굴 인식 함수로 즉시 처리된 사진을 업로드할 수 있는 S3 폴더에서 임시 파일을 제거했다. 이 경우 람다 기능을 보다 자주 예약할 수 있으므로 하루 동안 S3 객체 생명주기 관리의 최소 경과 시간(예를 들면, 한 시간)을 기다릴 필요가 없었다.

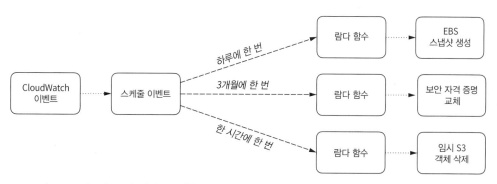

그림 15.3 CloudWatch 이벤트를 사용하여 스케줄링이 가능한 활동과 람다 함수를 이용하여 실행된 예

예약된 람다 함수는 CloudWatch 이벤트를 트리거로 사용한다. 기능 스케줄링은 CloudWatch 이벤트 이전에 릴리스되었으므로 이전에는 콘솔에서 볼 수 없었다.

15.5 다중 리전 아키텍처와 데이터 동기화

이전 장에서는 함수 코드의 영역 간 복제에 S3 버킷을 사용하여 AWS Lambda로 다중 리전 배포를 자동화하는 방법을 배웠고, 그림 15.4와 같이 람다 함수를 사용하여 배포를 자동화하는 방법에 대해 학습했다.

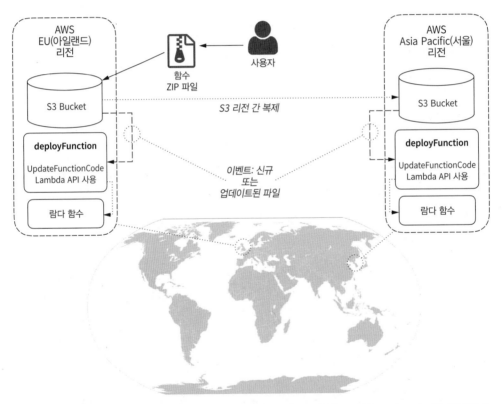

그림 15.4 S3 리전 간 복제와 람다 함수를 두 개의 다른 리전에 배포하는 방법을 사용하여 리전 간 배포를 자동화하기. 함수를 포함하고 있는 ZIP 파일을 하나의 리전에 업로드하고, S3의 리전 간 복제가 다른 리전의 버킷에 있는 파일을 복제한다. 그리고 두 버킷 중 각각의 버킷이 신규 ZIP 파일에 의해 트리거되는 람다 함수를 포함하고 있다. 배포된 람다 함수가 각자의 리전에 람다 함수를 신규로 생성하거나 업데이트하게 된다

다중 리전 배포가 어떠한 것인지 더 자세히 살펴보자. DynamoDB 테이블에 저장된 Amazon API Gateway를 통해 데이터를 노출시키기 위한 람다 함수를 사용하는 간단한 시나리오에 대해 설명한다. 여러 AWS 리전을 사용하여 작업하려면 다음 구성을 사용할 수 있다.

- AWS의 글로벌 DNS인 Amazon Route 53이 두 개의 서로 다른 리전에서 Amazon API Gateway에 의해 관리되는 두 개의 동일한 API로 요청을 라우팅한다. 모든 API는 AWS의 글로벌 DNS 서비스인 Amazon CloudFront를 통해 자동으로 배포된다. 여기서 두 개의 서로 다른 API를 사용한다는 것은 CloudFront 배포판의 출처가 다른 지역에 있음을 뜻한다.

- 각 API는 자체 리전에서 람다 함수를 사용한다. 이러한 람다 함수는 이전 장에서 설명한 대로 자동으로 배포될 수 있다. Amazon API Gateway에서 여러 지역의 람다 함수를 사용할 수 있지만, 이 예제의 목적은 여러 리전에 아키텍처를 배포하는 것이다.

- 각 리전에는 노출될 데이터가 포함된 DynamoDB 테이블이 있다. DynamoDB 스트림을 사용하여 테이블의 내용을 다른 리전으로 복제(및 동기화 유지)할 수 있다.

여기서 잠깐!

현재 DynamoDB에 대해 리전 간 복제를 권장하는 절차는 https://github.com/awslabs/dynamodb-cross-region-library에서 제공하는 오픈 소스 CLI 도구를 사용하는 것이다. 얼마 전에 AWS는 AWS CloudFormation을 기반으로 리전 간 복제 솔루션을 제공했다. 이 솔루션은 이제 오픈 소스 CLI 도구로 인해 더 이상 사용되지 않는다.

다중 리전 배포는 그림 15.5에서 설명하고 있다.

흐름도를 좀 더 깊게 살펴보자.

1. 사용자의 클라이언트 애플리케이션은 HTTPS API 호출을 수행한다.
2. 클라이언트 장치 OS는 API 엔드포인트가 사용하는 DNS 이름을 해석한다.
3. DNS 작동 방식은 Amazon Route 53에서 관리하며, Amazon API Gateway에서 관리하는 기본 또는 보조 CloudFront 배포 지점으로 사용자를 보낸다.
4. Amazon Route 53 및 Amazon CloudFront는 모두 AWS 엣지 지점에 기반을 두고 있으며, 전 세계적으로 배포되며, 대기 시간이 AWS 리전에 비해 사용자에게 더 가깝다.
5. 각 CloudFront 배포는 API 호출을 기본 AWS 리전 또는 보조 AWS 리전의 자체

Amazon API Gateway로 전달한다.

6. API Gateway 통합은 동일한 리전의 람다 함수를 호출한다.

7. 람다 함수는 동일한 리전의 DynamoDB 테이블에 있는 데이터에 접근한다.

8. DynamoDB 리전 간 복제는 원본 테이블(기본 리전에 있음)과 대상 테이블 (보조 리전에 있음)을 동기화 상태로 유지한다.

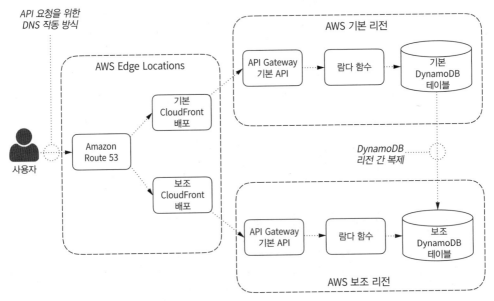

그림 15.5 Amazon API Gateway, 람다 함수, DynamoDB 테이블을 두 개의 서로 다른 리전에 배포하는 방법을 활용한 다중 리전 배포 흐름도. Amazon Route 53을 통한 DNS 작동 방식으로 기본 및 보조 리전의 트래픽을 라우팅한다

👆 여기서 잠깐!

장애 조치의 경우 기본 리전과 보조 리전을 서로 바꿀 수 있다. 이러한 장애 극복 상황에서는 데이터 일관성이 중요하다. 애플리케이션이 데이터에 접근하는 방법에 따라 기본 및 보조 DynamoDB 테이블을 스와핑할 수 있는지 여부와 방법을 이해해야 한다.

📎 참고하세요!

원본 DynamoDB 테이블에서 데이터가 업데이트되는 빈도와 동기화의 지연이 사용 사례에 적합한지 여부에 따라 두 CloudFront 배포에 대한 active/active 또는 active/passive 균형 조정을 사용할 수 있다. 일반적으로 관리하기가 훨씬 쉬워서 active/passive 솔루션을 선택한다.

요약

이 장에서는 AWS Lambda를 사용하여 애플리케이션의 로직을 구현하지 않고 인프라를 관리하거나 다른 람다 함수를 배포하는 다음과 같은 다양한 시나리오를 살펴보았다.

- 람다 함수를 통해 CloudWatch 알람 처리하기

- SNS 토픽을 통해 람다 함수 트리거하기

- CloudWatch 이벤트를 사용하여 AWS Lambda를 트리거하는 구성 도구 동기화하기

- AWS Lambda로 CloudWatch 로그 처리하기

- 인프라에 반복적인 활동 스케줄링하기

- 람다 함수를 사용하여 다중 리전 애플리케이션에 대한 예제와 함께 다른 람다 함수를 배포하기

연습 문제 _____

1. CloudWatch 알람은 다음과 같은 형태로 전송된다.

   a. SQS 메시지

   b. SNS 알림

   c. EC2 인스턴스

   d. CloudWatch 이벤트

2. 다음을 사용하여 신규 EC2 인스턴스나 Elastic Load Balancer 생성에 반응할 수 있다.

   a. CloudFormation 템플릿

   b. CloudWatch 로그

   c. CloudWatch 이벤트

   d. CloudFormation 스택

3. 다음을 적용할 때 서비스 발견 도구를 사용할 것을 권장한다.

   a. 클라이언트-서버 아키텍처

   b. 3계층 아키텍처

   c. 단일 아키텍처

   d. 마이크로서비스 아키텍처

해결 방법

1. b

2. c

3. d

4

외부 서비스 활용하기

마지막 파트는 애플리케이션을 Slack, IFTTT 및 GitHub와 같은 외부 서비스와 연결하고 통합하는 방법을 살펴본다. 람다 함수의 및 이벤트 기반 애플리케이션으로 안전하게 관리할 수 있는 AWS KMS를 사용한 키 관리 및 자격 증명뿐만 아니라 람다 함수가 외부 서비스에 연결되거나 호출될 경우 몇 가지 아키텍처 패턴인 웹 훅(webhook) 및 로그 모니터(log monitor)와 같은 기능에 대해 자세히 설명한다.

PART 4

Using external services

CHAPTER

16

외부 서비스 요청하기

이 장에서 살펴볼 내용

- 람다 함수에서 외부 API 사용하기
- 람다 함수에서 AWS KMS를 사용하여 제3의 자격 증명 확보하기
- 람다 함수에서 IFTTT 호출하기
- AWS Lambda를 사용하여 Slack 팀에게 메시지 보내기
- 람다 함수에서 GitHub API 사용하기

이전 장에서는 람다 함수를 사용하여 인프라에서 관리 활동을 자동화하고, 경보에 반응하며, 다른 기능을 자동으로 배포하는 방법을 배웠다.

이제 람다 함수에서 IFTTT(If This Then That), Slack 또는 GitHub와 같은 외부 서비스를 안전하게 호출할 수 있는 일반적인 패턴과 실제 예를 사용하여 가능성을 넓혀 보자.

16.1 시크릿 키와 자격 증명 관리하기

암호 또는 API 키와 같은 비밀 정보를 코드 내에 저장하는 것은 결코 좋은 접근 방법이 아니다. 응용 프로그램의 수명주기 동안 실수로 코드와 시크릿 키에 대한 접근 권한이 허가되지 않은 사용자에게 제공될 수 있기 때문이다. AWS Lambda를 사용하면 암호화 키를 만들어서 제어하고 데이터를 쉽게 암호화할 수 있는 AWS KMS(Key Management Service)를 편리하게 사용

할 수 있다. AWS KMS는 하드웨어 보안 모듈(HSM, Hardware Security Module)을 사용하여 키 보안을 강화시킨다.

여기서 잠깐!

HSM은 암호화, 복호화, 키 생성, 물리적 변조 방지와 같은 암호화 기능을 제공하는 하드웨어 조각이다. HSM에 대한 자세한 내용은 https://safenet.gemalto.com/data-encryption/hardware-security-modules-hsms/를 참고하자.

참고하세요!

AWS KMS를 사용하면 이 책을 쓰고 있는 시점 기준으로 키당 1달러를 지불할 수 있다. 암호화 및 암호 해독 요청을 포함하여 월 2만 건의 요청이 무료 티어에 있다. 이 서비스의 업데이트 가격을 보려면 https://aws.amazon.com/kms/pricing/을 확인하자.

코드의 내부 함수에 람다 함수의 전체 논리를 래핑하는 것이 바로 아이디어다. 예를 들어, 이 내부 함수를 호출할 수 있다(그림 16.1). 람다 함수가 호출될 때 함수의 이전 실행에 의해 비밀이 이미 해독되었는지 여부를 검사한다. 만약에 그렇다면 함수가 호출된다. 그렇지 않은 경우 AWS KMS는 비동기적으로 암호를 해독하기 위해 호출되며, processEvent는 KMS 암호 해독 호출이 성공적으로 반환되자마자 호출될 콜백으로 반환된다.

시크릿 키를 암호화하기 위해 AWS CLI 또는 AWS SDK를 사용할 수 있다. 먼저 AWS KMS 관리 키를 만들어야 한다.

1. IAM 콘솔에서 왼쪽의 Encryption Keys를 선택하고 새 키를 만든다.

2. 키 별칭으로 functionConfig를 사용한다.

3. 해당 키에 대한 관리자 권한이 있는 사용자 및(또는) 역할을 선택한다.

4. 애플리케이션 내에서 키를 사용할 수 있는 사용자 및(또는) 역할을 선택한다.

5. 정책을 검토한 다음 승인하여 키를 만든다.

원하는 경우 AWS CLI를 사용하여 키를 만들 수 있다. 자세한 내용은 다음 키를 사용한다.

```
aws kms create-key help
```

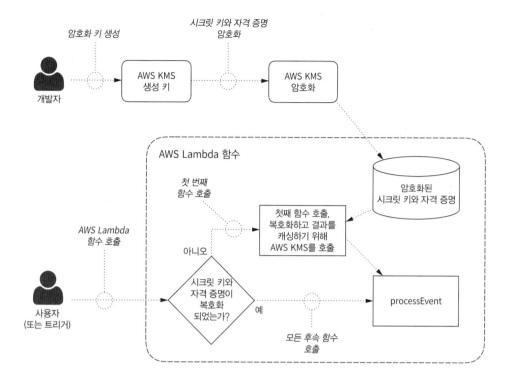

그림 16.1 람다 함수에서 시크릿 키와 자격 증명을 관리하는 방법. 데이터는 **AWS KMS**를 사용하여 암호화된다. 첫 번째 호출은 이벤트를 처리하기 전에 데이터를 복호화하고 결과를 캐싱한다. 모든 후속 호출은 캐싱된 결과를 사용하고 곧바로 이벤트를 처리한다

👆 **여기서 잠깐!**

여러 팀 또는 여러 가지 수준의 보안 조치가 있는 경우 키를 여러 개 만들고 IAM 정책을 사용하여 필요한 키에만 암호화 또는 복호화 접근 권한을 부여할 수 있다.

이제 생성한 새 키를 사용하여 암호화할 수 있다. 예를 들어, AWS CLI를 사용하여 다음 명령을 사용할 수 있다.

```
aws kms encrypt --key-id alias/functionConfig --plaintext \
    '{"user":"me","password":"this"}'
```

plaintext 옵션은 문자열이다. 이 경우 JSON 구문을 사용하여 이 비밀을 사용하는 람다 함수에 구조화된 데이터를 보낸다.

암호화 명령에서 얻은 출력에서 암호화된 결과와 암호화에 사용된 키에 대한 참조(속성의 순서는 중요하지 않음)가 포함된 CiphertextBlob를 찾아야 한다.

```
{
    "CiphertextBlob": "AbCdF…==",
    "KeyId": "<KEY_ARN>"
}
```

리스트 16.1에서 AWS KMS를 사용하여 시크릿 키를 관리하는 예제 람다 함수를 볼 수 있다. 리스트에 있는 <ENCRYPED_CONFIG>의 값은 이전 출력의 CiphertextBlob의 내용으로 바꿔야 한다. 이 함수가 AWS KMS 복호화 기능에 접근하기 위해 필요한 IAM 역할은 리스트 16.2에 나와 있다.

👆 **여기서 잠깐!**

템플릿에서 새 역할을 작성하고 리스트에서 KMS 정책을 선택하여 콘솔에서 AWS KMS에 대한 람다 기능 접근을 신속하게 제공할 수 있다. 4장에서 배운 것처럼 선택적으로 IAM 콘솔에서 새 역할을 만들 수 있다.

리스트 16.1   encryptedConfig 함수(Node.js)

```
var AWS = require('aws-sdk');          SDK로부터
                                       AWS KMS 서비스 객체 생성
var kms = new AWS.KMS();            ◁                              KMS 암호화 호출의 출력으로서
                                                                    코딩된 CiphertextBlob(암호화된
                                                                    설정 인자). 이 예시는 여러 가지 인자를
var fnEncryptedConfig = '<ENCRYPED_CONFIG>';        ◁              한 번에 통과시키기 위해 JSON
var fnConfig;       ◁──── 복호화된 설정 인자를 저장한다.               구문을 사용하였다

exports.handler = (event, context, callback) => {         만약 설정 인자가 이미 복호화되었다면
    if (fnConfig) {                                        이벤트를 처리한다
        processEvent(event, context, callback);
                                                           만약 설정 인자가 아직 복호화되지
    } else {                                               않았다면 KMS Decrypt를 위해
        var encryptedBuf = new Buffer(fnEncryptedConfig, 'base64');   내용물을 준비시킨다
        var cipherText = { CiphertextBlob: encryptedBuf };   KMS Decrypt
                                                             호출을 비동기적으로        암호화된
                                                             호출한다               페이로드를
        kms.decrypt(cipherText, function (err, data) {                            Base64 형태로
CiphertextBlob       if (err) {                                                   전환한다
속성을 Base64             console.log("Decrypt error: " + err);
버퍼로 준비한다             callback(err);                           에러가 날 것을 대비하여
                    } else {                                     로그를 남기고 나온다
```

```
                    fnConfig = JSON.parse(data.Plaintext.toString('ascii'));
                    processEvent(event, context, callback);
            }
        });

    }
};

var processEvent = function (event, context, callback) {
    console.log('user: ' + functionConfig.user);
    console.log('password: ' + functionConfig.password);
    console.log('event: ' + event);
};
```

KMS Decrypt 호출로부터 복호화된
페이로드를 추출하고 JSON으로
파싱하여 이벤트를 처리한다

해당 이벤트를 실질적으로
처리하는 함수다

리스트 16.2 **Policy_encryptedConfig**

```
{
    "Version": "2012-10-17",
    "Statement": [
        {
            "Effect": "Allow",
            "Action": [
                "kms:Decrypt"
            ],
            "Resource": [
                "<your KMS key ARN>"
            ]
        }
    ]
}
```

람다 함수가 KMS Decrypt
기능을 접근해야 한다

암호화를 위해 KMS Key에
접근 권한을 부여해야 한다

> 🖊️ **참고하세요!**
>
> 이 접근법은 웹 콘솔에서 새로운 람다 함수를 생성할 때 사용할 수 있는 몇 가지 청사진과 Slack 및 Algorithmia와 같은 외부 서비스에서 영감을 얻었다. 람다 콘솔에서 더 많은 예제를 볼 수 있다.

이제 람다 함수에 비밀 키와 자격 증명을 저장하는 안전한 방법이 생겼으므로 이를 사용하여 생각할 수 있는 모든 공개 API를 호출할 수 있다. AWS KMS를 사용하여 자격 증명을 안전하게 저장하고, 함수에서 공용 API SDK를 사용해야 한다. 공용 API를 쉽게 구현할 수 있으면 코드에서 공용 API의 웹 요청을 작성할 수 있다. IFTTT, Slack 및 GitHub와 같은 인기 있는 서비스에 대한 몇 가지 예를 보여 주겠다. 여기에 직접 추가할 수 있다. 예를 들어, Twilio를 사용하여 모바일 장치에 SMS를 보낼 수 있다.

16.2 IFTTT Maker Channel 사용하기

IFTTT를 사용하면 여러 제품 및 앱을 독창적으로 제어할 수 있다. 제품과 앱 간의 간단한 연
결 방법인 레시피를 준비할 수 있다. IFTTT 레시피는 백그라운드에서 자동으로 실행된다. 다
음과 같은 하나의 간단한 명령문으로 강력한 연결을 작성할 수 있다. 'If this (happens) then (do)
that'.

지원되는 제품 및 서비스 이외의 IFTTT 레시피를 확장하려면 Maker 채널을 사용하여 IFTTT
를 개인 프로젝트에 연결할 수 있다. Maker 채널을 사용하면 웹 요청을 만들거나 수신할 수 있
는 모든 장치 또는 서비스에 레시피를 연결할 수 있다.

IFTTT Maker Channel을 사용하면 큰 장점이 있다. IFTTT Maker Channel을 직접 만들면
IFTTT가 기본적으로 지원하는 모든 제품과 서비스에 쉽게 접근할 수 있다. 예를 들어, IFTTT
를 브로커로 사용하면 CloudWatch 알람을 수신할 경우 필립스 색조 표시등을 켜거나 끌 수
있는 람다 기능을 사용하거나 표시등의 색상을 빨간색으로 변경할 수 있다. 그리고 모바일 장
치 또는 스카이프 계정에 알림을 보내거나 트위터에 무언가를 게시하거나 페이스북 또는 인
스타그램램 계정에 그림을 게시할 수 있다. IFTTT 사용 가능 채널에 대한 개요는 https://ifttt.
com/channels를 참고하기 바란다.

https://ifttt.com에서 IFTTT에 가입하면 https://ifttt.com/maker에서 Maker 채널을 구성할 수
있고 시크릿 키를 기록할 수도 있다. 이제 다음 예와 유사한 HTTPS GET또는 POST 요청을
사용하여 IFTTT 레시피를 트리거할 수 있다.

```
https://maker.ifttt.com/trigger/<EVENT>/with/key/<IFTTT_MAKER_SECRET_KEY>
```

HTTPS POST를 사용하면 HTTPS 요청에 본문을 추가하고 해당 레시피에서 사용할 수 있는
값이 있는 JSON 객체를 전달할 수 있다. 예를 들면, 다음과 같다.

```
{ "value1" : "One", "value2" : "Two", "value3" : "Three" }
```

HTTPS GET과 동일한 구문을 사용하면 JSON 객체를 쿼리 매개변수로 포함할 수 있다. AWS Lambda에서 트위터 계정으로 메시지를 보내는 방법을 만들어 보겠다(리스트 16.3 참고). https://ifttt.com/twitter에서 트위터 계정을 사용하도록 IFTTT Twitter 채널을 구성하자.

이제 Maker Channel(this)에서 트리거되고 Twitter Channel(that)에서 작동하는 새로운 IFTTT 레시피를 만든다.

1. Maker Channel(this)에서 웹 요청을 받고 의미 있는 이벤트 이름을 제공하도록 선택한다 (예: 'aws_lambda').

2. Twitter Channel(that)에서 "Send a direct message to yourself"를 선택한다(이 테스트를 하면서 팔로워에게 스팸하지 않도록 한다). 나중에 동일한 타임라인에서 '진짜' 트윗을 게시하는 동일한 구성을 반복할 수 있다.

3. 게시할 제안된 메시지가 들어 있는 텍스트 상자를 클릭한 다음, 상자 오른쪽 상단에 있는 테스트 튜브 아이콘을 클릭한다(참고: 상자 안을 클릭할 때까지 아이콘이 표시되지 않는다).

4. 이제 다른 재료를 추가할 수 있으며, 람다 기능에 의해 보내질 'Value1'을 사용할 수 있다.

5. 나머지는 모두 제거하고 {{Value1}}만 상자에 남겨 둔다. 이런 방식으로 전송될 메시지는 람다 함수가 value1 매개변수에서 전달하는 것이다.

6. 리스트 16.3을 사용하여 Lambda2IFTTT 함수를 만든다. <EVENT>를 Maker Channel에서 사용한 것과 바꾼다. 예를 들어, 'aws_lambda'와 이전에 적어 둔 시크릿 키 <IFTTT_MAKER_SECRET_KEY>를 사용한다. 기본적인 실행 역할만으로도 IFTTT를 수행하면 되기 때문에 충분하다.

7. 람다 함수는 이벤트에서 메시지 속성을 찾아 이를 IFTTT에 'value1'로 보내어 레시피가 메시지를 보낼 수 있도록 한다.

리스트 16.3 **Lambda2IFTTT(Node.js)**

```
console.log('Loading function');

var https = require('https');
var querystring = require("querystring");          IFTTT 레시피를 설정할 때
                                                    사용된 EventName
var iftttMakerEventName = '<EVENT>'           ◁───┘
var iftttMakerSecretKey = '<IFTTT_MAKER_SECRET_KEY>'; ◁──   내 IFTTT Maker Channel
                                                            시크릿 키
var iftttMakerUrl =
    'https://maker.ifttt.com/trigger/'
    + iftttMakerEventName
```

```
        + '/with/key/'
        + iftttMakerSecretKey;              ◁──┐  IFTTT Maker Channel을
                                               └  호출하기 위해 사용하는 전체 URL

exports.handler = (event, context, callback) => {
    var output;                            ◁──┐  보내기 위한 출력 메시지.
    if ('message' in event) {              ◁──┤  이벤트의 'message' 속성을
        output = event.message;            ◁──┘  담고 있다
    } else {
        callback('Error: no message in the event');
    }
    console.log('Output: ', output);
                                                   'Value1'이라는 출력
                                                   메시지가 IFTTT 레시피로
    var params = querystring.stringify({value1: output});  ◁─  보내진다

    https.get(encodeURI(iftttMakerUrl) + '?' + params, function(res) {    ◁──
        console.log('Got response: ' + res.statusCode);
        res.setEncoding('utf8');                            IFTTT Maker Channel
        res.on('data', function(d) {                        URL에게 HTTPS GET
            console.log('Body: ' + d);                          만들어 준다
        });
        callback(null, res.statusCode);      ◁──┐  함수로부터 HTTP
    }).on('error', function(e) {             └  응답 상태 코드 가져온다
        console.log("Got error: " + e.message);
        callback(e.message);                 ◁──┐  에러가 발생했을 때
    });                                       └  함수로 다시 보낸다
};
```

이제 람다 콘솔에서 테스트를 실행하여 함수를 테스트할 수 있다. 이 샘플 이벤트를 사용하여
메시지를 보내자.

```
{
  "message": "Hello from AWS Lambda!"
}
```

IFTTT를 사용하여 AWS 서비스를 통합하는 사례를 찾고 있다면 GitHub에서 공유한 두 가지
오픈 소스 프로젝트를 확인할 수 있다.

- 이 예제는 IFTTT에 EC2 자동 스케일링 활동을 보낸다. 예를 들어, Auto Scaling Group
  에서 새 인스턴스가 추가되거나 제거된 경우가 있다. 이 프로젝트는 https://github.com/
  danilop/AutoScaling2IFTTT에서 이용할 수 있다.

- 이것은 Amazon SNS 메시지를 IFTTT로 푸시하는 것보다 일반적인 기능이다. 이 프로
  젝트는 https://github.com/danilop/SNS2IFTTT에서 사용할 수 있다.

16.3 Slack 팀으로 메시지 보내기

Slack은 팀을 위한 강력한 커뮤니케이션 도구다. 팀 구성원이 특정 주제에 관한 정보를 공유할 수 있는 채널을 만들 수 있다. Slack은 또한 외부 플랫폼에서 메시지를 보내고 받을 수 있는 API를 통해 플랫폼을 열었다. 간단한 채팅 인터페이스를 사용하여 slack 채널과 외부 도구의 통합을 관리할 수 있는 자동화된 봇(bot)을 만들기 위해 발신 및 수신 기능을 함께 사용할 수 있다.

이 예제에서는 Slack API를 사용하여 람다 함수에서 Slack 팀에 메시지를 보낸다. 다음 장에서는 Slack으로부터 이벤트를 수신하는 방법에 대해서도 설명한다. 두 경우 모두 슬랙 계정에 웹훅(webhook)을 구성해야 한다.

> **뜻풀이!**
>
> **웹훅(webhook)**은 실질적으로 HTTP 콜백이다. 이를 사용하여 문제가 발생했음을 알리거나 알림을 받을 수 있다. 예를 들어, 새로운 정보를 사용할 수 있거나 해당 조치를 취해야 한다.

본 예제를 테스트하려면 슬랙 계정이 필요하다. 슬랙 팀을 준비하고 테스트하려면 다음 단계를 따른다.

1. https://slack.com에서 새로운 Slack 팀을 만든다.

2. Slack 팀이라는 메인 메뉴에서 apps & integration을 선택한다.

3. 'incoming webhooks'를 검색하고 구성을 추가한다.

4. 팀 채널 중 하나를 선택한다(예: #random). 원하는 경우 새 맞춤 채널을 만들 수 있다.

5. Slack 클라이언트(웹, 스마트폰, 태블릿)를 사용하여 팀에 로그인하고 2단계에서 설정한 채널을 연다.

6. 전체 웹훅을 적어 둔다. https://hooks.slack.com/services/ <HOOK>과 비슷한 형식의 URL이 된다.

7. 웹훅의 이전 구성이 3장에서 이미 사용한 도구로 작동하는지 테스트한다. 다음 명령에서 고유한 웹훅을 대체해야 한다.

```
curl --data '{"text":"Hello!"}' https://hooks.slack.com/services/<HOOK>
```

이전 curl 명령은 구성한 웹훅에 HTTP POST를 수행하고, 일부 'text'가 있는 JSON 페이로드를 메시지 본문으로 전달한다. 테스트가 성공적으로 수행되면 JSON 페이로드의 'text' 속성값으로 입력한 내용은 수신 웹훅에 대해 구성된 채널의 Slack에 표시된다(예: #random).

예상했듯이 람다 함수를 사용하여 HTTP POST를 수행하고 텍스트를 Slack 채널에 보내는 것은 쉽다. 샘플 구현은 리스트 16.4에 나와 있다.

> ⚠️ **주의하세요!**
>
> 리스트 16.4의 웹훅 경로는 슬래시 문자(예: '/path')로 시작해야 한다. 그렇지 않으면 URL 형식이 잘못되어 오류가 발생한다.

> ☝️ **여기서 잠깐!**
>
> 더 나은 보안을 위해 이 장의 시작 부분에서 설명한 대로 AWS KMS를 사용하여 웹훅을 암호화할 수 있다. 이 코드 예제에서는 웹훅을 암호화하지 않는다.

리스트 16.4 **Lambda2Slack 함수(Node.js)**

```
const https = require('https');

var webhook_host = '<YOUR_WEBHOOK_HOST>';
var webhook_path = '<YOUR_WEBHOOK_PATH_STARTING_WITH_A_SLASH>';   ◁─ HTTP POST의 설정을
                                                                     간소화시키려면 Slack
exports.handler = (event, context, callback) => {                    웹훅을 https://HOST/PATH
    var post_data;                        이벤트의 'text'를 찾든지       형식처럼 호스트와 경로로
    if ('text' in event) {         ◁───── 기본 메시지를 전달한다         쪼갠다. 경로는 슬래시로
        post_data = '{"text":"' + event['text'] + '"}';              시작해야 한다
    } else {
        post_data = '{"text":"Hello from AWS Lambda!"}';
    }
    var post_options = {        ◁─── HTTPS POST의
        hostname: webhook_host,        옵션 준비하기
        port: 443,
        path: webhook_path,
        method: 'POST',
        headers: {
            'Content-Type': 'application/json',
            'Content-Length': Buffer.byteLength(post_data)
        }
    };
```

```
    var post_req = https.request(post_options, function(res) {   ◁──  HTTPS
        res.setEncoding('utf8');                                        요청 준비하기
        res.on('data', function(chunk) {
            console.log('Response: ' + chunk);
        });
    });
    post_req.write(post_data);        ◁──  데이터
                                            게시하기
    post_req.end();    ◁──  HTTP 요청
};                           종료하기
```

👆 여기서 잠깐!

새 기능을 만들 때 AWS Lambda 콘솔에서 제공하는 청사진 중에는 CloudWatch 경보를 Slack에 보내는 방법의 예가 있다. AWS 애플리케이션 및 기본 인프라에서 일어나는 일에 대해 모든 팀원이 최신 정보를 접하게 하는 흥미로운 방법이 될 수 있다.

16.4 GitHub 저장소 관리 자동화하기

애플리케이션의 소스 코드가 GitHub에서 호스팅되는 경우 몇 가지 반복되는 활동을 자동화할 수 있다. 예를 들어, 문제를 관리하는 방법과 기대해야 할 일에 대한 지식 기반 링크와 새로운 문제를 작성한 사람에 대한 자동 응답을 작성할 수 있다.

GitHub에는 이를 수행하는 데 사용할 수 있는 확장 API가 있다. GitHub API를 호출하려면 자신을 인증하는 토큰이 필요하다. 다음 단계에 따라 계정 토큰을 만들 수 있다.

1. 기존의 계정을 사용하든지 신규 GitHub 계정을 생성한다.

2. 오른쪽 상단의 작은 프로필 사진을 선택하여 드롭다운 메뉴를 연 다음 설정을 선택한다.

3. 사이드 바에서 'Developer settings'의 일부로 'Personal access tokens'를 클릭한다.

4. 'Generate a personal access token'을 클릭하시오.

5. 토큰 설명을 추가하고 나머지는 그대로 둔 다음, 'Generate token'을 클릭한다.

6. 나중에 사용하기 위해 토큰을 기록해 둔다.

이제 람다 함수에 GitHub SDK를 포함시키고 토큰을 사용하여 호출을 인증할 수 있다. 추가 보안을 위해 이 장의 시작 부분에서 설명한 대로 AWS KMS를 사용하여 토큰을 보호할 수 있다. 사용 가능한 GitHub SDK 및 지원되는 플랫폼에 대한 개요는 https://developer.github.com/libraries/를 참고하기 바란다.

예를 들어, 리스트 16.5의 함수는 이벤트에서 전달된 매개변수를 기반으로 GitHub의 문제에 주석을 게시한다. 이 예제를 사용하려면 AWS Lambda에 업로드하기 전에 'github' SDK를 로컬에 설치하고, 종속성이 있는 함수를 압축해야 한다. 'github' 모듈을 설치하려면 다음과 같이 하자.

```
npm install github
```

리스트 16.5 **Lambda2GitHub(Node.js)**

```
var GitHubApi = require('github');        ◁── GitHub Node.js SDK
var github = new GitHubApi({                    사용하기
    version: '3.0.0'
});

exports.handler = (event, context, callback) => {

    if (!('user' in event) || !('repo' in event) ||      이벤트의
        !('issue' in event) || !('comment' in evet)) {   문법 검증하기
        callback('Error: ' +
            'the event must contain user, repo, issue and comment')
    } else {

        var githubUser = event.user;
        var githubRepo = event.repo;        이벤트에서
        var githubIssue = event.issue;      정보 추출하기
        var comment = event.comment;

        github.authenticate({              ◁── GitHub로
            type: 'oauth',                      인증하기
            token: '<GITHUB_TOKEN>'        ◁── 여기서 토큰을
        });                                     사용하는 것을 기억하기

        github.issues.createComment({      ◁── GitHub 이슈에
            user: githubUser,                   댓글 달기
            repo: githubRepo,
            number: githubIssue,
            body: comment
        }, callback(null, 'Comment posted'));
    }
};
```

👆〰 **여기서 잠깐!**

AWS Lambda를 사용하여 GitHub 봇을 만드는 방법에 대한 확장된 예는 https://aws.amazon.com/blogs/compute/dynamic-github-actions-with-aws-lambda에서 블로그 게시물을 보는 것이 좋다.

요약

이 장에서는 외부 서비스에 대한 자격 증명을 암호화하고 람다 함수에서 외부 API를 호출하는 방법을 배웠다. 특히, 다음에 대해 배웠다.

- AWS KMS를 사용하여 람다 함수에 필요한 비밀 데이터 또는 자격 증명 암호화

- 데이터를 동적으로 해독하고 람다 함수 내에서 결과 캐싱

- IFTTT를 람다 함수의 다리로 사용하여 IFTTT 채널로 제공되는 다른 서비스 사용

- 람다 함수로부터 슬랙 채널로 메시지를 보내는 것. 예를 들어, CloudWatch 알람 상태가 변경되었음을 팀에 알리기 위한 경우

- 람다 함수를 사용하여 GitHub 저장소 관리하기. 예를 들어, 자동으로 문제를 생성하는 경우

연습 문제

리스트 16.1에 표시된 일반 패턴을 적용하여 AWS KMS에 암호화된 자격 증명(이 경우에는 Slack 웹훅)을 저장하도록 리스트 16.3을 수정하시오.

해결 방법

가능한 해결책이 다음 리스트에 나와 있다.

Lambda2SlackKMS 함수(Node.js)

```
var AWS = require('aws-sdk');

var kms = new AWS.KMS();

const https = require('https');
// base-64 기반 암호화된 설정 값을 입력한다.
// { "webhook_host": "", "webhook_path": "" }
var functionEncryptedConfig = '<ENCRYPED_CONFIG>';    ◁── 웹훅 호스트와 경로는
var functionConfig;                                       이제 JSON 객체로
                                                          암호화되었다
exports.handler = function (event, context) {
    if (functionConfig) {
        // 메모리의 키와 이벤트를 처리할 콘테이너 재활용
        processEvent(event, context);
    } else {
        var encryptedBuf = new Buffer(functionEncryptedConfig, 'base64');
        var cipherText = { CiphertextBlob: encryptedBuf };
```

```
        kms.decrypt(cipherText, function (err, data) {
            if (err) {
                console.log("Decrypt error: " + err);
                context.fail(err);
            } else {
                functionConfig =
                    JSON.parse(data.Plaintext.toString('ascii'));  ◁──── 복호화 후
                processEvent(event, context);                             JSON 페이로드는
            }                                                             파싱되었다
        });
    }
};

var processEvent = function (event, context) {
    var post_data;
    if ('text' in event) {
        post_data = '{"text":"' + event['text'] + '"}';
    } else {
        post_data = '{"text":"Hello from AWS Lambda!"}';
    }

    var post_options = {
        hostname: functionConfig.webhook_host,  ◁──── 웹훅 호스트와 경로를
        port: 443,                                     포함하고 있는 속성은
        path: functionConfig.webhook_path,  ◁──────── HTTPS 요청을 만드는 데
        method: 'POST',                                사용된다
        headers: {
            'Content-Type': 'application/json',
            'Content-Length': Buffer.byteLength(post_data)
        }
    };

    var post_req = https.request(post_options, function(res) {
        res.setEncoding('utf8');
        res.on('data', function(chunk) {
            console.log('Response: ' + chunk);
        });
    });

    post_req.write(post_data);
    post_req.end();
};
```

CHAPTER

17

다른 서비스로부터 이벤트 받기

이 장에서 살펴볼 내용

- 람다 함수에 대한 외부 소스를 트리거로 사용하기
- 웹훅을 사용하여 다른 서비스의 콜백 수신하기
- 람다 함수를 트리거하는 애플리케이션 로그 모니터링하기
- Slack, GitHub, Twilio 및 MongoDB와 같은 도구로 실용적인 예제 소개하기

이전 장에서는 람다 함수에서 외부 서비스를 호출하고 코드 또는 구성 저장소에 포함하기 전에 자격 증명을 암호화하는 방법을 살펴보았다.

이제 여러분은 람다 함수를 외부 서비스로 트리거하는 방법을 살펴볼 것이다. 좀 더 구체적인 모범 사례를 소개할 것이고, 이러한 아키텍처 패턴은 이 장에 포함된 것보다 더 많은 서비스와 함께 사용할 수 있다.

17.1 호출 서비스 종류

Amazon API Gateway 및 Amazon SNS와 같은 AWS 서비스를 사용하여 AWS 외부의 소스로부터 이벤트를 수신할 수 있다. 이 경우 그 누구도 믿을 수 없으며, 이벤트 소스가 예상한 사람인지 확인하는 절차가 마련되어야 한다. 일반적으로 모든 이벤트에 공유된 암호(사용자와 소스 간 공유)를 추가하여 확인할 수는 있다. 또는 AWS API가 작동하는 방식과 비슷한 방법인데,

요청에 디지털 서명을 추가하면 더 좋다.

공유 암호를 사용하는 경우 보낸 사람과 임의의 문자열(알 수 없는 경우 찾기가 어려움)에 동의하고, HTTPS와 같은 암호화된 채널을 통해 항상 이 공유된 암호를 보내야 한다. 디지털 서명을 구현하려면 AWS API와 같이 이미 테스트된 프레임워크를 사용하는 것이 좋다.

비밀을 안전하게 제3자와 공유하려면 이전 장에서 사용한 방법과 비슷하게 AWS KMS를 사용할 수 있다. 이 경우 타사가 람다 함수 역할을 하며 해독하기 위해 KMS 키를 사용할 수 있는 권한이 있어야 한다. 예를 들어, AWS 계정에서 위임할 수 있는 IAM 사용자 또는 교차 계정 IAM 역할을 통해 권한을 가질 수 있다. 이 두 가지 옵션에 대한 요약은 그림 17.1에 있다.

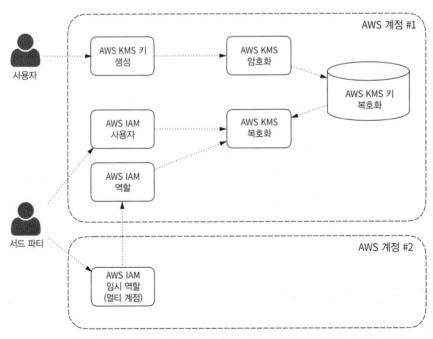

그림 17.1 AWS KMS에서 관리하는 암호화 키는 AWS 계정의 IAM 사용자에게 복호화 작업에 대한 접근 권한을 부여한 다음, 제3자에게 사용자의 자격 증명을 제공하여 공유할 수 있다. 또는 타사 사용자가 AWS 계정에서 가정할 수 있는 교차 계정 역할을 만들어 암호화 키를 공유할 수도 있다

예를 들어, 다른 AWS 계정과 데이터를 공유하려면 다른 계정이 S3 버킷 중 하나에 있는 공유 '폴더'(접두어)를 읽을 수 있게 할 수 있다. 교차 계정 역할을 위임하는 방법에 대한 자세한 내용은 https://docs.aws.amazon.com/IAM/latest/UserGuide/tutorial_cross-account-with-roles.html을 참고하기 바란다.

17.2 웹훅 패턴

이전 장에서 AWS Lambda를 사용하기 시작했을 때 Slack 및 IFTTT와 같은 여러 서비스에서 알림을 수신하는 데 사용되는 일반적인 패턴은 수신 대기하고 트리거할 수 있는 URL을 게시하는 것임을 알았다. 명확하게 하기 위해 웹훅의 정의를 반복해 보자.

> 🗒️ **뜻풀이!**
>
> 웹훅(webhook)은 실질적으로 HTTP 콜백이다. 이를 사용하여 문제가 발생했음을 알리거나 알릴 수 있다. 예를 들어, 새 정보를 사용할 수 있거나 어떤 조치를 취해야 한다.

처음에는 웹훅이 주로 POST 동작을 기반으로 했지만 GET은 단순성과 쿼리 매개변수를 사용하여 정보를 추가할 수 있는 가능성에 점점 더 많이 사용되어 왔다.

이전 장에서는 웹훅을 사용하여 외부 서비스에 정보를 보냈었다. 이 장에서는 외부 소스로부터 이벤트를 수신하기 위해 반대 방향으로 사용할 수 있다.

> 👆 **여기서 잠깐!**
>
> 획기적인 개념인 웹훅은 우리가 알고 있는 대화식 플랫폼으로의 웹 진화에 적극적인 역할을 했다. 웹훅을 사용하면 개발자가 HTTP를 공용 언어로 사용하여 여러 웹 애플리케이션을 쉽게 통합할 수 있다. 2007년과 2009년에 작성된 다음의 두 블로그 게시물을 보면 웹훅이 몇 년 전에 얼마나 흥미롭고 혁명적이었는지 알 수 있다. http://progrium.com/blog/2007/05/03/web-hooks-to- revolutioniz-e-the-web, http://timothyfitz.com/2009/02/09/what-webhooks-are-and-why-you-should-care/.

서버리스 웹훅을 구현하는 것은 Amazon API Gateway를 사용하여 이벤트와 연관된 사용자 정의 로직을 실행하기 위해 HTTP GET 또는 POST 및 AWS Lambda를 수신하는 것만으로 간단하게 가능하다(그림 17.2).

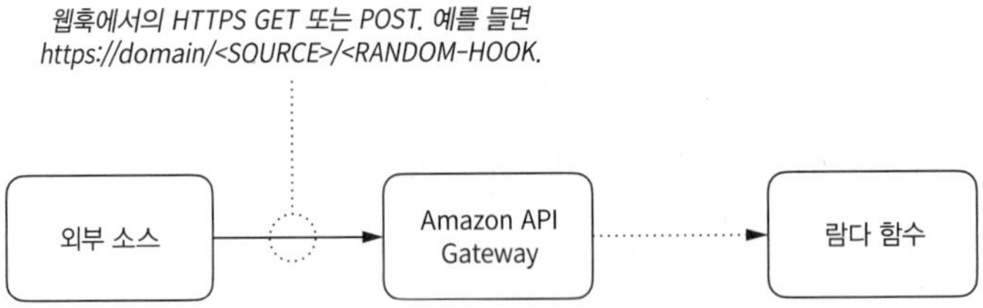

웹훅에서의 *HTTPS GET* 또는 *POST.* 예를 들면
https://domain/<SOURCE>/<RANDOM-HOOK.

외부 소스 → Amazon API Gateway → 람다 함수

그림 17.2 **Amazon API Gateway를 사용하여 람다 함수를 트리거하기 위한 웹훅을 쉽게 만들 수 있다. 인증되지 않은 사용자로부터 웹훅을 보호하기 위해 임의의 URL을 사용하여 찾기 힘든 자원을 API에서 구성할 수 있다**

권한이 부여된 사용자 이외에는 사용자가 만든 웹훅을 사용하지 않는 것이 좋다. 암호를 HTTP 요청의 매개변수 또는 헤더로 공유할 수 있지만, Amazon API Gateway에서 요청을 인증해야 한다. 예를 들어, 사용자 정의 권한 부여 프로그램이나 람다 함수를 사용하여 인증할 수 있다. 두 경우 모두 입력 이벤트에 인증이 포함되어 있지 않지만, 요청이 여전히 서버리스 아키텍처에 도달하면 오류를 반환할 수 있다.

HTTPS 프로토콜에 의해 암호화되어 전송되는 URL의 실제 경로에 기반한 보안 수준에서 웹훅으로 구현한 API를 찾아 쓰는 것은 어렵다. 이 URL 주소들은 랜덤하게 만들어져서 다른 서드파티에 공유되기 때문이다. 이러한 API의 다른 리소스를 호출하는 방법은 통합 과정이 없어 즉시 오류를 반환한다.

만약 여러분의 API에서 여러 소스를 관리하려는 경우, 다음 형식을 사용하여 웹훅을 만들 수 있다.

```
https://domain/<SOURCE>/<RANDOM-HOOK>
```

여기서 <SOURCE>는 여러분의 소스 이름으로 바꿀 수 있으며, <RANDOM-HOOK>은 사용자와 소스만 알 수 있는 무작위 경로다. 이제 웹훅을 사용하여 Slack 및 Twilio와 같은 서비스로 람다 함수에서 이벤트를 수신하는 몇 가지 예제를 살펴보자.

17.3 Slack으로부터의 이벤트 처리하기

Slack의 흥미로운 특징 중 하나는 슬래시 명령을 추가할 수 있다는 것이다. '/' 문자로 시작하는 명령이 더 익숙할 것이다. 아마도 이미 생각했겠지만, 슬래시 명령은 사용자 정의 애플리케이션을 사용할 수 있으며, 웹훅을 호출할 수도 있다.

Slack 계정을 만들기 위해서 다음과 같은 과정을 밟으면 된다.

1. 여러분이 관리하는 팀에 Slack 웹 인터페이스를 사용한다(예: https://<YOUR-TEAM>.slack.com).

2. 팀의 기본 드롭다운 메뉴(창의 왼쪽 상단에 있음)에서 앱 및 통합을 선택한다.

3. '슬래시 명령'을 검색하고 결과를 선택한다.

4. 구성을 추가하고 명령을 선택한다(예: '/lambda').

5. 이제 명령 통합을 추가한다.

Slack 콘솔은 잘 문서화되어 있으며, 이제 많은 옵션을 볼 수 있을 것이다. 통합을 위해 가장 중요한 것들에 집중해 보자. 그래도 웹훅을 만들어야 하고 최종 URL은 모른다. Amazon API Gateway를 사용하여 API를 배포한 후 이 구성 페이지로 돌아와서 URL을 업데이트해야 한다. 그러나 Slack이 POST 또는 GET을 사용할지 여부를 이미 선택할 수 있다. 먼저, POST를 놔두고 GET을 다시 시도해 볼 수 있다. 그리고 가장 중요한 것은 Slack을 인증하기 위한 공유 암호로 작동하는 토큰을 적어 두는 것이다. 람다 함수의 토큰값을 검사하여 요청을 인증한다.

AWS KMS를 사용하여 람다 함수에서 토큰을 해독할 것이므로 이전 장의 시작 부분에서 했던 것처럼 암호화해야 한다.

1. 새 KMS 키를 아직 작성하지 않으면 작성한다. AWS IAM 콘솔에서 Encryption Keys를 선택하고 키 별칭으로 functionConfig를 사용한다.

2. AWS CLI를 통해 KMS 키를 사용하여 Slack token을 암호화하고 <TOKEN>을 사용자의 값으로 대체한다.

```
aws kms encrypt --key-id alias/functionConfig --plaintext '<TOKEN>'
```

3. 결과를 속성에 기록한다. 곧 생성할 람다 함수에 그 값을 넣어야 한다.

Slack으로부터 이벤트를 받기 위해 람다 함수를 생성할 수 있다. 콘솔의 청사진 중 하나에서 시작할 수 있으므로 쉽게 할 수 있다. 새 람다 함수를 만들고 청사진을 선택하라는 메시지가 표시되면 'Slack'을 검색한다. 'slack 에코 명령(slack-echo-command)' 청사진을 찾는다. Node.js 또는 파이썬 두 가지 구현 중에서 선택할 수 있다.

콘솔은 Amazon API Gateway와의 통합을 자동으로 사전 구성하지만, 보안을 '열기'로 변경해야 한다. 함수에 이름(예: 'Slack2Lambda')과 역할(예: 'Slack2Lambda-role')을 지정한다. 역할은 AWS KMS에 대한 접근 권한을 부여하도록 이미 구성되었다.

코드 중 Slack에서 가져온 AWS KMS를 사용하여 암호화된 token을 대체해야 하는 매개변수를 찾는다. 다른 모든 기본값은 괜찮다.

변경 사항을 배포하고, '준비' 단계를 만들고, Slack 슬래시 명령 구성으로 돌아가서 Amazon API Gateway로 구성된 자원의 전체 경로로 URL을 업데이트한다. 전체 경로를 찾는 가장 쉬운 방법은 람다 콘솔의 함수에 대한 트리거 탭이다.

Slack 팀에서 새로운 슬래시 명령을 사용해 보자. 사용된 청사진은 슬래시 명령에 대한 정보를 되돌려 보내고('echo'), 사용자 정의 논리를 추가하거나 다른 API를 호출하기 위해 쉽게 확장할 수 있다. 예를 들어, '/lambda list'와 같은 슬래시 명령을 작성하여 해당 리전의 모든 람다 함수를 나열할 수 있다.

> ✏️ **참고하세요!**
>
> 예상대로 작동하지 않으면 람다 함수 로그를 보고 Amazon API Gateway 콘솔에서 통합을 테스트한다. 청사진은 자주 업데이트되므로 기능 코드에서 추가 정보를 찾아보자. 예를 들면, 댓글에서 찾아보자.

> 👆 **여기서 잠깐!**
>
> AWS Lambda에서 Slack을 사용하는 방법에 대한 확장된 예를 보려면 Zombie Apocalypse Workshop의 GitHub 저장소(https://github.com/awslabs/aws-lambda-zombie에서 서버리스 채팅 응용 프로그램을 설정하는 실습실)를 참고하기 바란다.

17.4 GitHub로부터의 이벤트 처리하기

GitHub는 기본적으로 특정 AWS 서비스와 통합된다. 특히 Amazon SNS는 GitHub에서 지원되며, SNS 알림을 받는 가장 쉬운 방법일 수 있다. 그런 다음, 람다 함수를 트리거할 수 있다. 이 경우 SNS 주제에 게시하는 데 필요한 권한이 있는 SNS 주제 및 AWS IAM 사용자를 생성해야 한다. AWS 접근 키 ID 및 AWS Secret Access Key는 GitHub에 저장되어 알림 전송을 인증한다.

GitHub에서 제공하는 기본 AWS 통합을 사용하지 않으면 GitHub 저장소의 설정에서 웹훅을 설정해야 한다. 이는 Slack에서 했던 것과 비슷하다.

그런 다음, Amazon API Gateway를 설정하여 이벤트를 받고 이를 람다 함수에 전달할 수 있다. 람다 함수에 대한 접근을 보호하기 위해 GitHub에서 사용되는 페이로드 URL에 임의의 문자열을 추가할 수 있다. 이 무작위 문자열은 API에서 구성한 리소스이며, GitHub와 Amazon API Gateway 간에 항상 암호화(HTTPS)되어 전송되므로 공유 암호로 작동한다.

이제 GitHub에서 이벤트를 수신할 수 있다. 이전 장에서는 GitHub에서 람다 함수 내에서 GitHub API에 접근하는 방법을 배웠다. 이 두 가지 기능을 함께 사용하면 저장소의 활동에 반응할 수 있는 자동화된 봇(예: 새로운 문제가 생성됨)을 구현하고, 해당 이벤트의 관리를 자동화할 수 있다(예: 지식 기반에서 정보는 문제의 주석으로 자동 반환될 수 있다).

17.5 Twilio로부터의 이벤트 처리하기

Twilio는 개발자가 지능형 및 복합 통신 시스템을 구축하기 위해 상호작용할 수 있는 전 세계적으로 사용 가능한 클라우드 API를 제공하는 서비스다. 개발자 키를 무료로 얻을 수 있으며, API를 실험해 볼 수 있다.

Twilio가 데이터를 전송하는 방법은 Slack 및 GitHub 작동 방식과 비슷하며, Amazon API Gateway에서 람다 함수를 호출하여 구현할 수 있는 웹훅을 사용한다. Slack과 마찬가지로 람다 함수를 만들면 청사진을 사용할 수 있다. Twilio를 검색하고 'twilio-simple-blueprint'(Node.js)를 선택한다.

예상대로 작동하지 않으면 람다 함수 로그를 보고 Amazon API Gateway 콘솔에서 통합을 테스트한다. 청 사진은 자주 업데이트되므로 기능 코드에서 추가 정보를 찾아보자. 예를 들면, 댓글란에서 찾을 수 있다.

좀비 워크숍 실습 예제

AWS Lambda에서 Twilio를 사용하는 방법에 대한 확장된 예를 보려면 코드 및 자세한 연습이 AWS에서 공유되는 GitHub 저장소를 참고하자.

https://github.com/awslabs/asw-lamba-zombie-workshop

https://github.com/awskrug/aws-lambda-zombie-workshop (한국어 번역)

본 샘플 예제의 목적은 서버리스 채팅 응용 프로그램을 설치하고, 가상의 'Zombie Apocalypse'에서 세계 를 구하기 위해 여러 통신 채널과 통합하는 것이다.

17.6 MongoDB를 트리거로 사용하기

이 절에서는 타사 제품을 통합하여 람다 함수를 트리거하는 방법에 대한 예제를 제공하고자 한다. 이 책의 몇 가지 예에서 Amazon DynamoDB를 이벤트 소스로 사용했지만, MongoDB 와 같은 다른 데이터베이스를 사용하려는 경우 어떻게 해야 할까?

타사 제품이 수행 중인 작업에 대한 정보를 로그 파일에 저장하는 장소를 찾아야 한다. MongoDB 데이터베이스는 **복제 세트(replica set)**에서 구성될 때 데이터베이스에 저장된 데이 터를 수정하는 모든 작업의 롤링 레코드를 유지하는 특수 **캡핑된 컬렉션(capped collection)**인 **oplog(작업 로그)**에 해당 작업의 로그를 작성한다.

MongoDB의 캡핑된 컬렉션은 고정된 크기를 가지며, 처리량이 많은 작업을 지원한다. 이들은 순환 버퍼와 비슷하다. 컬렉션이 할당된 공간을 채우면 컬렉션의 가장 오래된 문서를 덮어쓰면 서 새 문서를 위한 공간을 만든다.

클라이언트가 초기 커서('tail -f' 유닉스 명령과 비슷)에서 결과를 소모한 후에도 열린 채로 있는 **사용 가능 커서(tailable cursor)**를 사용하여 닫힌 모음을 찾아볼 수 있다. 클라이언트가 새 추가 문서를 닫힌 모음에 삽입하면 사용 가능 커서가 문서를 계속 검색한다.

MongoDB에서 제공하는 도구를 사용하여 특정 패턴이 발견되면 계속해서 oplog를 보고 람다 함수 호출을 트리거할 수 있는 oplog 모니터를 작성할 수 있다. 이 흐름의 예가 그림 17.3에 있다.

실제 oplog Monitor를 빌드하는 것은 이 책의 요구 사항이 아닌 MongoDB 기술을 더 깊이 이해해야 하므로 이 장의 범위를 벗어난다. 그러나 왜 그것을 구축하고, 그것이 어떻게 작동하는지에 대해서는 분명히 알아야 한다. MongoDB 드라이버를 사용하여 파이썬이나 Node.js와 같은 다른 프로그래밍 언어로 oplog Monitor를 구축하는 방법에 대한 예제는 https://docs.mongodb.com/ecosystem/drivers/를 참고하자.

👆 여기서 잠깐!

이 부분은 MongoDB를 기반으로 하지만, 대부분의 데이터베이스에는 복제 기능이 있다. 그리고 이것이 변경 사항을 모니터링하고 이벤트를 트리거하는 방법을 찾는 부분이다.

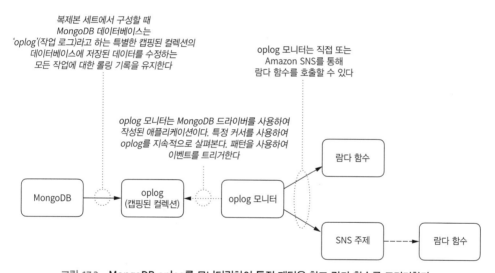

그림 17.3 **MongoDB oplog를 모니터링하여 특정 패턴을 찾고 람다 함수를 트리거한다**

17.7 로그 모니터링 패턴

타사 제품을 AWS Lambda의 트리거로 통합하는 것보다 일반적인 방법은 기능을 트리거하기 위해 찾고 있는 정보가 타사 제품(그림 17.4)이 작성한 로그 파일에서 사용할 수 있는지 확인하는 것이다.

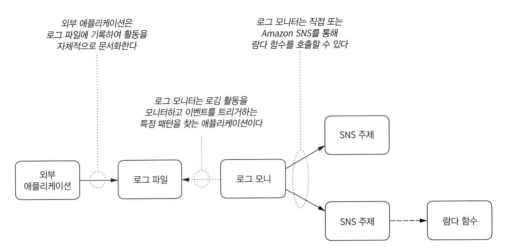

로그 모니터는 직접 또는
*Amazon SNS*를 통해
람다 함수를 호출할 수 있다

로그 모니터는 로깅 활동을
모니터하고 이벤트를 트리거하는
특정 패턴을 찾는 애플리케이션이다

SNS 주제

외부
애플리케이션

로그 파일

로그 모니

SNS 주제

람다 함수

그림 17.4 **로그 모니터링은 외부 제품에서 발생하는 이벤트에서 람다 함수를 트리거하는 일반적인 방법이다. 람다
함수를 직접 호출하거나 Amazon SNS를 사용하여 호출할 수 있다**

> ⚠ **주의하세요!**
>
> 특히 앱의 로그 수준을 높이면 로그에서 많은 디스크 공간을 사용할 수 있다. 로그 파일의 자동 회전을 구
> 현하면 이전 파일이 자동으로 삭제되거나 보관된다. 저장 영역 성능에 영향을 주지 않으려면 이 모니터가
> 사용하는 로그를 몇 분 동안 유지할 수 있는 작은 램 디스크로 옮길 수 있다. 앱에서 구성할 수 있는 경우
> 이전 로그를 이후 또는 영구적으로 저장 공간에 안전하게 저장할 수 있다.

로그 모니터에서 직접 람다 함수를 트리거할 수 있다고 해도 SNS 알림을 보낸 다음 해당 알림
을 사용하여 람다 함수를 트리거하는 것을 권한다. 이 방법으로 호출을 분리하고 SNS 로깅을
사용하여 로그 모니터와 AWS Lambda 사이의 통신을 모니터할 수 있다.

Amazon SNS를 사용하면 람다 함수가 메시지 페이로드를 입력 매개변수로 받고 메시지의 정
보를 조작하여 메시지를 다른 SNS 항목에 게시하거나 메시지를 다른 AWS 서비스로 보낼 수
있다. 또한, Amazon SNS는 람다 끝단에 전송된 메시지 알림에 대한 메시지 배달 상태 속성을
지원한다. 람다 호출을 모니터에서 분리하면 로그 모니터의 구성 대신 SNS 트리거에서 호출할
람다 함수의 특정 버전 또는 별칭을 구성할 수 있다.

> ⚠ **주의하세요!**
>
> 가용성(가능한 트리거 누락이 아닌) 및 성능(로그 작성 속도를 따라 잡기) 측면에서 로그 모니터의 신뢰성을 관리
> 해야 한다.

요약

이 장에서는 AWS 외부에서 트리거를 사용하여 람다 함수를 호출하는 방법을 살펴보았다. 특히 다음에 대해 공부했다.

- Amazon API Gateway와 AWS Lambda로 웹훅을 구축하여 외부 소스로부터 이벤트 수신
- 외부 애플리케이션에서 이벤트 수신, Amazon SNS를 사용하여 람다 기능을 트리거하기 위한 로그 모니터링
- Slack, GitHub 및 Twilio와 같은 다른 플랫폼에 의해 트리거되는 것과 강력한 웹훅의 예
- 람다 함수를 트리거하기 위해 MongoDB와 같은 외부 데이터베이스에 대한 특정 로그 모니터 설계

연습 문제 _____

1. 웹훅에 대한 호출을 인증하려면 다음 중 어느 것을 사용할 수 있는가?

    a. 사용자 지정 정책이 있는 IAM 역할

    b. 사용자 지정 정책이 있는 IAM 사용자

    c. HTTPS와 같이 암호화된 채널을 통해서만 보내야 하는 공유된 암호

    d. Amazon SES를 사용하여 이메일로 보낼 수 있는 공유 암호

2. 로그 모니터가 람다 함수를 호출하는 데 사용할 수 있는 최선의 방법은 무엇인가?

    a. Amazon SNS를 트리거로 사용

    b. AWS IAM 역할 사용

    c. AWS CloudTrail 사용

    d. AWS Lambda Invoke API 사용

해결 방법

1. c

2. a와 d

찾아보기